Minerva Shobo Librairie

保険経済の根本問題

理論と実証

押尾直志
[著]

ミネルヴァ書房

はしがき

市場経済のもとでは経済活動や社会生活を脅かす危険に対する経済的準備も市場で売買される。資本が組織する保険会社が生産・販売する「保険商品」は危険に対する経済的準備のための手段として広く普及するようになり，保険事業は「経済制度」として確立した。国家・政府にとっては，国民が保険事業によって私的に生活保障のための経済的準備を行うことは政策的にも財政的にも望ましい。国家・政府は保険事業の経済的および社会的機能・役割の重要性に鑑み保険事業を国家政策に組み込んだ。保険事業が資本によって営まれる以上，一定の限界があるため，国家・政府は国民に自助・保険思想を浸透させ，保険事業を生活保障手段として広く定着させるための'呼び水'として社会保険を導入した。国民はいのちとくらしを守るために自主的に協同組織を結成して生活保障手段としての共済＝協同組合保険を実践するようになった。

このように保険の仕組みは資本が組織する保険会社が営む保険事業としてだけでなく，国家が政策目的で導入する社会保険や国民諸階層が保険事業に対抗し自主的に結成した協同組合等の非営利協同自治組織を基盤にして相互扶助理念に立ち実践する生活保障制度としての共済＝協同組合保険においても導入され，保険制度を構成している。

とくに，わが国では保険事業が広く普及している。生命保険は「平成27年度生命保険に関する全国実態調査」(生命保険協会が1965年から３年ごとに調査を実施し，1976年に生命保険文化センターが設立されて以降は，同センターが引き継いでいる）によれば，世帯加入率が全生保（民保・かんぽ生命，簡保，ＪＡ，県民共済・生協等を含む）では89.2％（前回調査90.5％），生命保険会社だけでは78.6％（前回調査78.4％）に上っている。2013年度の生命保険料収入の対 GDP 比は7.59％である。(生命保険協会「生命保険の動向2014年度版」と内閣府経済社会総合研究所の国民経済計算部による平成25年度国民経済計算確報を基に計算した）また，損害保険事業の主力商品である自動車保険（任意保険）の世帯加入率は対人賠償責任保険と対物賠償責任保険が73.4％（搭乗者傷害保険や車両保険は40％台），家計分野の火災保険の世帯加入率は約50％（日本損害保険協会『ファクトブック2015日本の損害保険』と総務省報道資料の住民基本台帳に基づく人口，人口動態及び世帯数（平成27年1月1日現在）により推計した）である。企業分野の自動車保険，火災保険，海上保険・運送保険および新種保険を含めれば，損害保険の普及状況はさらに高くなる。2013年度の損害保険元受収入保険料の対 GDP 比は2.3％を占めている。（同上『ファクトブック2015日本の損害保険』，p.84）保険事業は経済活動にとっても，社会生活にとってもひじょうに重要な機能・役割を果たしていることがわかる。

しかし，保険制度について初等教育や中等教育で学ぶことは皆無に等しい。高等教育機関である大学では社会科学系の商学部，経営学部，法学部―法学部の場合には保険法ないし商法・保険法等，あるいは経済学部等のカリキュラムに保険関係科目が配当されているが，徐々に減少している。日本保険学会は1966年に初めて大学における保険関係科目の設置状況を調査して以降，何回か調査を実施している。近年では，生命保険文化研究所（2001年３月に生命保険文化センターに統合）や生命保険文化センター，あるいは損害保険事業総合研究所など生保・損保業界団体と共同で大学における「保険分野に関する教育」についてのアンケート調査を実施している。調査を通じて，専任教員がいない場合はもとより専任教員がいても退職した場合，後任を補充せず保険関係科目を廃止したり，他の科目に変更するなどで保険関係科目が減少する傾向が続いていることが明らかになり，日本保険学会，保険分野を専攻する大学関係者，あるいは保険業界に危機感を募らせている。次世代を担う若手保険研究者の養成が急がれるが，大学院で保険関係分野を専攻しようとする学生はひじょうに少ない。こうした傾向は，政府の金融・保険政策や市場環境の変化を受けて保険会社の総合金融機関化や銀行・証券との相互乗り入れが促進され，保険事業が金融事業の一部であるかのような理解が広まっていることやリスク（マネジメント）研究への関心の高まりなども影響しているのではないかと考えられる。

保険教育・研究の使命は，言うまでもなく保険制度がその専門的機能・役割を十分に発揮するとともに，国民の保険制度に対する正しい理解を深め，保険事業のあり方について一人ひとりが自分の意見を持ち，あるいは政策提言できるようにすることにある。ただし，それはたんなる「保険商品」知識や保険加入に関するハウツウもの，「保険商品」価格比較情報（サイト）などのような聞きかじりの雑学程度の知識や損得勘定ばかりの情報提供と本質的に異なる。

保険事業の主たる運営主体は資本によって組織された保険会社である。保険制度の仕組みや保険事業の経済的，社会的機能・役割，保険（契約）法・約款，保険（商品）種類，保険の歴史，保険数理，監督法制などについて全般的かつ体系的に学べる教育環境を整えることはもとより，保険会社が過去に起こした社会的な不祥事や免許事業である保険事業の国策とのかかわり，あるいは保険会社の国民・保険契約者不在の経営実態等，政策や経営に関して現実に提起される諸問題を科学的に解明する保険理論を構築することがぜひとも必要なのである。国民・消費者が保険事業の実際について関心を持ち，正しく理解できる保険教育が確立されなければならない所以である。保険事業と保険経営の実際を知ら（され）ず，保険会社・業界団体の宣伝やディスクローズ資料，セールス・トーク，あるいは偏った情報などにより過大な期待を抱いたり，誤解したまま加入する保険契約者が少なくない。保険会社の経営実態や「保険商品」の性格・限界について正しい理解をもち判断ができるようにしなければならないのである。

著者の恩師故笠原長寿博士がかつて，『保険に強くなる本　死んでも儲ける戦略』（光文社，1976年）を執筆した理由について，わが国の保険事業の高度の普及と成長は社会保障の貧困，交通禍，公害などの要素と，保険会社の営利追求，過当競争による契約者不在の経営戦略にあり，「保険に対する，消費者，国民大衆の関心を高めてもらいたいと思ったからである」（p. 5）と述べたのは，まさしくこうした思いを強く抱いていたからに他ならない。

本書では，保険制度・保険事業を歴史的な，つまり人間社会の一定の発展段階である資本主義社会の下で生成，発展してきたものであると考える立場に立っている。したがって，保険制度・保険事業を理解するには，なによりもまず資本主義社会を構成している基本的な社会経済的条件ないし諸関係を前提にする必要がある。同時に，保険制度・保険事業が資本主義社会で果たしている機能・役割の外皮を取り除き，他のいかなる社会構成体にも共通する普遍的，一般的な経済的本質は何かを導き出す。こうした方法を採ることによって資本の組織する保険会社が遂行する家計分野の保険事業の資本主義社会における歴史的な役割と，その普遍的，一般的本質を明らかにすることができるのである。資本主義社会の国民・消費者の生存・生活条件を踏まえ，資本によって組織される保険事業の営利性・限界あるいは矛盾と社会保険制度の導入の意味（だからこそ社会保障・社会保険制度の拡充を求める国民的運動が必要となる）や国民諸階層の自主的な共済（＝協同組合保険）運動の必然性を，理論と歴史を導きの糸として科学的に論証する。本書は，この仮説を保険事業と社会保険制度をめぐる代替的関係や共済規制問題を通して実証的に考察することで科学的な確証を追究することを第一の目的としている。

第Ⅰ部理論編（とくに第1章および第2章）では，社会主義体制時代のソ連邦（現ロシア）や東ドイツ（現ドイツ連邦共和国），ハンガリーなどの保険学者の見解を取り上げて，考察している。読者の中には，社会主義体制がすでに崩壊した以上，マルクス主義思想も破たんしたのであるから，それを基礎にした保険研究の方法論や成果は評価に値しないだけでなく，時代錯誤的であるとの意見や批判もあるかもしれない。

しかし，社会主義国家が崩壊したからマルクス主義ないし唯物史観も破たんしたとは言えない。安定した経済発展による国家建設と国民生活の向上を実現し得なかった計画経済の失敗の原因は官僚機構と結びついた政治権力，あるいは軍拡主義など個々の社会主義国が招いた失政や構造矛盾・腐敗などに根本的な原因があったと考えられるからである。

マルクスの卓抜した保険観は，保険研究の長い歴史の中で誰も到達し得なかった科学的な歴史認識にもとづいている。なによりも保険制度を再生産過程と関連させて把握することにより経済的，社会的機能・役割を明らかにしただけでなく，その経済的本質をいかなる社会体制の下においても再生産過程を脅かす危険に対して設定される唯一独自の経済的準備として位置づけたマルクスの唯物史観にもとづく思考方法・内容は示唆に富んでいる。

本書は序章の後，第Ⅰ部が理論編であり，全7章から，また，第Ⅱ部は実証編であり，同様に全7章からそれぞれ構成される。各章の基となった論稿の初出は，以下のとおりである。

序章　書き下ろし。

第Ⅰ部理論編

第1章　「保険ファンドの古典的命題の解釈と位置づけについて」,『所報』第38号, 生命保険文化研究所, 1977年。本章は表題を変更して収録した。
第2章　「保険ファンドの古典的命題と所謂家計保険との理論的体系化について（Ⅰ),（Ⅱ),（Ⅲ)」。本章は明治大学商学研究所編『明大商学論叢』第60巻第5,6,7号に分載した3編の論稿をまとめ, 表題を変更して収録したものである。1978年。
第3章　「『保険資本論』における家計保険――家計保険の経済学的性格分析・規定のための一視点」, 明治大学商学研究所編『明大商学論叢』第61巻第6・7号, 1979年。
第4章　「家計保険としての損害保険――家計保険の経済学的性格分析・規定のために」, 明治大学商学研究所編『明大商学論叢』第64巻第3号, 1982年。
第5章　「社会保険と保険理論――帝政ドイツ社会保険を中心に」,『保険学雑誌』第507号, 日本保険学会, 1984年。
第6章　「イギリス社会保険制度創設の意味」,『保険学雑誌』第513号, 日本保険学会, 1986年。
第7章　「『ビヴァリッジ・リポート』の性格に関する一考察」, 明治大学商学研究所編『明大商学論叢』第75巻第2・3・4号, 1992年。本章は表題を変更して収録した。
第Ⅱ部実証編
第8章　「社会保険の後退と生保・損保の参入」,『経済』No.294, 新日本出版社, 1988年。
第9章　本章は「医療保険をめぐる諸問題」(『週刊社会保障』Vol.39, No.1335, 社会保険法規研究会, 1985年),「医療保険制度の諸問題」(『週刊社会保障』Vol.40, No.1400, 社会保険法規研究会, 1986年) および「総合金融戦略下の民間医療保険動向」(『賃金と社会保障』第1034号, 労働旬報社, 1990年) の3編の論稿をまとめ, 加筆修正のうえ, 表題を変更して収録したものである。
第10章　「市場環境の変化と保険・共済事業」,『協同組合研究』第6巻第1号, 日本協同組合学会, 1986年。
第11章　本章は「イギリスにおける社会保障改革論の問題点」(『共済と保険』第35巻, 第10号, 共済保険研究会, 1993年) に若干加筆修正を施し, 表題を変更して収録したものである。

第12章　「保険事業における規制緩和政策と共済事業の課題」,『黒田泰行先生古希記念論文集　経済社会と保険』, 保険研究所, 1997年。

第13章　本章は「共済事業規制強化に対する各種協同組合の採るべき対応策」(『協同組合経営研究誌　にじ』, 協同組合経営研究所, 2008年) と「民主的諸団体が共済を運営している意義」(『月刊保団連』, 全国保険医団体連合会, 2008年) の2編の論稿をまとめ, 表題を変更して収録したものである。

第14章　書き下ろし。

本書に収録した各論稿は本書を取りまとめるために必要な範囲で, かつ刊行時の内容に変更が生じない限りにおいて若干加筆修正を施した。

今, 本書を刊行するに当たり, 薫陶を仰いだ笠原長寿先生への感謝の想いを新たにする。先生は, 国民の平和と福祉の向上を願う強い信念をもって, つねに真理を追究し妥協を許さない厳しい研究姿勢を貫き通した。大学院生時代を含めわずか9年間しか先生の指導を受けられなかったが, 先生の研究姿勢は著者の研究活動の原点となった。

なお, 私事にわたることであるが, 本書の出版は著者の駆け出しの頃から今日まで変わることのない妻, 登紀子の献身的な支えおよび論文のデータ・ベース化のために自分の大切な研究時間を割いてくれた長男, 恵吾 (博士後期課程3年生) の協力がなければ不可能であった。また, つねに著者を暖かく見守り応援してくれた今は亡き両親 (押尾壽・正子ならびに安田政雄・静子) に対し, ここに付記して心から感謝の意を表することをお許し願いたい。

周知のごとく専門書の出版が厳しい状況にある中で本書の出版を快く引き受けていただいたミネルヴァ書房社長, 杉田啓三氏と本書の出版に向けて適切な対応と助言をしていただいた編集担当の東寿浩氏にこの場をお借りしてお礼を申し上げる。

2016年7月吉日

明治大学商学部教授　押尾直志

保険経済の根本問題
——理論と実証——

目　次

はしがき　i

序章　保険理論の体系化に向けて……………………………………………………1

1　本書の研究方法・内容　1

2　本書の構成　7

第Ⅰ部　理論編

第1章　保険理論の体系化と保険ファンドの命題…………………………25

1　保険ファンドの命題　25

2　保険ファンド概念およびその限定点と制約点　25

3　保険ファンドと蓄積ファンドの関連性　46

4　保険ファンドの創造理由についての分析の重要性　51

第2章　保険ファンド論における家計保険の理論化……………………57

1　保険ファンドの命題と家計保険　57

2　保険ファンドの命題の限定的解釈　59

3　保険ファンドの命題と保険制度　81

4　保険ファンドの命題の創造的発展による家計保険の理論的体系化
――笠原長寿教授，モティレフ氏および著者の見解　99

5　保険ファンドの命題の創造的発展　111

第3章　「保険資本論」における家計保険
――家計保険の経済学的性格分析・規定のための視点…………125

1　家計保険の経済学的性格分析・規定のための方法論　125

2　「保険資本」論における家計保険の経済学的性格分析・規定　126

3　「保険資本論」における家計保険の経済学的性格分析・規定
――シュリーサー氏，三輪昌男教授および水島一也教授の見解　131

4　家計保険の経済学的性格分析・規定のための視点　144

第4章　家計保険としての損害保険
――家計保険の経済学的性格分析・規定………………………………155

1　家計保険の経済学的性格分析・規定における損害保険　155

2 保険本質論的方法の批判的検討 157
3 保険経営史的方法の批判的検討 163
4 資本制再生産機構と家計保険としての損害保険の関連的把握 168

第5章 社会保険と保険理論
——帝政ドイツ社会保険を中心にして……177
1 保険理論の体系化のための社会保険の歴史的・理論的視角 177
2 共済金庫と社会保険との関係 179
3 ドイツにおける保険事業の発展と社会保険制度の導入 184
4 社会保険創設と保険資本による家計保険事業の歴史的関係 191

第6章 イギリスにおける社会保険制度創設の意味……197
1 イギリス資本主義の展開過程における保険資本の独占化と社会保険制度創設 197
2 イギリス独占資本主義と保険業の集積・集中 198
3 社会保険制度導入と労働者の生活状態 201
4 金融資本形成における簡易生命保険部門をもつ独占的保険資本 204
5 社会保険と簡易生命保険事業の歴史的，具体的相関関係 207
6 独占的保険資本の市場開拓手段としてのイギリス社会保険 210

第7章 資本主義社会における社会保険の歴史的役割
——「ビヴァリッジ・リポート」を中心に……221
1 「ビヴァリッジ・リポート」における私的保険市場の整備，拡大策としての側面 221
2 社会（国民）保険制度改革とビヴァリッジ社会保障改革プランの導入 222
3 ビヴァリッジ社会保障プランの簡易生命保険事業への影響 225
4 ビヴァリッジ社会保障プランにおける任意保険の重視と労働組合の排除 228
5 「ビヴァリッジ・リポート」の性格 231
6 「ビヴァリッジ・リポート」に見る資本主義的社会保障・社会保険と保険資本の関係 232

第Ⅱ部　実証編

第8章　社会保険の後退と生保・損保の参入……………………………239

1　社会保障費抑制策を背景とした社会保険の後退と生保・損保の代替機能の拡大　239

2　公的医療保障制度の改革と生保・損保会社の対応　240

3　公的年金制度改革と生保・損保会社の経営戦略　247

4　生保・損保会社による社会保険の代替化と寡占的市場支配の拡大　251

第9章　社会保障制度改革における民活化政策と保険事業の代替的役割……………………………………………………………255

1　医療保険制度改革と私的医療保険による公的医療保険の肩代わり　255

2　医療保障制度の構造的転換　256

3　健康保険法改定に対応した1985年保険審議会「生命保険答申」　260

4　政府・財界の社会保障改革と求められる生存権確立のための国民的運動の展開　269

第10章　市場環境の変化と保険・共済事業……………………………275

1　金融・保険政策のねらいと共済事業の課題　275

2　「新金融効率化政策」の導入と二重―格差構造の温存　276

3　保険事業と共済事業における市場環境の変化への対応　278

4　共済事業の現代的課題　285

第11章　イギリスの社会保障制度改革と民間保険事業………………289

1　イギリスの社会保障制度改革における民間保険事業の役割　289

2　イギリスの社会保障制度改革　290

3　社会保障制度改革に対する民主社会主義的社会政策論の見解の検討　298

4　社会保障制度の見直し阻止・拡充の国民的運動と社会保障の補完的役割　301

第12章　保険事業における規制緩和政策と共済事業の課題…………305

1　保険事業における規制緩和政策の下での共済事業の課題　305

2　規制緩和政策とそのねらい　306
3　保険事業における規制緩和政策の要因　308
4　保険事業における規制緩和政策の問題点　309
5　改定保険業法の施行と共済の役割　312
6　共済事業・協同組合のアイデンティティ　314

第13章　共済規制をめぐる動向と共済運動の課題……………………319
1　共済規制と共済を守る運動の意義　319
2　保険業法と共済　320
3　1995年および2005年保険業法改定の経過と背景　323
4　共済運動の歴史的必然性　326
5　共済理論と共済運動をめぐる新たな展開　328
6　共済運動の今日的意義・課題　331

第14章　TPP 協定と共済規制…………………………………………………335
1　国民の生存権を脅かす TPP 協定参加交渉を契機にした共済規制　335
2　共済規制政策と TPP 参加　336
3　TPP 協定参加交渉に向けた日米事前協議におけるアメリカの要求内容とその背景　338
4　TPP 参加交渉に向けた農協（共済）改革
——規制改革会議・農業ワーキンググループ「農業改革に関する意見」および規制改革会議「規制改革に関する第2次答申——加速する規制改革」（2014年6月13日）　342
5　協同組合（共済）の果たす役割の増大　345

参考文献　353
索　　引　369

序章
保険理論の体系化に向けて

1　本書の研究方法・内容

（1）保険理論の体系化のための科学的分析と理論構成のための基礎と方向づけを与えた「保険ファンド」の命題

保険学（論）の文献では，「危険（リスク）なければ（なくして），保険なし（Ohne Gefahr, keine Versicherung）」というドイツの法諺がよく引用される。この法諺は保険制度と危険に対処する人間社会のあらゆる仕組みを「（原始的）保険」と捉えることによって関連づけ，保険の存在を普遍化しようとする非科学的な思想ないし主張である。逆説的表現を用いて保険の存在の普遍性をより印象づけることを意図していると考えられるが，歴史的制度である保険制度はいかなる社会体制の下でも存在していたわけではない(1)。

人間社会が存続するための根本的な条件は「労働」による「物質的生産」である。人間は「物質的生産」のために互いに一定の関係を結び，「自然資料」を「生活手段」に置き換えることによって「物質代謝」が行われる。「物質的生活」の「生産様式」には，「自然に対する人間の関係」と「人間相互間の関係」が表現されている。したがって，一定の人間関係にもとづく社会的生産のための「労働過程」は，絶えず「対自然との関係」をもち，その肯定的な影響——たとえば物質資源の提供など——とともに，否定的な影響——たとえば気象条件や自然的災害など——を受けることになる。また，生産関係の矛盾，より具体的には「階級関係」や「所有関係」の存在もまた，「労働過程」に対して否定的な作用を及ぼすことになる。

社会的生産のための「労働過程」において生産手段はつねに自然的災害や不測の事態の発生によって損害を被る危険にさらされている。生産手段の損害は「労働過程」の存続に支障を来すことになる。それゆえ，こうした危険に対処するために獲得した総生産物の一部を控除して一定の「物質的準備」を設定することが必要となる。そのための人間の社会的行為の方法や手段，形態などは，社会の歴史的発展段階において異なる。それを規定するのは，それぞれの社会の経済構造を形づくる「生産関係」である。

資本主義社会において生成した保険制度を社会的再生産構造との関連において価値的観点から分析・規定したのは，マルクス（Marx, K.）である。マルクスは資本主義社会の経済的運動法則を解明する中で，再生産過程における生産手段——生産諸設備や原材料——に損害を与える自然的災害や偶然事故に対処するための保険制度，つまり保険事業における企業保険としての損害保険に論及し，その本質を価値的観点から考察することによって具体的，現実的な機能や役割を明らかにした。

同時にまたマルクスは，『資本論』の準備期の作品(2)において展開した保険および「保険ファンド」についての基礎的な見解をさらに深化させ，再生産過程を自然的災害や不測の事態から保護するための目的・使命をもった「保険ファンド」Assekuranzfonds ないし Versicherungsfonds 創造の客観的必然性を論証したのである。資本主義的，歴史的関係として現れる保険制度を普遍的，一般的関係としての内的，本質的な運動に還元することによって再生産過程の存続のために「保険ファンド」の創造が不可欠であることを明らかにしたのである。したがって，マルクスの論証した「保険ファンド」という経済的範疇は，資本主義社会だけでなく社会発展の諸段階において再生産過程中にある生産手段にかかわる危険に対処するための人間の社会的行為としての一定の「物質的準備」を指している，と解釈することができる。

保険制度は，社会の一定の歴史的な発展段階である資本主義社会における「保険ファンド」の歴史的な運動姿態として位置づけられただけでなく，当該社会におけるその社会経済的必然性および歴史的な機能や役割が浮き彫りにされたのである。それぞれの時代の社会体制の下で創造される「保険ファンド」は内的，本質的に同一性を有するとともに，また現実的にはそれと対立し，矛盾を含む統一体であって，その運動はつねに発展と変化の過程をたどっている，ということができる(3)。マルクスは，資本主義社会において保険制度を通じて形成される「保険ファンド」に内在する諸矛盾——たとえば「階級関係」や「所有関係」に制約されるその支配権――と発展法則を導き出し，社会主義社会におけるその存在・意義をも明らかにしたのである(4)。

マルクスによって規定された「保険ファンド」の命題は，保険に対する科学的分析と理論構成のための基礎と方向づけを与えたが，彼の本来の研究主題は言うまでもなく資本主義社会の経済的運動法則の解明にあったために，もっぱら資本主義的再生産過程における生産手段の偶発的損害に対する補償を目的とする企業保険としての損害保険に論及されるにとどまった。したがって，資本主義の発展・変化にともなって多様化してきた保険事業の現実の諸形態，とくに生命保険や住宅火災保険などの家計保険については，マルクス以後の現代的課題として発展的に究明されなければならないのである(5)。

（2）消費過程にかかわる「保険ファンド」創造の客観的必然性と資本主義社会における家計保険

そこで，まず「保険ファンド」の命題を基礎に保険理論を展開している諸論者の先行研究を取り上げ，検討することにした。この作業を通して明らかになったのは，マルクスの「保険ファンド」の命題に対する各論者の解釈の仕方に相違があり，それぞれに問題点があることである。中には，あらゆる保険制度にも敷衍できるように拡大解釈したり，逆にたんなる「基礎規定」として矮小化し，独自の範疇を新たに設定して理論の構築を図ろうとする見解もある。著者は，「保険ファンド」について社会的再生産過程における自然的災害や不測の事態に備える目的を持った唯一独自の経済的範疇であることを正しく理解したうえでその限定点と制約点を明確にし，マルクスの方法論にのっとって現代的課題である家計保険の理論化を図る必要があるとの立場を採るのである。

すなわち，マルクスが生産手段にかかわる危険引き受けを目的とする企業保険分野の損害保険事業を生産過程との関連において考察したように，生命保険や住宅火災保険などの家計保険は「生活の再生産過程」，つまり「消費過程」との関連において考察する必要がある。さらに，資本主義的，歴史的関係の外皮を取り除き「消費過程」一般に還元することによって，あらゆる社会体制の下でも生産過程と同様に，「消費過程」はその正常な遂行を阻害するさまざまな自然的災害や不測の事態の危険にさらされていることが明らかになる。このような危険に対処するための人間関係と「物質的準備」の仕方や手段，内容等，つまり「保険関係」――資本主義社会における「保険契約関係」だけではなく，あらゆる社会体制の下での危険に対処する人間関係と「物質的準備」の仕方や手段，内容等を意味する――は，社会の一定の歴史的発展段階における支配的生産関係および経済法則によって制約される。したがって，マルクスの「保険ファンド」の命題を創造的に発展させることによって「消費過程」における自然的災害や不測の事態に備えるための一定の「物質的準備」の客観的必然性が証明されるのである。

「消費過程」の存続のために必要となる「保険ファンド」創造の運動が生産関係によって規定されることは言うまでもない。資本主義社会におけるその運動は，資本によって組織される保険会社が市場において提供する私的な家計保険事業として具体的に展開されることになる。資本主義社会において「消費過程」は「労働力の再生産過程」としての役割を担い，総体としての経済循環に組み込まれる。「消費過程」の主体は労働者や勤労大衆である。彼らの労働賃金や勤労所得収入の途を断ち，「労働力の再生産」と「消費生活の継続」を不可能にするような，一家の働き手の死亡，疾病，傷害，後遺障害，失業，長生きによる老後の生活不安，住宅・家財の火災，自然的災害あるいは第三者への賠償責任など，さまざまな危険発生の可能性がある。

家計保険事業によって創造される「保険ファンド」は保険会社（＝資本）によって管理される。つまり，家計保険事業は消費過程の存続にかかわる「保険ファンド」創造の資本主義的姿態と捉えられるのである。――もちろん，その営利性・保険契約者不在の事業経営に対抗し，国民のさまざまな階層で自主的，主体的に形成される協同組合や労働組合等の非営利協同自治組織において生活保障を実現するために導入される保険（の仕組み）＝共済も「保険ファンド」を創造する一形態である。その生成・発展は国家・政府の保険政策や保険会社（＝資本）の性格・特徴と関連づけて歴史的，社会的な観点から捉えられなければならない。

（3）家計保険の経済学的分析とそれにもとづく社会保険の理論化

次いで，家計保険の性格・特徴はどのようなものであるかを経済学的に分析することによって，資本が営む家計保険（事業）の本質，矛盾および限界を明らかにする。このような問題意識は，「保険ファンド」の命題を認めず，保険資本の運動に視点を置き企業保険と家計保険を抽象的な保険の標識によって統一的に把握しようとする「保険資本」論や近代保険制度の生成を保険需要＝供給関係，具体的には保険経営とその社会的基盤である資本家階級と労働者階級の成立・確立を関連づけて理解しようとする「保険経営史的視角」などの主張における生産関係を踏まえない理論構成の問題点を明らかにすることと，保険会社の市場活動に対し少なからず影響を及ぼす国家による社会保険制度がなぜ導入されたのか，という疑問にある。国家が社会総資本の代理機関であるとの理解に立つとすれば，全国民（当初は労働者のみ）を対象とする社会保険制度の導入は「官業による民業の圧迫」という問題を生じかねない。歴史上最初の社会保険制度を創設したドイツと，それに範を採り社会保険制度を導入したイギリスについて，家計保険の普及に重要な意味をもつ簡易生命保険会社（事業）の成長・独占化と関連づけながら社会保険の歴史的役割を考察し，保険理論における社会保険の理論化を試みた。市場経済における保険会社（＝資本）による利潤追求を目的とした保険事業を中心に，社会保険を歴史的かつ理論的に関連づけて考察する問題意識とそれにもとづく分析手法を通してはじめて，従来の（伝統的）保険理論が非歴史的かつ技術的に捉えてきた社会保険と協同組合保険について科学的な解明が可能になる。協同組合保険については，拙著『現代共済論[6]』で詳論しているので，理論編では省略し，実証編で資本による家計保険事業との関連において共済事業の発展要因・市場競争への対応や共済規制など具体的，実践的な問題の分析を通して方法論を検証している。

保険理論の体系化においては，社会保険と協同組合保険（としての共済）をいかに科学的に捉え位置づけるかが重要な課題である。伝統的保険理論では主観的，技術的，法形式的要素を取捨選択して構成し，保険諸現象を網羅的に捉えることによって保険を定義づけ，あるいは学説に仕立て上げた。こうした方法論は，資本主義社会の経済的，社会的および政治的な関係を度外視し，保険技術や保険契約関係，あるいは保険の効用など非歴史的・非社会的次元で保険制度を捉えようとするところに決定的な問題がある。

本書では従来の（伝統的）保険理論の反省に立ち，社会保険を社会総資本の代理機関としての国家・政府による全国民を対象にした保険思想の涵養・市場開拓的機能をもった制度として，また協同組合保険（としての共済）を社会運動である協同組合における相互扶助理念にもとづく生活保障の実現のための自主的な運動・事業と解し，その生成・発展の要因を保険資本の性格・矛盾と社会保障の貧困に求める立場から保険理論の体系化をそれぞれ試みている。

第１部理論編においては，上述の問題意識にもとづき歴史と理論をそれぞれの導きの糸として紡ぐ科学的な分析方法によって先行研究を批判的に検討し，その研究成果を踏まえて保険理論の体系化を試みた。第２部実証編は，理論編の分析方法と研究成果にもとづいて社会保障（保険）制度改革と一体化してすすめられる生保・損保事業における代替化政策，バブル経済のもとで財テクに傾斜していく生保・損保事業に追随する共済事業，金融・保険制度改革による国民・消費者不在の金融再編にともなう大型合併・連携，「無認可共済」問題をきっかけにしたアメリカによる共済＝協同組合保険規制要求ないし保険・共済のイコールフッティング論の抬頭など，国家の政策と保険事業の新たな展開に対し独自性を模索する共済事業に関し提起されてきている個別，具体的な問題を取りあげ，国家と保険業界，とくに大手保険会社との関係やアメリカの巨大保険グループによる国内市場への参入，あるいは共済事業領域への進出の目論見など，実践的な課題と対応について考察した成果である。第Ⅰ部理論編と第Ⅱ部実証編は言うまでもなく相互に密接にかかわっており，それぞれの研究成果を検証するねらいがある。

ところで，1960年代ころより保険研究の方法論は「保険本質論」の非生産性への反省と，戦後圧倒的な政治・経済・軍事力を背景に市場経済を通じて富の蓄積のための政策・戦略を追求してきたアメリカの経営学の発展の中で確立したリスク（マネジメント）研究に傾斜していった。リスク（マネジメント）研究は資本主義の発展・変化にともない巨大化，複雑化，多様化するリスクに対し，保険技術や再保険・共同保険などの危険分散・担保力拡大の仕組みだけでは補償（保障）し得なくなってきている状況の中で，企業，とくに大企業のコスト管理を図り，利潤をいかに極大化するかという要請に応え，保険以外の手段によるリスク転嫁やリスク保有などのリスクファイナンスィング，あるいはリスクを回避したり軽減したりするリスクコントロールなどさまざまなリスク処理の手法を構築することを主たる目的としている。その研究内容や成果は今日では私企業だけにとどまらず，国家や自治体，あるいは協同組合などの政策，経営あるいは組織運営にも導入されるようになった。リスク（マネジメント）研究はリスクの種類・性質による分類とそれに応じたリスク対策・処理手法を追究し，近年ではリスクに対する組織的な統合リスクマネジメント体系を提起している。したがって，リスク（マネジメント）研究は経済主体（企業，家計，政府）の全組織的管理の視点から保険制度を含めた統合リスク処理の体系の構築を目的とする新たな領域を切り拓いてきたといえる。

しかし，リスク（マネジメント）研究が保険理論の体系化という保険理論研究の分野の長年の課題を解決したわけではない。近年，保険理論においてはリスク（マネジメント）研究の成果を取り入れつつ新たな研究領域を拡大してきたが，理論の体系化において保険の定義・保険学説がいまだに重要な位置づけを与えられ，「保険本質論」に捉われているのが実情である。リスク（マネジメント）研究に関心が高まっていく一方で，保険理論研究はないがしろにされ，保険本質論に対する反省も十分に生かされていない。リスク（マネジメント）研究は，経済主体たる保険利用者の立場から組織的かつ合理的にリスクを管理し，いかにコストを縮約して最大の効果（利潤）を上げるかという発想に基礎を置いており，保険はあくまでもリスク転嫁の主要な手段の一つとして位置づけられるために，経済制度としての保険を歴史科学的に捉えるわけではない。

2　本書の構成

（1）理論編の構成

本書は，第Ⅰ部が理論編であり，全7章から構成される。また，第Ⅱ部は実証編であり，全7章から構成される。

第Ⅰ部理論編第1章「保険理論の体系化と保険ファンドの命題」と第2章「保険ファンド論における家計保険の理論化」は，（伝統的）保険理論に欠落している歴史的，社会経済的な視点，つまり科学的な研究方法による保険理論研究にもとづく理論の体系化のための基本的な視点を明示している本書のいわば心臓部分である。

第1章では，（伝統的）保険理論がいまだかつて到達しえなかった歴史的，社会経済的視点に立ち卓越した保険観を展開しているマルクスが提示した「保険ファンド」の命題を保険理論の体系化のための基礎に位置づけようとする場合，マルクスが対象としていない「生活の再生産過程（消費過程）」にかかわる家計保険をどのように理論化するか，したがってまたそれは「保険ファンド」の命題をどのように解釈し，家計保険を理論化するのかが問われてくる。マルクスの保険観を高く評価し，その科学的分析方法の成果である「保険ファンド」の命題にもとづいて保険理論の体系化を試みる諸論者の見解において，「保険ファンド」の命題の一定の限定点と制約点についていまなお一致していない。そこで，まず「保険ファンド」の命題に対する諸論者の解釈の仕方について検討する。また，「保険ファンド」の命題に対する解釈の仕方は，同時に「保険ファンド」と「蓄積ファンド（主に生産拡大に充てるための積立財源）」の関連性ないし理解の仕方にもかかわってくるのである。この点についての検討は，「保険ファンド」の命題の解釈と位置づけのうえでひじょうに重要な意味をもっており，諸論者の見解の検討を通して両ファンドの設置目的や性格・役割の本質的相違を明らかにする。

第2章「保険ファンド論における家計保険の理論化」では，第1章で科学的な保険理論の体系化のためにマルクスの規定した保険ファンドの命題に方法的基礎を置く内外の諸論者の見解を考察したが，その場合にマルクスの対象外にあった家計保険の理論化についてこれら諸論者の見解を分析・検討してその問題点を明らかにし，科学的な保険理論の体系化のためにはいかなる考え方に立つべきかを提起することによって現段階における保険理論の体系化を目指すことにする。

本章で取り上げた諸論者はいずれも保険ファンドの命題を基礎に家計保険の理論化のために独自の見解を採っている。しかし，それらはいずれもマルクスの保険ファンドの命題の解釈と位置づけにおいて再考を要すべき問題点を含んでいることを明らかにする。これに対し，マルクスの保険観をもっとも科学的に発展させているのは，笠原長寿教授とモティレフ（Мотылев, Л. А.）氏である。両氏はマルクスが提起した保険ファンド創造の理由の分析を通して，社会的総再生産過程における生産目的的保険ファンド創造の客観的必然性を確証し，その方法論を消費過程に発展的に適用して消費過程の存続を脅かす危険に対する経済的準備として消費目的的保険ファンド創造の客観的必然性を論証するのである。

このような独自の性格と目的をもって創造される経済的準備の形態は，社会発展の諸段階における一定の生産関係・経済法則によって規定されることになる。両氏は消費過程における経済的準備創造の歴史的，資本主義的形態として（資本組織による保険会社の）家計保険を位置づける。それゆえ，家計保険の経済的本質および機能・役割の分析を通して初めて，家計保険の歴史的被制約性および階級的性格を解明することができる。社会保険制度の導入と共済＝協同組合保険の生成・発展と歴史的役割も家計保険との関連において考察すべきことを示している。

第１章と第２章で論証した消費過程の存続を脅かす自然的災害や不測の事態に対処するための経済的準備形成の資本主義的・歴史的形態として家計保険を把握し，位置づけたが，家計保険は保険会社（＝保険資本）によって組織される事業形態として生成・発展してきた。

そこで，第３章「『保険資本論』における家計保険――家計保険の経済学的性格分析・規定のための視点」では，家計保険の性格・特徴を分析し，その経済的な機能・役割を明らかにする。

「経済生活の総体としての循環」に組み込まれる「消費過程」は，資本にとって不可欠の「労働力」の再生産過程として規定され，存在している。したがって，「消費過程」の存続を脅かす自然的災害や不測の事態に対する経済的準備形成のための手段を提供する家計保険は資本主義的再生産過程としての「消費過程」との関連において考察されなければならない。

本章の展開は，まず「保険ファンド」の命題を否定し，保険資本の運動法則の中に視点を置いて非本質的要素と独自の仮説にもとづいて家計保険を分析し，理論の体系化を図ろうとする「保険資本」論を検討し，その方法論・理論展開に限界があることを明らかにする。次いで，マルクスの「保険ファンド」の命題に基礎を置き，家計保険の理論化のための見解を展開している諸論者が，「保険ファンド」形成の資本主義的・歴史的形態である保険資本の範疇規定や家計保険事業を行う保険資本の社会経済的位置づけなどに関する考察（「保険資本論」）において示している家計保険の性格・役割の分析・把握の仕方を検討する。こうした作業を通して，家計保険を理解するための基本的な視点として生産関係およびその他の社会的諸関係と経済法則が不可欠の要素であることを重視する。

本章における問題意識は，家計保険を良質・安価な労働力再生産のために，すなわち労働者・勤労大衆の労働力・消費手段の再生産のために社会的総資本が生み出した，しかも保険技術上，階級内部での再生産を可能にする資本主義的，歴史的制度として資本主義経済との構造的関連において捉えていこうとする著者の立場にもとづいている。

第4章「家計保険としての損害保険——家計保険の経済学的性格分析・規定」では，マルクスの「保険ファンド」の命題を基礎に家計保険の理論化をすすめる場合に欠くことのできない重要な課題として，家計保険の性格・特徴に対する経済学的な考察の必要性が提起される。ただし，著者がここで意図する「家計保険」とは，年譜的保険史観や保険実務に追従した伝統的な保険分類基準で示されるそれではなく，資本主義的生産関係に視点を置き自己責任原則や個人主義など歴史的に制約された生存・生活条件の中で生活の再生産過程を脅かす生活保障手段を準備しなければならない国民・消費者が，市場で取引（資本によって組織される保険会社が生産・販売）する「保険商品」と保険会社の性格である。家計保険の場合には，保険契約者である個人（家計）は保険会社との契約上経済的力関係が劣ることが多いのに対し，企業向けの保険の場合には，保険契約当事者は資本同士で経済的力関係も対等である。両保険の経済的力関係の相違の根拠は，もとより資本主義的生産関係に起因していると考えられる。

本章では，家計保険の理論的体系化のために，伝統的保険理論ではほとんど重視されてこなかった，というよりも問題意識の所在それ自体さえもが不明瞭である家計保険としての損害保険に焦点を当て，先行研究の批判的検討を通して資本組織による家計保険事業が資本主義社会の再生産構構造との関連においてどのような機能・役割を担っているかを考察し，家計保険の性格・特徴を経済学的に考察した。

第5章「社会保険と保険理論——帝政ドイツ社会保険を中心にして」では，保険理論の体系化にとって重要な構成部分を占める社会保険に対する接近・分析方法について伝統的保険理論の代表的な見解を取り上げ，批判的に検討している。

伝統的保険理論の中でも私保険（私的な保険取引を行う事業形態である資本による保険事業のほか，協同組合等非営利協同自治組織による共済（＝保険）事業などを指すが，ここでは前者を意味している）と社会保険との関係に着目し，両制度の相互規定性を解明しようとする代表的な見解は，その理論的基礎を「社会政策論」や「保険本質論」に置いて社会保険を「保険技術」的次元で把握し，自ら下した保険の定義で社会保険を含めあらゆる保険現象を統一的に把握しようとする方法論に依拠している。「社会政策論」や「保険本質論」における概念規定に囚われ，歴史的，社会的な接近・分析方法についての問題意識を欠く社会保険理論に対し，著者は近代保険制度を保険資本の価値増殖運動と捉え，後進的・特殊ドイツ型と言われるドイツ資本主義の経済構造の発展段階・型態とそれに規定，制約された保険資本の家計保険事業と社会保険を有機的に関連づけ，当時未発達であった家計保険事業を普及させるために保険思想（自助思想）を涵養する'呼び水'としての機能・役割を果たす制度として社会保険を理解，把握すべきことを論証している。ドイツにおける社会保険制度は，未発達であった保険資本による家計保険事業の発達を誘導し，独占資本主義段階における消費過程の再生産・継続を可能にする自助的保障手段として有機的に再生産構造に結びつけていく機能・役割を演じたと結論づけられる。

第6章「イギリスにおける社会保険制度創設の意味」では，第5章における問題意識と研究成果を受けて社会保険を，それぞれの国の資本主義の発展段階・発展型態に規定，制約された保険資本による家計保険事業との関連において理解，把握すべきであるとの立場に立ち，19世紀末から20世紀初頭のイギリス資本主義の展開過程を踏まえて保険資本の蓄積と独占化に視点を向けながらイギリス社会保険制度創設の意味を考察し，その経済的特徴・内容を解明している。

社会保険制度は資本主義の一定の歴史的発展段階である独占資本主義段階において創設された。したがって，まずそれぞれの資本主義国の独占段階の経済構造と政策諸体系の歴史的特殊性が明確にされなければならない。さらに，保険資本が独占資本主義の経済構造の中で果たしている機能・役割を踏まえ，国家機関を通じての社会保険制度創設の意味を歴史的＝具体的に解明すべきであろう。

イギリスの社会保険制度は，自由競争段階での保険資本の広汎な展開を基盤にして，すでに独占化を遂げつつあった簡易生命保険部門をもつ保険会社が独占的銀行資本・独占的産業資本との間に金融資本的連鎖を形成し，その政治的・経済的支配力によって社会保険制度の運営を掌握した。したがって，イギリスにおける社会保険制度は，独占的保険資本の手によって自らの市場開拓手段と化せられ，労働者・勤労大衆の保険思想・自助思想の涵養に貢献することになったことを明らかにする。

第7章「資本主義社会における社会保険の歴史的役割――『ビヴァリッジ・リポート』を中心に」では，サッチャリズム，レーガノミクスあるいは臨調「行革」路線に象徴される社会保障・社会福祉見直し，再編政策の本質を分析し，解明するために，戦後のイギリスの社会保障・社会福祉制度ないし「福祉国家政策」の制度的，思想的基盤を確立したと言われるビヴァリッジの社会保障プランがいかなる意図を持ち，また使命を担ったのかという問題意識に立って『ビヴァリッジ・リポート』（“SOCIAL INSURANCE AND ALLIED SERVICES: REPORT BY SIR WILLIAM BEVERIDGE”, 1942）を分析・究明する。とくに，同プランと『ビヴァリッジ・リポート』が私的保険市場の整備，拡大策としての，否独占的保険資本の積極的保護・促進策としての側面をもっていることを明らかにすることが目的である。

サッチャー政権の下で『ビヴァリッジ・リポート』以来，「もっとも革新的な社会保障制度改革」が企図されたが，社会保障予算は年々増加し続けている。社会保障・社会福祉見直し，再編政策が強化される中で，社会保障の「システム維持的役割」を認めながらも，資本主義経済に対する人間の意識的コントロールを拡大することによって社会主義への漸進的，民主主義的な展望を見出そうとするRADICAL SOCIAL POLICY（民主社会主義的社会政策論あるいは急進的社会政策論，以下本書では民主社会主義的社会政策論と表記する）の主張が注目されている。こうした「改良主義的社会主義」はビヴァリッジやケインズあるいはガルブレイスなどの思想に少なからず影響を受けていると考えられる。民主社会主義的社会政策論は資本主義的社会関係の本質的矛盾とそこから生ずる「階級闘争」の重要性から注意をそらし，資本主義経済社会システムと国家活動の相互関係を変質させ，社会保障と私的保険の関係については必ずしも明確に説明していない。

本章における考察の結果，伝統的社会政策論および社会保障論・社会福祉論あるいは保険論における従来の理解，評価と異なり，著者は『ビヴァリッジ・リポート』が基本的には保険・自助思想の涵養や独占的保険会社の市場支配の促進と不可分の関係にあることを正しく認識する必要があること，したがってまた資本主義的社会保障・社会保険と保険資本の関係についての理論的・実証的研究が今日の社会保障・社会福祉の後退局面を理解するためにも重要な課題として提起されることを確認する。

（2）実証編の構成

近年，保険事業は行政主導の下で経済構造調整のための金融再編に向けた総合金融機関化戦略を推進するとともに，社会保障制度改革の一翼を担いその代替機能を果たす中で寡占化を強化しつつあり，国家・政府の経済・財政政策と密接にかかわっていることを示している。

第Ⅱ部実証編では，理論編で得られた家計保険の経済的性格に関する研究成果を踏まえて，資本組織の保険事業の営利性や経営実態，あるいは国家・政府との関係など，国民・消費者の生活保障準備制度を担う保険事業の社会的責任や社会保障・社会保険制度改革に関して実際に提起される諸問題を検証する。また，国民が自主的，主体的に結集し，相互扶助理念にもとづいて生活保障を実現するための社会運動としての共済＝協同組合保険事業の発展に対し，保険・共済一元的規制論が再燃し，外圧も加わって共済規制強化のための政策が導入されつつある。グローバル化の進展や環境変化の中で地域社会が崩壊の危機に直面しており，協同組合や共済事業の地域貢献の役割期待が高まっている。保険事業に対する「拮抗力」としての共済事業に関する理論と実践の成果を検証し発展させると同時に広く周知するために，市場競争の激化や保険政策・業界の変化への対応を踏まえて共済事業の課題と展望を考察する。

第8章「社会保険の後退と生保・損保の参入」では，社会保障の中核を成す社会保険の後退と生保・損保会社による社会保険の代替機能の拡大をめぐる戦略と動向について考察する。

1980年代に入ると，西側諸国では経済の低成長化や人口の高齢化による社会保障財源難・支出増大を根拠に社会保障政策の見直しを図るようになり，1984年6月に開催されたロンドン・サミット（The London Summit）で採択された「経済宣言」の中には社会保障費抑制策が盛り込まれた。イギリスではサミットと時を同じくしてサッチャー政権の下で40年ぶりに社会保障改革に着手した。わが国でも臨調「行革」路線にもとづく一連の医療・年金制度改革によって民間活力導入政策が具体化され，生保・損保会社に一定の役割分担が求められるようになった。

わが国の社会保障制度は，主要先進国と比較すれば制度・内容とも貧困であるとはいえ，教育とともに戦後国民・労働者が勝ち取ってきた民主主義の象徴である。したがって，「経済構造調整」というスローガンのもとに国家と独占資本が企てている社会保障改悪による収奪強化は，民主主義を根底から掘り起こし，階級的力関係における優位性の復権・強化を図るための手段であり，方法であると考えられる。前川リポート二部作で「内需拡大」を促進するために意図的に使われている「消費の高級化・多様化」という消費構造の変化を印象づける都合の良い表現を用いて社会保障の中核をなす社会保険，とくに年金保険と医療保険を保険会社に代替させる政策が採られたのである。同時にまた，経済＝産業構造の調整を図り内需主導型への転換を推進するために，金融制度を再編成していくことが急務となった。「新金融効率化政策」にもとづく競争原理導入・経営効率化促進を図るために行政の弾力化・規制緩和措置の導入の必要性が強調されるようになった。生保事業と損保事業の垣根の引き下げ，相互乗り入れ，生保・損保あるいは銀行・証券・信託との提携などが急速に進展している。

社会保険関連分野商品の開発認可は生保・損保会社にとって行政主導による市場の提供を意味する。生保・損保会社はそれによって社会保障制度の見直し政策に加担し，政府・財界がすすめる内需主導型の経済への構造調整推進に協力しているのである。しかも，大手生保・損保会社は行政主導によって総合金融機関化への戦略を強化しつつ，寡占的市場支配を拡大していることを確認する。

第9章「社会保障制度改革における民活化政策と保険事業の代替的役割」では，国民の自己負担増や国庫補助率の削減などを含む1984年の健康保険法改定と一体化してすすめられる生保・損保業界の代替機能の促進を図る具体的な保険政策内容と，政府・保険業界との関係などに焦点を当てこれまでの研究成果で措定したところを検証する。

わが国ではロンドン・サミットと時を同じくして健康保険法が改定され，国民の生存権にかかわる新たな問題を提起した。経済成長基盤の変化にともなう国家財政の逼迫と高齢化社会の到来を表向きの理由にした公的医療保険制度の見直し措置と一体化して，大蔵保険行政と保険業界は医療保険領域を新たな市場として位置づけ，公的医療保険を補完する私的医療保険商品の開発・販売を積極的に推しすすめようとしている。

1985年，保険事業経営の“処方箋”とも言うべき保険審議会生命保険答申が取りまとめられ，健康保険法改定に対応して公的医療保険の補完を前面に打ち出し医療関連保険商品のみならず，健康・福祉ニーズへの対応を図るための介護保険の開発などを具体的に指示した。また，共済事業の中にも保険事業との競争の激化により医療共済や年金共済などの保障仕組みを開発し，契約獲得競争を展開しているところもある。共済事業の場合，保険業界への追随政策は政府の貧困な社会保障政策を容認するだけでなく，保険会社と同様に収益拡大のために市場開拓手段化しているとの批判を免れないであろう。したがって，広く国民全体の立場から国家・政府に対し社会保障制度の拡充を要求していくことが望まれる。

健康保険法改定に象徴されるように，政府・財界による社会保障改革において問題となるのは社会保険が保険事業の市場開拓的機能を果たすことだけにとどまらず，今や公的福祉分野まで市場原理に委ねられ始めていることである。新保守主義を思想的背景とする政策はたんに行財政改革の見直しを目的にしたものではなく，戦後の民主主義思想と国民の基本的人権そのものを否定するという重大な問題を含んでいる。このような問題意識を基底に据えて国民の生存権や生活保障を権利とする社会保障・公的福祉の確立に向けて国民的合意を形成し，運動を展開していくことを提起する。

第10章「市場環境の変化と保険・共済事業」では，金融自由化・国際化などの環境変化の下で，行政主導により規制緩和・弾力化政策がすすめられており，共済事業にどのような影響が出ているのか，共済事業における現状と課題，およびと対応を検討する。

金融行政の重要な柱を成す保険行政においては，大手保険会社と中小保険会社の企業間格差を温存し，大手保険会社の資本蓄積に有利な内容によって特徴づけられる政策が導入されている。「競争原理導入」と「効率化促進」はまさにそうした金融・保険政策の具体化である。そのため異種金融機関相互間での提携が急速にすすんでいる。保険会社も銀行や証券・信託銀行などと提携商品を積極的に開発しており，金融再編成が業種・業態を超えて急速かつ着実に進行しつつあることを物語っている。

金融・保険業界におけるこのような潮流は共済事業にも浸透し始めている。協同組合運動の一環としての共済事業といえども，それが近代保険技術・原理にもとづく保険事業経営体であり，資本主義の市場法則・市場原理に依拠する以上，資本主義の発展・変化への対応は不可避であるが，その対応は保険会社や他の金融機関へのたんなる追随であってはならない。金融自由化・国際化，高度情報社会，高齢化社会への移行などが資本主義の発展・変化に根差し，環境変化として生じてきている現象である限り，その背景・要因とそれがもたらす諸問題に対する分析・究明を行いながら，協同組合運動における保険事業体としての取り組み，対応策を具体的に明示し，組合員間のコンセンサスを得ながら事業を推進していく必要に迫られている。

近年の保険会社と共済団体間の提携問題も，共済事業の歴史と日本資本主義の特質および両者の経済的な力関係の優劣の反映として理解されるべきであろう。共済運動の場合には，事業遂行の過程で目標額達成を至上命題とすることによって協同組合運動の「階級的意義」が軽視されたり，麻痺したりする危険性を絶えず内包している。それは共済の仕組みが保険と同じ技術的基礎に立脚しており，保障仕組みの高度な代替性に関し，営利保険に追随する可能性をもっているからである。それゆえ，現在の共済事業に望まれるのは，国家＝独占資本の支配強化に対して，国民諸階層の生存権の確立と生活防衛のための広汎な運動を組織し，展開することである。

第11章「イギリスの社会保障制度改革と民間保険事業」では，イギリスのサッチャー政権以降推進されてきた「福祉国家政策」の見直し，再編と軌を一にするわが国における臨調「行革」審を中心とした社会保障改革の内容とねらいはなにか，とくに社会保障制度の「理念」を見直して「公」・「私」間の「役割分担」を明確にし，民間事業の役割を重要視しようとする動きに対し，公的福祉サーヴィスの「質量的充実」を図ることによって「福祉国家政策」を維持し，国民の「意識的コントロール」を高め，体制変革の可能性を追求する民主社会主義的社会政策論の主張を検討することによって，今後の社会保障制度の拡充を求める労働組合や共済団体の運動のあり方を考える参考に資する。ただし，イギリスの「福祉国家政策」における「公」・「私」の「役割分担」論・「バランス」論は民主社会主義的社会政策論においても基本的に踏襲されており，社会保障・社会福祉制度の「理念」について改めて問題が提起される。わが国では，社会保障制度審議会社会保障将来像委員会が『第一次報告』を出し，その中で社会保障制度改革のために「理念」の見直しを始めており，社会保障の「理念」における「国家責任」や「国民の生存権」の意味・内容が曖昧にされつつある。わが国はイギリスのような典型的な「福祉国家政策」を展開してきたわけではないにもかかわらず，社会保障制度改革の目的に都合の良い政策だけを導入し，先進国間の協調政策として「社会保障費抑制政策」に歩調を合わせている。

第12章「保険事業における規制緩和政策と共済事業の課題」では，1995年に抜本的に改定された保険業法が明確に方向づけた規制緩和政策は競争原理の導入に向けた経営の健全性の確保と金融再編のための保険会社の総合金融機関化である。保険業法制定以来一貫して「保険業」の定義は存在しなかったが，この改定で初めて定義が盛り込まれた。しかし，「協同組合保険」については「保険業」の中に含めないまま改定前の誤謬を踏襲し，排他的，非科学的ないし非現実的な「保険業」の定義を下すに至った。

改定保険業法の施行を機に各種共済団体はその内容，共済事業への影響，さらには共済事業として今後どのような対応を図っていくべきかなどについて議論を展開している。それらの議論に共通しているのは，市場競争への対応として事業のいっそうの効率化・健全性の確保に努めるべきであるとか，保険も共済も同じ事業内容なのだから，同じルールで規制される可能性があり，破たんした場合の法整備が急務であるなど，改定保険業法の内容に沿った改革の必要性をことさらに重視した主張である。著者はこれらの主張にはにわかに賛同しがたい。なぜならば，改定保険業法に具体化された保険制度改革は，金融制度改革に方向づけられた市場戦略に沿ったものであり，保険事業は金融制度と一体化して再編成されようとしているのである。しかし，協同組合運動・共済運動は国民の生存・生活条件の改善・向上を理念・目的としており，資本蓄積優先の金融・保険制度改革とは本質的に立場を異にするからである。改定保険業法の施行によって保険事業と共済事業は異なる性格をもつようになったと著者は認識している。

本章では，このような問題意識に立って，保険事業における規制緩和政策の本質を考えながら，共済事業が取り組むべき課題を論じている。すなわち，保険事業は保険固有の業務ではなく，保険を含む金融業務を志向している。これに対し，共済事業は1995年のICA（International Co-operative Alliance, ICA）100周年記念大会で協同組合のアイデンティティについての原則改訂を行い，民主的かつ公平，公正な人的組織のとしての方向がより具体的に示された。総合金融機関への脱皮を図るための体力と基盤整備をすすめる保険経営・保険業界と同じ次元で，共済事業が金融制度改革に打って出るべきではない。医療制度改革・介護保険法案の提案，消費税率の引き上げ，さらには公共交通料金の値上げなど，国家・財界による国民の生存権や生活保障への攻撃が厳しさを増す中で，協同組合・共済事業が従来のような，ともすれば陥りがちな団体利己主義あるいは官僚主義を排し，広く国民の生活防衛のために連携し，国民福祉の充実向上を実現するための運動を組織し，実践し，展開することができるかどうか，協同組合としてのあるいは共済事業としてのアイデンティティはまさしくこの点にかかっていることを提起している。

第13章「共済規制をめぐる動向と共済運動の課題」は，「無認可共済」問題を契機に2005年に改定された保険業法に協同組合共済など「根拠法のある共済」も事実上取り込まれただけでなく，保険法でも共済（契約）を保険契約の一つとして適用対象に含めるなど共済規制をめぐる動きが強まる中で，共済と保険事業との歴史的，社会的な相違を明らかにしながら，今日の共済規制論の背景とねらい，共済陣営が不当な共済規制にいかに対応していくべきかなどの課題を考察している。

1990年代には少子高齢化とバブル崩壊後の財政危機を背景に社会保障制度の見直しがすすめられる一方，バブル期に行き過ぎた高い予定利率とハイリスクな資産運用で契約を集め，逆ザヤと不良債権を膨らませ，生保・損保会社合わせて10社が相次いで破たんするなど，国民の生活不安が広がった。いわゆる「無認可共済」業者はこうした社会情勢の中で広がり，マルチ商法的な募集方法や杜撰な経営内容で消費者被害・トラブルを引き起こす事例も出た。2000年ごろから社会問題化したため行政は保険業法を改定し，「根拠法のない共済」を規制することにしたが，行政のねらいはむしろ「根拠法のある共済」を保険業法の中に取り込み，一元的に規制することにあった。共済規制は保険行政と保険業界にとって長年の懸案であり，またアメリカの巨大保険会社・グループの利益団体である在日米国商工会議所（American Chamber of Commerce in Japan, ACCJ）や通商代表部（Office of the United States Trade Representative, USTR）も大規模共済に対する対等な競争条件の確立を繰り返し求めている。

一定の地域や職域を基盤にした国民の自主的，主体的な活動を通して経済的社会的地位の改善・向上を図ることを目的とした協同組合等がその組織・運営原則にのっとって構成員間の生活保障を実現するために「保険の仕組み」を利用することは歴史的に見ても必然的である。資本によって組織される保険会社は利益を最優先し，国民（保険契約者）不在の事業経営に終始し，国民が真に必要とする生活保障制度としての機能を果たしてこなかった。また，経済が行き詰まり，社会保障制度の見直しが図られる中で国民のいのちとくらしを守る共済運動はさらに発展し，独自の理念をもって自主的に結成された非営利協同自治組織の中にも共済運動が広がり始めた。

2005年の保険業法改定は，民主的な自主共済団体の実態を無視して根拠法の有無のみで保険業法を強制的に適用し規制しようとしたものであり，日本国憲法で認められた国民の基本的人権の享有，経済活動・思想・結社の自由，財産権の不可侵などに抵触する可能性を孕んでいる。

政府の共済規制に対し，自主共済団体は連携・団結して，保険業法による共済規制強化が国民生活にどのような問題をもたらすのかを広く社会に周知し，共済制度を守る運動を全国に広めた。

新たな共済規制問題は蓄積されてきた共済理論の再認識と共済制度の今日的発展を踏まえた検証・再構築の必要性を痛感させた。不当な共済規制に対し，共済規制強化がもたらす危機的状況について世論を喚起するとともに，共済運動に求められる今日的課題にいかに対応していくかを考える。

第14章「TPP協定と共済規制」では，TPP協定参加交渉に向けた日米間の事前交渉でアメリカから「保険」が重要な関心事の一つとして取り上げられ，保険分野のさらなる規制緩和と関連し，かねてより保険事業と同等の規制を求めて厳しい対応を迫ってくることが懸念される共済事業について，米韓ＦＴＡにおける保険・共済事業への実際の影響やTPP参加をにらんだ農協改革（農協法改定）を取り上げ，共済制度の社会的意義・役割がいかに重要であるかを明らかにする。

TPPに参加した場合，わが国にとってどのような問題が生じるか，とくに国民の生存権保障にかかわる医療制度や国民皆保険制度への影響が懸念される。米韓FTAを締結し，最近発効した韓国の場合，郵政事業で計画された宅配事業や簡易保険事業における新商品の販売・保障限度額の引き上げなどが国家の独占的地位の乱用であるとの理由で中止に追い込まれた。また，保険を販売する協同組合の場合，金融監督当局による一元的規制下に置くことや保険会社と同じルールを適用すべきことが協定に明記されている。

TPP参加に反対し続けているJAグループに対し政府・安倍首相は，TPP参加に向けた環境整備をすすめるために農業を成長産業化するとの方針のもとで，農協組織を統括する全国農業協同組合中央会（全中）の廃止を含め農協経営の自立化を目的とした農業協同組合法の抜本的な改定を提案した。アメリカや財界の強い要望を背景にすすめられた農協改革，具体的には農協法改定において，規制改革会議・農業ワーキンググループが信用・共済事業の分離をねらいとしながら単協における共済事業の取扱について代理店化することや全国共済農業協同組合連合会の株式会社化などを求めた見解に対し，農協制度の役割・農協共済制度の重要性から問題点を提起する。農協共済事業に対する政府の立場は保険と共済事業のイコール・フッティング政策を強化するものであり，共済を守る必要性を改めて明確にしている。

注

（1）水島一也稿「日本人のリスク対応」，www.jili.or.jp/research/search/pdf/，2001年。現代の生命保険を前近代的な相互扶助の仕組みと系譜づけ「助け合い」の制度であるとして広報した『生命保険物語　助け合いの歴史』（生命保険文化センター，1976年）も基本的に同様の観念にもとづいている。なお，同冊子をはじめとした生命保険業界の動きをめぐって日本保険学会で展開された「助け合い論争」とその問題点については，押尾直志著『現代共済論』（日本経済評論社，2012年），p.19以下を参照されたい。

（2）マルクス著『資本主義的生産に先行する諸形態――資本関係の形成または本源的蓄積に先行する過程について』Marx, K., Formen, die der kapitalistischen Produktion vorhergehn in : Grundrisse der Kritik der politischen Ökonomie, 1858.（手島正毅訳，大月書店，1966年）では，資本の本源的蓄積が人間社会のある特定の発展段階になって生じる歴史的な過程であることを論証するために，それ以前の共同体的土地所有の形態について考察する中で，剰余生産物，したがって剰余労働の帰属に言及し，「一方では，共同の備蓄，いわば保険のための一定の労働，および共同団体そのものの経費に充当するための，つまり戦争，祭祀等のための一定の労働。ここにはじめて，もっとも本源的な意味での首長的財産管理…が，…共同体に現れる。」（傍点…押尾）と述べられている。すでに社会全体にとって不可欠の共同備蓄として「保険（ファンドのための備蓄）」が必要視されており，その源泉を剰余労働に求めている。岡崎次郎訳『直接的生産過程の諸結果』，pp.26-27参照，大月書店，1970年。

（3）笠原長寿著『保険経済の研究』，p.35，未来社，1973年。

（4）マルクスは『資本論』第3巻 Das Kapital, dritter Band, 1894. において，次のように述べている。「…不変資本は，再生産過程では素材としてはいろいろな災害や危険にさらされていて，そのために大損害を受けることもありうる。…それに応じて利潤つまり剰余価値の一部分，したがってまた新たに追加された労働だけを（価値から見れば）表わしている剰余生産物の一部分は，保険ファンドとして役立つ。その場合，保険会社が別個の事業としてこの保険ファンドを管理するかどうかは，少しも事の性質を変えることではない。これは収入のうちで，収入として消費されもしないし必ずしも蓄積ファンドとして役立ちもしないただ一つの部分である。これが事実上蓄積ファンドとして役立つか，それともただ再生産の損害を埋め合わせるだけであるかは，偶然によることである。それはまた，剰余価値および剰余生産物のうちの，つまり剰余労働のうちの蓄積のために，役立つ部分のほかに，資本主義的生産様式の解消後にも存続せざるをえないであろうただ一つの部分でもある」（『マルクス＝エンゲルス全集』第25巻 b，pp.1084-1085.大月書店，1967年)。

また，マルクス著『ゴータ綱領批判』Marx, K., Kritik des Gothaer Programms, 1875. においては，社会主義社会を想定し，そこでの社会的総生産物の分配を取り扱って，次のように述べている。「社会的総生産物からは，次のものが控除されなければならない。第一に，消耗された生産手段を置きかえるための補填分。第二に，生産を拡張するための追加分。第三に，事故や天災による障害にそなえる予備ファンドまたは保険ファンド。『労働の全収益』中からこれらのものを控除することは経済上の必要であって，この控除の大きさは，もちあわせている手段と力とにおうじて，また一部は確率計算によって決定されるべきものであるが，けっして正義によって算定できるものではない」(『マルクス＝エンゲルス全集第19巻』，pp.18-19，大月書店，1968年)。

水島教授が言うように，「近代保険は資本主義の保険である」(水島一也著『近代保険論』，p.108，千倉書房，1961年)。したがって，近代保険は資本主義的生産諸関係の中から生成し，それを反映して存在し，資本主義の強化に寄与しつつ，その発展，変化と軌を一にしている。このような観点から，保険が資本主義と運命を共にする歴史的存在であるとする見解も主張された（小林北一郎稿「保険制度の発生，発展而して其の消滅の過程」，小樽高等商業学校経済研究所編『商学討究』第６巻下冊，1944年。近藤文二著『保険論』，p.37，東洋書館，1948年。印南博吉教授は小林，近藤両氏の見解を取り上げ，その主張が正確でないことを指摘した後，社会主義社会における保険存在の現実を明示した。『新訂保険経済』，p.251以下，白桃書房，1970年)。しかし，社会主義社会においても当該社会の理念であり，目的原理それ自体の実現である社会保障・社会保険と並んで「普通保険」が存在することもまた現実である。(社会主義社会における保険存在について，はじめてわが国に紹介したのは印南教授である。印南稿「ソ連邦における保有理論――白杉博士の業績に因みて」，日本保険学会編『保険学雑誌』第392号，1955年。以後，印南・笠原両教授によって社会主義保険の理論と実際についての研究がすすめられ，一定の成果が蓄積されている。）したがって，社会主義社会における保険存在に対する理論的分析および資本制保険との比較研究によって，二つの保険の経済的本質と歴史的性格・内容が客観的に把握されなければならない。

(５)笠原教授はマルクス以後の新たな課題を，次のように整理している「第一点は，剰余価値以外に保険ファンドを形成する源泉の究明について，第二点は，マルクスが対象とした不変資本以外の保険つまり人的保険の登場に対する究明，第三点は，…家計保険の性格究明についてである」(笠原長寿前掲書，p.58)。

(６)押尾直志著『現代共済論』，日本経済評論社，2012年。

第Ⅰ部

理論編

第1章
保険理論の体系化と保険ファンドの命題

1　保険ファンドの命題

科学的な保険理論の体系化にとってもっとも重要な意味・内容を持つ保険ファンドに関する研究を深めた笠原長寿教授は大著『保険経済の研究』の中で，「マルクス主義の方法にもとづいて保険理論の体系化を目ざす人々にとっての当面している課題は，保険ファンドを基礎としたマルクス保険理論の規定それ自体の中に包含されている一定の限定と制約を認識した上でマルクスの対象外にあった可変資本や剰余価値に関連する保険をマルクス主義の方法にもとづいて発展させることと，更にマルクス以後の現代社会において複雑，多様化している保険現象を本質的に究明するための理論の創造的発展を求めることにあるといえる[1]」と述べている。笠原教授が述べているように，マルクスによって創唱された保険ファンドの命題は，そこに一定の限定点と制約点とを含んでいることは明らかである。

しかしながら，それについての各論者の見解は，今日においてもなお，一致した結論に到達していない。また，保険ファンドの命題の把握の仕方は，保険ファンドと蓄積ファンドとの関連性の問題をも惹起しているのである。

そこで本章では，まず，保険ファンドの命題およびその限定点と制約点について，つづいて，保険ファンドと蓄積ファンドとの関連性の問題について，主な論者の見解を検討，批判し，保険理論の体系化のための予備的考察を行うことにする。

2　保険ファンド概念およびその限定点と制約点

(1) バーダー教授と箸方幹逸教授の見解と問題点

まず，「保険の経済理論では，社会主義国を通じて，最高の権威者[2]」と目される東ドイツのバーダー（Bader, H.）教授の見解を検討することにする。

バーダー教授は「カール・マルクスと保険[3]」と題する論文において，「社会主義下における保険の理論的な基礎づけにあたって，私は初めから次のようなことを出発点とした。すなわち，マルクスは保険について，いかなる理論をも展開していないこと，しかしながら彼の著作においては，保険の本質および機能に関し，中でも保険基金（A）の教義に関連して，いろいろと重要なことがらを指摘したということである。したがって私にとっては，マルクスが述べている保険基金（A）ならびに私が理解するところの保険基金（V）とが矛盾しないように，一つの体系を展開するよう心がけた[4]」と前置きして，保険ファンドの命題およびその限定点と制約点について，次のように述べている。

「マルクスは保険基金（A）という言葉を使って，生産部門における損害事故の結果，再生産過程の障害を平均するために必要な，物質的および金銭的準備財を意味している」のであるから，「国民の保険料から形成される保険基金（V）は，マルクスのいう保険基金（A）の中にくりいれることができ」ない。つまり，「保険基金（A）は生産と流通の分野にのみ関するものであり，これに反し，保険基金（V）は，社会的再生産のあらゆる部門を包括する。この保険基金（V）は貨幣形態における準備財基金であり，したがって商品生産に結びついている。これに反し保険基金（A）は，物的なファンドならびに貨幣的な基金を包括する。したがって，保険基金（A）は特定の生産様式に限られることなく，保険基金（V）に比べて，一層，一般的な経済的範疇なのである。保険基金（A）の源泉は，剰余価値または剰余生産物である。保険基金（V）の源泉は，剰余価値であるのみならず，国民の個人的な所得あるいはその貯蓄基金からも形成される[5]」。「保険基金（A）の本質および内容に関するマルクスの叙述からきわめて明確に知られることは，この保険基金（A）と同一視しえないということである。もしそれをあえて同一視する時は，保険の事業という観念に対して一方では広すぎ，一方では狭すぎるような保険概念を樹立する結果に必然的に達するのである[6]」。

以上のように，バーダー教授は，マルクスの規定した保険ファンド（すなわち，バーダー教授が言うところの保険基金（A））は生産と流通の分野における再生産過程の障害を平均するために必要な物質的および金銭的準備財であること，また特定の生産様式に限られることのない，いっそう一般的な経済的範疇であること，さらに剰余価値または剰余生産物を形成源泉とすることを明らかにしている。また，国民の保険料によって形成される基金は，マルクスの言う保険ファンド範疇には含むことができないとして，独自に保険基金（V）という用語をもって一括しているのである。つまり，マルクスの規定した保険ファンドの範疇に含むことのできない家計保険や社会保険の方法によって形成される基金を，独自に保険基金（V）という範疇を設定することによって体系化しているのである。

バーダー教授の説くところによれば，保険基金（V）は貨幣形態における準備財基金であり，商品生産に結びついている。また，その源泉は剰余価値であるだけでなく，国民の個人的な所得，つまり必要生産物からも形成されるのである。そして，バーダー教授は，このような「単独基金形成と集団基金形成（＝保険基金（A）と保険基金（V）：押尾注）という双方の概念に共通していることは，そのいずれもが，損害事故の結果に対して経済過程を保障する手段を表示するということである。この共通な要素があるのでこの2つの概念をある上位概念に従属させることが正当となる。その上位概念を私は保障ファンドと表示している[(7)]」。「保障ファンドとは，損害を引きおこす事故，または，これに類する事故に対する再生産過程を保障するために役立つべきところの，社会的準備財の一部分と解すべきものである。生産および流通の領域における保障ファンドは，マルクスが保険基金（A）と呼んでいる基金と一致する。したがって，私は…保障ファンドを分類して，生産および流通の領域に対するものと，社会および個人の消費の領域に対するものとした。貨幣形態をとるところのこのような保障ファンドの一部は，国営の保険もしくは社会保険により，保険基金（V）として形成され分配される。このように体系化することによって保険基金（V）とマルクスのいう保険基金（A）との関係がはっきりと認めうることになる[(8)]」と主張している。

以上，バーダー教授の見解を要約すると，次のようになる。

マルクスの規定した保険基金（A）

（1）生産と流通の領域にのみかかわる。

（2）物質的準備財と金銭的準備財の両方を含む。

（3）形成源泉は剰余価値または剰余生産物である。

（4）特定の生産様式に限定されない。

マルクスの対象外にあった保険基金（V）

（1）社会および個人の消費の領域にかかわる。
（2）金銭的準備財である。
（3）形成源泉は剰余価値だけでなく，必要生産物をも含む。
（4）特定の生産様式，すなわち商品生産社会に限定される。

それでは，バーダー教授の見解の検討に移ろう。

まず，マルクスの保険ファンドの命題についての基本的な解釈，すなわち保険ファンドの源泉およびその種類，適用分野ならびに生産様式との関連性についての解釈は，原則的に異論のないところである。問題は，マルクスの命題を社会的総生産物の分配過程にいかに位置づけるか，にある。バーダー教授は次のように述べている。

> マルクスは，保険基金（A）の本質を述べることしか行なわず，保険基金（A）の現象形態如何は，マルクスにとって興味がなかった。マルクスによれば，剰余労働の一部，したがって剰余生産物の一部を保険基金（A）として使用することは，客観的に必要なことであり，その必要性が個々の危険負担者によって，知られまたは認められるかどうか，ということ，さらに，その負担者が適当な結論を出して，中にも保険基金（A）の組織的な形成という形で，その結論を出すかどうかというようなことは，問題としなかったのである。[9]

つまり，バーダー教授は，マルクスの命題をたんなる本質的，基礎的な規定にすぎないものとして把握しているのである。したがって，そこには保険ファンドを社会的総生産物の唯一独自の部分として規定したマルクスの命題を積極的に高め，位置づけようする姿勢は見られない。

バーダー教授の見解は，もちろんマルクスの命題の限定点と制約点とを認識したうえで，教授なりにそれを創造的に発展させ，体系化しようとする意図のもとに採られているであろうことは，容易に察知できるところである。しかし，バーダー教授は，同様に保険ファンドの非組織的形態を認めているライヘル教授を批判するボンセルィ教授を反批判して，「危険負担者が保険基金（A）を形成しない時でも，やはり，この基金は伏在的な形態で，もしくはライヘルの言うように，組織されずに，または定型なしに蓄積基金の中に含まれるのである。いいかえれば，蓄積基金の一部が，損害事故発生の場合に，保険基金（A）として機能しなければならないのである。……マルクスのいう保険基金（A）を，一つの独立した基金として蓄積基金と並列させ，したがってまた，保険基金（A）を蓄積部分として表示することは正しくないのである[10]」（傍点：押尾）と断言し，マルクスの規定した保険ファンドの独立性を否定しているのである。だが，バーダー教授のこのような主張にもかかわらず，マルクスは『ゴータ綱領批判』の中で，保険ファンドが社会的総生産物の分配過程において，いかなる使命を持ち，いかなる役割を果たす範疇であるかを明言しているのである。

マルクスは，生産上の目的に備えるために社会的総生産物の個人的分配に先立つ客観的，必然的な控除について，次のように述べている。

> 社会的総生産物からは，次のものが控除されなければならない。第一に，消耗された生産手段を置きかえるための補填分。第二に，生産を拡張するための追加部分。第三に，事故や天災による障害にそなえる予備基金または保険積立。「労働の全収益」中からこれらのものを控除することは経済上の必要であって，この控除の大きさは，もちあわせている手段と力とにおうじて，また一部は確率計算によって決定されるべきものであるが，けっして正義によって算定できるものではない[11]（傍点：押尾）。

以上のように，マルクスは保険ファンド範疇と蓄積ファンド範疇とを厳格に区別したうえで，「経済上の必要」であると注釈を付けている。したがって，マルクスの言う保険ファンドは，社会的総生産物の分配過程における唯一独自の範疇として位置づけられなければならないのである。その独自性を否定することは，とりもなおさず分配過程におけるその独自の地位と役割とを否定することになるであろう。なお，保険ファンドと蓄積ファンドとの関連性については，3で詳しく述べることにする。

つづいて，バーダー教授が独自に理解している保険基金（V）なる範疇について検討してみよう。バーダー教授は，『ゴータ綱領批判』の分配図式の第2段の控除の第3項，「労働不能者等のためのファンド」を社会保険の方法によって形成されるファンドと同一視し，保険基金（V）に含めている。

私は，それ（「労働不能者等のためのファンド」：押尾注）は消費の部門に対する保障ファンドと名づけて，保険基金（A）と共に並ぶべきものである，と考える。なぜならばさもない限り，保険に関するマルクスの理論全体が崩壊してしまうからである。すなわちその場合には，国民の保険料から形成される保険基金（V）は，マルクスのいう保険基金（A）の中にくり入れることができ…ないからである(12)（傍点：押尾）。

問題は，「労働不能者等のためのファンド」についての解釈の仕方である。『ゴータ綱領批判』には，次のように述べられている。「総生産物の残りの部分は，消費手段としての使用にあてられる。だが，各個人に分配されるまえに，このなかからまた，次のものが控除される。第１に，直接に生産に属さない一般管理費。……第２に，学校や衛生設備等々のようないろんな欲求を共同でみたすためにあてる部分。……第３に，労働不能者等のための元本。つまり，今日のいわゆる公共の貧民救済費にあたる元本(13)」。

マルクスが明言しているように，この「労働不能者等のためのファンド」部分は，社会的総生産物の個人的分配に先立つ，全国家的な必要控除である。では，バーダー教授が言うように，このファンドを社会保険の方法によって形成される財源と同一視し得るであろうか。結論的に言って，それは不可能である。なぜならば，保険制度を通じて形成されるファンドの源泉は，社会的総生産物の分配の後に，保険料として払い込まれる貨幣だからである。つまり，「労働不能者等のためのファンド」は社会的総生産物の分配に先立つ控除によって，また保険制度を通じて形成されるファンドは社会的総生産物の分配後に払い込まれる保険料によって，それぞれ形成されるのである。

保険制度は商品生産と結びついた歴史的な範疇である。そして，バーダー教授も述べているように，保険制度は多数の経済主体による「集団的基金形成」の制度であり，社会的再生産過程を維持，強化するという使命のもとに国民所得の再分配機能を果たすのである。これに対し，「労働不能者等のためのファンド」は商品生産社会にのみ限定される範疇ではない。したがって，その財源には貨幣的準備だけでなく，物質的準備も含まれる(14)。また，このファンドは「集団的基金形成」ではなく「単独基金形成(15)」であり，国民所得の分配機能を果たすのである。

もちろん，バーダー教授も述べているように，このファンドはマルクスの言う保険ファンドと同一視し得ないのであるが，しかしだからと言って，バーダー教授が独自に設定している保険基金（V）にも含むことはできないのではないだろうか。前にも整理したように，バーダー教授自身，保険基金（V）を次のように説明しているからである。すなわち，保険基金（V）は貨幣形態，つまり保険料によって形成される準備財基金であり，商品生産に結びついているのである，と。したがって，もし「労働不能者等のためのファンド」を保険基金（V）に含めるならば，それぞれのファンドを形成する源泉が非常に曖昧になるだけでなく，社会的総生産物の分配・再分配過程におけるそれぞれのファンドの固有の機能と役割までが捨象されることになるであろう。

また，ソ連邦における現実も，このことをはっきりと証明している。前掲のソ連邦の『経済学教科書』によれば，「農業アルテリは，一連の作物の総収量のうち所定の割合や貨幣手取額のうち所定の割合を控除することによって，現物と貨幣でのコルホーズ員の共同消費フォンドを設ける。すなわち不作にそなえた食糧フォンド，コルホーズの労働不能者のための援助フォンド，コルホーズ員の文化厚生上の必要に奉仕するために支出される文化フォンドがそれである(16)」。

次に，箸方幹逸教授の見解を検討することにする。箸方教授は，「『保険基金』について」ならびに「準備ファンドおよび保険ファンド(17)」の２つの論文において，マルクスの保険ファンドの命題に対する見解を明らかにしている。

箸方教授は「『保険基金』について」において印南博吉・笠原長寿両教授の見解に対して，「マルクスの『保険基金』は果してこのような広汎な内容を持つものであろうか(18)」と批判，問題提起し，『資本論』と『ゴータ綱領批判』の中の保険ファンドの叙述部分を検討した後，次のように述べている。

……まず第１には，単に「保険基金」となっている点，第２に狭義に解しても文章の前後関係からみて論理に無理が生じないこと，さしあたりこの２つの根拠から……「保険基金」を狭義に解したいのである。したがって，印南教授の『保険基金』はわれわれのいう「保険基金と予備基金」の双方を含んでいる点で広義にすぎると考えられる。『保険基金』は保険制度との関連において用いられているのであって，保険以外の方法による予備に対応するのが，『予備基金』である[19]。

このように，箸方教授は当初，保険ファンドを保険制度にのみ結び付けて理解した。しかし，その後，「準備ファンドおよび保険ファンド」において積極的に自説を訂正し，マルクスの規定した保険ファンドを広義に解する立場に変わったのである。しかし，箸方教授は，「われわれは，特殊信用制度としての近代保険制度の物質的基盤としての，資本の再生産過程に関連づけて保険ファンドを理解するものである。マルクスによってなされた保険ファンドの自然的基礎的規定をふまえて，保険ファンドの歴史的形態規定をなすこと，これがまず最初になされねばならない『媒介的説明』である。この説明によって果たされるのは，資本制生産様式のもとでの保険ファンドの基本形態の把握である[20]」と述べており，保険ファンドの資本主義的歴史的形態規定のための「媒介的説明」の必要性を強調し，なおマルクスの命題と近代保険制度とを関連させて把握することを明らかにしている。箸方教授の方法論は，マルクスの命題と近代保険制度との関連的把握によって，保険ファンドの資本主義的歴史的形態規定を試みようとするものである。

箸方教授はまず，保険ファンドの形成源泉について，近代保険制度と関連させつつ，次のように述べている。

マルクスの「保険基金」は控除された生産物そのものではなく，これを前提として或は対応して形成されるものである。個別企業が利潤の一部分を保険料として支払うことは，とりもなおさず剰余価値したがって剰余生産物の控除を，個別的におこなうことである。もしも，「保険基金」が控除された剰余生産物そのものを指すのであれば，たしかに「保険基金」は企業保険としての損害保険の部面でしか考えられない。そうではない。生産の部面では，控除された剰余生産物（利潤）に対応して「保険基金」が形成されるといっておるに過ぎない。だから，損害保険としての家計保険（家計保険としての損害保険？：押尾注）の場合における「保険基金」についても，同様の論理でその形成を説明すればよい。生産における不変資本と同じく家計における不動産なども，天災等によって損失することを免がれない。この場合にも社会的総生産物の一部分が控除されなければならない。これに対応して，家計所得よりの控除がおこなわれ家計保険としての損害保険部面での「保険基金」の成立がみられる。同じことは生命保険についてもいえる。……死亡，傷害，疾病などの事故による所得の減少或は費用の増加が生じる。これを損失と呼ぶなら，かかる損失に備えて家計所得の一部分が企業における利潤と同様に控除されなければならない。したがって，マルクスの表現を借りれば，「控除された家計所得は生命保険の形成に役立つ」といえばよいのである。損害保険の場合には，控除された生産物部分の存在を論理上前提としなければならないのに，生命保険では必ずしもかかるものを必要としない点に留意しておかなければならない[21]（傍点：押尾）。

以上のように，箸方教授は，保険ファンドの源泉としてマルクスが明示している剰余価値あるいは剰余生産物を，生産の部面に関する基礎規定として把握する。つまり，箸方教授は，マルクスの規定を基礎規定に押しとどめることによって，逆に保険ファンドの命題を近代保険制度のすべてに敷衍しようとするのである。

箸方教授のこうした見解は実は，金子卓治教授の主張をその理論的背景としているのである。箸方教授は，「……この『保険基金』の形成は損害保険と生命保険，家計保険と企業保険において各々特徴を持ちつつ成立するが，『保険基金』としては企業保険としての損害保険が原基形態で，その他はむしろその派生的形態として形成される。これは金子氏がいわれているように，近代保険は資本主義社会における最も重要な資本の運動部面における偶然的損害の填補，つまり機能資本の損害を対象としてまず確立されるからに外ならない[22]」。（傍点：押尾）と金子教授の説を引用し，「企業保険としての損害保険」によって形成される保険ファンドと「同様の論理で」，あるいはたんに「派生的形態」としてマルクスの対象外にあった保険ファンドを把握しようとするのである。

マルクスの保険ファンドの命題を基礎規定として理解し，近代保険制度との関連のもとに歴史的形態規定をしようとする箸方教授は，このように金子教授が保険資本の統一的規定をする際に採っている「派生的形態」把握にならっている。

そこで，少し横道にそれることになるが，金子教授の見解を検討することにする。金子教授は,「現在の資本主義社会において保険制度運営の中心となっているのは資本であり，保険制度は，いわば，資本の，資本による，資本のための制度である[23]」として，保険の経済理論を保険資本の運動過程に求めようとする。そして,「……資本による近代社会ではこの部面（偶然的な損害の填補：押尾注）での資本の要求を充たすために，まず，そこに特殊な資本として保険資本が確立され，……企業保険の近代的諸機能を確立することになるのである[24]」。「資本は異常な天災，火災，洪水等による偶然的な災害から自己をまもらねばならないが，再生産過程を不安なく進行させるためには，資本はこの偶然的な災害に備えて相当額の貨幣を資本として用意しておく必要がある。だがこの貨幣資本は資本の生産，流通に直接の関係なく，追加的にもつべき特殊な貨幣準備金である。実は，……保険資本規定の混乱は，その運動部面を商業資本或いは商品取扱資本と同一過程に求めていることに重要な根源がある。問題は，より高次の資本の運動過程に求めねば決して解決できない性格のものであった。というのは，ここで目的とされているのは，偶然的損害の填補という資本にとってはいわば第三次元の新たな課題であって，単なる生産過程機能の分担，または単なる流通過程機能の分担のいずれによってもそれは充たされない部面だからである。かくてそれは，保険機能に特有な固有の活動部面であるということができる[25]」。（傍点：押尾）つまり,「資本の運動に付随して現われる損害填補部面の特殊な費用を分担するために現われてくるのが保険資本である。ここに保険本来の機能を目的とする固有の資本活動の分野がある。そして，これこそ保険資本の本来の個別的機能であり，この機能によってそれは自立化しうるのである[26]」と述べている。

金子教授はまず，資本が再生産過程において自然的な災害や事故の危険にさらされているために，相当額の貨幣準備金を用意する必要があることを確認する。次に，その貨幣準備金に注目して，それが生産と流通のいずれにも関係することのない，特殊なものであることを強調する。それを根拠にして，資本の自然的な要因にもとづく災害や事故を補填するための費用分担機能を保険資本の本来的な，固有の機能と断定する。いわゆる「第三次元資本説」と呼ばれる。

しかし，もちろん，このような企業保険成立の論理をもって家計保険の成立を論ずることは不可能である。そこで金子教授はその媒介論理を，ひとたび成立した「企業保険資本」の活動――より具体的には,「利殖」のための兼営業務――

に求めるのである。

> 社会的再生産の中心として最も重要な資本の運動部面で，一たん保険資本の形態が完成されたとなると，そこから保険資本には，資本の運動以外の分野でも，同じ危険負担という基盤のある部分に同様の活動を展開してゆくことになる。従って保険資本は，単に資本の偶然的災害のみを対象としなければならない性質のものではなく，資本の下で営まれる家計の不安が存在する限り，それを対象として資本がこの部面での危険負担活動を行なうことが可能であり，従って家計保険資本――具体的には生命保険資本も成立し得たのである。それは資本の危険負担として一たん確立した保険資本が，資本の運動によって生みだされる所得の危険負担に反転して，そこに新たな活動分野を開拓した姿である。このように両資本の業務にはその本質的基盤の同一性が存在するのであるから，実際上の機能が質的に異なっていても，同一資本によって２つの機能を行なうことができる[27]（傍点：押尾）。

と主張し，以上のことを証明する事実として，イギリスの保険会社における兼営を挙げている。つまり，資本の運動部面でひとたび成立した「企業保険資本」が，危険負担の同一基盤を求めて家計へ新たな活動を展開することによって家計保険が「派生的」に成立する，という論理である。

さらに金子教授は，「家計保険資本」，とくに「生命保険資本」の貸付＝投資業務の理論づけのために，次のようにも述べている。

> 遅れて成立した家計保険の分野では，むしろその保険活動自身が資本にとっては間接的であるという理由から，本来の基盤である保険取扱業務が，もともとは別の分野であった貸付業務に従属化してその手段となるという現象も生まれてくる新たな側面にここでも注意しなければならないであろう。……すなわち，生命保険資本は，その本来の保険取扱業務が資本との関係をもたないという以上のような側面から，その利殖のための一環として，保険加入の問題について異なった特色をもっている。まず，企業保険の場合は自ら進んで保険契約をとり結ぶのに対し，生命保険においてはその加入者の支払う保険料が所得を源泉

とし，一般に消費生活においては将来財よりも現在財が選好される傾向があるため，加入者獲得のためには，家計所得にいわば寄生虫の如く吸着しなければならない。さらに資本は企業保険の場合は自らが加入者であり，従って保険料ができ得る限り少いことを希望するのに対し，生命保険においてはこの保険料は資本とは無関係な家計所得から支出され，しかもそれが生命保険資本の貸付業務の源泉となるのであるから，加入者の増大を歓迎する。従って生命保険資本は保険契約獲得のため異常な努力を払うことを要請される[28]（傍点：押尾）。

以上のように，金子教授は，「家計保険資本」の保険業務を「利殖のための一環」として成立した派生的，間接的なものであるとして，それを拠り所に貸付業務に従属化せしめている。さらに，それを裏づける事実を，本来マーケティング分野にかかわる保険会社の積極的な契約獲得姿勢と保険加入者の消極的な加入動機に求めているのである。したがって，金子教授の主張，すなわち「第三次元資本説」は，保険制度＝保険資本の個別的，本来的機能を生産過程に対する自然的要因による損害の填補にのみ限定してしまい，然る後に，ひとたび確立した「企業保険資本」の「利殖」願望という観点から家計保険の派生的成立を説明しようとするものである。

金子教授のかかる見解は，保険制度を資本主義経済に限定して――つまり保険資本の立場から――考察しながらも，その歴史的な社会・経済的条件を十分に反映しているとは言い難い。後述するところであるが，保険は社会的再生産過程において，独自の機能と役割を持つ経済的保障手段である。もちろん，社会的総再生産過程は，生産過程と消費過程の再生産として，より具体的には社会的生産物，労働力ならびに生産関係の再生産として理解されよう。そして，社会的総再生産過程は，それを中断するような，相互に影響し合う２つの矛盾側面を内包している。１つは自然的要素による否定的な作用であり，いま１つは歴史的に制約された社会・経済的条件，つまり生産関係にもとづく否定的な作用である。自然的要素による否定的影響は，それぞれの時代の社会・経済を支配する生産関係によってその程度を大いに異にするであろう。また，逆のことも言えるであろう。

２つの相対立する社会体制，資本主義と社会主義についてそれを考えてみよう。多少形式的ではあるが，それぞれの生産関係と自然的影響との相関作用については，以下のように言えるであろう。まず，資本主義生産関係においては，生産の社会的性格と所有の私的性格とによって生ずる敵対的な矛盾が，とくに「もたざる階級」の消費過程に対する自然的要素の否定的影響をよりいっそう増大し，しばしば彼らの経済生活そのものを破壊する結果をもたらしている。

また，社会主義的生産関係においてもなお，分業にもとづく階級区分は存在し，事実上矛盾側面を解消し得ない。しかし，社会主義においては，生産過程への自然的要素と生産関係に基因する災害や事故等に対して，全国家的な規模で備え，その影響を相当程度軽減し得る可能性を作り出す。また，消費過程についても，マルクスが『ゴータ綱領批判』の中で述べているように，個人の労働給付能力と家族事情，つまり未婚者か既婚者か，あるいは扶養家族の人数等にもとづく欠陥，いわゆる非敵対的矛盾は解消されない。したがって，自然的要素による否定的作用は，この非敵対的矛盾と相俟ってなお経済生活に少なからざる影響を及ぼすことになる。しかし，全国家的また協同組合的規模で社会的消費ファンドを計画的に設定することによって，これに備えることが可能となるのである。

生産過程は自然的な災害や偶発事故による危険にさらされているだけでなく，歴史的に制約された一定の生産関係そのものの中に内包される否定的側面に基因する経済的損失の発生・拡大の危険にもさらされている。同様にまた消費過程も，自然的要素による災害や偶発事故の危険にさらされているだけでなく，生産関係に内包される否定的作用の影響下にある。しかも，自然現象と生産関係にもとづく否定的作用は相互に刺激し，制約し合いながら，生産過程と消費過程に影響を及ぼす。したがって，経済制度としての保険の理論的体系化のためには，自然現象と生産関係の相互作用による否定的影響に対し，社会的再生産過程を維持，強化するための機能と役割を念頭に置きながら，企業保険と家計保険とを把握する必要がある[29]。

以上のとおり，金子教授，同様にまた池野重男氏[30]の見解における問題点は，まず第1に，保険の本来的機能を一面的に，つまり自然的災害や事故に対して生産過程を保護するという側面だけで捉え，企業保険を保険制度の「原基形態」として固定化してしまうこと，また第2に，資本の再生産過程における危険の存在と「同一」の次元で家計の不安や危険を前提し，その観点から家計保険を企業保険の「派生的形態」として，すなわち「企業保険資本」が「危険負担の同一性基盤」を求め，「利殖の一環」として兼営することにより成立した「派生的形態」として規定してしまうこと，にある[31]。つまり，社会的総再生産と自然現象，および生産関係の三位一体的把握が欠如しているのである。

さて，本論に戻ろう。

箸方教授は，前にも述べたように，マルクスの保険ファンドの命題を生産過程に関する基礎的規定として把握し，金子教授の「派生的形態規定」にならって，それを近代保険制度に結びつけて考察しようとするのである。しかしながら，以上の分析によって明らかなように，金子教授の主張する「派生的論理」自体，保険制度の経済的な内容や本質を十分反映し尽くしていないかぎり，それを拠り所にしてマルクスの命題を解釈し，位置づけようとする箸方教授の見解も，同様の批判を免れ得ないであろう。

したがって，箸方教授の見解における問題点は，まず第1に，マルクスの規定した保険ファンドの命題の解釈上，金子教授の「派生的論理」に依拠し，単純に近代保険制度と関連づけていること，つまり企業保険の方法で形成される保険ファンドと家計保険の方法で形成される保険ファンドとを「同様の論理」で，あるいは「派生的論理」で統一しようとしていること，第2に，マルクスの命題は生産過程に関して述べられた「基礎規定」にすぎないと断定し，社会的再生産過程におけるその機能や役割の独自性を低く押しとどめてしまっていること，つまり社会的総生産物の個人的分配に先立つ控除によって形成され――もちろん，その主たる方法は保険制度である――，自然的要素と生産関係とに基因する諸矛盾に対して生産過程を維持，強化するという使命をもつ，客観的，必然的な唯一独自の経済的範疇としてマルクスのいう保険ファンドを捉え，位置づけていないこと，である。

以上，マルクスの創唱になる保険ファンドの命題の解釈と位置づけについて，バーダー教授と箸方教授の見解を検討した。両教授ともにマルクスの命題の創造的発展のために独自の見解を採っている。しかしながら，まず保険ファンド創造の理由についての分析がなされていないこと，ならびに社会的総生産物の分配過程に関連させて積極的にその地位を高め，位置づけていないことから，マルクスの命題自体に含まれている一定の限定点と制約点とを明確に把握しているとは言い難い。

(2) ミリネルおよびモティレフ両氏の見解と問題点

以上の前二者とは対照的に，マルクスが規定した保険ファンドを社会的総生産物の分配過程に関連させ，独自の経済的範疇としてその地位を積極的に高めているのは，笠原教授，ミリネル（Миллънер, A.）およびモティレフ（Мотылев, Л. A.）氏である。ここではそのうち，ミリネルおよびモティレフ両氏の見解を検討することにする。

まず，ミリネル氏の見解を見てみよう。ミリネル氏は，「社会主義社会における国民所得の分配と保険の役割[32]」と題する論文において見解を明らかにしている。ミリネル氏は，ソ連邦の国家保険制度によって蓄積される財源の源泉や使途を，社会的総生産物の分配過程との関連の中で考察することによってマルクスの保険ファンド範疇およびその限定点と制約点を明確にしている。ミリネル氏は，国家保険によって準備される財源の源泉および目的を詳細に分析し，それを『ゴータ綱領批判』に示された社会的総生産物の分配図式との関連のもとに考察している。

まず，『ゴータ綱領批判』の分配図式について，その第1段の控除は生産目的のための控除であるということ，したがってその第3項，「予備又は保険基金」のための控除も生産目的に関係すること，また第2段の控除は消費目的のための控除であること，そして，「社会的生産の考察に際して，マルクスは，生産と消費において利用されるために予定する社会的総生産物の夫々の部分を，常にきびしく区別している[33]」ことを確認したうえで，次のように述べている。

> このことから『ゴータ綱領批判』で述べられている「予備又は保険基金」は，第1に，生産目的のためのみならず，消費目的のために創造されるところの，社会主義社会のあらゆる予備を決して充すものではないのであり，そして，第2には，組成要素の1つとして，国家保険の仕組みによって蓄積される財源の部分だけを含んでいるのである。（中略）また，（中略）……消費的使途をもつところの国家保険局の財源は……消費的利用のために予定される社会的生産物のその他の部分から控除される予備に関係するのである[34]。

以上のような視点からミリネル氏は，国家保険によって準備される財源や使途についての分析を行っている。要約すると，次のようになる。

①個人的な分配以前に，コルホーズ等の組合から保険料として払い込まれ，天災や事故等による生産手段の損失補填のために予定される部分は，『ゴータ綱領批判』の第１段の控除に関連する，生産目的のためのファンドである。つまり，「予備又は保険基金」の主要部分をなす。

②個人的な分配の後に，勤労者や市民がその個人所得から保険料として払い込み，彼らの財産を補償したり，家族の物的状態を確保したりするために予定する部分は，『ゴータ綱領批判』の第２段の控除に関連する，消費目的のためのファンドである。

国家保険によって蓄積されるそれぞれの財源の源泉および目的についての相違を明らかにした後にミリネル氏は，

かくして，国家保険によって準備された財源は，その使途に関しても，また形成の源泉に関しても，社会的総生産物の分配過程における異なった地位を占めているのである[35]。（中略）すなわち，生産手段と消費手段の保険のための財源とが同時に形成されるのである。しかし，このことは問題の本質を些かも変化せしめるものではないのである。国家保険によって準備された資金は，『ゴータ綱領批判』で述べられているところの「予備又は保険基金」にも，蓄積基金にも関係づけることはできないという事実がつねに残るのである[36]。

と明言している。

さらにミリネル氏は，社会的再生産過程における国家保険の使命に関して，その適用分野を考慮しつつ，コーニシン教授に対する批判を通して分析している[37]。ミリネル氏は，「コーニシン教授は，ソ連邦国家保険局によって保険が付けられている全ゆる財産を，生産力に，『加えている』。周知の如く，生産力は社会的生産の一側面である。他の側面は生産関係である[38]」として，まず，コーニシン教授が国家保険によって付保された，あらゆる物的財産を生産力に加えていることについて批判している。また，国家保険が社会的再生産過程上，生産関係および労働力の再生産的役割——労働力の再生産的役割についてミリネル氏は，住民の個人財産の補償および労働者家族の物的状態の確保を挙げている——を果たすという点は重要な指摘である。

ミリネル氏が批判するように，コーニシン教授は国家保険の役割について述べながらも，「生産力復旧の可能性の創造[39]」という側面にしか触れなかったことで，国家保険制度とそれによって形成される保険ファンドの社会的総生産物の分配過程における独自の機能と役割を曖昧にしてしまった，と言えよう。また，コーニシン教授の主張に対するミリネル氏の批判について笠原教授は，「ミリネルのこのような批判は，社会主義下の社会的総生産物の分配過程における国家保険の地位を正確に位置づけるという意図の下になされたものであり，当を得たものとして受け入れらるべきである[40]」と評価している。

以上によって明らかなように，ミリネル氏は，国家保険制度を，とくにその適用分野，源泉および利用目的について詳細に分析し，社会的総生産物の分配過程との関連の中で考察している。ただ，ミリネル氏の場合にも，マルクスの言う生産目的的な保険ファンドとマルクスの対象外にあった消費目的的な保険ファンドの創造理由について，必ずしも十分に述べていないところに問題があろうかと思われる。しかし，ミリネル氏の見解は，国家保険についての分析を通してマルクスの規定した保険ファンドの命題およびその限定点と制約点を把握し，保険ファンドと保険の社会的再生産過程における地位を高め，正確に位置づけたことは評価し得るところである。

また，ミリネル氏の当論文を翻訳，紹介した笠原教授は，ミリネル氏の見解に対して，次のように評価している。「①マルクスの『予備または保険ファンド』を，生産目的のための控除であると厳しく規定し，②国家保険の下に蓄積される資金の支配的部分は本来的な社会の蓄積基金から除外されることを強調したミリネルは，にもかかわらず，国家保険局の下に大量に形成される貨幣資金の流れを前にして，保険ファンドを国民所得の再分配との関連で位置づけることに論理的帰結を求めたといえる[41]」。

しかしながら，ミリネル氏の論文は，笠原教授によって紹介されたこの「社会主義社会における国民所得の分配と保険の役割」１編を知るにとどまるのであり，マルクスが示した歴史科学的な保険および保険ファンド観に依拠して保険理論の研究を志す研究者にとっては，誠に残念であると言わざるを得ない。

また，笠原教授によれば，コーニシン教授はミリネル氏の批判を受け入れ，

『ソ連邦の国家保険』改訂第４版において修正を行っているとのことである。しかし，笠原教授は，この改訂第４版の内容を紹介，検討した後，「結論的にいって，……コーニシンの立場は，変っていない(42)」との批判的感想を述べている。

ミリネル氏の批判はむしろ，コーニシン教授の後継者と目されるモティレフ（Мотылев, Л. А.）氏によって受け容れられ，修正されて，いっそう発展，体系化されることになる。

モティレフ氏はその著『ソ連の国営保険』Мотылев, Л. А., Государственное Страхование В СССР и Проблемы Его Развития, 1972.（笠原長寿・水越哲郎監訳，白桃書房，1975年）第１章「保険ファンドと国営保険の経済的範疇」において，マルクスの保険ファンドの命題に対する見解を明らかにしている。

モティレフ氏は，科学的共産主義の創始者，マルクスとエンゲルスを引用しつつ，「社会的再生産発展のための保険ファンド創造の理由の１つは，生産過程における人と自然の相互関係そのものから発生する矛盾としての，労働過程中の自然的要素の否定的影響――有効的影響と並行する――である(43)」（傍点：押尾）として，まず保険ファンド形成の客観的必然性を，人と自然との間の相互関係そのものから生ずる，生産過程における自然的要素の否定的影響に求める。さらにモティレフ氏は，この保険ファンドを形成する源泉，ならびに対立する２つの社会体制の下におけるその内容の根本的相違について，次のように述べている。

> 保険ファンドの創造は，何よりもまず，自然の破壊力その他一連の災害から正常な再生産過程をまもるために，社会的に準備される物質的価値または貨幣資金の一定量の蓄積を意味する。この蓄積は，社会的生産物の生産過程において，専ら剰余生産によって実現することができる。換言すれば，社会の保険ファンドの源泉は，社会発展のすべての段階においてもつねに剰余生産である。……つまり，保険ファンドは社会的再生産の必然的要素であり，社会的総生産物の，正常で恒常的な再生産過程の確保のために剰余生産によって創造される。社会主義についてもまた資本主義の場合でも，保険ファンドの唯一の源泉として現われる剰余生産は，指摘した社会発展の２つの形態の条件のもとでは根本的に対立する内容を帯びている。資本主義の場合，剰余生産をもとにしてつくり出

される保険ファンドは，資本家によって横領される剰余価値にもとづいて形成され，資本の保護に奉仕する。社会主義生産のもとでは，剰余生産にもとづいてつくり出され，保険ファンドの形成にあてられる部分は，社会の必要充足のために向けられる(44)（傍点：押尾）。

以上のように，モティレフ氏はまず，保険ファンドの創造が物質的価値と貨幣資金の双方の蓄積によってなされ得ること，またその源泉は社会発展のすべての段階においてもつねに剰余生産にあることを明らかにする。そのうえで，保険ファンドを社会的再生産過程確保のための必然的要素として位置づけ，その独自性を強調している。またさらに，対立する2つの社会体制下では，保険ファンドの内容が根本的に対立していることにも言及している。

先にも触れたように，モティレフ氏は保険ファンド創造の理由についての考察を深めている。すでに引用したところによって明らかなように，モティレフ氏はその理由の一側面を，「生産過程における人と自然との間の矛盾」に求めた。しかし，モティレフ氏は，さらに重要な側面を明らかにしている。

近代経済学の文献は，保険ファンド創設の必要性を一般化し，主として社会的生産過程上の人と自然とのあいだの矛盾の存在によって説明する。だが実際には，保険ファンド創設の必要性は，多くの場合，かなり重要な他の要素，つまり，社会的生産過程それ自身における矛盾の存在，すなわち，社会的関係から生み出された生産過程に否定的作用をあたえ，その発展にブレーキをかけるさまざまの災害や事故の存在によって定められる。マルクスは，保険ファンド創設の必要性を，天災その他の自然的要素だけでなく生産様式そのもののなかに存在する生産関係の矛盾と結合させた(45)（傍点：押尾）。

マルクスのいう保険ファンド創造の必然的要因としてモティレフ氏が指摘している「生産様式そのもののなかに存在する生産関係の矛盾」という側面は，従来ほとんど考察されていなかった事情である(46)。しかし，保険ファンド創造の客観的必然性は，生産過程上の自然的要素による否定的作用という側面からだけでは決して言い尽し得ないのである。（1）の①で金子教授の見解を検討，批判した際に述べたように，生産過程は，同様にまた消費過程も，自然現象による災害や事故の危険にさらされているだけでなく，歴史的に制約された一定の生産様式自体に含まれる，生産関係の矛盾による災害や事故の危険にもさらされているのである。しかも，これら2つの矛盾は，相互に影響し合って，生産過程と消費過程に及ぼす否定的作用の程度を高めるのである。

保険ファンド創造の客観的必然的要因としてモティレフ氏が指摘する，「生産様式そのもののなかに存在する生産関係の矛盾」という側面は，マルクスの命題を解釈し，位置づける場合にも，またマルクスの対象外にあった消費目的のための保険ファンド，つまり主として家計保険の方法によって形成される保険ファンドを，マルクスの保険観にもとづいて解釈し，位置づける場合にも，欠くことのできない重要な事柄である。

モティレフ氏は，社会的再生産の必要のための保険ファンドと消費目的のための保険ファンドの形成源泉および利用目的の相違について，

> 保険ファンド（保険の方法で形成される部分を含む）の利用目的と形成源泉は，社会的生産の必要のためと人保険の場合とでは本質的にちがっている。人間社会のあらゆる発展段階における社会的生産の必要のための保険ファンドの源泉は，消費された生産手段の填補ならびに生産拡大のための追加部分と並んで，社会的総生産物からの緊急的控除として形成される剰余生産物である。人保険の方法で形成される保険ファンドは，別の源泉をもっている。このファンドは，市民の個人所得とくに，それ自体，総生産物ならびに国民所得の分配および再分配の結果であり，主として必要生産物を示す労働者や職員の賃金にもとづいて形成される。換言すると，生産的目的の保険ファンドと市民への保険給付を目的とするそれとでは，形成形態ならびに源泉を異にしているのである。前者の保険ファンドは，剰余生産つまり剰余生産物，したがって剰余労働にもとづいて，後者は主として，必要生産物つまり必要労働にもとづいてつくり出される。……かくして，住民人保険のために形成される保険ファンドは，生産的目的の保険ファンドとは若干異なり，社会主義の内的本質に従う社会的消費ファンドとくに，社会保険ならびに社会保障ファンドにより近い経済的範疇である[47]
> （傍点：押尾）。

と主張している。

以上のように，モティレフ氏は，マルクスの規定した保険ファンド範疇について，まず，その創造の理由から説き起こし，従来触れられていなかった重要な要素，「生産様式そのもののなかに存在する生産関係の矛盾」という事情も保険ファンド創造の理由の一側面をなすことを明らかにした。次いで，その適用分野は社会的生産過程に限られること，および形成源泉は剰余生産物または剰余価値であること，さらに構成内容は物質的価値と貨幣資金の両方であることを示し，マルクスの命題の限定点と制約点とを明らかにしている。そして，モティレフ氏はミリネル氏と同様，この保険ファンドを，「消耗された生産手段を置きかえるための補填分」や「生産を拡張するための追加部分[48]」と並ぶ，「社会的総生産物からの緊急的控除」として分配過程に積極的に位置づけるのである。

モティレフ氏はさらに，住民人保険の方法で形成される保険ファンドについて――この保険ファンドに対するコーニシン教授の取り扱い方がミリネル氏の批判点の1つとなった――，その形成目的，形成形態および源泉がマルクスのいう保険ファンドとまったく異なっていることを明らかにした後，ミリネル氏と同様，社会的消費ファンドのうちにその論理的帰結を求めている。

住民人保険とそれによって形成される保険ファンドの本質解明においてモティレフ氏は，社会的総再生産の意味で労働力再生産を捉え，それとの関連で住民人保険，つまり家計保険を考察するのである。モティレフ氏はまず，労働力再生産過程における危険や障害を，生産過程の場合と同様，1つは自然的要因による否定的作用に，今1つは生産関係に内在する一定の条件や制約に求める。そして，これらの矛盾に対して労働力再生産過程を維持，強化するところに住民人保険の本質と役割を求めている。

社会的総再生産の意味での労働力再生産の一要素としての住民国営保険の社会経済的本質は，「生産の面での人と人との社会関係，生産の社会的構造」にもとづくマルクス＝レーニン主義経済学を基礎として，はじめていっそう完全に解明することができる。人々およびその家族の生活上の物的福祉の生産過程で，彼らの財産状態は，火災，洪水，地震その他の災害，世帯主や働く家族の死亡，生活ならびに生産上の疾病や災害による労働能力喪失，失業，不作などに関連した生活手段の損失その他の自然的ならびに社会・経済的性質をもつ危険に陥る。人々の生命と労働にかかわるさまざまの不幸な災害による経済的影響の度合いは，いちじるしく生産関係，労働力再生産過程実現の具体的な経済的・社会的条件の性質によって左右される。この現象の相互関連の分析を通じて経済的範疇としての保険の本質と労働力再生産上の役割を解明できる(49)（傍点：押尾）。

しかる後にモティレフ氏は，対立する2つの社会体制，資本主義と社会主義のもとでの住民人保険ないしは家計保険の経済上の役割や内容についての比較考察を行っている。ただ，本章はマルクスの創唱になる保険ファンドの基礎的命題の解釈と位置づけをめぐって，主だった論者の見解を検討，批判することに主眼を置いているため，マルクスの対象外にあった住民人保険ないしは家計保険，およびそれによって形成される保険ファンドに関しては，これ以上，立ち入らないことにする。このテーマについては，章を改めて論ずることにする。

3　保険ファンドと蓄積ファンドの関連性

（1）保険ファンドと蓄積ファンドを厳格に区別する立場

前節において，保険ファンドの命題について主だった論者の見解を検討したのであるが，これは同時にまた，保険ファンド範疇と蓄積ファンド範疇の関連性をめぐって，新たな問題を提起することになる。本節では，前節の成果を踏まえて，この問題について前出の論者の見解を検討，批判することにより，マルクスの保険ファンドの命題の解釈と位置づけについて総括することにする。

まずミリネル氏は，前掲の論文の中で，社会主義下における保険ファンドと蓄積ファンドの関係について，

全体として，保険基金の源泉は，社会主義の下では蓄積基金であるという意見がある。従って，国家保険局によって蓄積される資金は保険基金の部分として考慮されている。この観点はわれわれにも関係がある。ところが，国家保険局の手によって，蓄積される資金は，個人的分配以前に行なわれる社会的総生産

物からの控除によって形成される資金だけでなく，勤労者の個人的資金から集められた資金……からもまた汲み取られるのである。つまり，このことは，国家保険局の財源はすべて蓄積基金ではないということを示しているのである。その上，マルクスは，社会的生産物の分配制度において，生産目的のために利用される保険基金を強調しているのである。つまり，社会的生産物のこの部分は所得として社会において消費されもせずまた蓄積のためにも当然利用されないものであるということなのである。換言すれば，滅失した生産手段の補塡のために支出される社会で生産された物的富のその部分は，国民の消費のためにもまた，生産のために消費された生産手段のうめ合わせのためにも，あるいは，生産の拡大つまり蓄積のためにも利用されないのである。従って天災や事故にもとづく生産手段の損失補塡のために予定された保険基金は，社会的総生産物の分配の分析に際しては，蓄積基金と消費基金とを区別する必要があるのである。蓄積基金には，予備基金の増加又は国家所得の再分配に際して，他の全国家的基金，例えば，予算の蓄積として移行されるその増額部分だけが関係する。従って，蓄積基金には，生産手段の保険に関する払込金（保険料）によって形成されるところの国家保険の資金部分が関係することは全くないのである[50]（傍点：押尾）。

と述べ，『資本論』においてマルクスが保険ファンドと蓄積ファンドとを明確に区別している周知の部分[51]を引用する。しかる後に，「つまり，『ゴータ綱領批判』で社会主義の下での社会的総生産物の分配制度を示しながら，マルクスはとくに，『予備または保険基金』を，それも，とくに生産範囲における蓄積基金を形成するところの『生産拡大のための追加分』とを区別しながら強調しているのである。蓄積基金には，直接的使途によるその利用ののちに，残るところの保険基金の部分だけが関係することは明らかである[52]」（傍点：押尾）と主張している。

ここでミリネル氏の批判対象となったのは，コーニシン教授の『ソ連邦の国家保険』改訂第3版であった。コーニシン教授は，その後の改訂第4版においてミリネル氏の批判を受け容れ，ある程度の修正を加えている[53]。しかし，笠原教授は，改訂第4版においてもなお，コーニシン教授が保険ファンドと蓄積ファンドとを必ずしも明確に区別していないことを明らかにし，次のように批判している。

コーニシンの見解は，むしろ保険や保険ファンドの社会経済的意義や本質を見誤らせることになる。社会主義の下でも貨幣経済が存在する限り，国家保険を通じて形成される保険ファンドも必然的に貨幣形態をとらざるを得ない。これらの貨幣資金は銀行の当座預金や決済勘定にあずけられ，各種の財政手段を通じて融資に向けられ社会主義経済の建設資金に充用される。しかし，このことは貨幣の形をとる保険ファンドが社会主義的蓄積の手段としての機能を果たすことであって，保険ファンドが蓄積ファンドそのものであることとは本質的に異なっているのである。勿論，保険ファンドの要素の中には，保険事業によってもたらされる利潤や利潤にもとづく国家保険局の予備基金あるいは，防災，防疫目的のために保険料の一部が国家予算に繰入れられる部分は蓄積ファンドを構成することは当然である。しかし，その支配的部分は，コーニシン自身が，国民所得の再分配と保険との関連についての部分で述べているように，保険ファンド形成に参加するコルホーズや労働者及びコルホーズ員の間に，保険事故の発生を契機として再分配される保険資金である[54]。(傍点：押尾)。

以上のように，笠原教授もミリネル氏と同様に，保険ファンドと蓄積ファンドは，たとえ部分的に関連性をもつとしても，それはなんら本質的なことではなく，その形成目的，源泉，適用分野および社会経済的意義や本質をまったく異にするのであるから，両ファンドを同一視したり，無条件に関連させたりするべきでなく，厳格に区別するべきであるということを明言している。

（2）保険ファンドと蓄積ファンドを厳格に区別しない立場

また，バーダー教授の場合もコーニシン教授と同様，保険ファンドと蓄積ファンドとを必ずしも明確に区別してはいない。バーダー教授は，「マルクスは，保険基金（A）の本質を述べることしか行なわず，保険基金（A）の現象形態如何は，マルクスにとって興味がなかった」として，「危険負担者が保険基金（A）を形成しない時でも，やはり，この基金は伏在的な形態で，もしくはライヘルの言うように，組織されずに，または定型なしに蓄積基金の中に含まれるのである。いいかえれば，蓄積基金の一部が，損害事故発生の場合に，保険基金（A）として機能しなければならないのである。この断定は，資本主義的生産関係にも社会主義的生産関係にも当てはまる」。つまり，「マルクスのいう保険基金（A）を，1つの独立した基金として蓄積基金と並列させ，したがってまた，保険基金（A）を蓄積部分として表示することは正しくないのである」（傍点：押尾）と述べており，保険基金（A）を1つの独立した経済的範疇として蓄積基金と並列させて捉えることを否定している。そして，その理由についてバーダー教授は，「マルクスによれば，蓄積基金と保険基金（A）との間には，次の点で密接な機能的関連がある。すなわち保険基金（A）は，その全額が生産手段および消費財の障害および破壊をうずめるために必要とされない時は，その分だけ蓄積基金として役立ちうるし，またその反対に，保険基金（A）が十分な額だけ形成されない時は，蓄積基金は，部分的に，保険基金（A）の機能を引き受けなければならないのである(55)」と説明している。

つまり，バーダー教授は，まず第1に保険ファンドの過不足の場合，第2に保険ファンドの非組織的形態の可能性の2点を想定して，保険ファンドと蓄積ファンドとの結びつき，ならびに保険ファンドの非独立性を強調しているのである。バーダー教授のこのような見解は，もちろん保険ファンドの命題の解釈の仕方に依拠している。

前節で詳しく述べたように，バーダー教授は，マルクスのいう保険ファンド範疇と現実の保険制度とのギャップを埋めるために，独自に保険基金（V）という範疇を設定し，さらにこれらを保障ファンドという上位概念で統一した。そして，それによって保険基金（A）と保険基金（V）とを社会的準備財の全体系の中に矛盾なく組み入れようとしたのである。しかしながら，このことによってマルクスの保険ファンド範疇は，社会的総生産物の分配過程における唯一の独立した範疇としての地位を低めてしまう結果になったのである。それだけでなくバーダー教授は，「伏在的な形態」ないしは「非組織的形態」の保険ファンドを想定したうえで，それを蓄積ファンドの中に求め，その一部であるかのような主張までしているのである。そのために，些かも事態を変化せしめるものではない，非本質的な事情をもって，保険ファンドと蓄積ファンドとを結びつける結果を導いた，と言えよう。

（3）保険ファンドと蓄積ファンドに関するマルクスの見解

マルクスの重要な教えによれば，保険ファンドは，社会的総生産物の個人的な分配に先立ち，自然的要素と生産関係にもとづく矛盾としての災害や事故などによる生産手段の損失を填補するという，特別の目的使命のもとに控除されるべき必要部分なのである。しかも，この部分は客観的に必要な経済的範疇として明示されたのである。そして，「これは，収入のうちで収入として消費されもせず必ずしも蓄積財源として役立ちもしないただ１つの部分である。これが事実上蓄積財源として役立つか，それともただ再生産の損害を埋め合わせるだけであるかは，偶然によることである[56]」（傍点：押尾）。つまり，社会的総生産物の分配制度との関連の中で考察すべき保険ファンドは，蓄積ファンドとも，もちろんまた，消費ファンドとも明確にかつ厳しく区別されなければならない「ただ１つの」経済的範疇なのである。のみならず，保険ファンドには，笠原教授やミリネル氏が指摘するように，保険制度を通じて形成される貨幣資金――それ自体は国民所得の分配・再分配の結果である――も含まれるのである。したがって，コーニシン教授やバーダー教授のように，保険ファンドと蓄積ファンドとを同一視したり，あるいは非本質的な事情によって結びつけることは疑問である。笠原教授が主張するとおり，保険ファンドが蓄積ファンドとしての機能を果たすことと，「保険ファンドが蓄積ファンドそのものであることとは本質的に異なっているのである」。

また，モティレフ氏もこの点に言及している。モティレフ氏は，「損害填補のための財政的予備の不足が感じられる一定の状況の場合には，財源として信用資金や流動資本勘定の現金などが利用されるけれども，こうした状況は好ましくない貨幣流通と考えられ，正常で十分納得できるものとして検討されることはありえない[57]」（傍点：押尾）として，保険ファンドが不足した場合に利用される財源の意義を積極的に評価してはいないのである。そして，保険ファンドと蓄積ファンドとを同一視したり，あるいはこれらを無条件に結びつけようとしたりするすべての主張を批難して，「まず第１に，剰余生産物にもとづいてつくり出されるすべての生産物は，蓄積ファンドと関連させることはできない。保険ファンドに示される部分は，発生するかもしれない損害を填補する決定的な目的的使命をもっている。もちろん，追加的蓄積はその一部をなすつくり出された生産物の部分が保険ファンドとなり，不測の事態や災害その他によって姿を消していく生産物，すなわち蓄積ならびに消費分野の回復できない損失の代わりになることを予定するときに論ずることができる。保険ファンドは，生産の進歩的発展，総生産の全部門の不断の計画的活動，生産手段と消費対象の全体的入用を考慮したその交換と補償の主要条件の1つとして専ら考察されねばならない(58)」（傍点：押尾）。また，「保険ファンドの経済的内容に触れたマルクスは，つねに保険ファンドの固有の使命について，無条件には，蓄積ファンドと消費ファンドの内のいずれにも関連しないと指摘している」としてマルクスを引用しつつ，「国民所得の分配にあたって，蓄積ファンドおよび消費ファンドと並んで独自のファンドとしての保険ファンドを分離することは，社会的生産の客観的条件に従った完全に合法則的なことである(59)」（傍点：押尾）と主張している。

以上のように，ミリネル氏，笠原教授およびモティレフ氏は，保険ファンドと蓄積ファンドとをマルクス＝レーニン主義にもとづいて理論的に分析するだけにとどまらず，ソ連邦の現実にも視点を向けその関連性を究明している。その分析，究明を通じて，これらの諸氏が主張するように，保険ファンドと蓄積ファンドとはその形成理由，形成目的，形成源泉ならびに社会経済的な意義や本質をまったく異にする，独自の範疇としてつねに厳格に区別されなければならないであろう。たとえ，これらのファンドがそれぞれの機能を代行したとしても，それは本質的な事柄ではあり得ないのである。したがって，それを根拠に保険ファンドと蓄積ファンドとを同一視したり，あるいは無条件に関連づけようとするあらゆる主張は斥けられねばならないであろう。

4　保険ファンドの創造理由についての分析の重要性

マルクスが創唱した保険ファンド概念を理論的支柱として保険理論の体系化を目指す研究者にとって，マルクスの命題をいかに解釈するか，つまりそれ自体に含まれている一定の限定点と制約点とをいかに把握し，社会経済体系に位置づけるかは，もっとも重要な意味をもつ。

今日なお，保険ファンドの命題の解釈と位置づけをめぐって論争が続けられており，いまだ一致した結論には到っていない。したがって，マルクスの命題の解釈と位置づけについて，さらに研究が積み重ねられる必要がある。

本章は，マルクスの創唱になる保険ファンドの命題の解釈と位置づけについて各論者の見解を検討，批判したのであるが，本章のむすびに当たって，得られた成果を確認することにする。

保険ファンドの命題の解釈と位置づけは，なによりもまず，保険ファンドの創造理由についての分析から始められなければならない。なぜならば，そこにこそ保険ファンドの社会経済的な意義や内容があるからである。そして，その方向から社会的総生産物の分配制度と関連させつつ利用目的，形成源泉ならびに適用分野等を分析することによってのみ，再生産過程を維持，強化する目的的使命をもった唯一独自の経済的範疇としての保険ファンドの地位や役割を明らかにすることができるのである。

保険ファンドは，生産の拡大のための追加部分として役立つ蓄積ファンドと同一視することも，また無条件に関連づけることもできない独自の範疇であり，厳格に区別されなければならない。

注

(1)笠原長寿著『保険経済の研究』，未来社，1977年。
(2)印南博吉訳稿「カール・マルクスと保険」，『Insurance 生保版』第2651号，p.8,1974年。
(3)『Insurance 生保版』第2651,2653,2655号に連載。なお，バーダー教授の論文はこれまでに，印南稿「バーダー教授の保険本質論」(『加藤由作博士還暦記念　保険学論集』，春秋社，1957年)，「社会的再生産における保障基金の体系」(『印南博吉博士還暦記念　現代資本主義と保険』，保険研究所，1964年）ならびに前掲印南稿が紹介されている。本章では，これらの論文のうち，もっとも新しい印南訳稿「カール・マルクスと保険」を主に参考にした。
(4)『Insurance 生保版』第2651号，pp.9-10。
(5)同第2653号，p.10。
(6)同第2655号，pp.12-13。
(7)同第2653号，p.8。
(8)同第2651号，p.11。
(9)同第2655号，p.13。
(10)同上，pp.13-14。
(11)マルクス著『ゴータ綱領批判』，『マルクス＝エンゲルス全集』第19巻 pp.18-19，大月書店，1968年。
(12)『Insurance 生保版』第2653号，p.10。

(13)マルクス前掲書，p.19。

(14)ソ連邦科学院経済学研究所著／経済学教科書刊行会訳『経済学教科書』第4分冊，p.903（1959年）によれば，現にソ連邦において「社会的消費フォンドは，国民所得のうち，社会主義社会の成員のあいだに分配される部分であって，その分配は，物質的財貨や文化財という形態で無償または特恵的条件でなされることもあり，また貨幣の支給というかたちでなされることもある」。

(15)『Insurance 生保版』第2653号，p.8。

(16)前掲『経済学教科書』，p.875。

(17)箸方幹逸稿「『保険基金』について」（生命保険文化研究所『所報』第7号第2分冊，1960年，以下箸方①論文と表記する）および同稿「準備ファンドおよび保険ファンド――『資本論』と保険についての研究史覚書き」（東京経済大学経営学会編『東京経済大学会誌』第50号，1966年，以下箸方②論文と表記する）。

(18)同上箸方①論文，p.272。

(19)同，pp.274-275。

(20)同上箸方②論文，p.12。

(21)同箸方①論文，pp.275-276。

(22)同上，p.285。

(23)金子卓治稿「保険資本について」（大阪市立大学経営学会『経営研究』第40号），p.60,1959年。

(24)同上，p.74。

(25)同，p.70。

(26)同，pp.70-71。

(27)同，pp.74-75。

(28)同，pp.75-76。

(29)押尾直志稿「資本主義経済における保険ファンド」明治大学大学院編『明治大学大学院紀要　商学篇』第13集，1975年。

(30)池野重男氏も金子教授の方法論にならって，「資本と保険――保険経済学序論」（生命保険文化研究所『所報』第29号，1974年，以下，池野①論文と表記する）および「生命保険における『資本』論――従来の『人間』論批判」（大阪市立大学経営学会編『経営研究』第139号，1975年，以下，池野②論文と表記する）の2論文で見解を明らかにしている。

(31)笠原教授は金子教授の見解における疑問点として，①企業保険資本と家計保険資本＝生命保険資本との関係が不明確であること，②企業保険資本と生命保険資本の本質的基盤の同一性を，「危険負担」にのみ求めていて，より重要な「資金動員と貸付機能」には触れられていないこと，の2点を指摘している。（笠原前掲書，pp.79-80）

　これに対し池野氏は，「氏（笠原教授：押尾注）がこの点を『不明だといわれるのは，論理的にであるのか，或いは，われわれの論理が現実の保険史に合致していないことのゆえにであるのか，定かではない」（池野②論文，p.48）として，それぞれの場合について説明している。もちろん，論理的にも，歴史的にも「不明確」なのであるが，笠原教授が指摘するのはむしろ，以下のような理由によるのである。つまり，企業保険と家計保険を統一把握する場合に，その拠り所を，まず第1に，家計保険は，企業保険が「新たな利潤を求めて」進出することによって成立した「派生的なもの」（同②論文，p.49）であるということに，また第2に，「生命保険への加入が，企業保険のばあいとは全く対照的に派生的であること，すなわち保険外務員（外交員）の存在がいかに大きいかということ」（同，p.52）に求めているからである。すなわち，その保険料の源泉，適用分野および危険負担基盤をまったく異にする家計保険の社会経済的な内容や意義についてなんら分析されていないからだけでなく，家計保険＝生命保険成立の裏づけを，マーケティング分野に関する事柄で説明しようとしているからでもある。

また，笠原教授はつとに，家計保険の経済的本質を分析し，「家計を基礎とする生活の再生産過程においても，資本の再生産過程と同様に，その過程を破壊し，中断するような自然的，社会的な様々な危険にさらされている。…家計保険はこのような歴史的に制約された社会経済的条件の下で，生活の再生産過程を中断し，破壊するような危険や所得不能及び家計の下での『労働力再生産』にともなう経済的必要並びに老後の生活不安を集中し，組織化し，そのための貨幣準備を合理化し，節約化する機能を果す経済的仕組として把握されるのである」（傍点：押尾，笠原前掲書，pp.100-101）と明言している。

(32)笠原長寿稿「社会主義社会における国民所得の分配と保険の役割」，『共済保険研究』第2巻第1号，保険研究所，1960年。

(33)同上，p.26。

(34)同。

(35)同，p.29。

(36)同，p.31。

(37)ミリネル氏の批判対象となったのは，Φ.B. コーニシン教授の『ソ連邦の国家保険』改訂第3版（笠原長寿訳『ソ連邦の保険』，白桃書房，1960年）である。

(38)笠原前掲稿「社会主義社会における国民所得と保険の役割」，p.34。この点については，笠原教授もミリネル氏の見解に同調し，コーニシン教授の見解に対し，「コーニシン教授は，マルクスの保険ファンドの概念を広義的――それが正しいのだが――に理解し，その概念を敷衍的に，ソビエトにおける予備形成及び保険の現実に適用している。これは，一面でマルクスの命題の発展的適用として認められるが，他面でマルクスの命題と現段階における保険存在との間に横たわっている前記の諸問題との関連を十分に説明していない。つまり，マルクスの命題においては包含されていない人保険部門を通じての，或いは個人的源泉に基づいて形成されるファンドを，保険ファンド概念の中に，何らの媒介的説明を行なわず無造作に包括してしまっているのである」（笠原前掲書，p.55）と批判している。

(39)コーニシン教授は『ソ連邦の国家保険』改訂第3版の中で，国家保険の機能や役割について，次のように述べている。「ソ連邦の保険は，社会主義の基本的経済法則の作用に従属する。国家保険は，自然力によって破壊された生産力復興の可能性を創造し勤労者の将来の一層の物質的豊富を目的とした拡大再生産の不断の絶え間のない過程の確保と社会主義的生産の不断の発展を促進する……保険の主要な機能は，天災または事故のために破壊された生産力要素の復旧いいかえれば，これらの現象によってこうむった損害の填補である」（傍点：押尾，pp.13-14）。

(40)笠原前掲書，p.28。

(41)同上，pp.110-111。

(42)同，p.121。
(43)モティレフ著，笠原長寿・水越哲郎監訳『ソ連の国営保険』，p.3，白桃書房，1975年。
(44)同上，pp.4－5。
(45)同，p.7。
(46)笠原教授は，（注）(31) で引用したように，保険ファンド創造と「生産様式そのもののなかに存在する生産関係の矛盾」との必然的関連性に言及している。しかし，コーニシン教授やバーダー教授の場合には，「人と自然とのあいだの矛盾」の存在だけで説明しようとしている。コーニシン前掲訳書『ソ連邦の保険』「第1章ソビエト国家保険の意義」およびバーダー稿「社会的再生産における保障基金の体系」Ⅰ，Ⅱを参照されたい。また，東ドイツ政府財政省発行『保険部門における内勤者教育用の研究叢書』第1分冊，『搾取社会における保険の史的発展過程並びに保険の機能，形態及び性格』（印南訳稿「資本主義社会における保険――唯物論的な保険史観の一例」，『損害保険研究』第19巻第1号，損害保険事業研究所，1957年，および第20巻第1号，1958年）の著者の見解もまったく同様である。たとえば，「我々は進んで，此の社会秩序の下において，保険又は保険類似の施設が果して存立したかどうか，又それはどの程度のものであったかを尋ねてみよう。我々は此の問題について次のような研究からその解明を試みなければならない。
　a自然的災害その他が引起す損害に対して保護を得ようと云う欲望，即ち保険の保護に対する欲望がその当時の人間に有ったかどうか。
　bこのような損害を填補しうるような元本――即ち保険元本――を形成するための客観的前提が，原始社会に既に存在したかどうか。
　これらの質問に答えるについて，先ず第1の問には次のように答えるべきである。人類は自然に対して頼りない力で立ち向い，仕事の道具その他の簡単な使用品の原始的な僅かな共有物を使い得たに過ぎない。栄養物も亦極度に乏しかった。なお自然的災害に対しても，人類は無力であった。おまけに自然的災害は，共有物に対しても損害を与えることがあった。中にも原始的な住居や道具に対する損害が考えられるのである。右の事情から推論しうることは，自然的災害及び不幸な場合の結果に備えるべき予備元本，換言すれば保険による保護に対する欲望が，原始社会にも既に有ったということである」（傍点：押尾，第20巻第1号，pp.56-57）等々。
(47)モティレフ氏は，ソ連邦のソフォーズが「完全ホズラスチョート」へ移行するのにともなって，保険ファンドの設定と利用との間に矛盾を生じていることを批判している（笠原長寿稿「社会主義保険の研究」，明治大学商学研究所編『明大商学論叢』第56巻第1－8号，明治大学商学部創立70周年記念論文集，pp.278-282,1974年）。
(48)マルクス前掲書，p.18。
(49)モティレフ著，笠原・水越前掲監訳書，pp.32-33。
(50)前掲『共済保険研究』，pp.27-28。
(51)マルクス著『資本論』第3巻，『マルクス＝エンゲルス全集』第25巻b，p.1085，大月書店，1967年。
(52)前掲『共済保険研究』，p.29。
(53)笠原長寿前掲書，pp.112-123を参照されたい。
(54)同上，p.123。

(55)『Insurance 生保版』第2655号，pp.13-14。
(56)マルクス前掲書『資本論』，p.1085。
(57)モティレフ著，笠原・水越前掲監訳書，p.20。
(58)同上，p.17。
(59)同，p.18。

第2章
保険ファンド論における家計保険の理論化

1　保険ファンドの命題と家計保険

近代保険の生成・発展にともない国家による監督行政上，法制度を整備するためにも，また社会的要請に応えるためにも，社会科学の一分野として保険学（論）を確立することは喫緊の課題となった。

人々は社会のそれぞれの発展段階において自然によるさまざまな否定的影響と社会の発展がもたらす否定的影響を受け，それに対処してきた。危険に対処するためのさまざまな制度や仕組みは社会の発展段階における諸条件の中で生まれ，新たな社会体制に移行するとその歴史的使命を終え新たな制度に取って替わられ消滅していった。人々が生存し，生活するために必要な生活資料をどのように獲得するかを決定づける生産関係のあり方は，支配する人々と支配される人々から構成される社会構成体の場合，とくに支配される人々にとって否定的な影響をより大きくする。しかも，自然による否定的影響と社会がもたらす否定的影響は相互に作用し合い，多様かつ複雑で巨大な危険を人々と社会にもたらすことになる。このような社会構成体において支配される人々の生存，生活を脅かす危険に対する経済的な備えは遅れ，不十分であるというよりも，往々にして貧困となる。資本主義社会において，危険に対する経済的準備は資本の事業として生成・発展してきた。資本の運動上，利益が見込まれればいかなる分野も市場として開拓していくが，家計分野の保険商品の開発や市場開拓はうえに述べた理由で遅れた。保険学者たちは社会経済の発展にともなって次々に開発される保険商品や制度の創設に翻弄され，保険概念規定や定義論争に終始し，保険を経済制度として捉える科学的な方法論を確立する発想をもてないまま長い間「保険本質論争」を続けてきた。戦後，「保険本質論争」の非生産性を反省し，そこから脱却して経済学を応用し科学的な保険理論の体系化を志向する方法論が提起された。その理論的基礎はマルクスの『資本論』Das Kapital．をはじめとした一連の著作に示された保険観であった。それは保険制度を，再生産過程において（不変）資本がさらされている偶発的危険による損失に備える経済的準備の歴史的形態として捉えるとともに，いかなる社会体制においても生産過程を攪乱，中断するような偶発的危険に対する経済的準備としての「保険ファンド」の創造が客観的に必要であることを科学的に論証するものであった。ただ，マルクスは資本の運動法則の分析上必要な限りにおいて（企業保険としての損害）保険の役割を解明したに過ぎず，可変資本に関わる保険や消費過程にかかわる（家計）保険については研究の対象外であった。

つとに，マルクスの保険に対する深く鋭い洞察力に共鳴し，これを「保険基金説」と命名するとともに，そこに含まれる限定点と制約点を看破し克服するために考案した経済準備説の提唱者，印南博吉教授は，マルクスの命題と家計保険について，次のように述べている。

> マルクスのいう保険基金なるものは，天災その他の災害による不変資本の減滅に備える経済準備にほかならない……。ただマルクス自身が断っているように，保険基金説は不変資本の天災的，偶然的減滅の場合だけに関するものであって，可変資本の場合には適合しない(1)。
> 「即ち，損害保険は大体において，再生産のための保険基金であり，生命保険や傷害保険は大体において，労働力維持のための特殊な準備である(2)」。
> したがって，あらゆる種類の保険を包括する統一的な定義とはなりえないのである。またたとえこれを修正して統一的定義を作り上げたとしても，保険は保険基金の一種である，と説くのでは，同語反復にすぎない虞がある。この点において，包括的，統一的定義の樹立を目ざすかぎりでは，経済準備という用語を採用することが適当であると考える(3)。

また，印南教授の経済準備説を受けて，笠原長寿教授はさらに，「経済準備説に立つ人々にとって，『経済準備』という広義の概念で保険の統一的定義樹立目的が一応達せられたとしても，マルクスの研究対象の外にあった可変資本及び剰余価値に関する保険についての科学的分析と理論構成を果す課題は依然として残されている。……マルクスが対象としなかった可変資本に関する保険，具体的には個人の住宅や家具等の損害保険及び生命保険等の家計保険についてのマルクス保険理論の適用と創造的発展は単に経済準備説に限らず，社会経済的視角から保険の科学的分析を志す者にとっては不可避の課題といえるのである(4)」と，新たな問題提起をしたうえで，既存の内外諸学者の接近方法の分析とその問題点を究明している。

マルクスの保険ファンド観に基礎を置いて保険理論の体系化を図ろうとする場合，まずマルクスの保険ファンドの命題をどのように解釈し，位置づけるかが問題となる。この問題についてはすでに，第1章で主たる論者の見解を詳細に検討，批判しつつ，私見を述べることによって保険理論の体系化のための基礎的作業に着手した。

保険ファンドの命題に保険理論の方法論を求める場合，可変資本や家計分野にかかわる保険，つまり家計保険をどのような論理で説明するのかはもっとも重要な課題である。本章では，第1章で取り上げた主たる論者を含む諸論者のこの課題に対する見解を分析，検討してその問題点を明らかにし，科学的な保険理論の体系化のためにはいかなる考え方に立つべきかを提起することによって現段階における保険理論の体系化に向けた基礎的作業の成果を取りまとめることにする。

2　保険ファンドの命題の限定的解釈

(1) 派生的形態把握——箸方幹逸教授の方法論と問題点，および書簡への回答

はじめに一言述べておかなければならないのは，第1章の2節「保険ファンド概念およびその限定点と制約点」において箸方教授の見解を取り上げ，検討，批判していることである。その際，著者が参考にし，かつまた引用に用いた箸方教授の論文は，生命保険文化研究所『所報』第7号第2分冊掲載の「『保険基金』について」と，東京経済大学会誌第50号掲載の「準備ファンドおよび保険ファンド」の2論文であった。そして，著者の論文が公になった後，箸方教授から感想と批判をしたためた書簡を頂戴した。その中で，笠原教授ならびに著者が箸方教授のいま一つの保険ファンドに関する研究論文「保険ファンド Assekuranzfonds範疇の成立——ケネー『経済表』とマルクス『再生産論』の関連によせて」(生

命保険文化研究所『論集』第11号掲載）を取り上げていない点を指摘された次第である。よって，本章では重複を厭わず，ご恵贈いただいた箸方教授の同論文をも含めて今一度同教授の見解を検討し，第1章で提示した批判点を再確認することにする。これで箸方教授のご教示に対する著者の回答としたい。

しかし，本章の目的は保険ファンド論における家計保険およびその保険ファンドの解釈と位置づけについて既存の諸成果を分析，検討することによって保険理論の体系化を試みることにある。

さて，著者は第1章で箸方教授の保険ファンドについての認識に対して，マルクスの保険ファンドの規定を生産の部面に関する，自然的・超歴史的あるいは物質的基礎規定として把握し――つまり，マルクスの規定を基礎的規定に押しとどめることによって――，逆に保険ファンドの命題を近代保険制度のすべてに敷衍しようとするもの，と断定した(5)。然る後に，箸方教授の見解の問題点は，「まず第一に，マルクスの規定した保険ファンドの命題の解釈上，金子教授の『派生的論理』に依拠し，単純に近代保険制度と関連づけていること，つまり『企業保険』の方法で形成される保険ファンドと『家計保険』の方法で形成される保険ファンドとを『同様の論理』で，あるいは『派生的論理』で統一しようとしていること，第二に，マルクスの命題は生産過程に関して述べられた『基礎規定』にすぎないと断定し，社会的再生産過程におけるその役割や機能の独自性を低く押しとどめてしまっていること，つまり社会的総生産物の個人的分配に先立つ控除によって形成され――もちろん，その主たる方法は保険制度である――，自然的要素と生産関係とに基因する諸矛盾に対して生産過程を維持，強化するという使命をもつ，客観的，必然的な唯一独自の経済的範疇としてマルクスのいう保険ファンドを捉え，位置づけていないこと(6)」にある，と批判したのである。

もちろん，この批判は，「『保険基金』について」ならびに「準備ファンドおよび保険ファンド」における箸方教授の主張に対して向けられたものである。したがって，その限りにおいては，現在でも，著者の見解は変わらない。しかし，箸方教授は，「保険ファンド Assekuranzfonds 範疇の成立」において，再度自説を訂正している――この場合，果して「訂正」という言葉が妥当であるかどうかは，検討の余地があると思われるが――ので，著者は以上の二つの批判点に関して，箸方教授の「訂正」を考慮しながら，再度検討することにした。

箸方教授は,「保険ファンドAssekuranzfonds範疇の成立」において,次のように述べている。「われわれは誤りを訂正するの急なあまりに,ここでも——『準備ファンドおよび保険ファンド』,p.28.（2）：押尾注——再び表現上の誤りをおかしてしまった。マルクスの保険ファンド範疇は,単に近代保険制度の自然的・超歴史的或は物質的基礎規定をあたえたにとどまるのではない。単にあたえたにとどまるのではないことは,ほかならぬ資本制社会における保険ファンドは,剰余生産物一般からの控除ではなく,剰余価値＝利潤からの控除によって形成されねばならないことを,マルクスが明瞭に指摘している一事からも,実は明らかなことである。ただマルクスは,ケネー経済学体系における実物資本分析の観点を受けつぎ,その範囲内で保険ファンド範疇を問題にしたにとどまる。『実物資本とは明白に異なるものとしての貨幣資本の形成と動き』,つまり『保険資金』(Versicherungsgeldfonds)・『保険資本』(Versicherungskapital)の形成と運動については論じていない。マルクスは,保険ファンドの形態規定について論じていないと述べたのは,実は上述の意味にほかならなかったのである(7)」。

以上のように,箸方教授は,「準備ファンドおよび保険ファンド」において展開した主張を,「保険ファンドAssekuranzfonds範疇の成立」において訂正した。それは,マルクスが規定した保険ファンド範疇を,単に近代保険制度の自然的・超歴史的或は物質的基礎規定と把握するのではなく,一歩すすんで,資本主義的歴史的形態をも,事実上問題にした規定であると解釈できる,という立場に移行したのである。

そこで,まず,第一の批判点を再検討しよう。上の引用によって明らかなように,箸方教授は,最終的に印南・笠原両教授の保険ファンドの命題に対する基本的な解釈の仕方を全面的に肯定せざるを得なくなったのである。しかしながら,この事実をもってただちに,箸方教授をわれわれと同じ立場に属するとみなすことはできない。というのは,次のような理由からである。箸方教授の保険ファンドの命題に対する結論的な見解は,「マルクスは,『保険元本』Assekuranzfondsという抽象的・一般的な,したがって感性的には認識しえない範疇を設定することによって,近代保険制度下の集中的・貨幣的『保険基金』Versicherungsfondsの,自然的・超歴史的或は物質的基礎規定をあたえた(8)」だけでなく,さらにすすんで,「資本制生産の下で,剰余価値＝利潤からの控除が必要であると述べることによって，事実上保険ファンドの歴史的形態，つまり近代保険制度を問題にしている。確かに，近代保険制度の歴史的形態規定そのものをたちいっておこなってはいない。要するに，マルクスは当該範疇を，一方では超歴史的概念として，他方では歴史的概念として――その意味で広狭二義に――使用しているのである[9]」と要約されよう。そして，簹方教授は「保険ファンド Assekuranzfonds 範疇の成立」の結論的部分において，「われわれは，印南・笠原両氏の見解を基本的に受け入れたのである[10]」と述べているのである。

たしかに，簹方教授は「『保険基金』について」において採った立場――マルクスの規定した保険ファンドの命題を近代保険制度下の集中的貨幣ファンドと同一視する立場――を放棄し，これを超歴史的に，広義に解釈する立場に変わった。しかも，簹方教授は著者への書簡の中で，「マルクスはもっぱら広義経済学の視点で保険ファンドを論じている。資本論体系の中に位置づける作業は，かれの方法に即して，われわれが試みてみるべき仕事でしょう。その点の方法的自覚が乏しいというのが，笠原先生や貴兄の業績に対する不満といえば不満であります。その点を除けば，わたしと貴兄等の内に距離は無いと思います[11]」と述べている。

しかしながら，同様に超歴史的な広義の解釈であっても，印南・笠原両教授ならびに著者が理解するそれとは，かなりの違いがあるのである。簹方教授は，「準備ファンドおよび保険ファンド」において，それまでの狭義的解釈を訂正し，印南・笠原両教授の広義的解釈を「基本的に受け入れた」と述べているのであるが，ここにそもそも誤解があった。印南・笠原両教授の場合には，マルクスの規定した保険ファンド範疇を，社会的再生産過程における唯一独自の範疇として把握したのである。しかも，笠原教授はさらに研究を深め，マルクスの命題およびそこに含まれている一定の限定点と制約点を正しく解釈するためだけでなく，家計保険とその方法によって形成される保険ファンドをマルクス主義にもとづいて創造的に発展させ，体系化するうえでも欠くことのできない重要な過程，すなわち保険ファンドの創造理由についての分析を初めて試みたのである[12]。それゆえに，少なくともこの「準備ファンドおよび保険ファンド」を執筆した時点においては，たとえ簹方教授が印南・笠原両教授の見解を「受け入れた」と訂正しても，マルクスの言う保険ファンドを近代保険制度のたんなる「基礎規定」に過ぎないと把握していた以上，「両教授と見解を同じくする」とは言えないであろう。したがってまた,「保険ファンド Assekuranzfonds 範疇の成立」において，印南・笠原両教授の見解を部分的に採り入れ，再度見解を訂正し,

①「マルクスの『保険基金』概念は，超歴史的な概念であり,『経済準備』の概念と同一視されるほどの広義の内容をもつもの」である。

②マルクスが規定した保険ファンドの命題は，たんに近代保険制度の自然的・超歴史的或は物質的基礎規定を与えただけでなく，資本制下においては剰余価値＝利潤からの控除によって形成されねばならない。

という2点を新たに追加しても，なお大きな隔たりのあることを認めざるを得ないのである。

その理由は，以下に引用する印南・笠原両教授の見解から明らかになろう。まず，印南教授は，次のように述べている。

ただわれわれが心得ておかねばならないことは，マルクス自身も明言しているように，彼がもっぱら「異常な天災・火災・洪水などによる破壊に関する保険」を，それも企業保険だけについて論じているということである。生命保険については資本論を通じわずかに一カ所で，それも他の事柄との引合いに言及しているのにすぎない。ゆえにマルクスの保険論は，保険全体を取扱っているわけではない。したがって，特に人保険の分野について，マルキシズムに立脚する理論の展開が要求されるわけである。……まことに，企業保険における保険料は剰余価値からの控除であるとしても，家計保険特に生命保険の保険料は，賃金の一部をこれに充てる場合が多く，したがって，剰余価値からの控除として両者を統一的に把握することは困難である[13](傍点：押尾)。

また，笠原教授は，マルクスの見解を特徴づけて，次のように述べている。

①天災その他の偶然的危険は資本の生産過程ばかりでなく，あらゆる生産過程に固有なものである。②保険ファンドが天災その他の偶然的事実に対するために形成されるのは経済的必然事項である。③しかも，それは資本制的生産様式の止揚後も存続すべき唯一の部分である。④それは，社会的総生産物からの一控除部分であるが，資本制社会においては剰余価値であり，社会主義の下では

社会のための生産物である。⑤それが，蓄積ファンドとして役立つか否かは，専ら偶然に依存する。⑥これらのことは，保険ファンドが，例えば資本制社会の下で保険会社により別個の事業として管理されると否とにかかわらず，事態の本性を変化させない。但し，マルクスが，ここで対象としているのは天災的損害のための不変資本に関する保険，即ち財保険についてであり，しかも資本制社会においては，企業にかかわる保険のみである。しかしながら，現実の資本制社会においては，保険ファンドの源泉が「剰余価値」のみならず，勤労者の賃金にもまた求められるのである。しかも，このことは財保険または人保険を問わず――その業務が保険会社，共済組合または労働者による独自の機関の何れによって行なわれようとも――等しく見られる現象である。このことは，また社会主義社会も同様であって，その保険ファンドには，コルホーズ農民や労働者その他の一般市民の個人的所得が相当部分を占めているのである。かくして，保険ファンドに対するマルクスの古典的命題と現実的問題との関連をどのように把握するかが，当面の課題となってくるのである(14)。
賃金及びその他の個人的所得に源泉をもつ住宅や家財等に対する家計的性格をもつ財的保険の発展，また家計保険の代表的存在である生命保険の飛躍的発展，その他休業保険，予定利益保険等に見られる擬制的利潤の確保を対象とする新種保険の登場等々は，資本主義の帝国主義段階への移行にともなって特徴づけられてくる問題である。……かくて，保険ファンドの現代的性格はマルクス以後展開されている新たな課題として発展的に把握さるべき性質のものである(15)（傍点：押尾）。

両教授が述べているように，保険ファンドの命題が，資本制下では企業保険およびそれによって形成される保険ファンドの本質に関してのみ規定されたものである以上――もっとも，この点に関しては，箸方教授も「準備ファンドおよび保険ファンド」において承認するに至り，「……『資本論』において，マルクスが研究対象として取りあげ，かつ念頭に置いた『保険』は，資本の再生産過程において，『自然的異常，火災，洪水等』によって，或は『偶発事故や危険 Gefahren』によって，不変資本がこうむるであろう『素材的……減殺』若しくは『破壊』に関する『保険』であった。すなわち，それは，一般的にいって，家計保険ではなく企業保険であり，生命保険ではなく損害保険であった」（pp. 2-3）と述べている。一，家計保険およびその方法によって形成される保険ファンドについては，マルクス以後の新たな課題として，マルクス主義的方法に倣って発展的に分析，究明されなければならないのである。

しかしながら，箸方教授は，「準備ファンドおよび保険ファンド」ならびに「保険ファンド Assekuranzfonds 範疇の成立」においてもなお，「『保険基金』について」で示した，企業保険の方法によって形成される保険ファンドと家計保険の方法によって形成されるそれとの把握方法――家計保険およびその保険ファンドを，第三次元資本説による「派生的論理」の援用によって位置づけようとする方法――を訂正していない。したがって，著者は，第1章で提示した第一の問題点を撤回する意思をもっていない。

このことについて，箸方教授は著者への書簡の中で，「貴兄は金子先生と私を同一グループとして扱っておられますが，実はかなり異なる点もあるのです。金子さんは，広義経済学扱い，或は保険ファンド論の意味をみとめません。氏においては，保険ファンド範疇は必要としないので，氏の体系は“保険資本”から始まるのです。もっぱら資本主義社会における保険が経済学の対象であると考えるのです(16)」との説明をいただいた。

しかし，著者は，箸方教授の見解を金子教授の見解と同一に扱ったつもりはまったくないし，不十分ながら両教授の方法論上の相違も認識しているつもりである。拙稿「保険ファンドの古典的命題の解釈と位置づけについて」（本書第1章）を良く読まれれば了解されるはずであるが，重ねて言うならば，箸方教授が，マルクスによって規定された保険ファンドの命題と近代保険制度との関連的把握において，金子教授が主張した，いわゆる「派生的形態把握」――すなわち，資本の運動部面でひとたび成立した「企業保険資本」が，危険負担の同一基盤を求めて家計へ新たな活動を展開することによって，家計保険が「派生的」に成立するという，いわば現象と本質とを取り違えた微視的論理――を援用することによって，家計保険およびその保険ファンドの問題を整理しようとしているところに，疑問が生ずる，というのである。

このことはまた，箸方教授が，「マルクスにおける保険ファンド範疇の研究は，準備ファンド諸形態との比較研究によって，閉ぢられなければならないと考えているのである[17]」と述べることによって，事実上家計保険の問題を，金子教授の方法論に倣い，剰余価値＝利潤からの控除によって形成される保険ファンドの「派生的形態」として片づけてしまっていることによっても裏づけられよう。

笠原教授が，「氏（箸方教授：押尾注）が『資本主義社会においては……，剰余価値したがって，利潤の転化形態――転用形態ではない――としての保険料範疇成立を媒介に，保険会社の手もとに貨幣的形態で，保険基金が形成されるのである』とするとき，依然としてそこでは，基本的には『剰余価値したがって利潤』部分から控除される保険ファンドの形成に過ぎないのではないだろうか。マルクスの命題をどれだけ発展させているだろうか。資本主義下で，とくに金融＝独占資本主義の下で，主要な役割を演ずる生命保険等の問題を包括せずには，『保険ファンドの基本形態』の把握は余り意味のないことではないだろうか。『派生的形態把握の論理』であってもよいから，現段階の保険の実態に即した理論構築こそ箸方氏のいう『資本論』体系にそくした問題への接近ではないだろうか[18]」との批判をしている理由は，この点にあるのである。

次に，第二の批判点の再検討に移ろう。ここでの指摘は，第一の批判点とも多分に関連性をもってくることを念頭に置く必要がある。箸方教授の，マルクスの保険ファンドの命題に対する把握方法における一貫した特徴は――「『保険基金』について」での狭義的把握から「準備ファンドおよび保険ファンド」での広義的把握へ，さらには「保険ファンド Assekuranzfonds 範疇の成立」での，マルクスによる歴史的形態規定を肯定する見解へと，大幅な修正はしているが――，資本制生産様式のもとでの近代保険制度と関連づけて保険ファンドの基本形態を把握しようとするところにある。そのために，見解上の修正をしてはいても，箸方教授の方法論は，マルクスの命題にのっとって近代保険制度およびそれを通じて形成される保険ファンドを考察するのではなく，逆に近代保険制度の側からマルクスの命題を反対規定しようとしているかのごとき印象を与えるのである。

それは，たとえば「『保険基金』について」における把握方法，すなわちマルクスの保険ファンドの命題と近代保険制度下の集中的貨幣ファンドとを同一視し，かつ第三次元資本説による「派生的論理」を援用すること，また「準備ファンドおよび保険ファンド」における把握方法，すなわちマルクスの命題を抽象的，一般的な自然的，超歴史的或は物質的基礎規定――もちろん，形式的にはマルクスの命題を広義に解する立場に変わったが――に押しとどめることによって，逆に近代保険制度下の集中的貨幣ファンドと同一視すること，さらには，「保険ファンド Assekuranzfonds 範疇の成立」における把握方法，すなわちマルクスの命題を事実上，近代保険制度と直接的に関連させる立場――印南・笠原両教授は，つとにそれを主張している――に移行したが，家計保険およびその保険ファンドの問題に関しては，なんらの「媒介的説明」もなく，依然として第三次元資本説の「派生的論理」に依拠するに過ぎないことなど，である。

したがって，以上を要約すると，箸方教授はその方法論上，まず第一に，マルクスの規定した保険ファンドの創造理由についての分析視角を欠き，第二に，保険ファンドの命題と近代保険制度との関連的把握による「歴史的形態規定」――もちろん，それが重要なのだが――に固執し過ぎたために，近代保険制度に基点を置いてマルクスの命題を反対規定するという根本的な過ちを犯している，と言えよう。

したがって，箸方教授の方法論をもってしては，マルクスの言う保険ファンドを，社会的再生産過程において独自の機能や役割をもつ，客観的，必然的な唯一の経済的範疇にまで高め，位置づけることが不可能である。のみならず，資本主義がその最高の発展段階としての帝国主義段階に移行するとともに急激な発展を見る家計保険，とくに生命保険とそのための保険ファンドについての問題は，「企業保険資本の利潤追求動機から派生的に生じた兼営形態である」という一言で，社会的再生産との関連からも，ひいてはまた経済学的対象からも外されることになってしまったのである。以上が，上述の拙稿（第1章）で提示した第2の批判点の内容である。

われわれは，マルクスが規定した保険ファンドの命題を，社会的再生産過程における唯一独自の範疇として解釈し，その限定点と制約点とを明確にしたうえで，近代保険制度下の保険ファンド諸形態との関連を問題にすべきであろう，ということをここに強調しておきたい(19)。さもない限り，マルクスが，「保険会社が別個の事業としてこの保険ファンドを管理するかどうかは，少しも事の性質を変えるものではな」く，「資本主義的生産様式の解消後にも存続せざるをえないであろうただ一つの部分でもある(20)(訳文では『財源』という訳語が当てられているが，本書では著者の責任で『ファンド』，つまりドイツ語の Fonds に相当する英語の fund に改めた。以下，同じ。：押尾注)」，したがって社会主義社会に移行した場合，「社会的総生産物からは，次のものが控除されなければならない。第一に，消耗された生産手段を置きかえるための補填分。第二に，生産を拡張するための追加部分。第三に，事故や天災による障害にそなえる予備ファンドまたは保険ファンド（訳文では『積立』という訳語が当てられているが，同様に『ファンド』という訳語に改めた。以下，同じ。：押尾注)。『労働の全収益』中からこれらのものを控除することは経済上の必要で[21]」ある，と論証した真の意味を正しく理解することはできないであろう。

一方，笠原教授はこの点を詳細に分析し，「人間社会における自然的災害や，その他の不測的災害の不断の存在，それに対処する人間的社会の努力，それの物質的表現としての保険ファンドの創造等は，人間社会の発生以来，発展，変化の過程を経ながら存続し続けている。例えば，保険ファンドにしても，それが自然的災害や不測の事故の結果の損害に対処するため，社会的総生産物からの控除部分として存置されるということは，何れの社会においても共通である。しかしながら，存置される保険ファンドそれ自身はそれぞれの社会の支配的生産関係の制約の下に発展，変化を遂げつつ歴史的な姿をもって現われているのである。したがって，保険ファンドは一面で同一であると同時に，他面でそれ自身と異なり，それ自身のうちに内的矛盾を含み，発展，変化の過程をもつという客観的本性をそなえているものとして把握しなければならないであろう[22]」。ただ，「マルクスは『予備ファンドまたは保険ファンド』の形成が『保険によって行なわれなければならないかどうか』については意見を示していない。しかし，マルクスが，……二つの著書（『資本論』と『ゴータ綱領批判』：押尾注）において明記していることは，全社会の観点から天災や事故に基づく生産上の故障に対する社会的総生産物の一部の準備的控除の経済的必然性について，深遠なる考慮の下になされた見解である。したがって，マルクスも規定する如く『この保険ファンドが保険会社により別個の事業として管理されるか否かは，事態の本質を変化させない』のであり，しかも，この保険ファンドは『資本制生産様式の止揚後も存続すべき唯一の部分である』のである[23]」と，正しく述べている。

以上のように，①「派生的形態把握」では，主として“箸方教授の書簡に応える”という形で，拙稿（第１章）において著者が呈示した批判点を再確認したにとどまる。しかし，今，本節を結ぶにあたって著者は新たな，したがって第三の批判点を提示する必要性を見い出すのである。

箸方教授は，「準備ファンドおよび保険ファンド」において，「われわれもまた，基本的には，バーダー氏の『保険』Versicherungの定義が妥当であると考える。したがって，バーダーの《Versicherung》の意味において，保険ファンドを理解する。それは，集団的貨幣ファンドの形成であり，準備ファンドの一特殊形態である」，「バーダーが『独自の保険基金概念』を設定したのはむしろ正しい」，「しかし，ここで問われているのは，マルクスの《Assekuranzfonds》範疇とわれわれおよびバーダーの保険ファンド範疇の論理的関連である。バーダーは，《保険 Versicherungは『保険ファンド』Assekuranzfondsの特殊形態である》という。問題は特殊形態という表現の理解のしかたにある(24)」と，一面でバーダー教授に同意する。しかし，箸方教授は他面でマルクスが『資本論』と『ゴータ綱領批判』の二つの著書の中で述べているのは「近代保険制度の超歴史的，自然的基礎規定」に過ぎず，「歴史的形態規定を立ち入っておこなっているわけではない」ので，バーダー教授の主張は，教授自身が独自に設定している「『保険基金』範疇とマルクスの“Assekuranzfonds”範疇の関連の論理化」が「不徹底」であり，「批判的に追求されねばならない」と，批判する。しかる後に，箸方教授は，「われわれは，基礎規定として《Assekuranzfonds》の意義を理解したく思う」，「近代保険制度のもとでの保険ファンドは，マルクスの規定した《Assekuranzfonds》の単なる特殊形態ではなくて，むしろその転化形態であると理解したいのである(25)」と主張したのである。ところが，箸方教授は前述のごとく，「保険ファンド Assekuranzfonds範疇の成立」において，「マルクスは……事実上保険ファンドの歴史的形態，つまり近代保険制度を問題にしている(26)」と，前稿の主張を翻し，「……近代保険制度が広義の保険ファンド範疇の歴史的形態である点については，バーダーとともに，笠原氏とわれわれは『同様の認識』に到達している(27)」と述べている。のみならず，著者への書簡においては，「ポーランドのワーカロ教授も言及しているようですが，私はバーダー教授の考えが相対的にマルクスの見解を最も正しく把握していると思います(28)」と述べ，今や，ほぼ全面的にバーダー教授の主張に同意するに至ったのである。

箸方教授がかくしてバーダー教授の主張に同意したことに対して呈示する著者

の第三の批判点は，続く（2）「新範疇設定による把握」で検討しようとしているバーダー教授の見解と関連する事柄なので，その作業を終えた段階で明らかにされることになる。

（2）新範疇設定による把握——バーダー教授の方法論と問題点

バーダー教授の注目すべき論文「カール・マルクスと保険[29]」(Karl Marx und die Versicherung, 1972.）については，第1章で若干の検討と批判を行った。その際，著者は，保険ファンドの命題に対するバーダー教授の解釈の仕方について，次のように述べている。「マルクスの保険ファンドの命題についての基本的な解釈，すなわち保険ファンドの源泉およびその種類，適用分野，ならびに生産様式との関連性についての解釈は，原則的に異論のないところである。問題は，マルクスの命題を社会的総生産物の分配過程にいかに位置づけるか，にある」。しかし，「バーダー教授は，マルクスの命題をたんなる本質的，基礎的な規定にすぎないものとして把握しているのである。したがって，そこには，保険ファンドを社会的総生産物の唯一独自の部分として規定したマルクスの命題を積極的に高め，位置づけようとする姿勢は見られない[30]」。たしかにバーダー教授は，「マルクスの命題の創造的発展のために独自の見解を採っている。しかしながら，まず保険ファンド創造の理由についての分析がなされていないこと，ならびに社会的総生産物の分配過程に関連させて積極的にその地位を高め，位置づけていないことから，マルクスの命題自体に含まれている一定の限定点と制約点とを必ずしも明確に把握しているとは言い難い[31]」。

以上の引用の冒頭でも述べているように，マルクスの命題に対する基本的な理解の仕方において，バーダー教授とわれわれとの間に大きな隔たりはない。ただ，われわれの主張する見解と根本的に対立するのは，保険ファンド創造の理由が分析されていないこと，および社会的総生産物の分配過程との関連のうちにその役割や地位を積極的に高めていないこと，の二点である。とは言え，こうした見解上の相違は，たんに箸方教授が言うような「ささいな理解の差異」や「距離はない」だけにとどまらないのである。それは，われわれとバーダー・箸方両教授との間の根本的，対立的な見解の相違である，と言えよう。第1章では，以上の点についての説明が必ずしも十分であったとは言えないので，以下に補足的に論述し，バーダー教授の見解に対する私見を総括することにする。

ところで，われわれは，印南教授の貢献によってバーダー教授の保険ファンドの命題についての解釈上の変化を容易に知ることができる。まず，わが国に初めて紹介された「保険の理論に寄せて(32)」（Ein Beitrag zur Theorie der Versicherung, Deutsche Finanzwirtschaft, Heft 17 u.18, 1955.）および「保険の理論に寄せて(33)」（Ein Beitrag zur Theorie der Versicherung, Wissenschaftliche Zeitschrift, Heft 2, 1956.）を見てみよう。

バーダー教授はマルクスの命題について，次のように述べている。

全ての資本家が同様な境遇にあるからして，このような予備を，保険という既存の施設を適当に作り変えることにより，団体的に形成するのが最も適切な方途である。かくて資本主義的保険は，資本主義的生産関係を確保し増進させる手段だったのである。但し之について看過してはならないことは，再生産過程の個々の段階において投下資本が当面するすべてのリスクが保険でカバーされうるわけではない，ということである。故に団体的予備のほかに，なお個人的予備も形成されねばならないのであって，この両種の予備基金が，マルクスのいう予備基金又は「保険基金」を形成するのである。故に「保険基金」という表現は必ずしも適切ではない，けだし之は，保険の方法によらないで形成されうる予備も包括するからである(34)（傍点：押尾)。

以上によって明らかなように，バーダー教授はマルクスの命題を，保険制度によって形成される「団体的貨幣準備金」，すなわちバーダー教授が独自に理解する，いわゆる保険基金（V）Versicherungsfonds と，「保険以外の方法による個人的予備基金」とを総括する基礎的な概念として把握しているのである(35)。

そして，資本主義と社会主義の下における保険ファンドの内容については，次のように述べている。

この種の予備（生産過程確保のための予備：押尾注）は現物でも形成されれば，商品と貨幣の交換関係が存立する限りでは，貨幣でも形成される。予備形成の源泉は，資本主義の下では剰余価値であり，社会主義の下では社会のための生産物である[36]。

さらにまた，バーダー教授は，マルクスが社会主義の下での予備形成の必然性をも指摘していると前置きした後，

資本主義の場合と反対に，生産手段の所有者は社会それ自体である。したがって，予備形成は，資本家たちの個人的な仕事ではなく，社会のしたがって国家の仕事である。ゆえに予備基金または保険基金は，国家的予備の一部分であり，……国の集中的な純収入から形成される。しかし，国家的予備の形成は，保険概念の中に含められるべきものではなくて，むしろ保険を除外する。なぜならば，保険の基本思想は危険共担団体を組織することなのに，保険に附すべき生産手段の所有者が社会自体であり，社会自体がすでに厖大な危険共担団体である場合，保険の作用すべき余地は存在しないからである。ゆえに生産手段の社会化は，それだけ保険の行為を無用ならしめるのである。したがって保険の本質を明らかにするためには，国有財産に対する予備形成とその他の財産に対する予備形成とをハッキリ区別しなければならない。後者に属する財産は，個別的にも集団的にも保険に附せられうる。ゆえに保険の存立は，いろいろな所有形態と結びついているのである[37]。

以上，1955年の「保険の理論に寄せて」および翌1956年の「保険の理論に寄せて」を執筆した段階でのバーダー教授の見解を要約すると，次のようになるであろう。

（1）マルクスの規定した保険ファンド Assekuranzfonds の命題

Assekuranzfonds ※ ｛ Versicherungsfonds ※※ ／ 予備基金※※※

※　Versicherungsfonds と予備基金との基礎的上位概念である。

※※　保険組織を通じて行われる，入用充足を目的とした貨幣準備の集団的形成である。

※※※　保険の方法によらない個人的予備の形成である。

（2）資本主義的保険ファンド

①形態

1）Versicherungsfonds

資本家階級が保険会社を通じて形成する集団的貨幣準備基金。

2）予備基金※

資本家各人が個人的に形成する貨幣および現物予備。

※「基金」という用語は妥当ではないが，一応本文に合わせてそのまま用いた[38]。

②源泉

剰余価値（利潤の犠牲[39]）。

（3）社会主義的保険ファンド

①形態

国家的予備※
- 社会主義的国家財産―国家による非保険的現物および貨幣予備
- 社会主義的国家財産以外の財産
  - Versicherungsfonds ※※
  - 非保険的現物および貨幣予備

※　予備基金または保険基金は国家的予備の一部である。
※※　保険制度を通じて形成される集団的貨幣準備基金である。

②源泉

社会のための生産物。

ところが，その10年後，『印南博吉博士還暦記念論文集　資本主義と保険』に紹介された「社会主義における保険の理論的基礎」の一部，「社会的再生産における保障ファンドの体系」（Das System der Sicherungsfonds der gesellschaftlichen Reproduktion, 1965.）における見解では，かなりの修正がなされている。

この段階に至ってバーダー教授は，マルクスがある場合には，Assekuranz- und Reservefonds と言い，またある場合には，Reserve-oder Assekuranzfonds と言っていることに注目し，従来の見解を修正して Assekuranzfonds 範疇から「予備基金」を除去し[40]，それを蓄積ファンドの一構成要素に含め，機能資本の循環過程における攪乱を平均する場合にのみ作用する，個々の資本家にとって必要な資本主義的貨幣ファンドとして把握すべきことを主張したのである。

したがって，1955年および1956年の二つの「保険の理論に寄せて」におけるマルクスの命題についての見解——Assekuranzfonds を予備基金と保険基金 Versicherungsfonds の両者の上位概念として把握するというもの——から予備基金が取り除かれ，Assekuranzfonds は，「生産と流通の領域」(der Bereich der Produktion und Zirkulation あるいは Es wurde festgestellt, daß sich der Assekuranzfonds auf die produktive Sphäre des gesellschaftlichen Reproduktionsprozesses bezieht[(41)]) にかかわる「素材的損失，つまり使用価値的損失の平均のために役立[(42)]」ち，社会的再生産の観点から考察する場合にのみ用いられている概念である，とバーダー教授は訂正した[(43)]。

また，バーダー教授が独自に理解する Versicherungsfonds については，箸方教授が指摘するように，前の二論文と「変化はない」。かくして，Versicherungsfonds は基礎的範疇としての Assekuranzfonds の「貨幣的形態」として同一視されるに至ったのである。ただし，われわれがここで注意しなければならないのは，笠原教授も指摘しているように[(44)]，Versicherungsfonds には人保険ないしは家計保険およびその保険ファンドが含まれていない，ということである。

以上，「社会的再生産における保障ファンドの体系」に示された見解を，前二論文と同様，要約してみよう。

（1）マルクスの規定した保険ファンド Assekuranzfonds の命題

Assekuranzfonds ※ ｛
- Versicherungsfonds
  (Finanzielle Form, つまり Geltfonds)
- Materielle Form

※生産と流通の領域にかかわる。

（2）マルクスの対象としなかった保険ファンド Versicherungsfonds

Versicherungsfonds ｛
- 生産と流通の領域にかかわる Versicherungsfonds
  (＝マルクスの言う Assekuranzfonds)
  - a．国家社会主義財産に対する保険※
  - b．社会主義的協同組合財産に対する保険
  - c．国家資本参加の民間財産と事業に対する保険

個人と社会の消費の領域にかかわる Versicherungsfonds[45]
(der Bereich der individuelle und gesellschaftliche Konsumtion)

※この保険はもはやソ連邦でも，またその他の大部分の社会主義国でも行われていない，とバーダー教授は述べている[46]。

（3）資本主義体制（kapitalistische Gesellschaftsordnung）における保険ファンド Assekuranzfonds

①形態

Versicherungsfonds（= Geldfonds）のみ[47]。

②源泉

剰余価値，つまり利潤の転用形態[48]。

③形成主体

個々の資本家たちないしは資本家階級[49]。

（4）社会主義体制（sozialistische Bedingung）における保険ファンド Assekuranzfonds

①形態

(Versicherungsfonds
(materielle Form

②源泉

社会的総生産物[50]（gesellschaftliche Gesamtprodukts）

③形成主体

社会主義国家[51]

さらに，バーダー教授は，印南教授が指摘しているように[52]，前の二論文で明らかにしていなかった人保険およびその保険ファンドについても準備形成の必要性があることを考慮し[53]，社会的再生産過程にかかわる諸準備を「生産と流通の領域に対する準備」と「社会と個人の消費の領域に対する準備」とに区分する。そして，その全体を包括する上位概念として，バーダー教授は新たに「保障ファンド」（Sicherungsfonds）なる範疇を設定し，マルクスの命題に含まれている一定の限定点と制約点とを克服しようとするのである[54]。

すなわち,「資本主義体制においても,また社会主義体制においても,損害をもたらすような出来事に対して再生産過程を保護するために,予備を形成しなければならない。われわれは,『社会的再生産のための保障ファンド』(Sicherungsfonds der gesellschaftlichen Reproduktion) という名称のもとにこれらの予備を包括する。この保障ファンドは,社会的再生産の生産領域についても,また消費領域についても形成される。したがって,われわれは,『社会的再生産の保障ファンド』をそれぞれ『生産および流通の領域に対する保障ファンド』と『社会と個人の消費の領域に対する保障ファンド』とに分ける[55]。つまり,保障ファンド Sicherungsfonds のうち,「生産と流通の領域に対する保障ファンドが,マルクスの言う保険ファンドあるいは予備または保険ファンドに相当し[56]」,その一部は保険 (Versicherung) の方法によって貨幣形態 (Geldform) で形成される。

しかしながら,保険には財保険だけでなく人保険も含まれるのであるが,バーダー教授は,Versicherung (-sfonds) のもとに両方の保険および保険ファンドを統一してしまう。しかも,バーダー教授は,Assekuranzfonds と Versicherungsfonds との関連について明らかにせず,たんに Versicherungsfonds のうちの生産および流通の部面にかかわる財保険およびその保険ファンドと Assekuranzfonds とを等号で結びつけ,残る人保険,その他の消費の部面にかかわる保険および保険ファンドを Assekuranzfonds とはまったく別個に,なんらの論理的媒介も行わずに併置する。そして,その両者の上位概念として「保障ファンド」Sicherungsfonds を設定したのである。

以上,二つの「保険の理論に寄せて」および「社会的再生産における保障ファンドの体系」におけるバーダー教授の,マルクスの保険ファンドの命題と,独自に理解する Versicherungsfonds についての見解を要約する形で概述した。これによって明らかになったのは,バーダー教授がマルクスの保険ファンドの命題を一貫してたんなる基礎規定の枠の中に押しとどめ,その意義を完全に低からしめてしまっていること,である。このことは,実はバーダー教授が個々の生産関係の下における保険の共通標識設定において保険を,「組織的であり,かつある一定の入用充足を目的とした貨幣準備の団体的形成[57]」と定義し,その共通性を「保険の外形及び技術的構成[58]」に求めたことに端を発している。つまり,「バーダー教授が，定義中に述べている『貨幣予備を団体的に形成する組織的形態』ということは，むしろ内容的には『保険ファンド』の創造と，その創造に伴う技術的作用に関して述べている[59]」にすぎない。しかも，保険の共通性を保険ファンドの創造に求めるのではなく，「保険の外形及び技術的構成」に求めていることから，バーダー教授は，マルクスの保険ファンドの命題を，保険の共通標識設定における本質的，中心的な概念とは見ておらず，たんに現物および貨幣準備の形成という――保険制度にも部分的に当てはまるが，必ずしも完全に合致しない――基礎的な意味・内容をもった概念と考えているのである。このことはまた，「予備基金又は『保険基金』の形成が保険によって行なわれねばならないかどうかという，我々の当面の問題……を解くことに努めてみよう[60]」というバーダー教授の問題提起の仕方からも明らかである[61]。

したがって，バーダー教授は，前に整理したように，二つの「保険の理論に寄せて」において保険ファンドの命題を，保険制度によって形成される貨幣準備基金としての Versicherungsfonds と，保険制度によらずに――つまり，資本制下では資本家各人によって個別的に，また社会主義下では社会主義国家によって全国家的に――形成される現物および貨幣準備とを総括する，たんなる基礎的上位概念として理解し，しかも社会主義下では国家的予備の一部分として包含してしまった。さらに，「社会的再生産における保障ファンドの体系」においては，再生産過程の保護のためのあらゆる予備を包括する上位概念として新たに「保障ファンド」を設定し，これをそれぞれ，「生産および流通の領域に対するファンド」と「社会と個人の消費の領域に対するファンド」とに区分した。そして，この保障ファンドの一部を構成する「生産および流通の領域に対するファンド」がマルクスの言う保険ファンドに相当するとして，『ゴータ綱領批判』に示された社会的総生産物の分配図式の第一段の控除――生産過程に対する全社会的必要控除――を修正し，非生産および消費過程にかかわる控除や総生産物の分配後に形成される諸準備をも含めて，新たに独自の概念規定を行った。かくして，バーダー教授は，保険ファンドの命題のみならず分配図式そのものまでも，客観的かつ独自なその本来的意義と内容を矮小化し，不明瞭にしてしまったのである[62]。

ちなみに，マルクスが『ゴータ綱領批判』で提示した社会的総生産物の分配図式の第一段に掲げられた全社会的必要控除は，「第一に，消耗された生産手段を置きかえるための補填分。第二に，生産を拡張するための追加部分。第三に，事故や天災による障害にそなえる予備ファンドまたは保険ファンド[63]」である。これらは生産上の，したがって社会的再生産過程の生産過程のための必要控除として示されたのである。そして，社会的および非生産的消費手段のための必要控除について，マルクスはそのあとに続けて次のように述べている。「総生産物の残りの部分は消費手段としての使用にあてられる。だが，各個人に分配されるまえに，このなかからまた，次のものが控除される。第一に，直接に生産に属さない一般管理費。この部分は最初から，今日の社会にくらべればひどく縮小され，そして新社会が発展するにつれてますます減少する。第二に，学校や衛生設備等々のようないろんな欲求を共同でみたすためにあてる部分。この部分は最初から，今日の社会にくらべてひどくふえ，そして新社会が発展するにつれてますますふえる。第三に，労働不能者等のためのファンド，つまり，今日のいわゆる公共の貧民救済費にあたるファンド[64]（訳文では，「元本」という訳語を当てているが，本書では著者の責任で「ファンド」という語に改めた。：押尾注）」。

しかしながら，バーダー教授はこれらの社会的消費および非生産的ファンドだけでなく，総生産物の個人的分配後に保険制度を通じて形成される家計保険のための保険ファンド，社会保険のための保険ファンド，さらには「保障ファンドと預貯金との間にも，マルクスが蓄積ファンドと準備ファンドとについて示したのと同じ関係がある[65]」との簡単な理由だけで，諸企業，個々の経済体，諸機関ならびに市民による銀行や貯蓄銀行への預貯金までも含めて一括して，「非生産的および社会と個人の消費の領域に対する保障ファンド」とする[66]。そして，この「保障ファンド」と「生産および流通の領域に対する保障ファンド」を「保障ファンド」（Sicherungsfonds）で統合した後，明らかにマルクスの分配図式の第一段を修正したものと思われる独自の図式に分類しているのである。

つまり，バーダー教授独自の分類法の特徴は，生産目的に備えるためのファンドと消費目的に備えるためのファンドとを一つの範疇に再整理・再統合することによって，保険ファンドの命題に含まれている一定の限定点と制約点とを克服しようとすること，にある。しかし，この分類法は同時にまた，決定的な欠陥をも内包している。マルクスの規定した図式が社会的総生産物の分配を扱ったものであるにもかかわらず，バーダー教授はこれを社会経済的諸ファンド——その形成が総生産物の分配前に行われるのか，それともその後なのかを問わず——の分類図に修正してしまった。そのために，それぞれのファンドを形成する源泉が渾然一体となり，不明瞭になってしまうのである。これは，バーダー教授が一つには，マルクスの保険ファンドの命題を終始，たんなる基礎的概念として扱い，社会経済体系の中に唯一独自の範疇として高め，位置づけようとしなかったこと，また今一つにはバーダー教授自身，独自に理解する「非生産的および社会と個人の消費の領域に対するファンド」と「生産および流通の領域に対するファンド」とを一つの「保障ファンド」なる概念のもとに，なんらの論理的媒介も行わずに統合してしまったことによるのである。

また，「非生産的および社会と個人の消費の領域に対するファンド」には，マルクスが分配図式の第二段の第三項に挙げた「労働不能者等のためのファンド」，社会保険のための保険ファンド，さらには普通保険，つまり財保険と人保険（Sach-und Personenversicherung）のための保険ファンド等がまったく同一の範疇に属するものとして包括されてしまっている。

こうした見解は，前掲拙稿（第1章）で指摘したように，「カール・マルクスと保険」でも引き続き採られている。マルクスが示した「労働不能者等のためのファンド」と保険制度を通じて形成されるファンドとを簡単に同一視し得ない理由については同稿（第1章）を参照していただくことにして[67]，ここでは著者の見解をより明確にするために新たな補足を付け加えることにする。

すでに見たように，バーダー教授はマルクスの保険ファンドの命題を，生産と流通の部面に関する，たんなる基礎規定の枠の中に押しとどめ，自らが規定した「生産と流通の領域に対するファンド」と等置した。のみならず，バーダー教授は命題に含まれている一定の限定点と制約点とを克服するために，今一つの「非生産および社会と個人の消費の領域に対するファンド」なる範疇——「カール・マルクスと保険」で言うところの Versicherungsfonds である。しかしながら，この範疇自体，すでに同稿（第1章）で述べたように決定的な矛盾を含んでいることは明らかである——を設定したのである。しかも，これら二つのファンドの間の論理的関連を示さないままに同一の次元で扱っている。このように，生産的目的に備えるための保険ファンドと消費的目的に備えるための保険ファンドとをまったく個々別々のものとして捉え，それらを新たに設定した上位概念のもとに統括する方法から生ずる問題点は，二つの「保険の理論に寄せて」から「社会的再生産における保障ファンドの体系」，さらには「カール・マルクスと保険」に至るまで一貫して採っているバーダー教授の，保険ファンドの命題に対する解釈と位置づけの仕方に起因しているのである(68)。それは，バーダー教授がマルクスの命題を，生産上の目的に備える独自のファンドとして積極的にその地位を高め，社会的総生産物の分配に先立つ客観的必要控除部分として分配過程に関連させて把握していない，ということである。

と言っても，バーダー教授がマルクスの命題をそこまで高め，位置づけ得なかったのは，もちろん，それを解釈するうえで不可欠の重要な作業を行っていないからである。すなわち，それは保険ファンドの創造理由の分析である。つまり，マルクスがいかなる思慮の下に保険ファンド（Assekuranzfonds）創造の客観的必然性を説いたのかを，われわれは何よりもまず十分に理解しなければならない。それによってわれわれが知り得ることは，まず保険ファンドが社会的再生産の観点から，とくに生産過程に関して考察されているということである。しかも，マルクスの鋭い洞察力は，生産過程の再生産上，それを中断したり，あるいは破壊したりするような自然的諸要因と歴史的に制約された一定の発展段階における社会的生産関係および経済法則にもとづく諸要因との間の相関関係から生ずるさまざまな矛盾を必然なるものとして認識しているのである(69)。保険ファンドの命題は，まさにこうした否定的作用に対して，生産過程の再生産の遂行を維持，強化するための役割を果たすべき「ただ一つの部分」としてマルクスによってはじめて，社会的総生産物の分配過程との関連のうちにその独自の地位を明示されたのである。

しかしながら，バーダー教授は当初，二つの「保険の理論に寄せて」において，マルクスの命題を保険制度によって形成される集団的貨幣基金と保険制度以外の方法による貨幣および現物予備の，たんなる総称概念と把握していただけでなく，笠原教授も指摘するように，社会主義下における国家的予備の一部に押しとどめ，その地位や意義を低からしめていた。また，「社会的再生産における保障ファンドの体系」においても，マルクスの命題に「生産と流通の領域に対する保障ファンド」の基礎規定としての意味・内容だけしかもたせなかった。しかも，家計保険については，マルクスの命題と無関係になんらの媒介的説明も行わずに独自の

「非生産および社会と個人の消費の領域に対する保障ファンド」なる範疇を設定して包括した。そのうえで両保障ファンドを上位概念としての「保障ファンド」で統括し，国民準備財の一部に含めたのである。したがって，後者の論文においても前二論文と同様に保険ファンドの命題の独自の地位や役割を矮小なものにしてしまったのである。これらのことを考え併せてみると，拙稿（第1章）で指摘したバーダー教授に対する批判点がよりいっそう明確になるであろう。

すなわち，バーダー教授は，保険の共通標識の設定――もちろん，それは重要なのだが――という問題意識に立って保険ファンドを考察した結果，前述の一連の保険ファンドに関する論文において，マルクスの規定した保険ファンドの命題の解釈と位置づけに際し，これをたんなる基礎的概念に押しとどめ，その意義・内容を正しく理解せず，したがってまた社会的総生産物の分配過程における唯一独自の経済的範疇にまで高めることができなかった，と言えよう。

さらに，家計保険およびその保険ファンドの経済学的な分析，規定においてもマルクスの方法論にのっとってはおらず，マルクスの命題とまったく別個に論じられている。しかも，この両者が無媒介的に上位概念で統合されていることにより，なお著者はバーダー教授とわれわれの見解との間にかなりの不一致点を見出すのである。したがって，著者は箸方教授が主張する「ささいな理解の差異」あるいは「距離は無い」との意見に対し，われわれとバーダー・箸方両教授との間には，いまだに根本的な不一致点が存在することを改めて認識するのである。

3　保険ファンドの命題と保険制度

（1）自家保険に対する汎歴史性付与による把握――ボンセルィ教授の方法論と問題点

第1章2で取り上げたバーダー教授と，3の（1）で取り上げるボンセルィ教授（Boncelj, J.）および（2）で取り上げるチャバイ氏（Csabay, D.）の三者の間における論争とその経過については，すでに印南教授によって詳細に紹介されており，周知のところである。

3では，ボンセルィ教授の，マルクスの保険ファンドの命題の解釈と位置づけ，および家計保険の理論化における方法論と問題点について，そして次の単元ではチャバイ氏のそれについて考察することにする。

ボンセルィ教授の保険ファンドに関する論著のうち，ここで取り上げるのは，「カール・マルクスと保険」（“Karl Marx und die Versicherung”，ZVersW, 1971, 4.）と「社会主義諸国の保険理論に対するカール・マルクスの影響」（“Der Einfluß von Karl Marx auf die Versicherungstheorie in den sozialistischen Ländern ――Eine Erwiderung auf den Beitrag von Dezsö Csabay”, ZVersW, 1973, 1.）の二つの論文である。

まず，この二つの論文におけるボンセルィ教授の見解を要約してみよう。ボンセルィ教授はマルクスの規定した保険ファンドの創造理由について，「資本主義的生産方法が止揚された後にも，**保険**が存続しなければならないというマルクスのことばは，社会主義においてもまた共産主義においても，という意味に解すべきである」，「ただし，共産主義下の経済においては，国民経済全体の自家保険としてのみ保険は可能である[70]」，「社会主義の下において保険が存続するのに反して，共産主義の下では存続しないということは，マルクスは全然言っていない。**また共産主義的経済制度の下においてもそれをゆるがしうるような大災害がおこることはありうるのであるから，共産主義の下でも保険は必要であると見なければならない**[71]」（傍点：押尾）と述べているに過ぎない。しかも，経済制度をゆるがしうるような大災害発生の可能性を，すでに自明の事柄として指摘するだけで，保険ファンドの創造理由についての分析を済ませてしまっている。

また，上記の引用から明らかなように，ボンセルィ教授は，マルクスの言う保険ファンドを保険（制度）と直接に結びつけ，共産主義下における保険存在の可能性を認めて，その理由を次のように述べている。「マルクスが述べているように保険基金（A）は，共産主義の下においても形成されねばならない。何故ならばその存在は，マルクスがハッキリと証明したように，全ての社会秩序において必要であるから[72]」。

さらに，マルクスが『資本論』の中で保険ファンドとその管理主体との関連について，「保険会社が別個の事業としてこの保険ファンドを管理するかどうかは，事の性質を変えるものではない[73]」と述べている個所を引用し，その解釈について，次のように主張する。

その重点は「別個の事業」（separaten Geschäft）に置かれている。マルクスはしかも，保険会社（Assekuranzgesellschaften）についてのみ述べているのであって，——チャバイが言うように——その他の保険施設，営利を追求しない保険施設（相互組合 Gegenseitigkeitsvereine, 公的保険機関 öffentliche Versicherungsanstalten）については，述べていない。しかし，「別個の事業」という点は，保険会社と同様，後者（公的機関：押尾注）にも妥当する。というのは，つまりその機関があらゆる保険ファンドを「別個の事業」として管理するからである。しかし，それが保険施設（Versicherungsorganisation）でないことはたしかであろう。したがって，保険施設による保険（die Versicherung beiden Versicherungsorganisationen）（別個の事業として保険ファンドを管理）として残る唯一のものは，自家保険（個別事業として保険ファンドを管理するのではない）である[74]。

つまり，ボンセルィ教授の言わんとするところはこうである。マルクスは，保険施設が「別個の事業」として行う保険制度を通じて形成される保険ファンドを「保険ファンド Assekuranzfonds」と規定した。したがってまた，マルクスが言う意味での保険（ファンド）に該当する他の形態としては，自家保険のみである。

資本主義の下で「極めて稀な例とは言え，保険の原理にもとづいていることが承認されている自家保険（die Selbstversicherung）が存在する[75]」。それに，「共産主義に到ったならば，もはや資本主義の残滓はあらわれない[76]」。したがって，「共産主義においては，必然的に自家保険が（危険の平均を通じて経済的）保障（を創造する唯一のもの：押尾注）となるのみならず，純然たる保険というものが立ち現われることになるのである[77]」。というのも，「私（ボンセルィ教授：押尾注）は，保険の本質を『危険平均による経済的保障の創造』と考えており[78]」，社会主義ではもちろんのこと，貨幣制度が消滅する共産主義でも「危険平均による経済的保障の創造」として，唯一，自家保険が存在することになるからである。また，保険ファンドには財保険の保険ファンドのみでなく，人保険のためのそれも当然含まれるのである。

さらに，ボンセルィ教授は，マルクスが『ゴータ綱領批判』において，社会的総生産物の個人的分配に先立つ全社会的必要控除の一つとして掲げた第二段の第三項，「貧民保護その他に対するファンド」も保険ファンドの中に含まれると主張している[79]。したがって，ボンセルィ教授の見解においては，マルクスの言う保険ファンドの形成源泉は，剰余生産物と必要生産物の双方である[80]，ということになる。

以上がボンセルィ教授の，マルクスの保険ファンドの命題および独自の「保険」についての見解である。

ボンセルィ教授のこうした見解に対して，論争に参加している他の二者，バーダー教授とチャバイ氏が強く批判していることはもとより，彼らの論争を紹介した印南教授も批判的感想を述べている[81]。

著者は，ボンセルィ教授の見解に批判的なこれら諸論者の主張を考慮しつつ，本章の主旨に沿って若干の検討を加えてみようと思う。

本節の冒頭で示したところであるが，ボンセルィ教授の見解では，「保険ファンドの創造理由」についての分析がほとんどなされていない――その点は，前章で検討したバーダー・箸方両教授も変わらない――。しかも，ボンセルィ教授は，独自に下した「保険」の定義にもとづいて「保険」と「保険ファンド」とを一方的に等置し，マルクスの叙述を修正して「保険」を汎歴史的存在として位置づけているのである。保険ファンド創造の客観的必然性をすでに所与のものとして前提し，独自の定義にしたがって「保険」をそのための唯一の手段とする方法論的欠陥は，まず第一に保険ファンドの命題の解釈上，根本的な矛盾を露呈することになる。

マルクスの規定した保険ファンド（Assekuranzfonds）は，後述する笠原教授やモティレフ氏によって論じられているように，社会的総再生産過程としての生産過程を，社会発展の歴史的な諸段階における支配的生産諸関係と自然との相互関係から生ずるさまざまな否定的作用，つまり偶発事故や災害から保護するという客観的必然性をもった目的的使命を担うべき準備である，と解せられる。また，それゆえにこそ，保険ファンドの創造は，マルクスが明言しているように，当該資本主義社会にのみ限局されず，その崩壊の後にも存続されなければならないのである。

これに対し，ボンセルィ教授は，資本主義崩壊後の社会主義，共産主義における保険ファンド存続の必然性を認める一方で，保険―もちろん，家計保険を含めて―の存続も認めようというのである。したがって，ボンセルィ教授によれば，保険ファンド（Assekuranzfonds）＝保険（Versicherungsfonds）という等式が成り立つことになるのである。しかも，ボンセルィ教授は，マルクス自身がそのように述べているかのごとき主張さえしている[82]。ボンセルィ教授は，まず保険ファンドの創造理由の分析において，「経済制度をゆるがし得るような大災害発生の可能性」をすでに所与のものとして前提してしまったのであるが，しかし，果たしてこの理由のみをもって保険の存在を十分に説明し得るであろうか。前に示したように，ボンセルィ教授は，保険の本質を「危険平均による経済的保障の創造」に求めている。しかし，この標識は，ボンセルィ教授の言うような保険の社会経済的な本質ではなく，むしろ保険技術的側面である。それは，マルクスの規定した保険ファンド創造の歴史的形態としての保険制度の，たんなる一側面を表わす事柄でしかない。しかし，ボンセルィ教授はこの事柄に，「それに必要なところの基金形成のための貨幣的ならびに現物的過程，その基金の管理および分配[83]」という意味，内容をもたせている。したがって，ボンセルィ教授の指摘する保険の本質は，保険ファンド創造の歴史的形態の一側面である保険技術を中心とし，本質的意味・内容をもつ側面を付随的条件として加味したもの，と言えるであろう。このように，歴史的側面と汎歴史的側面とを一つの経済的範疇の本質として表現すれば，不可避的にその本質は曖昧になってくる。

たとえば，ボンセルィ教授は，「不規則で予想できずに起こるところの損害事故の結果が，保険の助けによって長い期間にわたって次第に分配されるところに保険の本質がある。したがって，単一の危険負担者が存在して，実現する危険をそのたびごとに，かつ，その全額を自分で負担する場合にも，それは保険[84]」であるとして，「危険平均による経済的保障の創造」に保険の本質を求めているのである。しかし，ファンドの形成を必要としない場合も想定されるのではないだろうか。

このような論理的不統一の原因は，まず保険の本質をマルクスの規定した保険ファンドの創造に求め，しかる後に，それが，社会発展の諸段階における支配的な生産関係と経済法則とによって規定された歴史的形態として保険制度を考察しなかったことによるのである。このことはまた，保険ファンドの形成源泉についても，次のような問題点を生ずる。

マルクスが保険ファンド形成の対象としたのは，生産過程における労働手段と労働対象にかかわる偶発事故に関して，である。資本主義経済においては主として，それら生産手段の所有者である資本家階級に関連することになる。つまり，企業保険としての財保険——企業保険としての人保険は対象外である——にのみ関係するのである。したがって，資本制下ではマルクスの言う保険ファンドの源泉は，剰余価値に求められる。

一方，人保険を中心にした家計保険によって形成される保険ファンドの源泉は，一般住民・勤労者等の所得や賃金に求められる。したがって，この保険ファンドはマルクスの対象外であり，保険ファンドの命題に含まれない。しかし，ボンセルィ教授は，企業保険と家計保険とを独自の定義で統一したうえで，マルクスの言う保険ファンドと結びつけている。バーダー教授が批判しているように，「ボンセルィは必然的に保険基金（A）の源泉は，剰余生産物並びに必要生産物である，と主張せざるをえないのである。しかしながらこれは，ボンセルィが考えるような，マルクス説の明確な解釈ではない[85]」と言わざるを得ない。

さらに今一つ，『ゴータ綱領批判』に示された社会的総生産物の分配図式の第二段の控除の第三項，「労働不能者等のためのファンド」の解釈の仕方について問題点が生ずる。

この点について，バーダー教授も触れているので，まずその批判内容を見てみよう。

> マルクスは……ゴータ綱領批判において次ぎのように述べている。「上に挙げた三種類の控除を行なったのち，社会的総生産物についてなお残っている部分は，社会的消費のための控除をなすべきであり，特に労働不能者に対するファンドについても控除すべきである」と。ところが，ボンセルィによると，このファンドもやはり，マルクスが保険基金（A）の中に包括しているというのである。問題点は，それならばマルクスはなぜ，消費のための保険基金（A）ということを言わなかったか，ということである。彼がそのような叙述をしなかったことは，冷静な読者ならば，明らかに次ぎのように理解できるであろう。すなわち保険基金（A）は「貧民保護その他」のファンドとは同一ではない，ということである。しかしながらボンセルィは，このような保険基金（A）を「貧民保護その他」に対するものと認めざるをえないのである[86]。

バーダー教授が指摘するように，「労働不能者等のためのファンド」を保険ファンドに含めるボンセルィ教授の見解にはまったく同意し得ない。しかし，バーダー教授の見解にも同意し得ないことは，本章2（2）で述べたとおりである。

ところで，ボンセルィ教授の見解における問題点は，以上のように，バーダー教授によってすでに指摘されているが，今少し立ち入って考察してみよう。ボンセルィ教授は，すでに明らかにしたように，保険について独自の定義を下し，マルクスの規定した保険ファンドと等置している。その定義は，財保険のみならず人保険をも含むものである。その理由は，「保険料と保険金という貨幣取引は，単に表面的な姿であって，肝要なことは，その背後に生活資料，建築材料その他の現物的資財の提供が伏在して[87]」おり，保険は「危険平均による経済的保障の創造」と定義され得るからである，というものである。

ボンセルィ教授は独自の理論構成によって，保険ファンドと保険とを結びつけるべきであるとの考えを主張している。しかし，それにもかかわらず，ボンセルィ教授は，まず第一に，保険ファンド形成の目的，源泉あるいは適用分野について，また第二に，「生活資料，建築材料その他の現物的資財の提供」にこそその本質があるという「経済的保障」が，資本制下ではいかにして「保険」という形態を採るのかについて，さらに第三に，家計保険の存在理由ならびに資本制下と社会主義下におけるその意味，内容の相違について，詳細な説明をほとんど行っていない。もし，これらの諸点を考慮したならば，「労働不能者等のためのファンド」を保険ファンド範疇に包括することは到底不可能であろう。

マルクスが明示しているように，保険ファンドは社会的再生産過程における生産過程の維持，強化のための特別の生産目的的使命をもっている。これは資本制下では剰余価値から，また社会主義，共産主義下では社会的総生産物から個々の成員に分配される前に，全社会的に必要不可欠の部分として控除され，形成されるのである。

さらにまた，ボンセルィ教授がその全分野をマルクスの規定した保険ファンドの存立基盤としている，保険制度を通じて形成される保険ファンドは，総生産物の分配前に控除されるのではなく，分配後に各個別経済体から保険料の形で拠出されたものである――それが企業保険であると家計保険であるとを問わず。もちろん，生産手段にかかわる財保険の場合には，剰余生産物あるいは利潤，つまり剰余価値の一部であり，家計保険の場合には，小商品生産者や小経営者等を含め，主として勤労所得や労働賃金の一部である——。

しかるに，「労働不能者等のためのファンド」は，等しく社会的総生産物の個々の成員への分配に先立つ全社会的必要控除であるとはいえ，保険ファンドとはまったく異なり，消費目的的使命をもったファンドである。しかも，このファンドは，マルクスが指摘しているところによれば，「今日のいわゆる公共の貧民救済費にあたる元本[88]」である。このファンドの恩恵に浴する人々にとって，そのための反対給付をする必要性はないであろう。ところが，保険制度を通じて形成される保険ファンドの受給者は，保険者との間に契約を取り交わし，保険ファンドの形成に参加した保険契約者（被保険者も含めた保険金受取人）だけである。保険制度はまさしく「受益者負担の制度」なのである。

以上，ボンセルィ教授の見解における問題点を要約すれば，まず第一に，マルクス主義保険理論に立脚する一方で，それを過小に評価し，保険ファンドの創造理由の分析を欠いている。これは，マルクスがいかなる考慮のもとに保険ファンドの経済的必要性を説いたのか，またそれは社会的生産諸関係や経済法則といかなるかかわりをもつのかを理解するうえで，もっとも重要な，そして保険ファンド論におけるもっとも基本的な作業であるといえよう。それにもかかわらず，ボンセルィ教授は保険ファンドの創造を所与の客観的必然事として前提してしまっているのである。

この第一点との関連で第二に挙げられるのは，保険ファンドと保険とを等置し，保険を汎歴史的存在として貨幣的カテゴリーから切り離してしまっている点である。これは，保険ファンド創造の理由についての分析視角を欠いているからだけでなく，マルクスの理論を過小評価し，保険ファンドの利用目的，適用分野，形成源泉および社会経済的機能や役割などについてのマルクスの叙述をほとんど無視しているからでもある。また，保険の分析方法においても，保険の中に自家保険を包含したうえで，非本質的な要素によって統一的に定義し，共産主義社会では現物的保障としてこの自家保険のみが前面に現われる，との独断的解釈のもとに保険を汎歴史的存在と極めつけてしまっているところに問題がある。

第三に，保険の統一的定義において自家保険のみならず，生産手段にかかわる保険と家計にかかわる保険についても，経済学的な存在理由および社会的生産諸関係との関連，あるいはその意味，内容などの本質的側面からの分析がほとんどされていない点を指摘することができる。これは，ボンセルィ教授が生産手段にかかわる保険と家計にかかわる保険，および自家保険を統一的に把握し，マルクスの言う保険ファンドと結びつけることにより，自らのマルクス保険理論に対する理解と保険の汎歴史性を規定した定義の正当性とを主張しようとした方法論に根本的な欠陥が存するからである，と言えよう。

さらに，「労働不能者等のためのファンド」が保険ファンド範疇の中に含まれるとする点を，第四に挙げなければならない。

以上に列挙したように，ボンセルィ教授は保険ファンドの創造理由，社会経済的な機能と役割，意義・内容，生産関係と生産力との関連，適用分野，さらには形成源泉などについての考察を欠いている。しかも，自家保険を含めて定義づけた保険をマルクスの命題となんらの媒介論理をもたず等置している—というよりも，保険によるファンド形成を保険の中心的概念とせず，たんに付随的条件として把握した—。このために，本来その内容をまったく異にする消費目的的使命をもっている全社会的必要控除である「労働不能者等のためのファンド」までも保険ファンドと区別できなくなり，不可避的にこの範疇に含めざるを得なくなったのである(89)。

これによって，ボンセルィ教授は，マルクスの規定した保険ファンドの命題に対する把握の仕方と独自に下した保険の定義に含まれた決定的な矛盾を自ら暴露することになったのである。

（2）入用理論による把握——チャバイ氏の方法論と問題点

これまでにわが国に紹介されたチャバイ氏の論著の一つとして，1965年3月，東ドイツで開催された第2回社会主義諸国国際保険研究会議における同氏の研究報告「ハンガリーにおける保険の定義と保険の社会主義的内容とに関する理論の発展」と，同氏から印南教授宛てに送られたハンガリーの財産保険に関する説明書とをもとに印南教授が執筆した訳稿「ハンガリーにおける保険の理論と実際」がある。また今一つとして，原文「社会主義諸国の保険理論に対するカール・マルクスの影響」（“Der Einfluß von Karl Marx auf die Versicherungstheorie in den sozialistischen Ländern", ZVersW, 1973, 1.）がある。この内容の一部は，印南教授の前掲論文「社会主義国における保険論争」に紹介されている。

本節では，これらを参考にしながら，マルクスの保険ファンドの命題と家計保険との理論的体系化についてのチャバイ氏の見解・方法論を考察し，その問題の所在を明らかにする。

チャバイ氏は，まず「ハンガリーにおける保険の定義と保険の社会主義的内容とに関する理論の発展」の中で，概略次のように述べている（pp. 6-11）。保険の概念規定，つまり定義の確立が保険理論の研究にとって大きな重要性を帯びているにもかかわらず，ブルジョア的な理論家たちの間では甚だしい混乱と多様性が支配し，また社会主義諸国の学者のうちでも正確な定義を与えているのは極めてわずかである。ただし，コーニシン教授の場合には，初めて保険をマルクスの教義にしたがって再生産過程から導き出し，その財政経済的カテゴリーとしての役割を正しく認識した功績をもっている。しかしながら，保険の概念をその発生の根源にもとづいてのみ規定するだけでは，たとえそれが精密な概念規定にとってもっとも重要な要素であっても不充分なのであって，その対象の全体の内容，すなわちその概念のあらゆる重要な要素を含まなければならない。したがって，保険の概念規定においては，たんに経済的な要素だけでなく，経営経済的な要素をも含む必要がある。

かつて，われわれがバーダー教授の定義に基礎を求め，それに修正を加え，1959年12月の第一回国際会議で発表した見解は，出席者全員の反対にあったために，われわれは自分たちの採った方法を再検討した。その結果，現存する定義の理論的分析は方法として十分でなく，第一に現実，つまり経験と実践を分析し，そこから本質的なものを一般化すべきであるという認識に到達した。そこでわれわれは，当初の定義に若干の修正を加え，次のような必要にして十分な概念諸要素を決定した。

一　経済的概念要素

㈠貨幣ファンドの形成《類概念》

㈡(a)未来における

　(b)偶然な（個々の場合には予見しえない）

　(c)見積もることの可能な

　(d)貨幣入用を充足するため《目的》

(三)組織された施設を通じて《手段》

二　経営経済的概念要素

(四)(a)リスクの分割

　(b)その分割は，掛金を支払う危険共担団体員の中で行われる

(五)統計的方法によって

これらの要素は，資本主義的保険にも社会主義的保険にも等しく当てはまる。なぜならばこれらの要素は，極めて多様な形態の資本主義的および社会主義的保険について，等しく見出すことができるからである[90]。

また，Der Einfluß von Karl Marx auf die Versicherungstheorie in den sozialistischen Ländernでは，前稿で行った保険の概念規定とマルクスのそれとを関連させ，自説の正当性を示そうと努力する。

「人は，レーニンの場合だけに保険の機能ならびに国民経済的な役割についての直接の教示を，その形態――国家独占――との関連において見出せる；しかし，また，準備ファンドおよび保険ファンドの源泉については，古典学者のうちでマルクスだけが示している」。しかしながら，「マルクスとレーニンは，たんに付随的に保険を扱っているにすぎない。二人とも，直接の目標を設定してその定義，概念の実質的な範囲，技術的および経営経済的な問題に取り組んだのではなかった。社会主義保険理論の外形によりいっそう強い影響を及ぼした著者，ソ連邦のライヘル教授，東ドイツのバーダーおよびポーランドのW. ワーカロー（Warkallo, W.）たちが，国民経済的な思考過程についてのみマルクスを引用する理由はそこにある。彼らは，広範囲にわたる保険理論的諸問題に関して，（彼らがそれを全く考慮に入れなかったように），保険概念ならびに保険の技術的および経営経済的な特徴を，カール・マルクスの見解から引出すべきだ，という主張をしてはいない[91]」と前置きした後，マルクスによる保険の概念規定について，次のように述べている。

マルクスは……，保険Versicherung（あるいはAssekuranzfonds）の概念を僅か

ながら規定している。しかし，マルクスは保険制度のみならず，現代の保険概念のあらゆる本質的な要素を知っていたので，彼が今日のほとんどすべての世界の保険技術者達と同様に，保険に関して同じ概念把握をしていたことは明らかである。その著書からわかるように，マルクスは，次のような本質的な特徴ならびに概念要素を知っていた。

①保険は，自然的災害や不幸な出来事によって引き起こされる偶然的損害を填補する。

②自然的損害，不幸な出来事およびその他の障害に対して，人は，保険のほかに別の保障ならびに準備ファンドでも保護することができる。

③保険は，営利目的をもつ企業のほかに，別の機構によっても営まれ得る，たとえば，相互組合，公法的機関，国家などである。

保険ファンドが，保険会社によって別個の事業として管理されるか否かは事態の本質を少しも変化させない，というマルクスのこの命題は，そのほかに考えられる唯一の可能性としては自家保険だけである，という意味に解することはほとんどできない。（ボンセルィ教授の見解に対する批判：押尾注）われわれが見たように，多くの可能性が考えられるが，自家保険は，マルクスによって示された保険概念の本質的な特徴を含んでいないので，自家保険の可能性だけは考慮されない。

④保険ファンドの源泉は，生産部面では剰余価値ならびに剰余生産物，消費部面では社会の消費ファンドである。

⑤剰余価値から形成される保険ファンド（Versicherungsfonds）は，生産を保障するか，あるいは蓄積ファンドを増大する。それが実際にどのような役割を果すかは，偶然にかかっている。

⑥保険料は経費の一部である。

⑦保険は異常な自然災害や偶発事故による破壊と関連しているので，消費のための予備と同じではないし，また修繕とも維持とも同じではない。

⑧保険の本質は損害補償ならびにリスクの分割にある。

⑨しかし，保険は，個々人のリスクを取り除きはするが，国民経済的に見れば，社会的損害を取り除くことはできない。

⑩保険では，より甚だしく危険に曝されていれば，より高い保険料を支払う

ことになる（リスク比例保険料）が，それは等価原則の故と考えられる。

⑪自然的災害による不幸な出来事あるいは破壊に備える準備ファンドないしは保険ファンドに対する総生産物からの控除は，経済的必然である；その高さは確率計算によって定められる[92]。

以上に「…列挙した特徴のうち，①（偶然的損害），②（入用充足），③（機構），⑦（危険共同体），⑧（リスクの分割），⑩（リスクに比例した保険料），⑪（統計的な基礎）は，現代の保険概念の保険技術的ならびに経済的な要素であり，ほとんどどの定義の中にも見出し得るのであるが，その大部分は，自家充足の概念に当て嵌らない。④，⑤，⑥および⑨に挙げたテーゼは，保険の国民経済的な特徴を論じている；それらは，他の保障手段にも関連する。これまでに示した論証によって，保険概念および保険と他の保障手段（その中に保障準備（Sicherungsreserven），したがってまた，『自家保険』をも含む）との関係についての社会主義諸国の理論家の一般的な見解は，マルクスの見解と一致していることを証明し得たと思う[93]」。「したがって，特別の『マルクス主義的な』定義は不必要なのである[94]」。

そして，チャバイ氏は以上を要約して，次のように主張する。「保険の概念は，あらゆる時代およびあらゆる経済制度を通じて二つの基本的要素，すなわち危険団体あるいは相互性（に立脚する組織：押尾注）とリスクの分割あるいは損害分割を含んでいる。これらの基本的要素は，実践経験からしてもほとんどすべての――さまざまに表現されたとしても――定義に当て嵌るのである[95]」。

かくして，チャバイ氏は，第2回社会主義諸国国際保険研究会議での報告「ハンガリーにおける保険の定義と保険の社会主義的内容とに関する理論の発展」において規定した保険概念（諸要素）を，――チャバイ氏の言うところによれば――マルクスが規定したという保険の本質的な特徴ならびに概念要素と結びつけることにより，自ら規定した概念をもってマルクスの概念であると断言し，保険理論の研究上，もっとも重要な保険の概念規定に「成功したと信じ」て憚らないのである。

チャバイ氏の見解上，もっとも特徴的な点は保険ファンド（ただし，チャバイ氏の場合には Assekuranzfonds と Versicherungsfonds とを同じ意味の言葉と解する。この限りでは，前節で取り上げたボンセルィ教授と同じであるが，その汎歴史性についてはまったく立場を異にする。しかしまた，マルクス主義保険理論の本質を保険ファンドに求めようとしない方法論的立場は，ボンセルィ教授と同様である）を，保険制度によって形成される「貨幣ファンド」と解して，その存続を商品生産社会，つまり資本主義および社会主義の二つの経済体制にのみ限局し，共産主義におけるその存続を，したがってまたその汎歴史性を否定することである[96]。

保険ファンドを保険制度によって形成される「貨幣ファンド」と同一視する狭義の解釈の仕方は，ボンセルィ教授と同様である。（ただ，ボンセルィ教授の場合には自家保険を保険の範疇に含めるのに対し[97]，チャバイ氏はこれを除外するのである[98]）しかも，チャバイ氏は保険ファンドと準備ファンドとの関連について，次のように述べている。「マルクスが『準備ファンド』という言葉と『保険ファンド』という言葉とを，接続詞『および und』で結び付けているところが二箇所ある。一般に，二つの同じ概念を『および』で結び付けることはないと思う。別の箇所では，これら二つの概念は，接続詞『あるいは oder』で結ばれている。この箇所は社会主義に関して述べられている。この『あるいは』は，しばしば説明的な接続詞『すなわち das heißt』と解されているが，そうではなく，どちらか一方を選ぶ意味をもつ接続詞とみなす方が正当である[99]」。つまり，私（チャバイ氏）の考えでは，「マルクスは保険ファンドと準備ファンドとを区別しているのである。これらは，ともに偶発事故に対する保護を目的とするのであるが，その形態と内容を異にし[100]」，「蓄積ファンドおよび償却ファンド等と並ぶ独自のファンドなのである[101]」。「マルクスは，準備ファンドが『機能資本，つまり貨幣資本の一部ではなく，蓄積の前の段階にある資本で，まだ運転資金に変っていない剰余価値である』とその概念を定義している。『準備ファンドは，資本の循環が変化する状況の下で行なわれる限り，その循環過程の中でのみ，実現可能となる』。そのような場合が生ずるのは，流通過程（生産，販売等）が，たとえば不慮の自然的災害，経済的あるいは政治的危機によって攪乱される時である[102]」。

また，「いわゆる自家保険なるものは，むしろ自家充足……もしくは自家保証……と呼ぶ[103]」べきであるが，マルクスは「諸準備によるこの自家充足（die Eigen-Decking durch Rücklagen）をも『準備ファンド』のもとに示しているのであ」る。このことは，「マルクスが自家保険ないしは自家充足について，どこにも示していない[104]」ことからも明らかである。したがって，結論的には，「社会主義においても保険あるいは準備ファンドは必要である。共産主義——社会主義のよりいっそう発展した段階——では，これら両ファンドのうち，概念的にも，論理的にも，準備ファンドだけが考慮されることになるのである[105]」。

以上を要約すると，次のようになる。

保険ファンドと準備ファンドとは同じ目的的使命をもち近似しているが，社会経済的な内容と形態を異にする別個の範疇である。つまり，保険は生産的領域と消費的領域における偶発的な自然災害や不幸な出来事などによってもたらされる損害を填補し，リスクを分割する。また，保険ファンドは保険制度との関連においてのみ考察されているのであって，商品生産下における金銭的カテゴリー，すなわち貨幣ファンドである。他方，準備ファンドは主として流通過程上の自然的災害や政治経済的危機による攪乱に備える使命をもつ団体的，個別的な金銭または現物準備の形成である。また，準備ファンドには自家保険ないしは自家充足も含まれる。したがって，保険ファンドおよび保険は商品生産社会，つまり資本主義社会および社会主義社会の下での経済的範疇であるのに対し，準備ファンドはあらゆる時代，あらゆる経済体制を通じて存続する汎歴史的範疇であり，共産主義においても経済的必然事となるのである。

それでは，チャバイ氏の見解の検討に移ろう。チャバイ氏の方法論上，まず第一に指摘されることは，前節で取り上げたボンセルィ教授と同様，保険の概念規定によって保険ファンド範疇を性格づけるという逆説的操作を行っていることである。しかも，チャバイ氏は保険の統一的定義を下す際に，「生命保険の場合には，一般に損害とは見えないし，また多くの理論家——主に法律家——がその保険性を否定して来た。こうした混乱は，新しい——今日では，すでに広く知られている——入用理論によって克服されるのである。保険事故が発生した場合には入用を喚起し，それを保険は填補することになる。そして，保険事故によって引き起こされる損失ならびに損害が物の破壊あるいは損傷というかたちで発生するだけでなく，異常な出費，経費ならびに所得中断をも伴うことがあり得るので，損害理論のいっそう展開したものである入用理論は，損害保険および定額保険を包括するのである[106]」（傍点：押尾）と，入用理論の援用を声高に主張しているのである。

こうした方法論を見るにつけ，ワグナー（Wagner, A.）の損害理論，マーネス

(Manes, A.）の入用理論あるいはフプカ（Hupka, J.）の経済生活確保理論などに代表される従来の保険本質論の，今日でもなお多くの研究者の見解――社会主義国の研究者のそれまでも――に残滓をとどめているその影響力の強さを改めて思い知らされる。マルクス主義的方法に即して保険概念を規定しようというチャバイ氏の意図に反し，入用理論の援用によってもたらされる致命的な欠陥は，覆うべくもない。チャバイ氏は，「異常な出費，経費ならびに所得中断」などを総称すれば，それがすなわち「客観的な入用」であるという。ここで使っている「入用という言葉は客観的な入用を指すのであって，主観的な欲望を意味するものではない[107]」。

しかし，それらはあくまでも「主観」の域を脱せず，したがって，たとえそれらを総括したとしても，それらが「客観性」を獲得するなどということはあり得ない。換言すれば，「客観的な主観」などというものが存在し得ないのと同様に，「客観的な入用」なるものは存在し得ないのである。それはさておき，入用理論自体，「保険事故発生→入用喚起→保険金支払」という，保険契約の主な事柄をたんに描写するだけにすぎないものでもある。さらに，保険概念の本質規定において保険ファンドは，保険制度下の集中的貨幣ファンドと同一視され，商品生産社会に固有の存在であるという歴史的性格づけを余儀なくされてしまったのである。つまり，チャバイ氏の見解において保険ファンドは貨幣ファンド以外の意味をまったくもたず，たんに保険の一概念要素として取り上げられているにすぎない。しかも，このように解釈され，位置づけられた保険ファンド範疇は前に引用したように――マルクスの保険概念把握として示された11項目のうちの第４項目――，生産的領域にかかわる保険だけでなく，消費的領域にかかわる保険――家計保険――をも包摂してしまうのである。にもかかわらず，入用理論そのものが社会的再生産過程からまったく乖離した，抽象的，主観的な理論であるために，保険料――チャバイ氏の見解では，保険料のみがマルクスの規定した保険ファンドを形成することになる――の源泉についての分析も，たんなる表面的描写にとどまっており[108]，もとより次節で取り上げる笠原教授，ミリネル（Миллънер, A.）あるいはモティレフ氏などのように，国民所得の流れとの関連においてそれを考察しようとする姿勢は見られない。

マルクスが深遠なる洞察のもとに社会的再生産過程の生産過程に関して，自然的および社会経済的な否定的作用に対する準備形成の必要を，「保険ファンドあるいは準備ファンド」という範疇で概念化したにもかかわらず，入用理論の援用により保険制度下の貨幣ファンドとして狭義の歴史的範疇に押し遣ってしまうことから，第二に，次のような問題点が生ずる。

チャバイ氏は，「保険ファンド」を商品生産下における歴史的な範疇とする代わりに，「準備ファンド」に汎歴史性を付与している。それもわれわれのように，マルクスは「保険ファンド」も「準備ファンド」も本来同じ意味，内容を表わす異称として使っているにすぎないと考える立場であるならば，一見正当性をもっているかのように思われる。というのは，これら二つの異なる名称が同じ意味，内容を表わし，たんに説明的に言い換えとして使用されているだけであると考えるのであれば，この概念を代表する名称として「保険ファンド」という語を使わずに「準備ファンド」という語を採用することもできるからである。

しかし，チャバイ氏の場合がそうでないことは，改めて言うまでもない。前に引用したところからも明らかなように，チャバイ氏は「保険ファンド」と「準備ファンド」とをまったく別の範疇として理解している。チャバイ氏の言う「準備ファンド」は，自然災害や政治経済的危機などによってもたらされる損害を填補するという使命を担っている。また，その適用分野は生産的領域に限られることなく消費的領域をも包括しており，それがマルクスの見解と一致するかのごとく主張しているのである。

チャバイ氏が「保険ファンド」と「準備ファンド」を分離し，「準備ファンド」にこのような意味，内容をもたせざるを得なくなったのは他でもない。第一の問題点として示したように，「保険ファンド」を保険制度下の貨幣ファンドに限定してしまったことで，生産と消費の両分野におけるその他のあらゆる損害補償手段をこの「準備ファンド」のもとに一括し，それに汎歴史的性格を付与せざるを得なくなったからである。かくしてチャバイ氏は，「準備ファンド」範疇に「労働不能者等のためのファンド」と社会保険のためのファンドをも包括し，そのような解釈の仕方こそがマルクスの見解と一致すると主張しているのである。保険の概念規定によって「保険ファンド」範疇を反対規定するという方法論的欠陥が，「準備ファンド」範疇を消費的領域にまで拡大させる結果を導いてしまった，と言えよう。マルクスが生産的領域における偶発的な損害に対する補償手段として規定した「保険ファンドあるいは準備ファンド」範疇に，消費的領域における補償手段をも包摂すべきことを説いている箇所を，残念ながら著者は知らない。むしろ，マルクスは常にこの両者を厳しく区分し，それぞれの社会経済的な機能や役割を明示しているのではないだろうか。

その好例を，チャバイ氏自身も引用している『ゴータ綱領批判』に示された社会的総生産物の分配図式に見ることができるのであるが，チャバイ氏のこの図式に対する解釈の仕方から，われわれは逆に氏の混乱をはっきりと確認することができる。チャバイ氏は，マルクスが『ゴータ綱領批判』の分配図式の第一段の控除三種類を示した後，「『労働の全収益』中からこれらのものを控除することは経済上の必要であって，この控除の大きさは，もちあわせている手段と力におうじて，また一部は確率計算によって決定されるべきものであるが，けっして，正義によって算定できるものではない[109]」と述べている部分の解釈について，シュッテ（Shütte, E.）とモティレフ氏を批判して，次のように主張している。

「シュッテはかつて，この定義を間違って解釈した。……マルクスはここで，ラサールによって提示された『労働の全収益を（削減なしに）公平に分配すること』という文句の不条理さを皮肉口調であばいたのである。すなわち，列挙された控除項目は決して分離できないし，それらはまた，正義によるのでもない，ということである。したがって，この章句は保険とは関連しない。大数の法則に立脚する確率計算 Wahrscheinlichkeitsrechnung というのは，この章句に限って意味をなすのであるから，『確率計算』という言葉の前の『一部は～されるべきである（teilbar)』という言葉は，必然的に保険ファンドあるいは準備ファンドにおける確率計算の利用だけに係わるのである。しかも，この場合，確率計算は一方（保険ファンド）にだけでなく，両方（保険ファンドと準備ファンド）に当て嵌るのである。その他の二種類の控除項目の場合には，確率計算は不要である。次に挙げるのは，人々がどうしてその解釈を間違ってしまうのかを示す例である――最近では，ソ連邦のモティレフの場合も同じ解釈上の間違いをしている[110]」。

ここでは，「確率計算」という言葉が三種類の控除すべてにかかわるか否かについて論述されているのであるが，それはともかく，今一度チャバイ氏の見解を想起されたい。チャバイ氏は，「保険ファンド」範疇と「準備ファンド」範疇の適用分野を生産部面のみならず消費部面にまで拡大している。となると，これら両ファンドは剰余生産物だけでなく，社会的消費ファンドからも形成されることになってくる。しかし，マルクスが，これらの控除項目を生産手段に関してのみ示したことは言うまでもない。事実，マルクスは社会的総生産物からこれら三種類の控除を行った後，「総生産物の残りの部分は，消費手段としての使用にあてられる」（傍点：押尾[111]）と述べているのである。しかも，チャバイ氏が「準備ファンド」範疇に含めることができると主張する「労働不能者等のためのファンド」は，準備ファンドとは別に，つまり「保険ファンド」あるいは「準備ファンド」をも含む三種類の控除を行った後，それらとまったく無関係に形成される範疇なのである。

したがって，チャバイ氏の見解は，マルクスの叙述とも相容れないだけでなく，両ファンドの社会経済的な機能や役割——とくに，社会的総生産物の分配・再分配との関連において——，適用分野，利用目的あるいは形成源泉などについての比較分析も行われておらず，今やその基礎を失うこととなったのである。

以上，チャバイ氏の保険ファンドおよび保険についての見解を検討し，二つの問題点を提示したわけであるが，全体的に見てこれは，“入用理論の援用によってもたらされた混乱と矛盾の論理である”との誹りを免れないであろう。

4　保険ファンドの命題の創造的発展による家計保険の理論的体系化
——笠原長寿教授，モティレフ氏および著者の見解

（1）保険ファンドの創造理由についての考察

本章では，2および3において，マルクスの規定した保険ファンドの命題と家計保険との理論的体系化に関する諸研究者の方法論を検討し，その問題点を明らかにした。こうした作業によって，主たる研究者の本テーマに関する見解を概観することができた。

本節では，本章のまとめとして，現段階においてマルクス保険理論をもっとも科学的，創造的に発展させていると理解される笠原教授とモティレフ氏の二人の論者の見解を考察しながら，併せて著者の見解を述べることにする。

まず，マルクスの規定した保険ファンドの命題に対する両氏の見解を振り返ってみよう。両氏の方法論における特徴は，なによりも保険ファンドの創造理由について考察を深めている点にある。従来，ほとんどの研究者が，「生産過程にお

ける人間と自然との間の矛盾」という側面のみによって保険ファドの創造を必然化し，一般化してきた。これに対し笠原・モティレフ両氏は，「人間と自然との間の矛盾」と並ぶ今一つの重要な側面として，「生産様式そのもののなかに存在する生産関係の矛盾」を指摘し，その分析を行ったのである。その思考過程はマルクス主義にのっとっている。

「人間と自然の間の矛盾」が永久的な存在であるにしても，それは社会経済の歴史的発展諸段階における支配的生産関係と経済法則の変化によって決定的に制約を受けることになる。また，人間社会はその発展段階における生産諸関係，つまり生産過程での人と人との一定の結合関係（や所有関係，階級関係など）から生ずる，社会的再生産過程へのさまざまな否定的影響の態様や程度を異にする。したがって，社会的総再生産過程は，生産諸関係と自然条件の相互関係から生ずる否定的影響から免れることはできない。マルクスの規定した保険ファンドを社会的総再生産過程との関連において把握しようとする両氏が，その創造理由をこれら二つの側面の関係を重視した所以である。

とくに，笠原教授は，「ソ連邦の保険——コーニシンの所説を中心とした本質論的究明(112)」の中で，保険関係の基礎を「歴史的発展諸段階における支配的生産関係および経済法則」と「人間対自然の関係」との相関関係にもとづいて考察すべきことを初めて論証したのである。笠原教授は，次のように述べている。

まさしく，人間は如何なる社会においても，自然的災害や不測の事故と闘かい，それに対処するための経済準備を行なってきたし，今後も行なうであろう。つまり，たとえ，それに対処する仕方や，その内容がそれぞれの社会の段階において異なっていても，自然対人間のこのような関係は，永久に存在するものである。保険関係は一面でこのような普遍的，一般的な性質をもっている。……しかしながら，自然対人間の間におけるこのような関係のみが保険関係の唯一の基礎であると，一面的に規定することはできない。何故ならば自然対人間の関係は，社会的生産力の発展と人間の間における生産関係の変化に応じて歴史的に変化する性質をもっている。したがって，自然対人間の間の矛盾に対処する仕方や，形態及び内容はそれぞれの社会の段階の支配的生産関係と経済法則によって規定されるのである。したがって，それぞれの社会の段階において成立する保険関係（人間関係をも含めて）は当該生産関係によって制約されるという歴史的性格をもっている[113]。

また，モティレフ氏も，第1章で触れたように，笠原教授と同様の認識に到達している[114]。

社会的総再生産過程としての生産過程と消費過程において，「人間と自然との間の矛盾」と「生産様式そのもののなかに存在する生産関係の矛盾」との間の相互作用から生ずる否定的影響は，あらゆる時代を通じて存在し続ける。しかし，それに対処するための人間の社会的行為の方法や手段，形態や内容などは，両氏が指摘するように社会発展の諸段階における支配的生産関係と経済法則によって特徴づけられるのである[115]。

マルクスは資本の再生産構造の分析を通して，不変資本にかかわる保険，つまり企業保険としての財保険に言及した。しかもマルクスは，「保険」という「商品—貨幣関係」を特徴づけている歴史的性質を捨象し，その普遍的，一般的本質として「保険ファンド創造」を析出したのである。それとともに，マルクスは「保険ファンド」を構成する諸要素，たとえば利用目的，適用分野あるいは形成源泉等をも規定したのである[116]。このことは，マルクスの保険ファンドについての叙述のうちで，もっとも頻繁に引用される次の箇所から明らかである。

不変資本は，再生産過程では素材としてはいろいろな災害や危険にさらされていて，そのために大損害を受けることもありうる。……それに応じて利潤つまり剰余価値の一部分，したがってまた新たに追加された労働だけを（価値から見れば）表わしている剰余生産物の一部分は，保険ファンドとして役立つ。その場合，保険会社が別個の事業としてこの保険ファンドを管理するかどうかは，少しも事の性質を変えるものではない。これは収入のうちで，収入として消費されもしないし必ずしも蓄積ファンドとして役立ちもしないただ一つの部分である。これが事実上蓄積ファンドとして役立つか，それともただ再生産の損害を埋め合わせるだけであるかは，偶然によることである。それはまた，剰余価値および剰余生産物のうちの，つまり剰余労働のうちの蓄積のために，役立つ部分のほかに，資本主義的生産様式の解消後にも存続せざるをえないであろうただ一つの部分でもある[117]。

マルクスがわれわれに残した保険ファンドに関する教義は，しかしながら，生産過程における生産手段への自然的ならびに社会経済的な諸矛盾に起因する偶発的損害に対処するための予備形成の客観的必然性を教えるにとどまっている。したがって，われわれは家計保険の方法によって形成される保険ファンドを，マルクスの規定した命題を拡大解釈する方法ではにわかに体系化し得ないのである。このことは，コーニシン教授の見解に対するミリネル氏の批判によってすでに明らかとなった[118]。また，ボンセルィ教授やチャバイ氏などの場合に見られるように，財保険と人保険――ボンセルィ教授は自家保険も含めて――を統一的に定義し，保険ファンド創造をたんにその付随的条件として結びつけようとする転倒した方法論さえ唱え出された。これらの諸見解は，マルクスが深遠なる洞察にもとづいて究明し規定した保険ファンドの命題の科学的意義を正しく理解せず，非本質的要素をもってマルクスの規定した保険ファンドと家計保険とを統合してしまったり，あるいはまったく無関係に別個の範疇に含めたりするため，家計保険の経済的本質，歴史的被制約性および階級的性格を曖昧にしてしまうのである。

（2）マルクスの保険ファンドの命題の創造的発展による家計保険およびそれによって形成される保険ファンドの分析・究明

これに対し笠原教授とモティレフ氏はマルクス主義にのっとり，保険ファンドの命題を創造的に発展させ，家計保険およびそれによって形成される保険ファンドを消費過程の再生産から導き出そうとするのである。つまり，両氏は消費過程，すなわち生活の再生産過程にマルクスの保険理論を発展的に適用させて家計保険を分析，究明する。両氏は，そのための基礎的な作業として，生活の再生産過程における保険ファンドの創造理由の分析を試みている。

まず，モティレフ氏の見解を見てみよう。氏は，次のように述べている。

人々およびその家族の生活上の物的福祉の生産過程で，彼らの財産状態は，火災，洪水，地震その他の災害，世帯主や働く家族の死亡，生活ならびに生産上の疾病や災害による労働能力喪失，失業，不作などに関連した生活手段の損失その他の自然的ならびに社会・経済的性質をもつ危険に陥る。人々の生命と労働にかかわるさまざまの不幸な災害による経済的影響の度合いはいちじるしく生産関係，労働力再生産過程実現の具体的な経済的・社会的条件の性質によって左右される(119)(傍点：押尾)。

また，笠原教授は生活の再生産過程の主要素として，「所得にもとづく消費生活の継続」と「労働力の再生産」とを抽出し，それらに関連して発生するさまざまな危険について，次のように述べている。

家計を基礎とする生活の再生産過程においても，資本の再生産過程と同様に，その過程を破壊し，中断するような自然的，社会的な様々な危険にさらされている。生活の再生産過程の順当な継続を脅かす危険は，家計がそれをもって社会経済と結びつく二つの要素，「所得（収入）にもとづく消費生活の継続」と「労働力の再生産」に密接に関連して発生する。「消費生活の継続」と「労働力の再生産」は，相互予定的な密接不離の関係にあるが，それらはしばしば，正常な継続的過程を中断される。つまり，働き手の死亡，廃疾，傷病，失業，不慮の事故，住宅や家具等の火災やその他の事故による損害または老朽による摩損等によって家計の正常な継続が中断される。さらに家計の正常な継続を脅かす危険だけではなく，「労働力の再生産」に関連して，後継者の養成に必要な教育または結婚等のための，或いは老後の生活のための貨幣準備が必要である(120)。商品生産社会においては企業を中心とした生産過程の進行とともに，一方で家庭経済を中心とした消費過程が進行している。生産過程で生産手段にかかわる保険のための保険ファンドの形成が経済的必然事である如く，企業と家計が分離している近代社会においては，家庭経済は労働力再生産——労働者の後継者の教育養成を含む——の場である。したがって，家庭経済に属する住宅その他の家財の損失及び労働力そのものにともなう様々の事故に対処するために形成される保険ファンドもまた社会経済的必然事として規定されるわけである(121)(傍点：押尾)。

以上のように，両氏は，マルクス保険理論の適用によって生活の再生産過程としての消費生活の継続と，とくに労働力の再生産の実現過程を攪乱する自然的，社会経済的な諸矛盾に対処するための消費目的的使命をもつ予備ファンド創造の客観的必然性を論証したのである。

両氏は，次いでこの消費目的的使命をもつ予備ファンド創造の歴史的な諸形態へと考察をすすめる。その考察を通して家計保険を，この消費目的的使命をもつ予備ファンド形成のための歴史的な形態として位置づけるのである。しかも，注目されるのは，労働力の再生産という同一志向をもった予備ファンドの形成形態である社会保障・社会保険制度との関連において家計保険が考察されていることである。両氏は，資本主義と社会主義の両体制の社会経済構成の諸条件の根本的相違にもとづいて，それぞれの社会における家計保険の経済的本質と機能あるいは任務を厳しく区分しながら比較分析している。

まず，笠原教授は，資本主義下の家計保険について，次のように述べている。

> 資本主義社会においても，生活の再生産過程を脅かす危険に対処し，さらにその過程の正常な継続を図るために，社会保険や公的教育制度が確立される。しかし社会保険にしても，労働者の救済や保護そのものが本来の目的でなく，本来の意図は資本のために，生産力の決定的要因である労働力を確保し，その再生産を引続いて可能にすることにある。したがって，資本主義の社会保険や社会保障の充実と発展は，資本の蓄積衝動と対立し，きびしい階級闘争の争点となることがしばしばある。資本主義の下での社会保障の本質とその不完全性は，資本主義的生産関係の反映である私有財産，個人主義，自己責任原則と結びつきつつ，生活の再生産過程を中断するさまざまの危険や事故並びに，「労働力の再生産」を正常に継続させる経済的必要に対処するための貨幣準備を自己の負担で行なうことを止むなくさせる。家計保険はこのような歴史的に制約された社会経済的条件の下で，生活の再生産過程を中断し，破壊するような危険や所得不能及び家計の下での「労働力再生産」にともなう経済的必要並びに老後の生活不安を集中し，組織化し，そのための貨幣準備を合理化し，節約化する機能を果す経済的仕組として把握されるのである[122]（傍点：押尾）。

笠原教授は以上を図２－１のように要約，整理，明示している。また，モティ

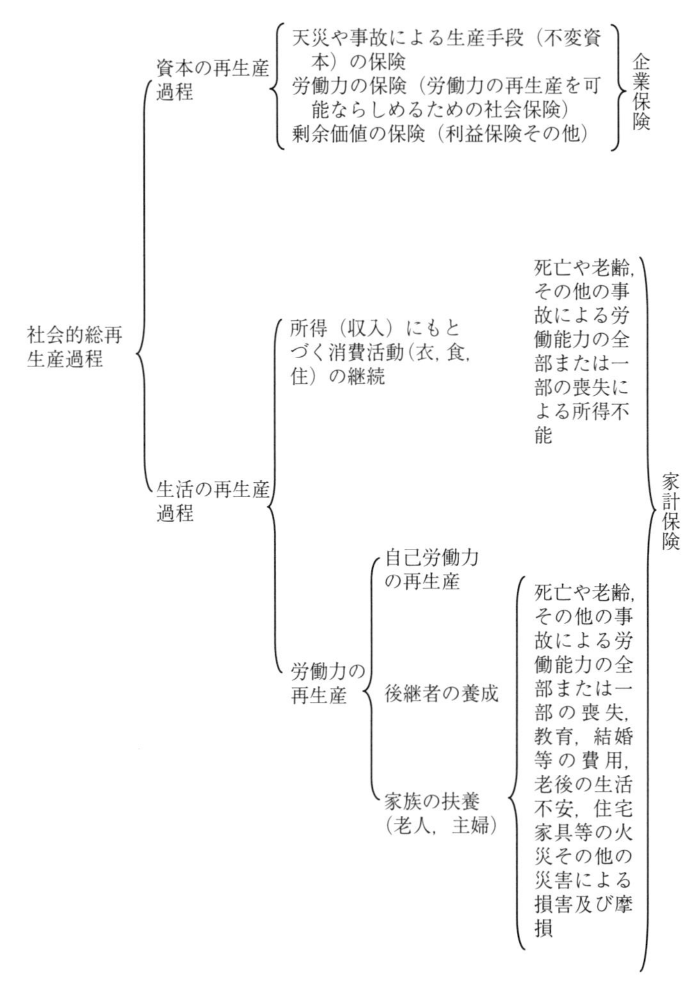

図２−１　資本主義的総再生産過程における保険の機能と役割
出所：笠原長寿著『保険経済の研究』，p.99

レフ氏も笠原教授とほぼ同様の見解を採っている。モティレフ氏はおおむね，次のように述べている。資本主義生産様式の下では，労働力と消費生活の再生産のための物的福祉の質量的増大は階級対立の根本的な条件になる。したがって，資本家は低賃金政策を推しすすめる。また，複雑な資本主義的諸条件の下では，各労働能力の物質的保有者は消費対象に対してひじょうに多額の支出を強いられる[123]。

のみならず,「すべての計画と計算を一瞬にして破壊するかも知れない不慮のことがらのために資金の一部を準備しなければならない[124]」したがって,「労働力の単純再生産でさえも,病気,恒久的または一時的労働能力の喪失,失業などの不慮の事態に対して資金のいちじるしい部分の積立準備を必然的に必要とする。しかしながら労働者とその家族の生存維持を保証する蓄積資金はつかのまの困難を保障するにすぎない。つまり生産の周期的停滞,恐慌現象のもとでの,きわめて長期で過度な労働強化の過程は保証の達成を実際的に困難にする[125]」。しかして,「資本主義のもとでの保険発展とそれへの広範な住民層の参加の客観的条件の一方の側面は,商品つまり,全体としての資本主義的拡大再生産過程を確保するための労働力の再生産上の必要性であり,他方のそれは,社会保険ならびに社会保障の不完全な発展を,利潤を引き出すための有利な商業企業部門として保険制度を利用することである[126]」。

両氏が強調しているように,生活の再生産過程としての「労働力の拡大再生産」と「消費生活の継続」の過程にかかわる予備ファンドは,資本主義の下では不可避的にその歴史的な制約を受けることになる。したがって,われわれがこの予備ファンド創造の資本主義的形態としての家計保険およびそのための保険ファンドを考察する場合,次のような社会経済的な背景を見逃すべきではないであろう。

まず第一に挙げなければならないのは,資本主義の発展にともなう賃金労働者の増大および階級の確立である。機械のたんなる付属物として生み出された労働者の「賃労働の平均価格は,労賃の最低限,つまり労働者を労働者として生かしておくのに必要な生活手段の総和である。だから,賃金労働者がその活動によって取得するものは,彼のやっと生きているというだけの生命を再生産するのに,足りるだけのものでしかない[127]」。したがって,労働者階級はまず,資本主義的分配法則の矛盾によって生活の再生産過程を脅かされるのである。のみならず,労働者階級は,衣,食,住のための消費対象に高い支出を強いられる。それゆえ,彼らにとって,生活の再生産過程を攪乱する偶発的な事故や災害に備えることはひじょうに困難になるのである。

また,資本主義的生産の無政府性は,さまざまなリスクを生み出し,増大させ,かつ巨大化させている。そのため，労働者や一般国民の生活の再生産過程は——生産過程の再生産過程とともに——，そうしたリスクによって中断されたり，破壊されたりする危険性を増している。たとえば，労働手段や労働対象あるいは消費対象の粗製乱造，それらの必要以上の高度化および複雑化，資源の乱用・浪費，無秩序な自然破壊および公害，輸送機・運搬機等交通手段の過密化，武器・戦略器への科学，とくに原子力の悪用にともなうリスクの巨大化などである。

第二には，生活の再生産過程の維持のための予備ファンドを創造する国民的手段である社会保障・社会保険制度の発生とその発展の不完全性——資本家階級と国家による政策的意図に起因する——を挙げなければならない。社会保障・社会保険制度の導入は，資本主義的生産関係にもとづく自己責任原則，個人主義および私有財産制とも相俟って労働者や一般国民の自己保障意識を高揚させるのに役立つ(128)。

第三に指摘すべきは，自然科学，とくに確率論および統計学等の発展である。以上のような社会経済的背景は，家計における生活の再生産過程の維持のための予備ファンドの形成・分配の経済的仕組を，資本の営利対象として事業化し得る可能性をつくり出したのである。こうして組織化された保険資本は，労働者や一般国民を対象に家計保険事業を営み，そのための保険ファンドの形成・管理機能を遂行する。保険資本による家計保険のための保険ファンドの形成は，内勤社員や営業職員等の保険労働者たちに対する搾取をともなった強制的労働を通して行われる。しかし，より重要な事柄は，保険契約者（労働者，その他の一般国民）から保険ファンド形成のために保険料を徴収することによって，その所有形態を保険資本に転化することである。こうした所有形態の転化こそが，保険資本の追加搾取の可能性を拡大することになるのである。したがって，保険資本は資本全体がつくり出すさまざまな矛盾を「商品」化した，高度な資本形態である，と言えよう。家計における生活の再生産過程を維持するための予備ファンド創造の歴史的な形態である家計保険（事業を通じて提供される保障・補償）は，保険資本の「商品」政策によって高価な「商品」になる。したがって，とくに低所得層や貧困世帯が保険に加入するのは事実上不可能に近いが，労働者や勤労者等，多くの国民にとっても家計への経済負担が大きい。というのは，ほかでもない。すでに資本主義的生産関係・分配法則の矛盾が国民の生活の再生産過程の継続を著しく阻害しているからである。

国民諸階層が自主的，主体的に結集し，生活の改善・向上を目指す協同組合，労働組合あるいは非営利協同自治組織を母体組織とする生活保障の実現のための保険（＝共済）運動・事業の実践の根拠はまさしく保険資本に対する「対抗力」を確保するとともに，社会保障を補完する機能を担うことにある。この問題は本章のテーマではないので，ここではこれ以上立ち入らないことにする。

（3）社会主義における生活上の物質的福祉の再生産過程における家計保険の経済的本質

次に，社会主義下における家計保険としての住民人・財保険に対する笠原教授とモティレフ氏の見解を見てみよう。モティレフ氏は，前述のごとく，社会主義の下でも生活上の物質的福祉の再生産過程を攪乱する事態に対処するための予備ファンドの創造が必然的であることを論証した。モティレフ氏は，社会主義的再生産の一般的法則にしたがった予備ファンドの創造のための補足的要素の一つとして，国営住民人・財保険を位置づける。また，モティレフ氏は住民人保険の経済的本質を，以下のように社会保険・社会保障制度と関連させて究明している。

社会主義革命と社会主義建設によって，生産過程における社会的性格として私的所有との間の矛盾は解消され，生産の計画的組織と社会の客観的必要性および勤労者の真の物質的関心の保障が実現された。それとともに，個々の社会成員は将来の支障のない物的状態を，
①社会保険ならびに社会保障制度（たとえば，廃疾や老齢の場合の年金など）②無料の医療サーヴィス③大規模な住宅建設④最高の労働者保護⑤母親と青少年への大きな配慮⑥教育の無料化⑦療養・休息施設建設⑧その他，によって保障される。こうして個々の世帯の財産価値の大きさは量的，価値表現的に増大し，賃金・労働報酬も増加している。物的福祉の不断の向上にともなって，住民は自己と家族を追加的に保障するために住民国営保険制度への需要を拡大している。社会主義的再生産の一般的発展法則に合致し，社会主義建設のために利用される住民国営保険の任務と役割は，勤労者，事務員あるいは農民等の一般住民の生活上の物的福祉の再生産を維持，強化するための補足的資金援助を提供することである(129)。

モティレフ氏は，住民国営保険の経済的本質について，同一志向をもつ社会保

険および社会保障制度と関連づけて，次のように述べている。

> 社会主義の場合，市民のための国営人保険のファンド形成の源泉は……，主として労働者や職員の賃金ならびにコルホーズ員の貨幣収入の形をとる必要生産物である。これらと並んだ必要生産物の実現形態には，社会保険や社会保障を含む社会消費ファンドにもとづく支払や優遇措置がある。ここにこそ，社会主義のもとでの住民人保険ファンドの経済的本質と社会保険ならびに社会保障ファンドとの同一志向の根源がある。さらにまた，人保険ファンドは，廃疾，死亡，労働能力の喪失その他の不幸な事情にあたって援助をあたえるそれ自身の目的をもっている[130]。

モティレフ氏の見解を図示すれば，図2-2のようになる。この図は，社会主義的総再生産過程としての生産手段の再生産過程と生活上の物的福祉の再生産過程との正常な活動を攪乱する自然的ならびに社会経済的な不測の事態と，それに対処するための補助的手段としての国営保険の役割とを示している。

モティレフ氏は，保険ファンドと保険の経済的本質の分析を通して，社会主義建設における保険の経済的・財政的諸関係の中での一定の任務と役割をも解明している。モティレフ氏は，社会主義的拡大再生産の一般的発展法則に厳格にしたがって利用される国営保険の本質を，①協同組合経営の経済と財務の強化，②勤労者の物質的な福祉の強化のための資金の再分配，に求めた。モティレフ氏は同時にまた国営保険を，コルホーズ等の協同組合組織や住民から資金を動員し，それを生産の発展と社会の諸要求の充足のために分配し利用する経済的手段として，財政の範疇に帰属させている。

このような観点から，モティレフ氏は社会主義の下での住民国営人・財保険について，次のように展望している。「社会主義建設の実際は，国営保険が社会保険ならびに社会保障と並行して勤労者の個人的利益をもたらし，確実に発展の方向を歩んできたし，また歩みつつあることを示している[131]」。

また，笠原教授も，同様の見解を採っている。「社会主義社会においても，団体的所有及び私的，家計的所有が存在する限り保険の形態を通じての保険ファンドの形成が行なわれる。しかもまた，私的な家庭経済が労働力再生産の中心的な

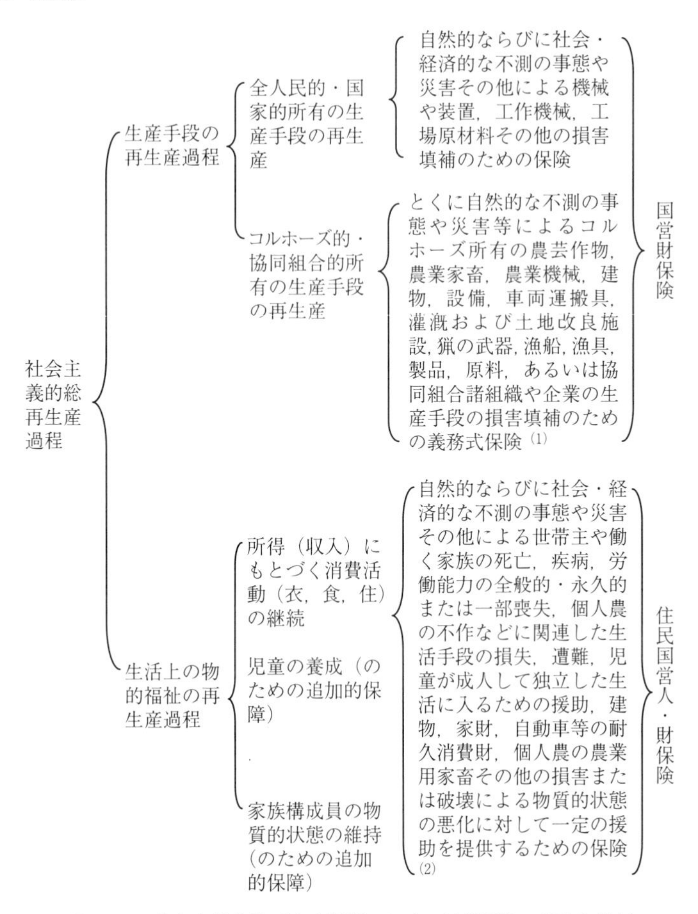

図2－2　社会主義的総再生産過程における国営保険の任務と役割

注1：ソ連邦の国営保険は，1968年に大幅に改革され，コルホーズの財産保険は任意式が廃止になり，義務式に一本化された(132)。
注2：国営保険機関による年金保険は中止された(133)。
出所：モティレフ氏の見解については，モティレフ著『ソ連の国営保険』，「ソビエト農業保険の現状」および「社会主義保険の研究」から作成

場を占めている限り，社会主義社会においても家計的保険を通じての保険ファンドの形成の形は社会主義経済の発展と勤労者の個人的所得の増大にともなう生活の質量的発展につれて一層その発展が期待されるであろう(134)」。

（4）笠原教授およびモティレフ氏の方法論

以上，両氏の方法論を要約する。両氏はまず，マルクスの規定した保険ファンドを社会的総再生産過程としての生産過程の再生産過程と関連させた。それとともに，保険ファンドの創造理由の分析を行い，その客観的必然性を確証した。しかして，両氏は保険ファンド形成の歴史的形態として，財保険（または不変資本の保険）の経済的本質および社会的再生産における任務と意義について明らかにする。まさしく，マルクス主義の方向に厳格にしたがって家計保険を発展的に究明するのである。つまり，家計保険を社会的総再生産過程の消費過程，すなわち労働力の拡大再生産と消費生活の継続に関連させるのである。こうした消費目的をもつ予備ファンドの創造理由の分析を通して，その必然性を論証したのである。両氏は消費目的をもつ予備ファンド創造のための歴史的形態として家計保険（または住民人・財保険）を捉え，その経済的本質および社会的再生産における機能と役割について分析する。しかも，家計保険あるいは住民保険は社会保険ならびに社会保障制度との相互関係において考察されている。

最後に，両氏の見解を図によって明らかにしよう。まず，資本主義的保険ファンドの形成と形態については，笠原教授の見解にもとづき，図2－3のように示されるであろう。また，社会主義的保険ファンドの形成と形態については，モティレフ氏の見解にもとづき，図2－4のように示されるであろう。

5　保険ファンドの命題の創造的発展

マルクスは，資本の再生産過程における不変資本，つまり生産手段を対象とした財保険に対する深遠なる洞察にもとづき，「保険ファンド創造」および社会的総再生産過程におけるその客観的必然性を析出した。しかし，この命題は家計保険としての人保険，とくに生命保険や財保険，とくに住宅・家財等の火災保険，自動車保険あるいは賠償責任保険等を対象としていない。ここにマルクスの規定した保険ファンドの命題の一定の限定点と制約点が存する。それゆえに保険ファンド論において家計保険をいかに理論的に体系化するかという喫緊の課題が提起されているのである。

本章では，保険ファンド論におけるこの現代的課題である家計保険の理論的体

- 資本主義的保険ファンドの形成と形態
  - 生産目的的保険ファンド＝マルクスの規定した保険ファンド
    - 保険会社による企業保険としての財保険の方法で形成される保険ファンド ―― 貨幣形態
      - 個別資本所有の不変資本，つまり商業企業の社屋，店舗，機械，諸設備，工場，倉庫，商品等の偶発的損害からの保護，あるいは休業や予定利益等の擬制的利潤の確保
    - 諸企業・会社における予備ファンドまたは自家保険の方法による保険ファンド ―― 貨幣形態／現物形態
    - 国営保険の方法による保険ファンド ―― 貨幣形態
    - 農民，中小業者の各種組合による予備ファンドあるいは保険の方法による保険ファンド ―― 貨幣形態／現物形態
      - 農民や中小業者等の生産手段，つまり農機具，家畜，社屋，店舗，機械等の偶発的損害からの保護
  - 消費目的的保険ファンド＝マルクスの規定した保険ファンドの創造的発展としての範疇(1)
    - 保険会社による家計保険としての人・財保険の方法で形成される保険ファンド
      - 人保険……被保険者の死亡，廃疾，疾病，傷害，労働能力の喪失，失業，その他の労働力再生産にともなう様々な不慮の事故による本人および家族の生活的亀裂に対処するための準備，子女の養育と教育あるいは結婚費用等の諸準備
      - 財保険……被保険者の住宅建物や家財，自動車等の耐久消費財の火災その他の事故による損害または老朽による摩損，賠償責任発生，その他の物的要素の損害による生活の起伏に対処するための準備
    - 国営保険の方法による保険ファンド（簡易保険等）
    - 労働者や農民，中小業者等の各種組合組織による予備ファンドまたは保険の方法による保険ファンド ―― 貨幣形態／現物形態

図2-3　笠原長寿教授の見解

注1：これと並ぶ生活保障のためのファンドとして，「マルクスの第二段第三項の基金にもとづく社会保障基金を加えることができる(135)」

出所：笠原長寿著『保険経済の研究』から作成

系化に焦点を当て，内外の諸成果を概観した。2で取り上げた箸方・バーダー両教授および3で取り上げたボンセルィ教授・チャバイ氏はいずれもこの課題の解

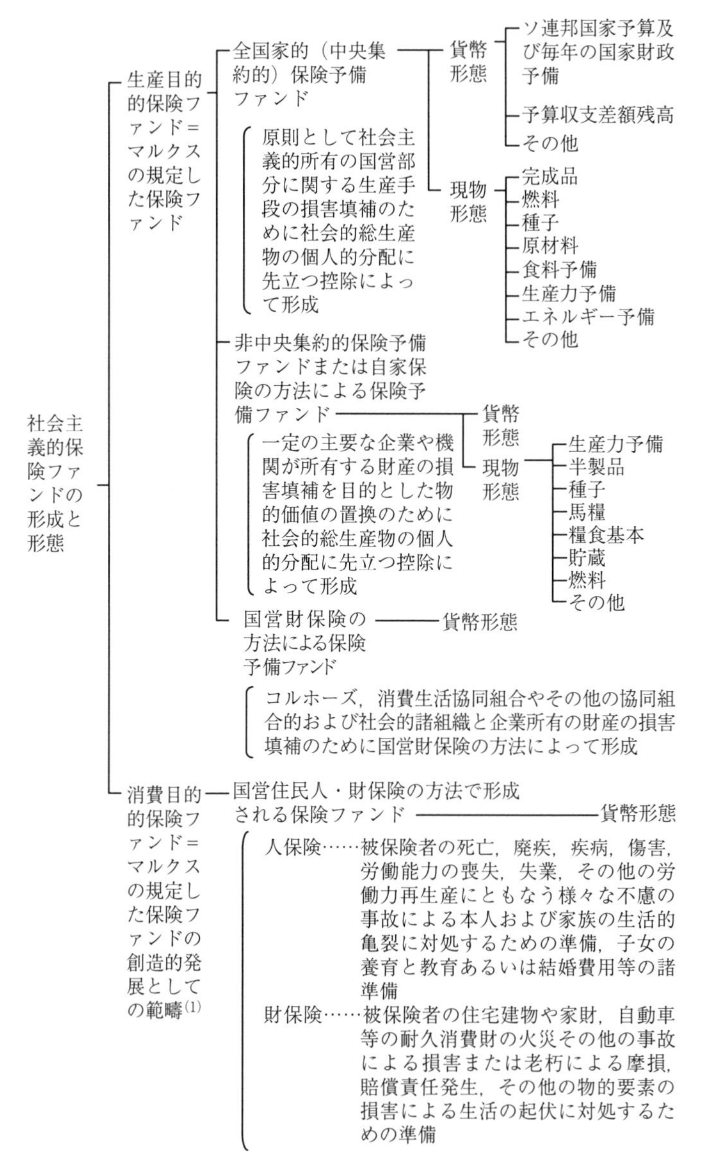

図2－4　モティレフ氏の見解

注1：これと並ぶ労働力再生産のための物的福祉の保障実現形態として，社会保険・社会保障を含む社会的消費ファンドにもとづく支払や優遇措置がある。

出所：モティレフ著『ソ連の国営保険』，「ソビエト農業保険の現状」および「社会主義保険の研究」から作成

決のために，それぞれ独自の見解を採っている。しかし，それぞれの方法論上，保険ファンドの命題の解釈と位置づけにおいて，再考を要すべき多くの問題点を含んでいることが明らかとなった。

これに対し，著者は現時点において，マルクス主義保険理論をもっとも創造的に発展させている論者として，笠原教授とモティレフ氏の見解を取り上げ，彼らの見解を整理しつつ若干私見を述べた。両氏はマルクスの規定した保険ファンドの創造理由の分析を通して，社会的総再生産過程における生産目的的保険ファンド創造の客観的必然性を確証した。次いで，両氏は保険ファンドの命題を社会的総再生産過程としての消費過程に発展的に適用し，消費目的的保険ファンド創造の必然性を論証したのである。両氏は消費過程の再生産を攪乱する自然的ならびに社会経済的な否定的作用に対処するために予備ファンドを創造することが客観的に必要であることを明らかにしたのである。このような独自の目的をもって創造される予備ファンドの形態は社会発展の諸段階における一定の生産関係と経済法則によって規定される。両氏は消費過程におけるこの予備ファンド創造の歴史的，資本主義的形態として保険事業（資本）による家計保険を位置づけたのである。

したがって，家計保険の経済的本質およびその機能や役割の分析を通して初めて，その歴史的被制約性および階級的性格を明らかにすることができるのである。家計保険はまた，社会保険および社会保障制度との関連において考察されなければならない。科学的な保険理論の体系化に不可欠なこの課題は，第３章以下で詳論される。

注

（１）印南博吉著『保険の本質』，pp.412-413，白桃書房，1956年。
（２）印南博吉稿「保険の本質について――岡部博士の批判に答える」（上），『Insurance 損保版』第1719号，p.5,1955年。
（３）印南前掲書，pp.412-413。
（４）笠原長寿著『保険経済の研究』，pp.71-72，未来社，1977年。
（５）押尾直志稿「保険ファンドの古典的命題の解釈と位置づけについて」，生命保険文化研究所『所報』第38号，p.98,1977年。
（６）同上，pp.104-105。
（７）箸方幹逸稿「保険ファンド Assekuranzfonds 範疇の成立――ケネー『経済表』とマルク

ス『再生産論』の関連によせて」，生命保険文化研究所『論集』第11号，p.70,1968年。以下，これを箸方①論文と表記する。

(8)箸方稿「準備ファンドおよび保険ファンド──『資本論』と保険についての研究史覚書き」，『東京経済大学経済学会誌』第50号，p.28,1966年。以下，これを箸方②論文と表記する。

(9)箸方前掲①論文，p.70。

(10)同上，p.69。

(11)箸方教授から著者への書簡，1977年4月21日付。

(12)笠原前掲書，pp.32-35を参照されたい。また，ソ連邦のモティレフ氏も保険ファンドの創造理由の分析を行い，笠原教授と同様の見解を示している。モティレフ氏の見解について著者は前章で取り上げているが，本章4「保険ファンドの命題の創造的発展による家計保険の理論的体系化」で再度考察している。なお，モティレフ氏の著書や論文は笠原長寿・水越哲郎監訳『ソ連の国営保険』のほか，笠原稿「社会主義保険の研究」（明治大学商学研究所編『明大商学論叢』第56巻，第1－8号，商学部創立70周年記念論文集，1974年）および「ソビエト農業保険の現状」（農業共済基金『基金月報』第281号，1976年）を参照されたい。

(13)印南前掲書，pp.526-527。

(14)笠原前掲書，pp.46-49。

(15)同上，p.60。

(16)箸方前掲書簡。

(17)箸方前掲①論文，p.71。

(18)笠原前掲書，p.130。

(19)笠原教授は前掲書第一部「保険ファンド論」第三章「保険ファンドの再吟味」において，「準備ファンドおよび保険ファンド」で提示された箸方教授の批判に応えて，「箸方氏も明言するように，資本制生産様式の下での保険ファンドの基本形態を把握する場合に必要なのは，『マルクスによってなされた保険ファンドの自然的基礎規定をふまえて，保険ファンドの歴史的形態規定をなすこと』であろう。マルクスの自然的基礎規定に当たって，対象とされず，またマルクス以後，複雑，多様に発展した保険の現実を考慮し，その社会的，経済的本質を究明せずに，どうして『保険ファンドの歴史的形態規定をなすこと』ができるだろうか。また，同氏は，『われわれは，特殊信用制度としての近代保険制度の物質的基盤としての，資本の再生産過程に関連づけて保険ファンドを理解する』といわれる。まったくその通りである。しかし，同時に，氏が『資本主義社会においては……，剰余価値したがって，利潤の転化形態──転用形態ではない──としての保険料範疇成立を媒介に，保険会社の手もとに貨幣的形態で，保険基金が形成されるのである』とするとき，依然としてそこでは，基本的には『剰余価値したがって利潤部分から控除される保険ファンドの形成に過ぎないのではないだろうか。マルクスの命題をどれだけ発展させているだろうか。資本主義下で，とくに金融＝独占資本主義の下で，主要な役割を演ずる生命保険等の問題を包括せずには，『保険ファンドの基本形態』の把握は余り意味のないことではないだろうか」（傍点：笠原教授，p.130）と反論している。

(20)マルクス著『資本論』第3巻，『マルクス＝エンゲルス全集』第25巻b，p.1085，大月書店，1967年。

(21) マルクス著『ゴータ綱領批判』，同上『全集』第19巻，pp.18-19,1968年。

(22) 笠原前掲書，pp.34-35。

(23) 同上，p.52。

(24) 箸方前掲②論文，p.15。

(25) 同上，（注）p.37，p.15。

(26) 箸方①論文，p.70。

(27) 同上，pp.70-71。

(28) 箸方前掲書簡。

(29) Bader, H., Karl Marx und die Versicherung, 1972. 印南博吉訳稿「カール・マルクスと保険」，『Insurance 生保版』・『Insurance 損保版』第2651号，2653号および2655号に分載，1974年。

(30) 押尾前掲稿，p.91。

(31) 同上，p.105。

(32) Bader, H., Ein Beitrag zur Theorie der Versicherung, Deutsche Finanzwirtschaft, Heft 17 u. 18, 1955.なお，この論文の要旨は印南前掲書『保険の本質』附論「資本論と保険の本質」の五，独ソにおける学者の所説Ｃ（pp.542-549）に紹介されている。

(33) Bader, H., Ein Beitrag zur Theorie der Versicherung, Wissenschaftliche Zeitschrift, Hochschule für Ökonomie, Berlin-Karlschorst, Heft 2, 1956. なお，この論文の全訳は，印南訳稿「バーダー教授の保険本質論」（『加藤由作博士還暦記念　保険学論集』，春秋社，1957年）に掲載されている。

(34) 印南同上稿，p.244。

(35) シュリーサー氏もまた，バーダー教授の見解にしたがって，次のように述べている。「不変資本をおびやかす一定の偶然な事件および危険は保険をつけることができる。この場合，保険は貨幣予備基金を集団的に形成する方法……として適用しうる。保険の客観的な前提（入用の偶然性および見積り可能性）が存しないとき，またはリスクを引受ける保険者がいないとき，予備資本は，個別的に集積され，用意されねばならない。したがって保険基金の形成についての二種類の貨幣形態が区別される。個別的予備形成と集団的予備形成（または保険）である」（印南訳稿「保険資本に関する東独学者の見解」――Schliesser, W., Ein Beitrag zur Diskussion von Innami, Kaneko, Ono und anderen über das Versicherungskapital, 1961. なお，この論文は若干の加筆後，東独の学術雑誌 Wirtschafts-wissenschaft : Zeitschrift für theoretische Fragen der Wirtschaft, Jahrgang 10 , Februar, 1962, Seite. 229 bis 241. に掲載された，（生命保険文化研究所『所報』第８号，p.71,1961年））。

しかし，シュリーサー氏は，バーダー教授が「保険基金」を保険制度によって形成される「貨幣基金」と同一視した当初の見解を，「保障ファンド」概念の提唱とともに訂正し，その超歴史性あるいは普遍性を認める，われわれと同じ立場に変わったにもかかわらず，なお古い観念に囚われ，以下に引用するように重要な過ちに陥っていると思われる。すなわち，「マルクスの言葉から既に知られるように，予備基金または保険基金なるものは，資本主義的生産様式の場合のみに限らない。この基金を形成する必然性および可能性は，どの商品生産社会にも存在する。ゆえに，予備基金または保険基金――従ってまた保険――は商品生産の一範疇である」（p.90）と批判的見解を述べている。
(36)印南前掲稿「バーダー教授の保険本質論」，pp.243-244。
(37)印南前掲書，pp.546-547。
(38)「保険基金」という訳語について，印南教授は「社会主義国における保険論争」（生命保険文化研究所『所報』第26号，1974年）の中で，「マルクスの使ったこのことば（"Assekuranzfonds" あるいは "Versicherungsfonds"：押尾注）は，我国における資本論の翻訳者がこのような訳語を当てて以来，伝承されて来ているのであるが，これは金銭的なものを意味すると取られやすい。したがって，長谷部訳の資本論では『元本』という訳語を使っているのであるが，その意図は了解できるとしても，この訳語が一般に使われていない欠点がある。笠原長寿氏は，ロシア語の関係も考慮して，これにフォンドということばを充て，その後ファンドという英語を採用している。たしかに保険ファンドと呼ぶことは，各種の訳語のうちで一ばんすぐれているように思われる」（p. 8），と述べている。
(39)印南前掲稿，「バーダー教授の保険本質論」，p.244。
(40)Bader, H., Das System der Sicherungsfonds der gesellschaftlichen Reproduktion, 1964, Seite.265.
(41)ebd. Seite. 268.
(42)ebd. Seite. 267.
(43)ebd. Seite. 265.
(44)笠原前掲書，pp.55-57。
(45)Bader, H., a. a. O., Seite. 279 bis 283.
(46)ebd. Seite. 275.
(47)ebd. Seite. 270.
(48)ebd. Seite. 266.
(49)ebd. Seite. 268.
(50)ebd. Seite. 268.
(51)ebd. Seite. 268.
(52)印南教授は，前掲稿「バーダー教授の保険本質論」において，「生命保険の保険料には，労働者の賃金から払込まれるものもあり，従って保険料なるものは，『剰余価値からの控除である』と一律に規定することは許されない。此の点について，社会主義諸国の保険学者たちは，未だ明快な取扱方を示していないのであって，バーダー教授も亦同様である。」（p.258）と批判している。
(53)Bader, H., a. a. O., Seite. 268.
(54)シュリーサー氏もまた，バーダー教授の見解に従っている（印南前掲稿「保険資本に関する東独学者の見解」，p.67）。
(55)Bader, H., a. a. O., Seite. 269.
(56)ebd. Seite. 269 bis 270.
(57)印南前掲稿，p.239およびp.241。
(58)同上，p.238。
(59)笠原前掲稿，pp.38-39。

(60) 印南前掲稿，p.244。

(61) 笠原教授は前掲書において，バーダー教授のこのような問題提起の仕方を批判して，「この問題（保険ファンドの形成と保険との論理的，歴史的関連把握の問題：押尾注）は『予備ファンド又は保険ファンドの形成が，保険によって行なわれねばならないかどうかという』提起の仕方でなく『予備ファンドまたは保険ファンドの形成が当該社会において如何なる形態と性格をとって現われるか』とすべきであり，その方が，論理的，歴史的な把握の仕方である」（p.52）と述べている。

(62) Bader, H., a. a. O., Seite. 268. バーダー教授は社会的総生産物を次のように分類するのが有意義であるとして，

①再生産過程の維持のためのファンド（消耗した生産手段――消費ファンドのための予備）“Fonds zur Unterhaltung des Reproduktionsprozesses（Ersatz der verbrauchten Reproduktionsmittel―Konsumtionsfonds）”

②再生産過程の拡大のためのファンド（蓄積ファンド）“Fonds zur Erweiterung des Reproduktionsprozesses（Akkumulationsfonds）”

③再生産過程の保護のためのファンド（保障ファンド）“Fonds zur Absicherung des Reproduktionsprozesses（Sicherungsfonds）”

という3項目に修正，再分類している。

(63) マルクス前掲書『ゴータ綱領批判』，pp.18-19。

(64) 同上，p.19。

(65) Bader, H., a. a. O., Seite. 281.

(66) ebd. Seite. 279 bis 281.

(67) 押尾前掲稿，pp.93-95。

(68) 笠原教授は，バーダー教授の見解における問題点として，まず第一に「予備ファンドまたは保険ファンドの形成が，保険によって行なわれなければならないかどうかという……当面の問題……を解くことに努めてみよう」（印南前掲稿，p.244）という問題提起の仕方，第二に「保険ファンドの概念を保険の枠内に止め，極めて狭義に解釈している」（笠原前掲書，p.52）点，さらに第三として「社会主義下の問題として，マルクスの言う『予備または保険ファンド』は『国家的予備の一構成部分』であり，この部分は『保険概念』から除かれる」（同，p.53）とする点の以上三点について検討，批判しているが，こうした問題はすべて，保険ファンドの命題の解釈と位置づけにおける方法的欠陥に起因するのである。

(69) マルクスは，最初の総括的な史的唯物論の著書である『経済学批判』（Zur Kritik der Politischen Ökonomie, 1859.）の「序言」の中で，唯物史観の本質を次のように定式化している。「人間は，彼らの物質的生産諸力の一定の発展段階に対応する生産諸関係にはいる。これらの生産諸関係の総体は，社会の経済的構造を形成する。これが実在的土台であり，その上に一つの法律的および政治的上部構造がそびえ立ち，そしてそれに一定の社会的諸意識形態が対応する。物質的生活の生産様式が，社会的，政治的および精神的生活過程一般を制約する。人間の意識が彼らの存在を規定するのではなく，彼らの社会的存在が彼らの意識を規定するのである。社会の物質的生産諸力は，その発展のある段階で，それらがそれまでその内部で運動してきた既存の生産諸関係と，あるいはそれの法律的表現にすぎ

ないものである所有諸関係と矛盾するようになる。これらの諸関係は，生産諸力の発展諸形態からその桎梏に一変する。そのときに社会革命の時期が始まる。経済的基礎の変化とともに，巨大な上部構造全体が，あるいは徐々に，あるいは急激にくつがえる。このような諸変革の考察にあたっては，経済的生産諸条件における物質的な，自然科学的に正確に確認できる変革と，それで人間がこの衝突を意識するようになり，これとたたかって決着をつけるところの法律的な，政治的な，宗教的な，芸術的または哲学的な諸形態，簡単にいえばイデオロギー諸形態とをつねに区別しなければならない。ある個人がなんであるかをその個人が自分自身をなんと考えているかによって判断しないのと同様に，このような変革の時期をその時期の意識から判断することはできないのであって，むしろこの意識を物質的生活の諸矛盾から，社会的生産諸力と生産諸関係とのあいだに現存する衝突から説明しなければならない。」（『マルクス＝エンゲルス全集』第13巻，pp. 6－7 ,1964年）

以上のように，マルクス＝エンゲルスに始まる史的唯物論は，哲学的唯物論を社会生活の上に押し広げることによって，物質的生活諸条件や社会的存在を社会発展の第一次的・規定的要因として論証したのである。物質的生活の諸条件として考えられるのは，もちろん，とくにマルクス主義が考慮を払った物質的財貨の生産様式，社会を取り巻く自然環境，あるいは人口の密度と増加——と言っても，資本主義下の貧困を絶対的過剰人口と関連させるブルジョア的なこじつけの意味ではなく，たんに二次的・副次的な役割を果す条件に過ぎない——である。これらの諸条件のうちで，社会の発展を規定する主要な力として論証されたのは，物質的財貨の生産様式，つまり生産力と生産関係との間の相関性であった。そして，ここでわれわれが注目すべきことは，「土地所有が支配している形態ではどの形態でもまだ自然的関係が優勢である。資本が支配している形態では，社会的に歴史的につくり出された要素が優勢である」（「〔経済学批判への〕序説）『マルクス＝エンゲルス全集』第13巻，p.634）と述べられていることである。

したがって，マルクスが対象とした資本主義的構成体の発展法則の研究における視座は，まず第一の条件として生産力と生産関係との具体的な統一体としての生産様式に，次いで副次的条件として自然的，地理的環境に置かれているのである。

(70) Bocelj, J., Karl Marx und Versicherung, 1971, Seite. 607.印南稿「社会主義国における保険論争」，p.15。
(71) ebd. Seite. 637. 印南同上稿，pp.15-16。
(72) Bader, H., Karl Marx und die Versicherung, 1972. 印南前掲訳稿「カール・マルクスと保険」，『Insurance』第2655号，p.15。
(73) マルクス前掲書『資本論』第3巻，p.1085。
(74) Boncelj, J., Der Einfluß von Karl Marx auf die Versicherungstheorie in den sozialistischen Ländern-Eine Erwiderung auf den Beitrag von Dezsö Csabay, ZVersW, 1973, 1. Seite. 21 bis 22.
(75) Boncelj, J., a. a. O., Seite. 21.
(76) ebd. Seite. 23.
(77) ebd. Seite. 21.
(78) ebd. Seite. 20.
(79) 印南前掲訳稿『Insurance』第2655号，p.10。

(80)同上，p.13。

(81)印南教授は，前掲稿「社会主義国における保険論争」のむすびで，ボンセルィ教授を批判して，次のように述べている。「全体的に見て，論争のキッカケを作ったボンセルィの見解に，無理がある感をまぬがれない。すなわち，マルクスが保険基金を，保険会社が独自の営業として管理するか否かは，問題の本質を変えるものではない，と述べている文章の解釈として，独自の事業として保険会社以外の保険主体が経営する場合をも一括してこれを除外し，それに対立するのは自家保険のみとする点に第一の無理があり，次ぎに自家保険というものを，真実の保険と見るところに第二の無理がある。さらにまた共産主義の段階において，貨幣的カテゴリーに属さない保険として現物的な自家保険が存続すると見るところに第三の無理がある。要するにボンセルィの見解に対し，他の社会主義的保険学者がこぞって反対しているのはきわめて当然である，ということができよう」(p.22)。

(82)Boncelj, J., Karl Marx und die Versicherung, Seite. 607. 印南同上稿，「注目に値することは，マルクスの叙述において，保険制度があらゆる発達した経済において不可避であり，したがって，いかなる経済制度であろうと，またそのイデオロギー的な基礎がどのようなものであるかに関係なく，不可避的な経済施設として，考察されていることである。したがって，彼の考えの純然たる経済的な核心が考察されるのであり，その核心は一般化の程度に応じて，資本主義経済のみならず，社会主義経済にも妥当し，したがって，『すべての社会生産様式に共通な基礎』に属するのである」(p. 7)。

(83)印南前掲訳稿，『Insurance』第2651号，p.10。

(84)同上，p.11。

(85)同，p.13。

(86)同，p.10。

(87)Boncelj, J., a. a. O., Seite. 23. 印南前掲訳稿，p.19。

(88)マルクス前掲書『ゴータ綱領批判』，p.19。

(89)笠原教授は，「労働不能者等のためのファンド」について，二瓶嘉三氏の見解に触れ，次のように述べている。労働不能者等の生活保障のための基金形成が，一定の経済社会つまり歴史的に規定された資本主義社会では生命保険の形をとるという二瓶氏の主張は原則的に正しいが，その場合，「生命保険」というよりもむしろ「家計保険」とすべきこと，また「生命保険は，労働不能者などの生活保障の歴史的に制約された社会的形態」として一面的に強調されると，社会主義における社会保障と資本主義における生命保険が形式的に等置されてしまい，この両者のもつ階級的性格を曖昧にしてしまう。「生活保障の歴史的に制約された社会的形態としては，社会主義の下でマルクスが規定する『労働不能者等のためのファンド』と同一形態である資本主義の下での社会保障，社会保険が生命保険との関連で述べらるべきである」として，保険ファンドの命題と「労働不能者等のためのファンド」および家計保険によるファンド形成とを，一面的に，単純に同一次元で論ずることの問題点を指摘している（笠原前掲書，p.86)。

また，モティレフ氏も社会主義の下での住民人保険のためのファンドの経済的本質と社会保険，社会保障との同一志向の根源を「労働力の再生産」という目的に求めているが，「しかし，この場合には，絶対的な一体とは考えられない。問題は，住民人保険のためのファンドは，社会成員の個人所得から形成され，もっぱら付保された人々の保険入用の充足にあてられる。しかるに一方，社会保険ならびに社会保障は社会的消費ファンドにもとづいて実現され，社会のすべての人々に及ぼされるというその概念の一体的性質に係わるのである。」（笠原・水越前掲訳書，p.31）として，その相関性とともに，概念的にも，またその意義や役割についても明確な固有の性質をもつことを指摘している。

(90)印南訳稿「ハンガリーにおける保険の理論と実際」，明治大学商学研究所編『明大商学論叢』第50巻第1号，pp.11-12,1966年。

(91)Csabay, D., a. a. O., Seite. 2 bis 3.

(92)ebd. Seite. 9 bis 10.

(93)ebd. Seite. 11.

(94)ebd. Seite. 15.

(95)ebd. Site. 5.

(96)チャバイ氏は，保険ファンドの所有権に関して，以前の見解を訂正し，「保険ファンドは……保険を組織する施設によって形成される」（印南前掲訳稿，p.9）と述べている。

(97)Boncelj, J., a. a. O., Site. 20.

(98)Csabay, D., a. a. O., Seite. 9. また，チャバイ氏は，「ハンガリーにおける保険の定義と保険の社会主義的内容とに関する理論の発展」（印南前掲訳稿）の中でも，「自家保険は，マルクスによって示された保険概念の本質的特徴を含んでいないので」，「我々は，自家保険は……保険の中に含めない。保険とは一定の目的に関し，リスクの分割に基づいて行なわれる貨幣ファンドの形成……であり，いわゆる自家……保険なるものは，むしろ自家充足……もしくは自家保証……と呼ぶ方がふさわしいであろう」（p.12）と述べている。

(99)Csabay, D., a. a. O., Site. 8.

(100)ebd. Seite. 6.

(101)ebd. Seite. 7.

(102)ebd. Seite. 8.

(103)印南前掲稿「社会主義国における保険論争」，p.12.（Csabay, D., a. a. O., Seite. 4.）

(104)ebd. Seite. 9.

(105)ebd. Seite. 6.

(106)ebd. Seite. 13.

(107)印南前掲稿「社会主義国における保険論争」，p.13。

(108)チャバイ氏は，「保険ファンドの源泉は生産領域では剰余価値ならびに剰余生産物であり，消費領域では社会の消費ファンドである。」（Seite. 10.）と述べているに過ぎない。

(109)マルクス前掲書『ゴータ綱領批判』，p.19。

(110)Csabay, D., a. a. O., Seite. 10. Anm. 43.

(111)マルクス前掲書『ゴータ綱領批判』，p.19。

(112)笠原前掲書（第一部保険ファンド論第一章に，その表題を「保険ファンドの本質」と変更して掲載された。），pp.32-33。

(113)同上。

(114)押尾前掲稿，p.113以下。

(115)笠原教授は保険ファンドの本質について，次のように述べている。「人間社会における自然的災害や，その他の不測的災害の不断の存在，それに対処する人間的社会の努力，それの物質的表現としての保険ファンドの創造等は，人間社会の発生以来，発展，変化の過程を経ながら存在し続けている。例えば，保険ファンドにしても，それが自然的災害や不測の事故の結果の損害に対処するため，社会的総生産物からの控除部分として存置されるということは，何れの社会においても共通である。しかしながら，存置される保険ファンドそれ自身はそれぞれの社会の支配的生産関係の制約の下に発展，変化を遂げつつ歴史的な姿をもって現われているのである。したがって，保険ファンドは一面で同一であると同時に，他面でそれ自身と異なり，それ自身のうちに内的矛盾を含み，発展，変化の過程をもつという客観的本性をそなえているものとして把握しなければならないであろう」（前掲書，pp.34-35）。

(116)これに対し，古沢源刀氏は，とくに印南教授との論争を通じて，マルクスが規定しているのは「保険ファンド創造」ではなく，再生産上の欠陥を補うための「剰余価値，生産物」であると主張している（古沢稿「保険概念と保険学に関する一考察――印南学説を中心として」，日本保険学会編『保険学雑誌』第449号，1970年，「マルクスの保険基金とその超歴史性の問題――印南教授の反批判に答える」，生命保険文化研究所『論集』第20号，1971年，ならびに「保険に関するマルクス理論の若干の問題――印南教授への答をかねて」，同研究所『所報』第31号，1975年）。

たとえば，古沢氏は「保険に関するマルクス理論の若干の問題」の中で，次のように述べている。「保険元本（保険ファンド）が危険に備えて保険のために役立つにしてもゴータ綱領批判では，災厄または自然事象の攪乱に対する予備元本または保険元本が社会的総生産物から控除せらるべきものとされている。また資本論に資本主義廃棄後存続しなければならないとしているのは，剰余生産物，剰余価値の一部であり，保険ファンド存続とも解せられるのは保険を前提とし，剰余価値から控除せられるべきものであるからである（このことから保険そのものの存続は結論できぬ）。その形態が予備元本であり，保険元本でもありうる。このように考える。マルクスが述べているのは元本を形成する剰余価値生産物であって保険元本は剰余価値，生産物が充当されるものであること。これによって再生産上生じることある欠陥（Ausfall）を補うものたること。この部分が資本主義生産様式の廃棄後も存続すべきは，保険元本たると予備元本たるとをとわない。保険元本そのものはただ保険を前提としてこれに充当せらるべき剰余価値生産物の一部なのであり，このことから，マルクスは，ゴータ綱領批判では予備もしくは保険元本（Reserve od. Assekuranzfonds）と述べているのではないか」（pp.25-26）。

しかし，古沢氏が主張している「再生産上の欠陥を補うための剰余価値生産物の存続」という事柄は，マルクスの規定した保険ファンドを構成する一要素に過ぎない。したがって，この要素のみをもってしては，マルクスが社会的総再生産過程としての生産過程を，自然的ならびに社会経済的な否定的作用による攪乱から保護，強化すべきことの客観的必然性を論証し，それにもとづいて規定した深遠なる命題の真意を理解できないであろう。

(117)マルクス前掲書『資本論』第3巻，pp.1084-1085。

(118)押尾前掲稿，p.111以下。笠原前掲書第一章二，「コーニシンの定義」および第三章二，「コーニシンの改訂第三版に対するミリネルの批判」ならびに笠原前掲訳稿「社会主義社会における国民所得の分配と保険の役割」を参照されたい。

(119)笠原前掲書，pp.32-33。

(120)同上，pp.100-101。
(121)同，p.65。
(122)同，pp.100-101。
(123)モティレフ著，笠原・水越前掲監訳書，pp.33-34。
(124)同上，p.34。
(125)同。
(126)同，p.37。
(127)マルクス&エンゲルス著『共産党宣言』Marx, K. &F. Engels, Manifest der Kommunistischen Partei, 1848.,『マルクス＝エンゲルス全集』第4巻，p.489,1960年。
(128)印南教授は，論稿「保険の私経済的把握と社会経済的把握」，創価大学経済学会編『創価経済論集』第5巻第3・4号，1976年）において，社会保険と生命保険との関連について，次のように述べている。「既存の生命保険が，なかんずく低所得者の生活保障について，十分に機能できなかったから，社会保険は生まれたのであるが，それにもかかわらず，社会保険の発足にあたっては，当然に生命保険の側から，反対や妨害などをうけた。これにたいして，国家当局は，社会保険が民間の生命保険にとって代わる機能を果たそうとするものではなく，またその事業を圧迫するものではないことを言明し，約束しなければならなかった。また，社会保険の導入により，国民のなかに潜在的に無意識化している生活保障にたいする欲望を掘り起し，生命保険の発展する土台を提供するものであることを説いた」(p.83)。
(129)モティレフ著，笠原・水越前掲監訳書，pp.40-41。
(130)同上，pp.30-31。
(131)同，p.41。
(132)コルホーズの財産保険は，1967年8月28日付のソ連邦最高会議幹部会命令「コルホーズ財産の国営義務保険について」にもとづいて抜本的に改革された。この改革によって義務式定額保険は廃止され，コルホーズの財産国営義務保険が制定されたのである。笠原前掲稿「社会主義保険の研究」および同上監訳書第3章「農業保険発展の見通し」第1節「コルホーズ財産保険の新契約条項の経済的内容」を参照されたい。
(133)同上監訳書，p.31。
(134)笠原前掲書，p.66。ソ連邦における住民国営保険，とくに人保険としての生命保険の発展に関連してにわかに想起されるのは，シュッテ氏（Ehrenfried Schütte）の見解である。シュッテ氏はその著『ソ同盟の保険』(Das Versicherung der Sowjet-Union, 1966.）においてソ連邦の生命保険の質量的発展を私有財産主義者的心理，つまりブルジョア的心理の復活に関連させて，次のように批判している。「貨幣で表わされた生命保険証券という形をとった私有財産の著しい増大にともない，財産所有者としての心理状態が，とくに指導的階層に属する大衆の中に形成されてくる。この新しい現象は，消費者たちにブルジョア的心理を醸成する。これは，ソ連邦のイデオロギーおよび社会政策，つまりマルクス＝レーニン主義の基本方針との間に矛盾や軋轢をもたらすことになるだろう」(印南訳稿「ソ連邦保険についての評価」――『ソ同盟の保険』第9章「結論的諸考察」第2,3,4節の翻訳――，損害保険事業研究所編『損害保険研究』第29巻第4号，pp.21-23,1967年)。
　シュッテ氏の批判は，本章で分析したように，資本主義と社会主義の下での家計保険の経済的本質および社会経済的な機能や意義を考慮するならば，的を射ているとは言い難い。シュッテ氏は，たんに表面的，外観的な比較—歴史的沿革に関する考察を行ってはいるが—によって両体制下の家計保険を同一次元で論じているに過ぎない。したがって，著者はこうした主張にはにわかに賛同できない。また，モティレフ氏もシュッテ氏のこうした批判に対して，「願望と現実といつわるようなこの手の『証明』は，一方では，社会主義経済の成果を中傷しようとし，他方では，社会発展の二つの対立する体制の根本的な相違をおおいかくそうとするブルジョア弁護論者のあわれな試みの破産をあらためて確認している」（モティレフ著，笠原・水越前掲監訳書，p.60）と反批判している。

(135)笠原前掲書，p.88。

第3章
「保険資本論」における家計保険
——家計保険の経済学的性格分析・規定のための視点——

1　家計保険の経済学的性格分析・規定のための方法論

科学的な保険理論の体系化を志す保険研究においてもっとも重要な現代的課題の一つは，家計保険(1)の性格の経済学的な分析と理論構成にある。これまで，この課題について，諸論者の一定の特徴的なアプローチが試みられている。本章では，主要な論者の見解を取り上げて検討し，保険理論の体系化に向けて家計保険の経済学的性格分析・規定のための視点をどこに置くべきかを追究することにする。

そのために，まず「保険ファンド論」の方法論を否定し，独自の「保険資本」論を主張する金子卓治教授・池野重男氏の企業保険と家計保険の「統一的把握」に関する見解とその問題点を概観した後，マルクスの「保険ファンド」規定に基礎を置いて「保険資本論」を展開し，その立場から家計保険の性格を経済学的に分析，規定しているシュリーサー氏，三輪昌男教授および水島一也教授の見解を検討し，その問題点を指摘する。なお，本章では，金子教授・池野氏の立場を「保険資本」論，その他の論者および双方の立場を含めた全体を「保険資本論」と表示する。

本章では，これら諸論者の見解を検討，批判する作業を通して，家計保険の性格を経済学的に分析，規定するためには，生産諸関係およびその他の社会的諸関係と経済法則が不可欠の要素であることを論証する。第2章で明らかにした私見——マルクスの「保険ファンド」の命題を創造的に発展させ，社会的総再生産過程としての消費過程を攪乱，中断，破壊する自然的および社会的な否定的影響に対処するための予備形成の客観的必然性を論証し，それを「消費目的的ファンド」と規定したうえで，その資本主義的，歴史的形態として保険資本によって展開されている家計保険を位置づける立場に立つ笠原長寿教授およびモティレフ氏の見解を支持した著者の立場[2]——を再確認し，若干補足することにする。

本章におけるこうした問題意識は，家計保険を良質かつ安価な労働力再生産のために，すなわち労働者階級・勤労大衆の労働力・消費手段（＝消費生活）の再生産のために社会的総資本が生み出した，しかも保険技術上，階級内部での再生産を可能にする資本主義的，歴史的制度として資本制経済と構造的に関連づけて捉える著者の立場にもとづいている。

2 「保険資本」論における家計保険の経済学的性格分析・規定

（1）「保険資本」論の理論構成・内容——金子卓治教授・池野重男氏の見解

著者は，「保険ファンド論」についての基礎研究を展開した第1章および第2章において，箸方教授の見解を取り上げて考察，検討した際に，金子卓治教授および池野重男氏の「企業保険と家計保険の統一理論」にも触れ，若干の基本的な問題点を指摘した[3]。

本章では，まず「原基形態」として措定した「企業保険資本」の利潤追求の運動過程の中で，家計保険の経済学的性格の分析と「統一把握」のための論理を展開している金子教授・池野氏の「保険資本」論の立場を取り上げ，第2章で指摘した問題点を確認しつつ，改めてその主張内容を検討することにした。

金子教授は，「保険資本について[4]」において，従来の「伝承的観念論—保険本質論」の，「保険経済論」としての非生産性を批判し，新たに「保険資本」論の立場を採るべきことを主張した。その方法的前提として，金子教授は，第二次世界大戦前，保険料の経済的性格をめぐって近藤文二教授との間でいわゆる「保険価値論争[5]」を展開し，「保険本質論争」に対して批判的立場を採った馬場克三教授の方法，すなわち「基本的形態から派生的形態へと説明するという発展的方法[6]」を導入し，企業保険と家計保険の「統一」を「保険資本の運動との関連において[7]」解決すべきことを主張した。

金子教授は，まず「保険」の発生基盤を確認するとして，私的所有制下において発生する「偶然的事件による私的所有の不安[8]」なる事柄を抽出する。また，池野氏も同様に，企業の場合にも家計の場合にも「抽象的には異なるところのない『不安』をもつ[9]」と述べている。金子教授・池野氏の「保険資本」論における特徴とその根本的・決定的な問題点は，理論展開のこの第一段階にあることに注意しなければならない。この「最も抽象[10]」化された事柄は，保険制度上の諸特徴の一つであり，社会経済構造との関連から切り離された標識である。

両氏は続く第二段階において，この「仮定」を踏まえ，「保険」を一つの「制度＝取引[11]」として把握しようとする。すなわち，両氏によれば，私的所有制下における偶然的事件による私的所有の不安を，他の経済主体との関係において処理，「危険転嫁」するための「制度＝取引」として，近代保険は社会的再生産の中心としてもっとも重要な資本の運動部面における偶然的損害の填補を目的として成立し，展開する[12]，ということになるのである。つまり，機能資本の偶然的災害を対象として確立する保険資本が近代保険制度の「原基形態」ないし「基本的形態[13]」になる，という。両氏は，この「……企業との保険取引関係に係わる損害保険資本をあらためて企業保険資本として設定……[14]」するのである。

次いで，両氏は，「原基形態」ないしは「基本的形態」として成立させた「企業保険資本」と家計保険との「統一把握」に向かう。ここで想起しなければならないのは，理論展開の第一段階において抽出された「最も抽象的」な「保険」の標識である。すなわち，「私的所有制下において発生する偶然的事件による私的所有の不安」という「仮定」が「統一把握」のための基礎となる。この「仮定」を踏まえて，両氏は次のように述べる。

〔企業〕（引用注：押尾）……保険資本は，単に資本の偶然的災害のみを対象としなければならない性質のものではなく，資本の下で営まれる家計の不安が存在する限り，それを対象として資本がこの部面で危険負担活動を行うことが可能であり，したがって家計保険資本―具体的には生命保険資本も成立し得たのである。それは資本の危険負担として一たん確立した保険資本が，資本の運動によって生みだされる所得の危険負担に反転して，そこに新たな活動分野を開拓した姿である[15]。

抽象的に言えば，産業資本の要求にそって成立した企業保険資本が，その新たな増殖部面を人間生活の種々の不安に求めて家計保険分野に進出してくる[16]。

> このように両資本の業務にはその本質的基盤の同一性が存在するのであるから，実際上の機能が質的に異なっていても，同一資本によって二つの機能を行うことができる。事実，火災保険事業は企業保険，家計保険の両業務を行っており，イギリスでは火災保険事業と生命保険事業が兼営されている[17]。

両氏は，理論展開の第一段階において抽出した，もっとも抽象的な「保険」の標識であるとする「私的所有の不安」という「仮定」を踏まえて，家計分野における「危険負担基盤の本質的同一性」を前提し，「原基形態」として成立させた「企業保険資本」の「利殖願望」と「兼営の可能性」の二つの契機を根拠に，「派生的形態」として「家計保険資本」なる範疇を創出する[18]。つまり，「……家計との保険取引関係に係わる損害保険資本を，生命保険資本とともに，家計保険資本として別に設定するのである[19]」。

以上，金子教授および池野氏の見解を概観した。そこで，両氏の見解を検討してみよう。両氏は，「保険資本」論の展開に当たって，まず「保険」現象を通約し，その最大公約数二項を抽出する。一つは，第一段階で抽出した「偶然的事件による不安」であり，今一つは，第二段階で抽出した「危険転嫁」である。次いで，これら二つの最大公約数に，「私的所有制」をかかわらせる。かくして，「保険」は一つの「取引」として捉えられ，「特殊」な「保険取引」なる別個の概念が設定されるのである。これを式によって表わせば，次のようになる。

最も抽象的な保険＝偶然的事件による不安＋危険転嫁　（1）

（1）式から

（保険＝特殊な取引）×資本制生産様式＝保険取引　（2）

したがって，金子教授が「保険本質論」，近藤教授の「経済技術説」あるいは印南教授の「経済準備説」に対する批判点とする，保険者・保険加入者両当事者を包含し，「客観性」と「歴史性」を踏まえた「保険」の理解とは[20]，「保険本質論」によってすでに析出されていた標識＝最大公約数のうちの「偶発的事件の不安」と「危険転嫁」に，「私的所有制」という条件を加味しただけの内容に過ぎない。換言すれば，両氏の場合，「保険」現象を社会経済構造から切り離して抽象化し――これこそ,「保険本質論」における根本的,決定的誤謬であった――,こうして得られた最大公約数,したがってまた「共通の基盤[21]」に「歴史性」を絡め,「取引」の特殊性を強調したのである。それゆえ,「私的所有制」の意味・内容も,保険者と保険加入者を生産諸関係のうちに捉えるのでなく,たんに「保険供給者＝保険者」と「保険需要者＝保険加入者」という側面からのみ捉えられているのである。両氏の言う「保険取引」の具体的性格を規定する当事者間の関係は,一見,人間と人間との社会経済的関係として把握されているかのごとき印象を与える。しかし,両氏の場合には,抽象的な意味での人間と人間との関係,つまり経済主体間の関係,したがってまたたんなる「保険者」と「保険加入者」という表層的,平面的な「社会経済的関係」だけの意味・内容に過ぎない。「保険取引」の「当事者」間の関係とは,生産手段の所有関係とこれに条件づけられ,分配,流通,交換,消費の諸過程にその矛盾が現われてくる階級関係[22]ではない。たんに,「取引」の「当事者」としてだけの主体に「抽象化」されているのである。もっとも,それゆえにこそ企業保険と家計保険の「統一」においても,「家計における偶然的災害の不安の存在[23]」を契機に「危険負担の同一基盤[24]」を前提し,家計保険を「派生的」に成立させることが可能になるわけでもある。

(2)「保険資本」論の批判的検討

以上のように,理論展開の第一段階から第三段階の成果を踏まえて新たに設定された「保険取引」の近代保険への昇華は,「資本の運動部面における偶然的な損害の填補ということを中心に展開され[25]」るという。こうして,両氏によれば,保険資本の近代的形態が確立し,この形態が近代保険制度の,いわば「原基形態」となるのである。しかし,両氏の視点は「経済生活の総体としての循環[26]」ないしは「社会的総再生産過程」にあるのではなく,「資本の循環」としての「生産(流通)過程」にのみ限定されている。したがって,「このような企業保険成立の論理をもって家計保険の成立を論じることは不可能である[27]」。ここに援用されてくるのが,馬場教授の方法である。すなわち,家計保険を,「原基的形態」として成立させた企業保険(資本)の「派生的形態」として「論理」づけようとするのである。その「論理」的媒介操作を行ううえで,さきの理論展開の第一段階において導き出された「保険」の「最も抽象的」な標識が生きてくる。つまり，企業保険も家計保険も同じ「保険」であるから，「機能が質的に異っていても」，「最も抽象的には私的所有の偶然的事故による不安」という「本質的基盤の同一性[28]」が存する，とした「前提」である。これが「保険資本」論展開の基本的な構造となっているのである。

両氏は，「最も抽象」化して導き出したこの「仮定」にもとづき，「原基形態」として確立した「企業保険資本」が，その金融機能に見られるように，「新たに発展した分野での資本の利殖活動の特質を[29]」あらわにしている「家計保険」の分野に進出することをもって，「派生的」に「家計保険資本」の成立を説こうとするのである。それを裏づける証拠として，イギリスにおける生・損保業の「兼営」形態の存在事実が示されている[30]。

以上，金子教授・池野氏が展開する「保険資本」論における家計保険の経済学的性格分析・規定を検討した。「保険資本」論は，「保険本質論」の非生産性への批判・反省の中から，戦後印南教授によって展開された「経済準備説」を基礎にした「保険経済理論」に対する批判として主張された。金子教授・池野氏の「保険資本」論，つまり「保険資本＝第三次元資本説」は「保険」の抽象的標識→私的所有制加味→「保険取引」範疇の設定→「（企業）保険資本」の「原基」的成立（近代的保険形態）→「利殖願望」・「兼営の可能性」を契機にした「家計保険資本」の「派生」的成立という展開をその理論的な構造としている。

繰り返し述べてきたように，まず「保険資本」論は，その理論展開の初めに「保険本質論[31]」的方法にもとづいて，社会的総再生産過程から「保険」なる「制度」のみを抽出し，その「最も抽象的」な共通標識を摘出するという過ちを犯している。「保険資本」論の理論的支柱がこの段階で抽出された標識に完全に従っているということは，これまでの考察から明らかである。したがって，その限りでは「保険本質論」から完全に脱却し切れていないという印南教授への批判[32]は，むしろそのまま金子教授・池野氏にこそ当てはまるのではないだろうか。

理論的な構造におけるこうした根本的・決定的誤謬は，当然家計保険の経済学的性格分析・規定にも現われてくる。すなわち，第２章で指摘したように，「資本の再生産過程における危険の存在と『同一』の次元で家計の不安や危険を仮定し（もちろん，こうした仮定は，理論展開の初めに行った「保険」の抽象化によって抽出された共通標識にもとづいている：押尾注），その観点から『家計保険』を『企業保険』の『派生的形態』として，すなわち『企業保険資本』が『危険負担の同一基盤』を求め，『利殖の一環』として兼営することにより成立した『派生的形態』として規定してしまうこと(33)」になるのである。換言すれば，両氏の主張する家計保険の「派生的」成立論理とは，「保険」の「最も抽象的」な標識を基礎に，「マーケティング分野に関する事柄で説明しようとし(34)」ただけの内容にすぎないのである。

要するに，「保険」の抽象的要素を基礎に「原基形態」として措定した「企業保険資本」の運動→利殖活動部面からの家計保険の経済学的性格分析・規定を追究している金子教授・池野氏の「保険資本」論は，資本主義的生産諸関係・経済法則に視点を設定して家計保険を論じようとする著者の立場と対立し，支持され得ない。

かくして，次節では，客観的，歴史的観点に立つ「保険ファンド論」に基礎を置いて家計保険の経済学的性格分析・規定を行っている論者の見解を考察することにする。

3 「保険資本論」における家計保険の経済学的性格分析・規定
——シュリーサー氏，三輪昌男教授および水島一也教授の見解

(1) シュリーサー氏の見解とその批判的検討

前節で取り上げた金子・池野両氏と異なり，保険資本をマルクスの「保険ファンド」規定にもとづいて理解しようとしているのは，シュリーサー氏，三輪昌男教授および水島一也教授の諸氏である。本節では，これら三論者の見解を，家計保険の経済学的性格分析・規定を中心に考察することにする——もちろん，その性格分析・規定は，「保険ファンド」の命題の解釈の仕方いかんによって異なってくるので，その点をはじめに概観しておくことが必要である——。

まず，シュリーサー氏は，「『保険資本』に関する印南，金子，大野その他の人たちの議論に寄せて(35)」において，バーダー教授の主張する「保障ファンド（Sicherungsfonds）(36)」に従いつつ——ただし，原則的にであるが——，独自の「保険ファンド論」・「保険資本論」を展開している。はじめにシュリーサー氏の「保険ファンド論」を概観しておく。今，著者はシュリーサー氏がバーダー教授の主張する「保障ファンド説」に「原則的」に従っていると但書を付けた。それは以

下の理由による。

バーダー教授は，マルクスが規定した「保険ファンド」の命題を保険制度によって形成される「貨幣基金」と同一視した――したがってまた，その普遍性を否定した――当初の見解を，「東ドイツにおける国営財保険および人保険の体系」(Das System der staatlichen Sach-und Personenversicherung in der Deutschen Demokratischen Republik ; Das Finanz-system der DDR, Verlag Die Wirtschaft, Berlin, 1960.）において訂正し，「保障ファンド」概念を提唱してわれわれと同じく広義に解釈する立場に変わった。しかしながら，シュリーサー氏は，なお古い観念に囚われ，「保険ファンド」の命題を「商品生産社会」にのみ固有の歴史的な範疇として捉えようとする立場に固執している。それゆえ，シュリーサー氏はマルクスが言う「保険ファンド」を，バーダー教授の提唱する「保障ファンド」のうちの「生産と流通の領域に係わる保障ファンド[37]」に相当する範疇と解する一方，それを「商品生産社会」にのみ固有の存在であると把握する。バーダー教授の説にしたがって「生産と流通の領域に係わる保障ファンド」として位置づけられた「保険ファンド」は，偶然事故および危険に対して再生産過程を保護するための予備ファンドである，ということになる。予備ファンドは「物財及び金銭の形における社会的な基金（ein gesellschaftlicher Fonds in materieller und finanzieller Gestalt）である[38]」。その形成形態は二種類ある。一つは個別的な予備ファンド形成であり，今一つは集団的・団体的予備ファンド形成である。この予備ファンドの形成が集団的・団体的に「金銭」の形を取って「専門的な保険会社により別個の事業として[39]」行われるときに，保険制度は成立することになる。

ところで，資本主義社会において資本の再生産過程は，偶然事故や危険に脅かされているので，「資本の一部は，常に（それに対処するための…押尾注）予備資本として機能する[40]」。この予備資本が「専門的な保険会社により別個の事業として管理されるときに初めて保険資金（Versicherungsfonds）が成立する，ここに保険資金とは，専門的な保険会社のもとに集積される貨幣資金のことである[41]」。

次いで，シュリーサー氏は，「保険ファンド」＝「生産と流通の領域に係わる保障ファンド」の集団的貨幣資金形態と断じた「保険資金」の資本主義下における被規定性について自問し，その転化形態であるという「保険資本（Versicherungskapital[42]）」の概念を導き出す。では，「商品生産社会」の一段階である「…

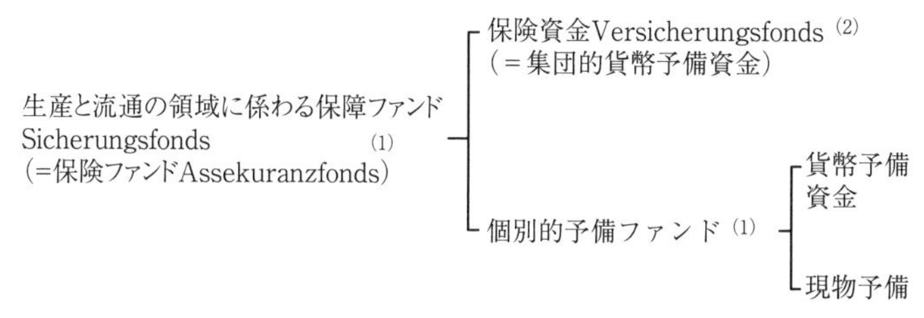

図3-1 保険ファンドの命題についてのシュリーサー氏の当初の見解

注1：訳稿では，「保険基金」・「予備基金」という訳語が当てられているが，本書では著者の責任で，それぞれ「保険ファンド」・「予備ファンド」に代えて使用した。

注2：保険制度によって形成される。

出所：W. シュリーサー「『保険資本』に関する印南，金子，大野その他の人たちの議論に寄せて」より作成

資本主義における保険資金の特殊性，その典型的な事柄は何であろう。それは，この資金が資本に変化すること，資本主義的生産様式における一つの経済的範疇として，保険資本が成立することである[43]」。シュリーサー氏は「保険資本」をこのように概念規定した後，「保険会社ないし」「保険資本家は，保険料の算定と徴収，貨幣準備の管理，損害の場合における保険給付の計算と支払を，全資本家階級のために引き受ける[44]」と述べている。

以上，「『保険資本』に関する印南，金子，大野その他の人たちの議論に寄せて」におけるシュリーサー氏の見解を図示すれば，**図3-1**のようになる。

シュリーサー氏は，バーダー教授の見解にしたがってマルクスの「保険ファンド」規定を解釈しているのであるが，家計保険の性格についてはどのように分析し規定しているのであろうか。ここでもまたバーダー教授の「保障ファンド説」が援用されることになる。バーダー教授によれば「保障ファンド」は社会的再生産の生産領域だけでなく，消費領域でも形成される，という[45]。かくして，家計保険の方法によって形成される「保険資金」は，消費領域にかかわる「保障ファンド」，すなわち「社会と個人の消費の領域に対する保障ファンド」範疇に含まれるのである。シュリーサー氏はこの点について，次のように述べている。

> 保険は消費の分野においても，金銭的予備（つまり，シュリーサー氏の言う『保険資金』：押尾注）形成の経済化された方法である。保険が適用されうるところでは，すでに述べたような理由（共同の危険負担および若干の者の損害を多数者に分

配すること：押尾注）により，個別的な予備基金（貯金）に比べて，ある節約を意味する。保険はしばしば，一定の危険事件に対する金銭的保障の唯一の可能な手段である。なぜならば，労働者，小農その他の人たちは，たとえ彼らが貯蓄をすることが可能であるとしても，独力で自分の所得から十分な貨幣準備を形成しうる状態にないのが普通だからである(46)。

引用から明らかなように，シュリーサー氏は家計保険を，貯蓄との技術的対比によって「一定の危険事件に対する金銭的保障の唯一の可能な手段」として，「社会と個人の消費の領域」とかかわらせて位置づけようとしている。これは，シュリーサー氏の問題意識が資本制保険と社会主義保険，ならびに生産分野にかかわる保険と消費分野にかかわる保険の共通標識の設定および「その時々の生産様式の特殊な条件と経済法則によって規定される(47)」社会的本質の相違の理解という点にあることにもとづいている。こうした問題意識のもとに，シュリーサー氏は，バーダー教授の「社会と個人の消費の領域に係わる保障ファンド」を無媒介的に導入し，その一形態であるとする消費分野にかかわる保険――家計保険――を社会的総再生産過程としての消費過程との関連においてではなく，「一定の危険事件に対」し，「共同負担」・「分散」する目的・使命をもった「集団的貨幣準備金＝保険資金」形成のための「唯一の可能な手段」として，技術的側面から捉えようとするのである。しかして，「社会と個人の消費の領域に係わる保障ファンド」形成のための家計保険の，資本制生産様式による被規定性として「典型的な事柄(48)」は，この「技術」による「集団的貨幣準備金＝保険資金」の形成・管理・分配が「特殊的事業」として「保険会社＝保険資本家」によって専門的に行われ，「保険資金」が「保険資本」に転化する，という点に求められることになる。

ところで，シュリーサー氏は，「『保険資本』に関する印南，金子，大野その他の人たちの議論に寄せて」を発表した翌年に，『西独保険資本――現代の資本主義的保険の理論と実際に寄せて』（Das westdeutsche Versicherungskapital, Ein Beitrag zur Theorie und Praxis der kapitalistischen Versicherung der Gegenwalt, Berlin, 1961.）と題する著書を出版した。「保険資本」については，第一章で論じられている。その大要は，水島一也教授稿「保険資本・保険資金・保険利潤――シュリーサーの学説に寄せて[49]」に詳しく紹介されている。

水島教授によれば，『西独保険資本』におけるシュリーサー氏「の主張は，……『保険資本に関する東独学者の見解』……の中に訳出されたかれの見解を基礎とするものであるが，内容的にもまた用語法にも，新しい重要な主張を含んでいる[50]」。

「保険基金は，保険によって集団的に形成され，専門的な保険企業により管理される予備資本と，各個別資本のもとで個別的に形成される予備資本とに分けられることになる[51]」。企業保険により形成される「生産分野の予備資本の一部と（家計：押尾注）保険により消費分野から形成される貨幣予備が，保険企業により形成されるところの貨幣予備基金である。この基金をシュリーサーは，『保険資金』（Versicherungsgeldfonds）となづける。この場合シュリーサーが，印南教授によって紹介された前掲論文中におけるのとはことなり，Versicherungsgeldfonds という新しい用語を使っていることに注意しなければならない。……かれの論述からすれば，前掲論文において，保険資金を指すためにかれが使用した Versicherungsfonds は，いまやマルクスのいう保険基金を意味し，保険基金のうち保険会社が形成・管理する部分は，Versicherungsgeldfonds と呼称されることが明らかである[52]」。

以上のように，シュリーサー氏は，前掲論文において，保険制度により形成される貨幣準備，したがってまたマルクスの規定した「保険ファンド」の集団的形成形態に当てた Versicherungsfonds（「保険資金」）に代えて Versicherungsgeldfonds という語を用いたのである。シュリーサー氏が Versicherungsfonds に代えて Versicherungsgeldfonds を用いた理由は，三点あると考えられる。

①シュリーサー氏自身が明言しているように，「保険が取り扱うのは常に貨幣だけであるということ，従って保険会社のもとに集積される保険資金は貨幣基金である，という[53]」点。

②かつて，シュリーサー氏が考えていたところとは異なり，マルクスは『資本論』その他の著書の中で「保険ファンド」について述べる際に Assekuranzfonds と Versicherungsfonds を区別して使い分けているわけではない，という点[54]。

③ Versicherungsfonds を生産的分野に係わる集団的貨幣準備金として Asse-

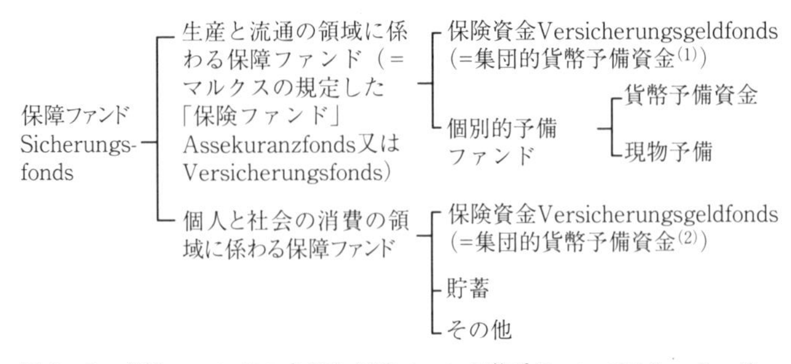

図3－2　保険ファンドの命題と保障ファンド体系についてのシュリーサー氏の見解

注１：資本制下では，保険資本家のもとで企業保険の方法によって形成され，Versicherungsgeldfonds は保険資本 Versicherungskapital に転化する。

注２：資本制下では，保険資本家のもとで家計保険の方法によって形成され，同じく保険資本 Versicherungskapital に転化する。

出所：①「『保険資本』に関する印南，金子，大野その他の人たちの議論に寄せて」，②水島前掲稿「保険資本・保険資金・保険利潤」より作成。

kuranzfonds の一形態と規定してしまうと，Assekuranzfonds とは直接に関係しない消費分野に係わる家計保険によって形成される貨幣準備金を Versicherungsfonds と表現することに問題が生ずるという点。

以上のことから，「『保険資本』に関する印南，金子，大野その他の人たちの議論に寄せて」および『西独保険資本』に示されたシュリーサー氏の見解を図示すれば，**図3－2**のようになる。

シュリーサー氏による家計保険の性格分析・規定の内容は，バーダー教授の主張する「保障ファンド説」の踏襲に過ぎないことが明らかになった。したがって，著者が第２章で指摘したバーダー教授の見解に対する問題点[55]はそのままシュリーサー氏にも当てはまることになる。

要するに，バーダー教授の言う「保障ファンド」とは，マルクスの「保険ファンド」規定に内包されている一定の限定点と制約点を克服するために，その中から主要部分を抽出し，それを基礎にして消費分野にも適用できる形式に整えて再構成された概念なのである。しかし，「保障ファンド」概念を保険の「共通標識」の中心的な一要素として導き出したとしても，それがマルクスの「保険ファンド」規定の形式概念化という方法にもとづいている以上，その意味・内容は不可避的に平面的，皮相的にならざるを得ない。そこで，保険の「共通標識」として，さらに「危険共同負担」・「危険分散」による「集団的貨幣準備金形成のための唯一の可能な手段」という制度的，技術的特徴が求められることになったのである。シュリーサー氏は，マルクスの「保険ファンド」の命題の解釈と位置づけにおいて，マルクスが「保険ファンド」創造の客観的必然性を論証するための基礎的な作業として行った「創造理由の分析」を無視してしまった。それゆえ，家計保険の経済学的性格分析・規定のために不可欠な「創造理由の分析」方法を社会的総再生産過程としての消費過程に発展的に適用させるという視角が欠落することになったのである。シュリーサー氏の家計保険の経済学的性格分析・規定の仕方は，マルクスの「保険ファンド」規定の形式概念化によって設定された，バーダー教授の「保障ファンド説」の踏襲にとどまり，結局バーダー教授と同様，社会的総再生産過程とそれを歴史的に規定する生産諸関係・経済法則との関連的把握を欠いた抽象論に終始している，と言えよう。

（2）三輪昌男教授の見解とその批判的検討

次に，三輪昌男教授の見解を検討することにする。三輪教授も家計保険の経済学的性格分析・規定を「保険ファンド論」的立場から展開している。三輪教授の見解の特徴は，「保険」を，「財貨の社会的な再生産にあたって不可避に生じる，異常な破壊への対応，つまりそのための財貨の確保（生産）とその填補（分配[56]）」と解する点にある。この「保険にかかわる剰余労働によって過剰生産される，剰余な財貨＝剰余生産物＝対象化された剰余労働＝剰余価値は，経済学上，『保険元本』・あるいは『保険＝および準備元本』とよばれる[57]」。

三輪教授は以上のように，「保険」を「偶然的危険に対処するための財貨の形成・填補」という一種の「技術」として，また「保険ファンド」を「保険」という「技術」にかかわる「剰余財貨」として理解する。これら「保険」および「保険ファンド」が，人間社会の発展段階における社会的生産過程一般の歴史的に規定された諸形態に対応して，それぞれ固有の発現形態を採る，というのである[58]。かくして，三輪教授によれば，資本主義下においては「資本制」保険がその具体的・歴史的形態となるのである。資本制社会では，資本の再生産の（直接的）領域における資本の異常な破壊は固定資本だけでなく流動資本にも，生産資本だけでなく商品資本・貨幣資本にも，また機能資本だけでなく消費元本にもかかわ

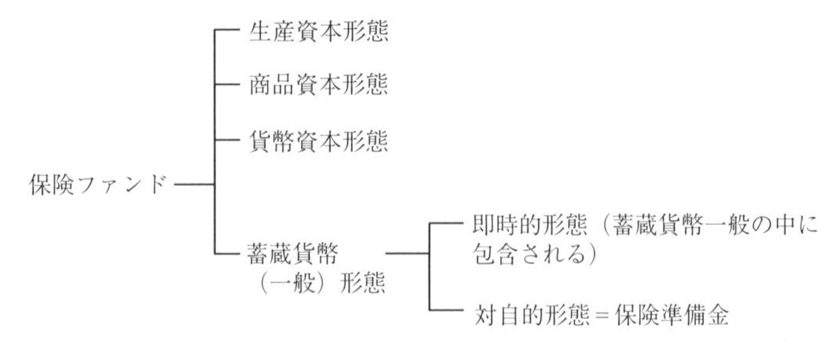

図3－3　三輪教授の保険ファンドについての見解
出所：三輪昌男編著『農村保険市場論』，p.29より作成

る(59)。それらをめぐって，「保険」――その「技術」による「保険ファンド」形成・分配――が要請される。この「保険ファンド」は，資本家のもとで，次の図のような諸形態となる，と言う。

三輪教授は，**図3－3**の「対自的形態としての保険準備金」の形成・分配の「技術」，つまり「資本制」保険を保険資本とかかわらせて捉えようとする。この「保険準備金」は個々の資本家にとって再生産の「経費」として表象され，「保険料」と呼ばれる。「保険料」の総和は，現実に異常な破壊が発生した場合，「保険金」として集中的に投入される。かくして，「保険料の総和を保険金と相等しくせしめる特殊な貨幣の技術的操作をめぐって，（貨幣取扱資本の，特殊・具体的な一形態として：押尾注）保険資本が自立する(60)」。しかし，ここで注意しなければならないのは，「それがなににかわろうとも，貨幣は貨幣であり，そうした貨幣としての保険料の総和を保険金と相等しくせしめる技術的操作は，……資本制社会の他の領域においても，要請され，行なわれることである。それをめぐってもまた保険資本が成立する。（中略）資本制保険は，具体的には……多様な形態をもって行なわれている。それらの資本制保険としての統一的理解は，……保険資本自立の多面性についての理解をふかめていく中であたえられる(61)」。

以上のように，三輪教授は，再生産過程における「資本の異常な破壊」に備えて必要とされる「保険ファンド」の蓄蔵貨幣形態の一構成要素であるとする「保険準備金」の形成・分配にかかわる「保険的貨幣技術操作(62)」として「資本制」保険を捉え，論じているのである。三輪教授はこうした視点に立ち，家計保険を「保険準備金」の形成・分配にかかわる「保険的貨幣技術操作」要請の多面性

——消費過程に移行した非資本的財貨と労働力の異常な破壊に対するそれの要請——，したがってまたそれをめぐっての保険資本成立の多面性を契機に，もっぱら「技術」的側面から論じようとする。三輪教授の場合，家計保険の成立は，「保険料の総和を保険金と相等しくせしめる貨幣の技術的操作」＝「保険的貨幣技術操作」に対する消費過程の要請と，それに応えての保険資本の自立，技術的操作の遂行という意味・内容のもとに捉え，論じられているのである。マルクスの「保険ファンド」規定に理論的基礎を求めながら，家計保険の経済学的性格分析・規定の視点は，「保険的貨幣技術操作」と消費過程の要請（！？）に設定してしまったのである。その原因は，「保険ファンド」の命題の解釈と位置づけにおいて，「保険」を「偶然的危険に対処するための財貨の形成・分配」の「技術」，そして「保険ファンド」を「保険技術」によって形成される「剰余財貨」とする理解の仕方に求められる。したがって，三輪教授の家計保険の経済学的性格分析・規定は，資本主義的社会経済構造との関連から抽象された「保険技術」論に還元されてしまったのである。

（3）水島一也教授の見解とその批判的検討

シュリーサー氏および三輪教授の場合には，マルクスの「保険ファンド」規定に理論的基礎を求め，その解釈と位置づけにおいて，それぞれ独自の見解を採っているが，その中に含まれる根本的欠陥に起因して，総体としての社会経済構造との関連的把握が欠落している。それゆえに，両氏の家計保険の経済学的性格分析・規定は，非本質的な制度的・技術的要素を契機にした展開に終始してしまった。

これに対し，水島一也教授は，われわれの「保険ファンド」規定に対する立場を承認し，近代保険制度を社会経済史的過程との内的関連において捉えようとする。水島教授は，論稿「保険資本の性格をめぐる問題[63]」において，自身の基本的立場と視角について，次のように述べている。「わが国の戦后保険経済学における際立った特徴の一つとして，保険資本論の観点に立つ保険業の分析をあげること」ができるが，「しかし，……保険資本論の側におけるこれまでの成果もまた，決して満足すべきものとはいえない。……わたくしが内心密かに不満を感じているのは，保険資本論を展開する一部の研究者の主要関心事が，『資本論』体系中に保険をどのように位置づけるかという点に集中し，その立場からの論理的解明にもっぱら重点が置かれているという点である。このこと自体あやまりだとはいえないが，保険の経済理論構成には，保険資本の現実の運動に対する歴史的・実証的分析が介在しなければならないことが強調されるべきであろう[(64)]」。

以上のように，水島教授は「保険資本論」を，とくに従来等閑視されていた近代保険の「歴史的・実証的分析」の面に重点を置いて論じようとするのである。水島教授は『近代保険論』およびその準備期の諸論文において，「『近代保険は資本主義の保険である』という命題[(65)]」にもとづき，近代保険＝保険資本の成立・確立を社会的基盤（保険団体を構成する諸階層）との関連的把握によって論証しようとする。水島教授によれば，このような視角は，「保険経営」が「資本と賃労働を両極とする近代社会の諸階層」を踏まえることによって，それ自体の近代的性格である「合理的・個人主義的・解放的（資本団体的）性格[(66)]」を取得するという基本的認識に立つものにほかならない。

そこでまず水島教授は，論稿「近代保険の系譜と歴史的性格」や「二大特許会社の社会的基盤[(67)]」において，近代保険成立のメルクマールを二大特許会社（London Assurance と Royal Exchange Assurance，ともに1720年に設立された）に，そしてその指標を「合理的料率制度」に求めようとする小島昌太郎・近藤文二両教授[(68)]に対し，近代保険の生成を物質的生産力発展の一定段階，つまり近代資本主義社会の確立に求めるべきことを主張したのである――その後，近藤教授は，「合理的料率制度」にのみ近代保険のメルクマールを求める立場を採り，「経済技術説」を主張するに至った[(69)]――。水島教授は，「商業資本の一亜種としての貨幣取扱資本の自立化の論理[(70)]」に倣って「保険資本自立化の論理ないし独立の営業としての保険業の存立意義[(71)]」を重要視する。水島教授は保険業を，「特殊な貨幣取扱業として保険取扱を主要な業務と[(72)]」する資本と理解し，次のように規定する。「保険資本は，各個別機能資本のもとにその再生産過程を脅かす（原文は「脅やかす」となっている）一定危険に対してなされるべき貨幣準備（予備資本）設定を代行して，これを集団的に形成管理するために投下される，社会的総資本の一定部分である[(73)]」。しかし，これは「典型的な資本制的保険としての企業保険[(74)]（物保険）」分野の保険成立の論理である。この企業保険分野と並んで「保険料の源泉を家計所得に求める家計保険部門が存在する。ここでの保険成立の論理は，企業保険のそれからのアナロギーをもって可能である。すなわち，家計における偶然的災害に対する貨幣予備の集団的形成・管理による合理化ならびに社会的節約という点に，そのレーゾン・デートルがもとめられる[75]」。「偶然的事実に対する経済準備の一形態[76]」としての保険の近代資本主義的形態＝保険資本は，近代資本主義の社会経済史的過程における「諸階層の生成」という客観的，基本的条件のもとに「社会的基盤」としての資本家階級を把握し，「産業資本の一分枝形態」として「成立」する。また，「企業保険（物保険）とは相違した過程をたど[77]」る「生命保険においては，……社会的基盤の近代化以前に合理的保険技術の採用がみられた。これを近代保険の成立とみることに異論はない。ただし，その確立のためには，近代資本主義の一方の極である労働者階級をふくめた近代的諸階層を基盤とする事実を欠くことはできない[78]」（傍点：押尾）「生命保険も，その社会的基盤として，有産市民階級のみならず，労働者階級をも包摂することによって，――上層の熟練労働者を中心として，最下層は除かれる――，近代保険としての確立をみるの[79]」（傍点：押尾）である。つまり，近代保険＝保険資本成立・確立の論理は，その「社会的基盤」となる「資本と賃労働を両極とする近代社会の諸階層」を踏まえる点にこそ求められるべきである。換言すれば，「近代保険は，資本の価値増殖過程ならびに最終的消費過程との関連において実現される[80]」，ということである。「すなわちそれは，産業資本の社会的再生産過程の一環として，その効率的な資本循環を補助推進させるものとしての社会経済的機能の取得を意味する[81]」。「このように，われわれの立場は，近代保険の確立をその成立よりも重視するところにある。……近代保険の確立とは，保険の社会的基盤における近代化の完了と同義である。そのことは同時に，保険が，資本制経済社会の機構の中にゆるぎない地位を賦与され，再生産に不可欠のものとして編みこまれたことを意味する。この観点は，……保険の資本制再生産過程での機能面への認識につながる。その詳細な論証は，保険の理論研究の分野にゆずらねばならないが，近代保険が，資本主義社会の中にあって果す機能によって，その存在意義を与えられ，そしてそれが，独立の営業としての保険業の自立化のための根拠ともなることを，ここで確認することはぜひとも必要である[82]」（傍点：押尾）。

水島教授の保険資本成立・確立についての見解は，保険資本の運動を近代資本主義の社会経済史的過程，つまり「資本と賃労働を両極とする諸階層の生成過程」との「有機的関連[83]」において，とくに「経営史的視角[84]」に立って展開されている。それは，水島教授の，近代保険の科学的分析のための基本的認識が，①「偶然的事実に対する経済準備という本来的観念」，②「保険団体の構成における技術的認識」，③「歴史的性格乃至社会経済的基盤に対する関係[85]」の三点にあり，これらのうちの③項に水島教授の研究課題が設定されているからである。水島教授は保険資本の成立＝自立化と生産力の発展・生産諸関係の確立との関係を強調する。すなわち，企業保険（物保険）の近代化過程の場合には，保険対象の存在が「生産力規定」――「保険制度の発展が経済的発展の度合い，従ってまた物質的生産力発展により規定されるという命題[86]」――と「密接な関係」，つまり「規定・被規定の関係[87]」にあるのに対し，家計保険の場合には，保険対象の存在がそれとは「一応無関係であ」り，「料率制度の合理化が先行する傾向がある[88]」ので，その「近代化の完成」には，「社会的基盤」としての「労働者階級の包摂の過程」を必要とするのである。水島教授の「保険経営史的視角」とは，したがって，近代保険＝保険資本の成立・確立と「保険対象の存在」――それに対する「生産力規定」・「諸階層の生成」の関係――とを，換言すれば「保険供給者」と「保険需要者（側）」とを関連的に把握することにある。しかし，ここで問題視されるのは，保険制度の近代化を「保険対象の存在」という観点から捉え，それに関係する社会経済的要因を別々に措定する，という論理である。つまり，一方では企業保険分野における「保険対象の存在」を「物資的生産力発展」と「規定・被規定の関係」として捉えながら，他方では家計保険分野における「保険対象の存在」をそれと「一応無関係」であるとして，国民「諸階層」の生成との関係において捉えようとする。水島教授の言う保険制度の近代化と社会経済構造との「有機的関連」とは，①企業保険成立のための「生産力発展」，②家計保険確立のための「諸階層」の生成，ということである。これら二要因が水島教授の言う社会経済史的過程との「有機的関連」の意味・内容である。このように，保険制度の近代化と社会経済構造との関連を別々の要因によって説明せざるを得なかったのは，理論展開の方法として設定した「保険経営史的視角」に立って，保険需要と保険供給という側面から考察されているからにほかならない。したがって，水島教授の見解においては，企業保険の需要者たる資本家階級と，家計保険の需要者たる労働者階級が，保険供給者としての保険資本に対して同じ次元の保険需要者として捉えられ，対等に位置づけられているのである。しかし，「資本＝賃労働関係」は，人間と人間との，厳密にいえば階級と階級との関係として理解されなければならない[89]。それにもかかわらず，社会的諸階層を「所得および所得源泉の同一性[90]」を拠り所として論じようとすることは，階級性の本質，従って階級諸関係を隠ぺいする態度につながり，ひいては生産諸関係を捨象してしまう結果にもなるであろう。けだし，資本制社会において労働者は，生産諸関係・経済法則に規定され，つねに「労働力」商品の人的担い手として，換言すれば生産要素としての「労働力」たる限りにおいて存在しているからである。資本主義経済存立の基礎的条件である，生産要素たる「労働力」の再生産過程，すなわち消費過程は，「商品」を媒介とした「経済生活の総体としての循環」に組み込まれ，実現されるのである。

また，「生産力」は，生産諸関係・経済法則の中に基礎をおいて「発展」する。「文明の始まるまさにその時から，生産は諸職分の，諸身分の，諸階級の敵対関係のうえに，要するに，蓄積された労働と直接労働の敵対関係のうえに，その基礎をおいて始まる。敵対関係なくしては進歩はないのである。これは今日まで文明が従ってきた法則である[91]」。しかも，生産諸関係は二重の性格をもっている[92]。すなわち，資本主義的生産諸関係の中で「生産力発展」，つまり富の増大の対極で，貧困の増大――絶対的にも，相対的にも――をもたらすという点に十分注意を払う必要がある。したがって，企業保険成立の主要因として，単純に「生産力発展」を規定することは避けなければならない。つまり，水島教授が言う「生産力発展」および保険団体を構成する社会的基盤である「諸階層」，主として労働者階級の生成そのものにではなく，それらを規定する本質的・構造的要因である生産諸関係（所有諸関係，分配諸関係，階級諸関係を含む総体としての）・経済法則にこそ視点が向けられなければならないのである。けだし，生産諸関係・経済法則こそは，「生産力発展」がその中に基礎をおき，「諸階層」の社会経済的性格と総体としての資本制的経済生活の循環を規定するもっとも本質的・構造的要因だからである。

以上を要するに，水島教授の家計保険の経済学的性格分析・規定における「保険経営史的視角」は「歴史的，実証的」描写にとどまり，より基底的な生産諸関係・経済法則を踏まえた視点を欠いており，4で展開する家計保険の経済学的性格分析・規定のための視点で示される著者の立場と根本的に相違している。

4　家計保険の経済学的性格分析・規定のための視点

本章では，家計保険の経済学的性格分析・規定のための基本的な視点を設定することに主眼を置き，2および3において主要な論者の見解を考察，検討，批判した。それを通して著者が問題視したのは，まず，金子教授・池野氏のように，家計保険を「保険本質論」——たとえば，戦後では庭田範秋教授のように，あらゆる保険制度・保険種類を社会経済構造から分離し，その制度的，技術的表象や主観的効用に共通標識を見出そうとする方法論——的方法にもとづいて非本質的要素と独自の仮説を契機に論じようとする方法，すなわち「保険資本」論 であった。

「保険本質論」がすでに論駁され，また「保険資本」論が根本的な欠陥を内包し，その方法的立場に一定の限界があることが明らかになった今，家計保険の経済学的性格分析・規定は，マルクスの「保険ファンド」の命題にその理論的基礎を置く立場に求められることになる。こうした立場に立つ論者にシュリーサー，三輪昌男教授および水島一也教授の諸氏がいる。しかし，シュリーサー氏——同様にまた，バーダー教授——のように，「保険ファンド」の命題を形式概念化し，新範疇を設定して制度的，技術的要素によって理論化しようとする方法，あるいは三輪教授のように，「保険本質論」的要素を多分に含んだ「保険技術」論的方法は斥けられなければならない。かくして，家計保険を社会経済構造と関連づけて把握することの必要性が認識されることになる。こうした視点のもとに近代保険制度を捉えようとしているのは水島教授である。しかし，水島教授の場合，基本的な視点は「保険経営史」におかれているため，保険制度は保険需要＝供給関係として，つまり保険供給者＝保険資本と保険需要者＝保険団体構成員たる資本家・賃労働者の両階層の関係として捉えられている。水島教授のように，生産諸関係およびそれにもとづく規制的経済法則としての分配・取得法則による社会的規定性を無視することは，とくに階級諸関係の本質を隠ぺいする結果となり，支持することはできない。

以上の諸論者の見解についての考察，検討の結果，家計保険の経済学的性格は，

「経済生活の総体としての循環」に組み込まれる消費過程の，資本制的生産諸関係・経済法則による被規定性との関連において把握，分析され，規定されなければならないことが明らかになった。「経済生活の総体としての循環」に組み込まれる消費過程は，資本制下では「商品」＝「物」を媒介とし，資本にとって不可欠の生産要素である「労働力」の再生産過程として規定され，存在している。したがって，家計保険は資本制的再生産機構の一環としての，「労働力」再生産過程たる消費過程との関連において考察されなければならないのである。

ところで，消費過程においては，再生産過程を攪乱，中断，破壊する自然的，社会経済的な否定作用に対し，笠原教授とモティレフ氏が論証したいわゆる「消費目的的保険ファンド」の形成が客観的に必要である[93]。「消費目的的保険ファンド」の形成は，近代資本主義下では保険資本による家計保険事業を主たる形態として発展してきた。消費過程にかかわる家計保険の性格を経済学的に分析・規定するためには，まずその基盤である資本制的消費過程が社会的再生産過程の中でどのような性格を与えられているかを考えなければならない。もちろん，その性格を規定する本質的，構造的要因は生産諸関係・経済法則である。資本制的消費過程は生産諸関係，とくにその「核心[94]」を成す所有諸関係に規定され，「物」＝「商品」を媒介にして生産，交換，流通，分配の諸過程と連鎖する。この消費過程は，所有諸関係にもとづく経済法則，すなわち分配・取得法則および経済的階級諸関係に規定された被搾取階級である労働者階級や勤労大衆にかかわっている。したがって，総体としての資本主義的経済生活の循環における消費過程の再生産は，生産諸関係・経済法則により資本制生産にとって不可欠の生産要素である「労働力」の再生産過程として性格づけられているのである。しかも，労働者階級や勤労大衆は，所有諸関係・経済法則である分配・取得法則により自然的，社会経済的な否定作用にさらされる危険性をいっそう増大させられている[95]。著者は，生産要素としての「労働力」の再生産・その他消費手段にかかわる「消費目的的保険ファンド」の形成・管理・分配を営利対象として事業化した資本主義的，歴史的制度として保険資本による家計保険を捉えるべきであろう——もとより，家計保険成立に対する統計学，確率論，保険数学，その他保険技術等，自然科学諸分野の一定の貢献を否定するところではない——。

家計保険は産業資本主義段階の後半から発展の兆しを見せ，独占＝金融資本主義段階に至り全面的に開花する。産業革命が完了し，産業資本の経済的支配の基盤が確立する1850年前後は，諸資本の無秩序で「人狼的[96]」な「労働力」の乱用・食い潰しが続き，「労働力」は疲弊し，枯渇した。

一方，マルクス＝エンゲルスに代表される科学的共産主義の創唱者は理論と実践の両面において，労働者の指導的立場に立って彼らを支援した。これに対し，社会的総資本は，階級社会に固有の「国家」を通じて，一面において「労働者保護」・「労働組織」の承認等，労働者階級の要求を受け容れ，一定の譲歩を示しつつも，他面において資本制的再生産機構の存続・発展のための「労働力の保全・培養[97]」の社会的諸制度を目的意識的に導入し，経済的支配階級の政治支配を強化していく。こうした諸事情を背景に，名目的賃金の上昇――もっとも，絶対的にも相対的にも低賃金であることに変わりはない――によって，労働者階級や勤労大衆の自己保障部分は必然的に拡大することになる。ここに，良質・安価な「労働力」の再生産および消費手段にかかわる諸危険に対して，保険技術上，階級内での保険団体構成により「消費目的的保険ファンド」の形成を可能とする個人主義的，自己責任的制度として家計保険は，資本によって保険事業化されることになったのである。

注

（1）「企業保険」・「家計保険」という保険の分類法は，酒井正三郎教授がその著『保険経営学』（森山書店，1934年）において，保険制度の恩恵に浴する経済主体に基準をおいて区分したものである。酒井教授は，この分類法について，次のように述べている。「私は，……危険保険と貯蓄保険なる保険の分類の外に，《家計保険》と《企業保険》との区別を認めることが必要だと主張したい。ところで，この私の分類の基準は，保険によって安定をかちうるところの経済生活の態様に基づいている。消費生活の安定が保障せられる場合が，私のいわゆる家計保険であり，営利生活の安定が目標とせられるところの保険がいわゆる企業保険である。むろん，現実においては，この二つの生活が明別せられていない場合も多いのであるが，概念上これを峻別することは，事実を正確に認識する上に必要である」（p.20）。また，馬場克三教授は，保険の経済学的分析にとって保険料の性質を経済学的に分析することが不可欠であるとして，酒井教授のこの分類法を援用した。（「保険料の経済学的性質再論」，損害保険事業研究所編『損害保険研究』第３巻第３号，p.３以下参照，1937年）

これに対し，近藤教授は，「保険の効用が如何なる経済を目標とするか」（『保険学総論』，p.247，有光社，1940年）という点を基準に「企業保険」と「家計保険」を，図３－４のように分類した。

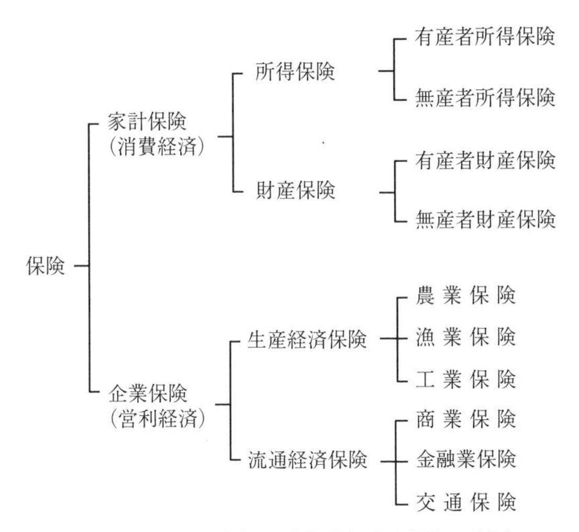

図3-4　近藤教授の企業保険と家計保険の分類

また，大林良一・水沢謙三編集代表『保険辞典』（有斐閣，1962年）の「企業保険」と「家計保険」の項には，次のように説明されている。「保険を経済学的観点すなわち国民経済における個別的な主体を基準として，保険に加入するものが企業（営利経済）であるか，あるいは家計（消費経済）であるかによって，企業保険と家計保険に分類することがある。これまでは海上保険，火災保険，生命保険等の技術的分類にとらわれて企業保険と家計保険の分類のもつ本質的重要性を不当に閑却したうらみがある」(p.100)。「家計保険」とは，「保険用益の供給を受ける個別経済が家計である場合，もしくは保険料（醵金）の負担者が家計である場合の保険をいう。これに対蹠的なものが企業保険である。生命保険の大部分，住宅・家財火災保険などが家計保険の代表的なものである」(p.72)。

さらに，横尾登米雄・青木延一改訂版編集代表『保険辞典』（保険研究所，1971年）の「家計保険」の項には，次のように説明されている。「家計保険」とは，「家計における所得，または財産の不安を対象とする保険のことをいい，企業経営の目的から利用される保険——企業保険と相対する保険分類上の概念である。この分類は，保険加入者の経済的性格が，家計保険の場合の家計担当者と，企業保険の場合の企業とでは質的な差があるとの観点からの区分である。企業保険においては，企業家は保険者と対等の立場に立って取り引きし，むしろ顧客として有利な立場に立って契約を結ぶことも可能である。しかし，家計保険にあっては，その加入者の支払う保険料が所得を源泉としており，しかも一般に消費生活においては，将来財よりも現在財が選好される傾向があるため，保険者は加入者獲得のため大きな努力を払うことが要請されるが，契約にあたっては加入者は保険者に対して，いわば弱者の立場に立って，その契約も付合契約化するものになる」(pp.104-105)。

それぞれの立場に特徴はあるものの，共通して見られる点は，保険加入者（保険料の支払い主体あるいは保険サーヴィスの供給を受ける個別経済体）の経済的性格における「質的な差」を踏まえた分類であるとの認識である。しかし，その「質的な差」とは，家計保険の加入者が保険者に対して「弱者」であり，契約が「付合契約」化する点に求められている。これらの事柄は，「経済的性格」からというよりもむしろ，法律的側面からの説明に過ぎない。保険加入者の「経済的性格」における「質的な差」に視点を据えながらも，それを規定する社会経済的な本質に対する認識を欠く以上の説明においては，結局法律的な側面から説明するという矛盾と混乱に陥っている。

著者は「保険ファンドの古典的命題と所謂家計保険との理論的体系化について（Ⅰ），（Ⅱ），（Ⅲ）」（明治大学商学研究所編『明大商学論叢』第60巻第5－7号，1978年，本書理論編第2章に所収）においても，また本章においても，生産諸関係を基礎に「企業保険」と「家計保険」を経済学的に区分し，解明することを試みている。それゆえ，同上論文においては表題に「所謂」という文言を用いたのである。

（2）押尾前掲稿「保険ファンドの古典的命題と所謂家計保険との理論的体系化について（Ⅲ）」を参照されたい。

（3）押尾稿「保険ファンドの古典的命題の解釈と位置づけについて」（生命保険文化研究所『所報』第38号，1977年）pp.98-104，本書理論編第1章に収録。

（4）大阪市立大学経営学会『経営研究』第40号，1959年。

（5）近藤文二教授は，論稿「保険の本質」（大阪商科大学『経済研究年報』第9号，1936年），「生命保険と資本蓄積」（同『経済学雑誌』第1巻第3号，1937年）あるいは「保険の本質と保険料の本質――馬場克三氏の所論を読みて」（損害保険事業研究所編『損害保険研究』第3巻第4号，1937年）その他において，また馬場克三教授は，「保険料の経済学的性質」（九州帝国大学『経済学研究』第6巻第1号，1936年，なお，該論稿はその後，同教授著『保険経済概論』，1950年，文化評論社，ならびにその改訂版で，後藤泰二教授との共著として刊行された『保険経済概論』，国元書房，1977年，第2章に収録された）あるいは「保険料の経済学的性質再論――近藤文二氏に答ふ」（損害保険事業研究所編『損害保険研究』第3巻第3号，1937年）その他において「保険価値論争」を展開した。

（6）馬場前掲書，p.13。馬場・後藤前掲書，p.9。

（7）金子稿「保険資本」，近藤文二編『保険の基礎理論』p.248，千倉書房，1970年。

（8）同上，p.259，p.271，p.282。「保険本質論の反省」，生命保険文化研究所『所報』第6号，p.362,1959年。「保険利潤について」，大阪市立大学経営学会『経営研究』第43-45号，p.139,1959年。

（9）池野稿「資本と保険――保険経済学序論」，生命保険文化研究所『所報』第29号，p.194,1974年。

（10）金子前掲稿「保険本質論の反省」，p.362。「保険資本」，p.259，p.282。

（11）同上「保険本質論の反省」，p.362以下。「保険資本」，p.252以下。「保険資本について」，p.80以下。池野稿「商品取引資本について」，『保険学雑誌』第477号，p.14以下，1977年。池野前掲稿「資本と保険――保険経済学序論」，p.189以下。

（12）同「保険本質論の反省」，pp.363-364。「保険資本」，p.254，p.259。「保険資本について」，p.74。

（13）金子教授は「保険本質論の反省」や「保険資本」等の論稿において，「原基形態」という用語を，また池野氏は「資本と保険」や「生命保険における『資本』論」等の論稿において，主に「基本的形態」という用語をそれぞれ使っているが，その意味・内容は変わらない。

(14) 池野稿「保険史研究の方法と論理」, p.10, 大阪経済大学『大阪経大論集』第115号, 1977年。

(15) 金子前掲稿「保険資本について」, p.74。

(16) 池野前掲稿「生命保険における『資本』論」, p.57。

(17) 金子前掲稿「保険資本」, p.259。

(18) 同「保険本質論の反省」, pp.364-365。「保険資本について」, p.74。池野前掲稿「生命保険における『資本』論」, p.49, p.57。「資本と保険」, pp.194-195。「保険史研究の方法と論理」, p.11。

(19) 同上「保険史研究の方法と論理」, p.10。

(20) 金子前掲稿「保険本質論の反省」, pp.341-360。「保険資本について」, pp.62-63を参照されたい。

(21) 同上「保険本質論の反省」, p.364。

(22) Stiehler, G., Gesellshaft und Geschichte : Zu den Grundlagen der sozialen Entwicklung, Akademie-Verlag, Berlin, 1974. 秋間実訳『社会発展の弁証法――マルクス主義歴史理論の基礎』, p.77, 青木書店, 1977年。

(23) 金子前掲稿「保険本質論の反省」, p.364。

(24) 同上。「保険資本」, p.259。「保険資本について」, p.74。「保険利潤について」, p.139。

(25) 同「保険本質論の反省」, p.363。

(26) 大河内一男著『経済学講義』第1章「経済生活とは何か」を参照されたい。青林書院新社, 1968年。

(27) 押尾前掲稿, p.100。

(28) 金子前掲稿「保険資本について」, p.75。「保険資本」, p.259, p.260。「保険利潤について」, p.139。

(29) 同上「保険資本」, p.261。「保険資本について」, p.76。

(30) 同「保険資本」, p.259。「保険資本について」, p.75。

(31)「保険本質論」は戦後もなお, 一部の論者によって展開され続けている。その代表的な例として, ブレース (Braess, P.) や大林良一教授の主張する, いわば「修正入用充足説」とも言うべき「経済必要充足説」と, 庭田範秋教授が主張する「予備貨幣説 (→「修正予備貨幣説」→「新予備貨幣説」=「経済的保障説」) が挙げられよう。ブレース・大林両氏の「経済必要充足説」については拙稿「『助け合い』論争とその意義」(共済保険研究会『共済と保険』第20巻第9号, 1978年), pp.29-32 (押尾著『現代共済論』, pp.19-41に収録, 2012年) を参照していただくことにして, ここでは庭田教授の見解を考察, 検討することにしよう。

庭田教授は「保険経済理論」の展開に当たって,「『資本論』において, 保険が『第二部　資本の流通過程』の,『第1篇　資本の姿態変換とその循環』の,『第六章　流通費』において初めて登場したと言うことは, あたかも『資本論』が一定の歴史的過程に即応しての抽象, そしてその発展の線をおしすすめたものとしての, 純粋資本主義社会の形象の中に, その法則性を確証しえるものとしての, 出発点としての, 端緒としての, 原基形態としての, もっとも単純なる概念としての, そして資本制生産様式が支配的に行なわれる諸社会の富の細胞としての商品の分析から始まって，上向過程をたどるごとく，保険の研究も，流通費用としての保険の分析から始まって，経済学の上向と平行して，その内部において，より複雑なる，より特殊なる，より具体的なるものへと，上向して，発展して行かなければならない」（『保険経済学序説』，p.13，慶應通信，1960年），と基本的視点を設定したうえで，次のような論理を展開している。「別名保険費用と呼ばれるところのものと同一であ」る，「企業によって支出される保険料は」，「企業活動に際しての労働力や諸設備としての家屋や機械または原材料・補助材料を円滑に総生産過程で循環させ，資本の再生産を反復させるため」に必要である（『保険経営論』，pp.39-40，有斐閣，1970年)。「これを経済学的にみれば社会的空費にして，各個別資本にとっては」（『社会保障の基本理論』，pp.164-165,1964年，『改訂増補社会保障の基本理論』，pp.164-165，慶應通信，1978年)，「経費としての流通費用の一種とすることができる」。(『保険経営論』，pp.39-40）「流通費用」としての「保険料」は保険制度に払い込まれ，「保険資金」を形成し，支払「保険金」へと変化する。

庭田教授は，保険契約にもとづく，こうした現象面における「貨幣」の流れに着眼し，それを『資本論』中の「蓄蔵貨幣」からのアナロギーによって，企業における「不確定の流通という使途のために保有される」（『保険経済学序説』，p.280）「貨幣」を指して「予備貨幣」という独自の概念規定をする。さらに，庭田教授は，不測の事態や新規の事態の発生に対処すべき必要性だけを根拠に，無媒介的にこの概念を消費家計の部面にまで敷衍し，そこでの「予備貨幣」概念を「保険」の「本質」として抽出するのである。この「予備貨幣」概念に技術的特徴，制度的特徴あるいは効用を付け加えて「保険」を次のように定義する。「保険とは，偶然の災害に対する予備貨幣を，社会的形態で蓄積する制度であって，多数の経済主体が結合し，確率計算に基づく公平な分担額の拠出をその方法とする」(『保険経済学序説』，p.284)。

しかし，庭田教授はその後，「予備貨幣説」という該定義を，次のように修正する。

「保険とは，経済的保障を達成するために，予備貨幣を社会的形態で蓄積する制度である」（庭田稿「医療保障と保険学理――主として保険技術面より検討する」，『社会保険実務と法令』第6巻第11号，社会保険新報社，1968年)。この，いわば「修正予備貨幣説」はさらに手を加えられ，「新予備貨幣説＝経済的保障説」として，次のように再構成された。

「保険とは，家庭ならびに企業が，その経済的保障を達成するための予備貨幣を，社会的形態で」蓄積する制度であって，多数の経済主体が結合し，確率計算に基づく合理的な分担額の拠出をその方法とする」『保険経営論』，「はしがき」，p. 1。庭田範秋・平井仁共著『協同組合保険の歴史と現実』，p.292，p.305，共済保険研究会，1972年。『社会保障論』，p.128，p.251，有斐閣，1973年)「修正予備貨幣説」や「新予備貨幣説」＝「経済的保障説」には，旧「予備貨幣説」に見られない「経済的保障」という新しい文言が付け加えられている。

それでは，この「経済的保障とはなにか。経済的な現状または将来に当然予測される経済的な生活とか状況状態などが，災害や危険の発生で損われたり，害されたりすることがあるが，その結果人々の家庭生活が破壊された場合に，その損害をうめ補って，結局は原状を保全することです。これが経済的保障です」（『現代保険の課題と展望』，p.111，慶應義塾大学出版会，1974年)。庭田教授は「経済的保障」について，以上のように説明している。

「新予備貨幣説」=「経済的保障説」では，「組織」について旧説の『予備貨幣を，社会的形態で蓄積する』という規定を確認するにとどまったが，「目的・使命」については，旧説の『偶然的災害に対する』という規定を『経済的保障を達成するため』に代えた。また，「手段」としては，『公平な』という規定を『合理的な』という規定に改め，しかもその意味するところを広くした，と言う（『協同組合保険の歴史と現実』，p.305)。

庭田教授によれば，「経済的保障」や「合理性」などの文言の導入によって，旧説では必ずしも十分でなかった社会保険や共済=協同組合保険も等しく一体的に定義づけることが可能になった，という。しかしながら，社会経済構造との関連を分断し，「保険」の制度的，技術的諸特徴や効用における共通標識を抽出しようとする「保険本質論」の根本的，決定的誤謬を内包した方法にもとづいて規定された旧「予備貨幣説」に，社会保険と共済=協同組合保険をも一体的に包括せんとして，制度運営の「結果」と「善後策」に照準を合わせ，それらを「保険の目的・使命」として導入した「新予備貨幣説」=「経済的保障説」が，旧説の欠陥・誤謬をいっそう増幅していることは明らかである。また，旧説では「企業」と「家計」が生産諸関係，とくに階級諸関係から捨象され，双方における『偶然的災害に対する予備貨幣蓄積の必然性』が論じられたのは，定義の後の補足的説明において，であった。しかし，新設ではさらにすすんで，「企業」と「家計」が，「現代における経済主体はこの両者である」(『協同組合保険の歴史と現実』pp.294-295）との理由のみによってなんらの媒介論理もなしに定義中に導入され，『経済的保障達成のための予備貨幣の蓄積の必然性』で統一されてしまったのである。

戦前・戦後を問わず「保険本質論」の方法は，あらゆる保険制度・保険種類をそれらの事業主体から切り離し，「保険」としての「共通標識」を取捨選択して組み合わせ，定義として規定しようとすることに終始している。それゆえ，近代資本主義社会における保険制度のもっとも重要な形態である「保険資本」と「保険」が分離されてしまう結果になるのである。

積極的に自説を改良し，「新予備貨幣説」=「経済的保障説」にもとづいて「保険経済理論」を展開している庭田教授の場合も，「保険本質論」の根本的，決定的欠陥・誤謬から脱し切れていない。

「保険本質論」に立つ論者の「保険資本論」の展開は，「保険本質論」としての「保険の定義」とまったく別に，分離して論じる方法にならざるを得ない。すでに「保険本質論」において，家計保険は統一的に定義づけられているので，こうした分裂症的，二元論的方法にもとづく「保険資本論」の課題は，「保険資本の範疇規定」の問題にのみ限定されることになる。したがって，「保険本質論」者の「保険資本論」において，家計保険の性格を経済学的に分析し，規定するという問題意識は存在しない――金子・池野両氏が『保険経済理論』を「保険資本」論として展開しながら，「利殖願望」や「兼営の可能性」などの非本質的要素によって家計保険を論じなければならなかったのは，前述のように，まさに理論展開の基盤が「保険本質論」的方法にのっとっているからに他ならない――。こうした分裂症的・二元論的立場においては，家計保険はたんに「保険本質論」として展開されざるを得ないのである。このような立場が結局は，「保険資本」によって事業化されている保険制度を，「相互扶助＝相互救済」制度として擁護，美化する姿勢につながることにもなるのである。

ちなみに，庭田教授は，1977年度日本保険学会大会の「共通論題」に関連して笠原長寿教授によって行われた問題提起に端を発した，いわゆる「助け合い」論争において，「保険資本」による保険制度を「相互扶助＝相互救済」制度と見なしうるとの見解を明らかにしている。（『Insurance』1978年生保版新年特集号，p.45，同損保版1月号第2集第2822号，p.13）

(32) 金子前掲稿「保険本質論の反省」，pp.342-350を参照されたい。

(33) 押尾前掲稿，p.104。

(34) 同上，p.108，（注）31。

(35) Schließer, W., Ein Beitrag zur Diskussion von Innami, Kaneko, Ono und anderen über das Versicherungskapital, 1960. 印南博吉訳稿「保険資本に関する東独学者の見解」（生命保険文化研究所『所報』第8号，1961年）。

(36) Bader, H., Das System der Sicherungsfonds der gesellschaftlichen Reproduktion, 1965.（『印南博吉博士還暦記念論文集　現代資本主義と保険』，保険研究所，1964年）。なお，詳細は押尾稿「保険ファンドの古典的命題と所謂家計保険との理論的体系化について（Ⅰ）」（明治大学商学研究所編『明大商学論叢』第60巻第5号，1978年），p.96以下を参照されたい。

(37) Bader, H., a.a.O.,Seite. 269. 押尾前掲稿，p.102。

(38) 印南前掲訳稿，pp.67-68。

(39) 同上，p.68。

(40) 同，p.76。

(41) 同，p.68。

(42) 同，p.69以下を参照されたい。

(43) 同，pp.69-70。

(44) 同，p.78。

(45) Bader, H., a.a.O.,Seite. 269, 279 bis 281. 押尾前掲稿，p.102，pp.105-106を参照されたい。

(46) 印南前掲訳稿，pp.81-82。

(47) 同上，p.69。

(48) 同。

(49) 前掲『現代資本主義と保険』所収，とくにpp.141-148を参照されたい。

(50) 同上，p.141。

(51) 同。

(52) 同，p.142。

(53) 印南前掲訳稿，p.68。

(54) シュリーサー氏の当初の見解については図3－1を参照されたい。しかし，バーダー教授は，依然としてAssekuranzfondsとVersicherungsfondsを，マルクスが別々の意味・内容を表わす概念として使い分けているとの独自の解釈のもとに区別して使っている。（Bader, H., Karl Marx und die Versicherung, 1972. 印南博吉訳稿「カール・マルクスと保険」，『Insurance 生保版』および『Insurance 損保版』第2653号，p.10を参照されたい。

1974年)。押尾前掲稿，pp.100-102を参照されたい。

(55)同上押尾稿，p.96以下，および「保険ファンドの古典的命題の解釈と位置づけについて」，pp.93-95を参照されたい。

(56)三輪昌男編著『農村保険市場論——農協共済の歴史とその理論』，p.21，御茶の水書房，1962年。

(57)同上。

(58)同，p.22。

(59)同，p.23。

(60)同，pp.34-35。

(61)同，p.35。

(62)同，p.32，その他。

(63)日本保険学会編『保険学雑誌』第431号，1965年。

(64)同上，pp.37-38。

(65)水島一也著『近代保険論』，p.108，千倉書房，1961年。水島稿「近代保険の社会的基盤——近代化の過程を中心にして」，神戸大学経済経営研究所編『国民経済雑誌』第100巻第6号，p.581，1959年。

(66)同「近代保険の系譜と歴史的性格」，大林良一他編『加藤由作博士還暦記念　保険学論集』，p.220，春秋社，1957年。

(67)日本保険学会編『保険学雑誌』第399号，1957年。

(68)小島昌太郎著『綜合保険学』，pp.281-304，日本評論，1935年。近藤文二著『保険学総論』，pp.173-178，有光社，1940年。

(69)近藤稿「経済技術としての保険——印南学説によせて」(生命保険文化研究所『所報』第5号，1959年)，p.2，pp.17-25。久川教授退官記念論文集刊行会編『久川武三教授退官記念論文集　保険の近代性と社会性』)，pp.58-73,1965年。

(70)水島一也著『保険の競争理論』，p.2，千倉書房，1967年。

(71)同「保険資本の性格をめぐる問題」，p.43，日本保険学会編『保険学雑誌』第431号，1965年。

(72)同上，p.44。

(73)同「保険資本・保険資金・保険利潤」，p.156，『印南博吉博士還暦記念　現代資本主義と保険』，保険研究所，1964年。

(74)同『近代保険論』，p.121。「近代保険の社会的基盤——近代化の過程を中心にして」，p.595。

(75)同『保険の競争理論』，p.3。

(76)同「近代保険の系譜と歴史的性格」，p.230。

(77)同『近代保険論』，p.121。「近代保険の社会的基盤——近代化の過程を中心にして」，p.595。

(78)同「近代保険の生成」，近藤文二編『保険の基礎理論』，p.92，千倉書房，1970年。

(79)同『近代保険論』，p.121。「近代保険の社会的基盤——近代化の過程を中心にして」，p.595。

(80)同「近代保険の系譜と歴史的性格」，p.227。

(81) 同『近代保険論』, p.107。同「簡易生命保険の生成」(生命保険文化研究所『所報』第6号, 1959年), pp.215-216。同『近代保険の生成』, p.155, 千倉書房, 1975年。
(82) 同「近代保険の生成」, pp.92-93。
(83) 同「近代保険の系譜と歴史的性格」, p.219。
(84) 同『近代保険論』, p.108。
(85) 同「近代保険の系譜と歴史的性格」, p.231。
(86) 同上, p.220。
(87) 同「近代保険の生成」, p.88。
(88) 同『近代保険論』, p.109。「近代保険の社会的基盤――近代化の過程を中心にして」, pp.585-586。
(90) 島恭彦・宇高基輔・大橋隆憲・宇佐美誠次郎編『新マルクス経済学講座1』, p.348, 有斐閣, 1972年。
(91) マルクス著『哲学の貧困――プルードンの『貧困の哲学』への返答』Marx, K., Misère de la philosophie, 1847.,『マルクス＝エンゲルス全集』第4巻, pp.89-90, 1960年。
(92) マルクスは同上書の中で, 生産諸関係の二重の性格について,「ブルジョアジーがそのなかで行動する生産諸関係は単一の性格, 単純な性格をもつものではなくて二重の性格をもつものであるということ, 富がそのなかで生産されるその同じ諸関係のなかで, 貧困もまた生産されるということ, 生産諸力の発展がそのなかに存在するその同じ諸関係のなかに, 抑圧を生みだす力が存在するということ, これらの諸関係は, ブルジョア階級を構成する個々の成員の富を不断に絶滅し, たえず増大するプロレタリアートを生みだすことによってのみ, 市民的富すなわちブルジョア階級の富を生産するということ」(傍点著者, p.146), と述べている。
(93) 笠原長寿著『保険経済の研究』, pp.88-89, 未來社, 1977年。
(94) Stiehler, G., a.a.O., 邦訳, p.77。
(95) 押尾前掲稿「保険ファンドの古典的命題と所謂家計保険との理論的体系化について (Ⅲ)」, p.88, 本書理論編第2章に収録。
(96) マルクス著『資本論』第1巻,『マルクス＝エンゲルス全集』第23巻 a, p.317, 1965年。
(97) 大河内一男著『社会政策 (総論) 増訂版』, 有斐閣, 1980年, および『社会政策 (各論) 三訂版』, 有斐閣, 1981年。

第4章
家計保険としての損害保険
——家計保険の経済学的性格分析・規定——

1　家計保険の経済学的性格分析・規定における損害保険

第3章で家計保険の経済学的性格分析・規定のための視点をいずこに求めるべきかについて，諸論者の見解を取り上げ検討，批判し，それを踏まえて自らの見解を提示した。本章では，第3章での考察内容をより深めるために，家計保険としての損害保険に論点を向けることにした。その理由は，生命保険とともに家計保険の一部分を構成しながら，従来家計保険の理論化において損害保険は付随的な扱いをされてきた。しかし，家計保険としての損害保険をどのように理解し位置づけるかが，家計保険の経済学的性格分析・規定のための視点を確立するうえで重要な意味をもっている。この問題は，既存の成果に見られるように，必ずしも十分に研究されているとは言いがたい——否，多くは問題意識の所在それ自体さえもが不明瞭である(1)——。

そこで本章では，家計保険としての損害保険の性格・機能に対する経済学的考察を試みることにした。したがって，本章は第3章で展開した著者の見解を補足し，明確にするという意味を併せもつことになる。

本章では，このような目的意識にもとづいて，限られた既存の成果の中から代表的な二人の論者，谷山新良教授と水島一也教授の見解を取り上げることにした。谷山・水島両教授は経済学理論体系に基礎をおいてそれぞれ独自の理論を展開しており，いずれも一定の見解を提示している。そこで，まず両教授の理論構成を考察，検討したうえで，家計保険としての損害保険の性格・機能に対する見解におけるそれぞれの問題点を指摘，批判する。

既存の成果についての考察，検討および批判という基礎的な作業を通して，家計保険としての損害保険の性格・機能に対する理解の仕方を明確にすることができるであろう。それを踏まえて，家計保険の経済学的性格分析・規定に対する著者の依って立つ視点の正当性を論証しようとすることが本章の目的である。

ところで，本章の2でその見解を考察する谷山教授は，わが国における近代経済学的保険理論の代表的な研究者の一人である。著者がこれまで，家計保険の経済学的性格分析・規定の問題を論ずる場合に取り上げた論者の見解は，すべてマルクス主義にもとづくアプローチであった。本章の目的は，もちろん，近代経済学的保険理論に対する批判的検討にあるわけではない。同じく「保険生成史」を研究しながら，従来の「保険経済理論」に欠けていた「歴史的・実証的研究」を重視する立場を採り，その成果を敷衍させつつ理論を構築した水島教授と，その成果を「抽象化」し「あらゆる保険」に共通する「普遍的概念」を設定することによって「保険の本質」を規定し，それにもとづいて理論を構築しようとした谷山教授の二人の見解を対比させながら考察することは，たんに本章における主題だけにとどまらず，方法論および生成史研究の点からもひじょうに興味深い。

ここで，本論に入る前に，本章で使用している「損害保険」という分類範疇について一言しておかなければならない。「損害保険」・「定額保険」という保険の分類方法の基礎について，加藤由作教授は，それぞれ「財産上の具体的損害填補」・「財産上の抽象的損害填補」を目的とする点を指摘し，これを「経済学上……法律学上の」種別であると説明した[2]。そのうえで，加藤教授は「被保険利益」概念にもとづいて「損害保険」をさらに細分している。また，木村栄一教授も「支払給付の目的如何」によって「保険」を「損害保険」・「定額保険」に分類し，「担保危険」・「被保険利益」にもとづいて細分している[3]。加藤・木村両教授の見解に代表されるように「損害保険」・「定額保険」という分類方法は「支払給付の目的」に，また「損害保険」をさらに細分する場合にも「被保険利益」，「担保危険」あるいは「保険の目的（対象）」などにもとづいており，保険実務，保険技術上の基準に依っていることが理解できるであろう。加藤教授はこの分類方法を「経済学・法律学上の種別」であると説明しているが，これは保険法，保険実務，保険技術上の分類である[4]。したがって，この一般的，伝統的分類方法には社会経済的関係がまったく反映されていない。

著者は本章において，このような観点に立つ分類範疇である「損害保険」を用いている――通説では，「財産寿命保険」の存在をもって「評価保険」という用語を採用すべきであると言われている[5]――しかし，著者が使用する「損害保険」のもつ意味・内容と，上述のごとき一般的，伝統的分類方法にもとづく「損害保険」のそれとは根本的に相違する。著者は歴史的制度としての近代保険を資本制生産諸関係・経済法則に視点を据えて理解しようとする立場を採っているので，「企業保険」・「家計保険」という分類およびその分析の基礎もまさしくこの視点にある。したがって，「損害保険」という分類範疇を導入する場合にも，以上のような前提を置いている。本章においては，もちろん，家計保険の経済学的性格分析・規定のための問題として損害保険の性格規定の仕方を考察することが目的であるので，家計保険としての損害保険に焦点を当てたのである。

本章で最初に取り上げた谷山教授の場合には，理論構成の性格上，「損害保険」全般を対象としている。また，水島教授の場合には，「近代保険生成史」を論じているために，「損害保険」といっても「物（財）保険」，とりわけ「住宅火災保険」をもっぱら対象としている。両教授がそれぞれ対象としている範囲は厳密には一致しないが，「損害保険」を経済学的観点から性格規定していることは言うまでもない。

2　保険本質論的方法の批判的検討

（1）谷山新良教授の方法論

谷山教授は「（純）保険料」・「保険金」に視点を据えて，保険の経済学的性格を「保険料支払者」と「保険金受取人」の間の「双方的所得移転」の措置＝仕組として捉えようとする[6]。

この「双方的所得移転」概念を基礎にして，谷山教授は家計保険としての損害保険を生命保険と対比させながら，目的，構造，保険期間，保険料・保険金算定方法，保険事故発生客体および保険料の転嫁性について分析している。なかんずく，生命保険と損害保険の「最も著しい相違点は……定額保険と損害保険であると[7]」して，「保険金算定方法」について詳論している。しかし，結論的には，「最も著しい相違点」である「保険金算定方法」も「相違点」でなく「共通点」であることを論証することによって，該概念の妥当性を強調するのである。

しかして，家計保険としての損害保険の性格・機能は，企業保険としての損害保険からのアナロギーによって，次のように理解される。「偶然事象の発生によってもたらされた偶発損——財産の事故死——を，多数の経済主体からの所得・財産の移転によって補填する仕組み——集団的財産補填機構——が損害保険である。保険がなければ破産を免れない企業（および家計）も保険金によって偶発損を補填し，経済活動を継続することができるようになる(8)」。

そこで，谷山教授の家計保険としての損害保険の性格・機能に対する以上のような見解の理論的基礎，とくにその方法的立場とそれにもとづく「保険の本質規定」について考察，検討することにしよう。谷山教授は『保険の性格と構造』（大阪府立大学経済研究叢書第8冊，1962年）において，保険の経済的性格および「資本保険（企業保険）」・「所得保険（家計保険）」の構造について，ケインズ著『雇傭・利子および貨幣の一般理論』（Keynes, J. M., The General Theory of Employment, Interest and Money, 1936.）に依拠して論究している。谷山教授は，ケインズが企業者にとって資本設備の価値の非自発的な（involuntary），不可避な（unavoidable）損失をもたらす要因のうち予見可能な（sufficiently）（regular to be foreseen），期待されえないものでない（not unexpected）損害として「保険にかけることのできる危険」（insuarable risks）を挙げている部分を拠り所として「保険本質論」を「保険料性格論」として展開する。

谷山教授は，まず，「有効需要の原理」の正当性を前提にして，「（純）保険料」を「補足的費用」（supplementary cost）の一構成要素，したがって「貯蓄の一存在形態」と理解する。次いで，「貯蓄形態の選択論——流動性選好説(9)」にもとづいて「流動性選好」の一動機としての予備的動機（precautionary motive）になぞらえて「保険」を「非経常的支出に充当すべき貨幣保有のための」「社会経済的措置＝仕組」と規定するのである。谷山教授の説明は，以下のとおりである。

個人的には偶然的であり非経常的である損失を，保険によって必然的な費用に転化することができること，これこそがまさに保険のもつ決定的な本質的な機能である。すなわち，大きな偶然的経済的損失あるいは非経常的支出を小さな経常的費用に転化する社会経済的仕組が保険である。偶然の必然化，大きな偶然的損失あるいは非経常的支出の小さな経常的費用化，それが保険の機能である(10)。「私はただに生存保険のみならず死亡保険においても，その保険料それ自体はひとしく貯蓄であると考えている。いな生命保険のみならず損害保険もまた，あるいは換言すれば家計保険たると企業保険たるとを問わず，払込保険料一般を悉く貯蓄の一分肢形態と観じている。保険証券はことごとく，貯蓄の一存在形態であると信じている[11]。

したがって，保険は次のように理解される。

すなわち，保険とは同一の危険にさらされている多数の個別経済主体が，この危険に対抗すべく，多数の経済主体が集まって（但し，結果的に），確率計算に基づいて算定される一定の貨幣額……を貯蓄から醵出することによって，約定の偶然的事故の発生に際して貨幣額……を受取る社会経済的仕組である[12]。

谷山教授は，「(純) 保険料」を「個別経済的立場」から概念規定（「保険（料）貯蓄説」）し，それにもとづいて「(純) 保険料」→「保険金」→「消費支出」・「補填投資」・「貯蓄」という形態変化における「所得移転性」を国民経済的機能・意義として演繹することによって，保険を「社会経済的仕組」と特徴づけるのである。その後，谷山教授は，論稿「保険経済論——本質と構造と循環」ならびに「保険の本質，構造，および循環」において，それまで「保険の国民経済的機能・意義」として規定していた「所得移転性」に「保険の本質的要素」を求める立場に移行した。その理由は明らかにされていない。しかし，これはたんに「本質的要素」の抽象上の問題でなく，理論構成そのものにかかわる問題であると思われる。

谷山教授は，「これまでの保険経済論[13]」，とくに「保険本質論」が「個別経済的立場」からの研究にのみ終始し，「国民経済的考察」に対する視角を喪失している点を批判して，独自の「保険概念規定」にもとづき保険の「国民経済的機能・意義」に対する考察を深めた。しかしながら，「保険概念規定」に関しては「保険本質論」と同様，依然として「個別経済的立場」から演繹された要素によって構築されている。したがって，それに基礎を置いた理論展開も，当然その制約を受けることになる。この点について，谷山教授は，「マイクロとマクロの両面[14]」からの考察であると，その関連性を説明している——近代経済学におけるトゥールとしてのマイクロおよびマクロ分析とはその性質を異にするように思われる——。新説は，それゆえに，まさしくこのような「個別経済的立場」にもとづく概念規定による保険の理解から脱却し，谷山教授が意図した「国民経済的立場」に立脚して保険を捉えようとしたと理解される——新説を主張した上記の二つの論稿において，「本質」＝「定義」＝「概念規定」という点を再三繰り返していることは，これを裏づけていると思われる——。しかし，「保険概念規定」における視点を変えたとしても，二つの論稿から明らかなように，もちろん，「(純) 保険料」を「貯蓄」と見る考え方を放棄したわけではない。したがって，方法上の基礎が依然としてケインズ理論体系に求められていることは言うまでもない。

(2)『雇傭・利子および貨幣の一般理論』におけるケインズの保険観と谷山教授の理解の仕方の問題点

そこで，『雇傭・利子および貨幣の一般理論』におけるケインズの保険観に対する谷山教授の理解の仕方を検討することにしよう。前にも触れたように，谷山教授は，ケインズが資本設備の価値の非自発的な，不可避的な減価をもたらす，「保険にかけることのできる危険」を「補足的費用」の一種として論じている点に依拠し，「(純) 保険料」・「保険金」と「保険料支払者」・「保険金受取人」を「保険概念規定」のための「本質的要素」として抽出した。それは，「保険経済論」を「保険料支払者」に視点を置いて「保険料性格論」として展開すれば，「保険料の経済的性格がより明確に体系的に解明できると思うこと，また純保険料は保険の種類のいかんを問わず，すべて貯蓄であるという一元論に立って分析できる(15)」という点に，谷山教授の基本的な分析視角が存したからである。しかして，谷山教授は，「保険の種類のいかんを問わず」，すべてに共通する「本質的要素」を導き出すために，もっぱら「企業保険」に関係するケインズの基礎的叙述を抽象化してしまったのである。

ところで，ケインズ理論の中心は，周知のごとく，雇用理論と国民所得分析にある(16)。国民所得のうち，「企業者所得」，すなわち「利潤」の決定上，価値減少をもたらす要因としての「補足的費用」の説明の中で，社会全体にとって「保険にかけることのできる危険」に対する企業者の支出，一般的に言って「保険料」

が取り上げられている。わずかな記述ではあるが，その意味・内容から，ケインズは保険を経済循環過程としての生産過程における「資本設備」，すなわち「生産用資産価値（固定・経営・流動資本）」との関連のもとに客観的に捉えていると言えよう[17]。ケインズにおけるこのような保険観――企業保険観――を，谷山教授は，「（純）保険料」・「保険金」と「保険料支払者」・「保険金受取人」を「本質的要素」とする基礎規定として理解しようとするのである。それは，もちろん，「生命保険のみならず損害保険もまた，あるいは換言すれば家計保険たると企業保険たるとを問わず[18]」，「保険一般」を「概念規定」するという問題意識にもとづいている――このような問題意識それ自体は，たとえ主観的効用論と立場を異にするにしても，「伝統的保険理論」と軌を一にするものと言わざるをえない――。

ケインズの保険観――それは企業保険にのみ当てはまるのであって，谷山教授が理解するように，「保険一般」に対する基礎規定でない――は，むしろ，「生産用資産価値」の生産過程中に被るであろう「偶然的損失」を，「不可避的なものではあるけれども――大づかみにいって――予想できないものではな」く，「『保険にかけることのできる危険』と通常みなされうるほどに十分規則的である社会全体に対する損害[19]」として客観的に捉えたうえで，「社会全体の資本量は変化せず，したがって技術は変化しない場合」という前提に立ち[20]，「企業を一つの有機体的組織として捉えて，全体的な観点からその行動を分析し，生産投資行動を説明しようと[21]」したと理解すべきであろう。したがって，保険に関係する叙述部分に示されているケインズの保険観も以上のような基本的理解と限定・制約に対する正しい認識が必要である。もちろん，ケインズの保険観における問題点，とくに剰余価値から控除される保険料を費用範疇に包括し，商品価格形成の要因として位置づけている点に対し批判的検討が必要であることは言うまでもない――谷山教授は企業保険と家計保険の相違点の一つを保険数理技術的観点から保険料の転嫁性に求めているが，保険料を商品価格に含め，消費者に転嫁することを正当化しようとするケインズの資本（家）的保険観こそ問題視されなければならない――。

しかるに，谷山教授は，ケインズの保険観によって「保険概念」を規定しようという目的意識にもとづいて保険に関係する叙述を解釈する方法を採った。このような方法による理論構築は，ケインズの基本的分析方法および保険観を歪曲することになるであろう。また，とくに問題視されるのは，「保険者」，つまり「保険会社」＝「保険資本」を「仲介者」あるいは「保険契約上の主体」と断じ，「保険そのもの」にとっては「非本質的要素」であるとして捨象している点である。これは，『雇傭・利子および貨幣の一般理論』体系とその中の保険に関係する叙述のみをもって理論を構築したことによる当然の帰結である。『雇傭・利子および貨幣の一般理論』における経済部門分割は企業と家計の二部門であり，金融機関，したがって「保険会社（保険者）」＝「保険資本」は除外されている。そのために，谷山教授は「保険概念規定」において，「保険会社（保険者）」を「非本質的要素」として排除した。しかし，もちろん，「保険会社（保険者）」の存在を無視することはできない。そこで，金融機関との関連において「保険会社（保険者）」を取り上げるという方法にならざるを得なかったのである――もちろん，保険会社，とくに生命保険会社の金融機能は重要な意味をもっているが，「保険概念規定」において捨象した「保険会社（保険者）」を，金融機能について論ずる場合にのみ重視するのも，ケインズ理論に対する教条的立場に因っている――。

水島教授も，谷山教授のこのような方法的立場に対して，「保険本質論」に代表される「伝統理論」が「色濃く投影されているといわざるをえない[(22)]」と批判している。

ところで，谷山教授は，「商人保険」（＝前期的保険）に関する初期の研究において「商人保険」の歴史的性格を明確に分析し，「保険者」の性格とそれを規定する社会経済構造とを相関的に把握している[(23)]。それにもかかわらず「保険経済理論」の構築においては「保険者」を「非本質的要素」として捨象することにより「商人保険」を含め，共済や社会保険をも包括する「保険の定義」を下している。すなわち，「保険の本質（基本的性質）は，偶然的事象の発生を帰属的移転所得の条件とする，きわめて多数の保険契約者集合……から保険金受取人集合……への所得・財産の無償移転……であるという，略して保険所得移転説……これが私の基本的考え方であ」る。「ここにいう保険とは広義の保険であって，歴史的には14世紀から今日を経て未来にわたり，現在的には，ただに個人保険（簡易保険および共済制度を含む）のみならず，社会保険（共済制度を含む）をも併せ含む保険一般を意味する[(24)]」。

かくして，谷山教授の理論構成の根幹を形成する「保険概念規定」(「保険（料）貯蓄説」→「保険双方的所得移転説」）は，「商人保険」に対する歴史的性格規定と矛盾し，自からそれを否定する結果になったといわざるをえない。

以上，谷山教授の方法的立場を考察，検討してきたので，それを踏まえて家計保険としての損害保険の性格・機能についての理解の仕方における問題点を要約しよう。谷山教授の立場を決定的に特徴づける点は，「保険本質論」と同様，「保険概念規定」に理論展開の始点を求める方法である。その理論的基礎をケインズの保険観に求め，それを恣意的に抽象化することによって「概念規定」のための「本質的要素」が抽出された。谷山教授はその「本質的要素」を保険数理技術的方法で組成することによって，「保険一般」の「概念」を規定したのである。それゆえに，家計保険としての損害保険については，もっぱら損害保険を主たる存在とする企業保険との共通性ないし類似性が保険数理技術構造的に論証され，企業保険の性格・機能からのアナロギーによってその性格・機能が説明されるに過ぎないのである――谷山教授は，とくに企業保険と家計保険の保険料の転嫁性における決定的相違を指摘しているが，これももちろん，階級分析にまで発展する性質の議論ではなく，一般的内容にとどまっていることは言うまでもない(25)――。

3　保険経営史的方法の批判的検討

（1）水島一也教授の方法論

近代保険の生成をその物質的基盤である近代資本主義の生成・展開との内的関連のもとに考察している水島教授は，家計保険としての損害保険について，次のように述べている。「われわれの立場は，近代保険の確立をその成立よりも重視するところにある。具体的にそれを19世紀の中葉から後半にかけてとみるのであるが，この点に関連して誤解のないように指摘しておく必要があると思われるのは，何故生命保険の確立についてだけ，労働者階級の問題をとりあげたかの点である。その理由の第1は，生命保険においては，プルデンシァル設立という具体的表象があったのに対し，火災保険については，保険経営展開の一般的過程の中に包含されていたという事情による。第2に，労働者はこの時代において，付保すべき家屋をもつことなく，動産にしても保険の対象たるものはさして多くなかったのに対し，生命保険が対象としたのは，労働者階級の唯一の財産ともいうべき労働力に直接かかわる生命であったという点があげられる。これと関連して第3にとりあげられるべき最重要点は，社会経済的機能に関して，労働者の物保険が資本主義的生産関係に対し，間接的関係しかもちえないのに対し，簡易生命保険は，労働力保全に直接関係をもつことにより，その社会経済的意義は，比較にならぬほど大きいということである[26]」。

水島教授が第1の理由に挙げているとおり，確かに近代保険生成の母国であるイギリスにおいて，保険の史的展開上，簡易生命保険事業を発展させたプルデンシャル[27]（The Prudential Mutual Assurance, Investment and Loan Association, 1848.）のような「具体的表象」は，家計保険としての損害保険分野には存在しない。家計保険としての損害保険は，企業保険事業を専業とする保険会社，とくに火災保険会社の「保険経営展開の一般的過程の中に包含されていた」事実も保険史研究から明らかである[28]。また，19世紀半ばから後半に，賃金労働者たちは付保すべき住宅や家財をほとんど保有しえなかったという第2の理由も，同様に事実である[29]。さらに，第3の理由でしかも「最重要点」であるとされている家計保険としての損害保険の「社会経済的機能」についても，たんに「近代保険業の確立時期[30]」ないしは「資本主義的生産関係の一方の柱である労働者階級を，家計保険業が社会的基盤としてとらえたのはいつごろかという問題[31]」（傍点：押尾）意識だけからすれば，その「意義」は確かに「労働力に直接かかわる生命」を対象とする簡易生命保険と「比較にならぬほど」小さい，と言えるかもしれない。

しかし，水島教授も再三主張しているように，史実の収集，羅列に終始する「年表作成的保険史[32]」研究における理論と歴史の相互関連を欠いた方法・認識はもちろん受け容れられない。しかるに，「資本主義経済を唯一の存立基盤とする近代保険の歴史性に対する基本認識に立脚しつつ，その生成・展開の過程を検討することにより，その本質的性格を解明[33]」するうえで，家計保険としての損害保険の性格・機能に対する考察もまた不可欠である。否，この考察を通して初めて家計保険の経済的性格は明確に規定されうるのである。それゆえに，上述の三つの理由のみを拠り所として，その「社会経済的機能」を過小に評価し，家計保険の確立を，したがってその経済的性格を（簡易）生命保険のみによって分析，規定しようとする水島教授の見解は，著者の疑問とするところである。

そこで，家計保険としての損害保険に対する水島教授の以上のような見解を，その基本的立場との関連において考察，検討してみることにしよう。第3章でも述べたように，水島教授は代表的な保険企業を個別的に考察するという，いわゆる「保険経営史的視角」に立ち，社会経済構造，とくに保険団体を構成する「社会的基盤＝階層」との「有機的関連」において保険制度を把握しようとする(34)。しかも，保険制度を「保険需要＝保険供給関係」として理解し，その観点から保険経営の合理化・近代化を「歴史的，実証的」に論証することによって保険の本質的性格を解明しようとするのが，水島教授の方法的立場である。

このような方法的立場にもとづいて家計保険の経済的性格を分析，規定する場合，とくに（簡易）生命保険についてのみ労働者階級を取り上げた理由はいずこに求めるのであろうか。水島教授が挙げている第1の理由，つまり簡易生命保険事業を発展させたプルデンシャル保険会社のごとき「具体的表象」，すなわち「保険会社」＝「保険供給者」が存在しなかったという点と，第2の理由，つまり当時の賃金労働者＝「保険需要者」たちには住宅火災保険で付保すべき家屋・動産がほとんど存しなかったという点は，まさに保険制度を「保険需要＝保険供給関係」として理解しようとする立場に依拠するものであることが容易に理解されよう。また，「最重要点」と言う第3の理由，つまり家計保険としての損害保険の果たす「社会経済的機能」が資本主義的生産関係に対して「間接的」であり，その「意義」が「生命保険」に比して「大きくない」という点は，後に詳述するところであるが，近代保険の「確立時期」を重視する「保険経営史的視角」における「生産関係」に対する理解の仕方に制約されているのである。

家計保険の確立を（簡易）生命保険に求め，その経済学的性格分析・規定において損害保険を過小評価し，捨象する水島教授の見解は，このように，まさしく依拠するその方法的立場，すなわち「保険経営史的視角」によって規定されているのである。したがって，「保険経営史的視角」と，家計保険としての損害保険に対する見解との関連性およびその意味・内容を検討する必要がある。

（2）「保険経営史的視角」における家計保険としての損害保険の理解の仕方の問題点

すでに述べたように，水島教授は近代保険の生成を「保険需要＝保険供給関係」として理解することによって「社会経済構造」と関連的に把握しようとするのであるが，その場合の「基礎」を「生産力発展」に置いて「保険需要」・「保険供給」との関係を論じている。「生産力発展」と「保険供給」との関連については，「物質的財貨の大量性」にともなう「保険供給側」の「保険技術の近代化」を，また「保険需要」との関連については，「資本主義的生産関係の確立に」もとづく「経済的自己責任原則の一般化」による「保険需要者」としての「近代的社会諸階層」の確立を主張するのである。

しかし，すでに第3章で指摘したように[35]，「保険経営史」に「視覚」を求め，「保険需要＝保険供給関係」のうちに近代保険の「本質的性格」を捉えようとする立場が，資本＝賃労働関係を同次元の「保険需要者」として「保険供給者」たる「保険者」に対置せしめるために，「階級性」を捨象する結果に通じるのである――「具体的なものが具体的であるのは，それが多くの規定の総括だからであり，したがって多様なものの統一だからである[36]」――。換言すれば，資本＝賃労働関係――それは資本主義的生産の基本矛盾[37]を規定する生産諸関係，とくに階級諸関係として理解されなければならない――が保険「商品」をめぐる需要＝供給関係，すなわち商品＝貨幣関係[38]に置換されることによって保険制度は「物化」されてしまうのである。また，この「没階級性」的理解をもってしては，消費過程の再生産上，自然的および社会経済的否定作用の影響が生産諸関係，階級諸関係に制約された分配＝取得原則の貫徹により質量的に絶大化することを客観的に認識しえないであろう[39]――保険資本による家計保険の事業化の一側面はこの点に求められることを看過すべきでない――。

このような方法による家計保険の「本質的性格」の分析・規定のための視点は，必然的に「現象」――「具体的表象」（および「保険対象の存在」）――に，したがっていわば「年譜的保険史観」に基礎を置くことになる。家計保険の「本質的性格」がプルデンシャル保険会社と労働者階級の確立を要素とし，これら両者を保険「商品」の「供給者」と「需要者」という関係で捉えながら論じられている所以である。水島教授が（簡易）生命保険をもっぱら対象とし，それとの関連においてのみ「労働者階級の問題をとりあげた」意味も，実はここにある。したがって，結論的には家計保険の「本質的性格」を「労働力再生産」に求めてはいるが，その方法に若干の問題点を含む以上，その意味・内容は著者と根本的に相違していると言わざるをえない。

この方法に内在する問題点は，家計保険としての損害保険に対する理解の仕方に明瞭に反映されることになる。家計保険としての損害保険を「保険需要＝保険供給関係」という「視角」から考察した場合，「具体的表象」と「保険対象」は「19世紀中葉から後半にかけて」の時期に存在していない。しかして，「没階級性」的側面だけでなく，同時にまた「年譜的保険史観」的側面をも併せもつ「保険経営史的視角」において，家計保険としての損害保険の位置づけは，結局，企業保険事業を専業とする損害保険会社の「保険経営展開の一般的過程」という現象形態に求められることになる。つまり，家計保険としての損害保険は，損害保険経営ないしは企業保険の「量」的発展のうちに解消されてしまうのである。

したがって，「基礎的生産様式」に対して「間接的」とされる家計保険としての損害保険の「奉仕的役割」も，いずれかと言えば商品生産物の購入者＝消費者としての「非資本家的階層」の「維持」という面に力点が置かれている。この点については，水島教授の次の一文によって明らかとなる。家計保険としての「物保険についてみれば，資本の運動が価値増殖ないし利潤獲得を目的とすることはいうまでもないが，その実現過程には，『命がけの飛躍』がともなわねばならない。こうした困難は，資本制生産から必然的に導かれる過剰生産に起因する。したがって資本の側にとっては，農民・中小業者，更には労働者までも含めた非資本家的階層の維持，その部面への市場開拓が当面の急務となる。その社会的基盤をこれらの階層にもつ家計保険は，消極的ながら，かれらの経済生活の維持（自然的災害の作用による貧窮化の防止）に貢献することになる[40]」。

水島教授の家計保険としての損害保険に対する見解の問題点を要約しよう。水島教授は家計保険の確立を，したがってその「本質的性格」を論じる場合，対象を（簡易）生命保険にのみ限定し，究極的に損害保険を捨象した。しかして，家計保険としての損害保険の性格・機能は企業保険事業を専業とする損害保険会社の「保険経営展開の一般的過程」に転嫁された。つまり，家計保険としての損害保険の性格・機能は損害保険経営ないしは企業保険の「量」的発展のうちに求められ，商品生産物の購入者＝消費者としての「非資本家的階層」の「維持」にあると規定するのである。このような見解が「保険経営史的視角」にもとづいていることは，これまでの考察によって明らかになった。したがって，家計保険としての損害保険に対する見解は，その限りにおいて，方法上の論理性を貫徹しているともいえよう。しかし，その論理性の貫徹と「年譜的保険史観」が，家計保険の「本質的性格」の解明において（簡易）生命保険と損害保険を分離し，別々に規定する結果となり，明確さを欠くことになったと言わざるをえない――（簡易）生命保険に関してのみもっぱら労働者階級を取り上げたのに対し，損害保険に関しては「非資本家的階層」としてその範囲を拡大している理由もここにある――。

著者が家計保険の経済学的性格分析・規定のための視点の基礎に関して，第3章で指摘，批判した水島教授の見解における問題点は，以上のように，家計保険としての損害保険に論点を向けたとき，よりいっそう明瞭になるのである。

4　資本制再生産機構と家計保険としての損害保険の関連的把握

本章では，家計保険の経済学的性格分析・規定のための視点の基礎を確立するうえで重要な意味をもつ家計保険としての損害保険の性格・機能について，既存の成果を取り上げて考察をすすめた。この考察を通して認識された根本的な問題は，伝統的な「年譜的保険史観」と，保険実務に追従した保険分類方法による否定的影響である。保険生成史的にみれば，家計保険としての損害保険の発展は企業保険としての損害保険のそれよりも遅れただけでなく，量的比較においてもはるかに少ない。しかも，家計保険としての損害保険は企業保険事業を専業とする損害保険会社によって取り扱われてきた。また，保険分類方法の多くは，保険商品・保険技術的特徴あるいは営業分野等，いわば保険実務にもとづいている。このような「年譜的保険史観」や実務的保険分類方法が保険に対する一般的な理解を高めるうえで一定の役割を果たしてきたことは，もとより否定するところではない。しかし，「保険経済理論」に対し，それらが少なからず否定的影響を及ぼしてきたこともまた看過すべきではないであろう。とくに，「保険本質論」における観念論争はそれらによる否定的影響を顕著に示している。「保険本質論」において家計保険としての損害保険は，企業保険の派生的形態，企業保険としての損害保険の一部分，あるいは損害保険会社の営業分野として理解されるにとどまり，企業保険ないしは損害保険からのアナロギーによって性格規定されるに過ぎない。

本章の2で取り上げた谷山教授の見解も，「年譜的保険史観」と実務的保険分類方法に制約された，この「保険本質論」の残滓をなお強くとどめている。谷山教授は，ケインズ経済学体系に理論的基礎を求めながらも，ケインズの保険観を恣意的に抽象化することによって「保険概念」を規定し，それをもって理論展開の始点とした。その「保険概念」の本質的要素として抽出した保険数理技術によって「損害保険」と「生命保険」の同一性・共通性を論証したうえで，家計保険としての損害保険を企業保険からのアナロギーによって説明しようとしたのである。谷山教授のこうした方法的立場は，まさしく「保険本質論」と軌を一にするものと言えるであろう。

また，3では，水島教授の家計保険としての損害保険に対する性格規定の仕方を検討することによって，同教授の家計保険の経済学的性格分析・規定のための視点に関する第3章における著者の批判点を再確認しつつ，自らの見解を補足することが目的であった。水島教授は家計保険の「確立」を（簡易）生命保険の生成に求め，家計保険としての損害保険を損害保険会社の保険経営の展開の中に，つまり企業保険の「量」的発展のうちに位置づけようとするのである。社会経済構造との「有機的関連」性を追求するために設定された「保険経営史的視角」が，このように逆に「生産諸関係」の本質を捨象する結果になったのは皮肉であるが，水島教授の見解の中にも「年譜的保険史観」と実務的保険分類方法の否定的影響を認めうると言ったら過言であろうか。

谷山・水島両教授の見解に対する考察の結果，「保険本質論」的な「保険概念規定」に基礎を置く，企業保険としての損害保険からのアナロギーに，あるいは没階級性的な「保険経営史的視角」における，損害保険経営ないしは企業保険の「量」的発展のうちに家計保険としての損害保険を位置づける立場は，多くの問題点を有していることが明らかとなった。

既存の成果に対する考察を踏まえて，著者は，家計保険としての損害保険の性格・機能を資本制再生産機構との関連において把握すべきであると考える。家計保険は資本制再生産機構の一環としての消費過程にかかわっている。消費過程が総体としての再生産機構に連鎖することによって客観的に果たす機能・役割は，資本制的生産諸関係・経済法則によって歴史的に制約されるのである[(41)]。資本制的消費過程の主体は「労働力商品」の人的担い手としての労働者階級・勤労大衆である。労働者階級・勤労大衆は，消費生活にともなうさまざまな危険に対する一定の経済的準備を必要とするが，それを保険技術的に階級内で団体形成することによって合理化・節約化する社会経済的仕組としての保険制度は，当然社会的総資本のニーズに合致する。

家計保険としての損害保険は，基本的には消費生活における物的要素――とくに耐久消費財――に対する危険準備を事業化した仕組みとして理解することができよう。労働者階級・勤労大衆の生活の場そのものとしての住宅や，家財等の物的要素の消費的使用は，一家の働き手や妻子などの扶養家族の生活の継続を可能にする。消費生活過程におけるこれらの物的要素，とくに耐久消費財は，労働者階級・勤労大衆にとって賃金・所得の数か月分，数年分，数十年分あるいはその総額にも相当する，否，往々にしてそれでも不足するような商品価値をもっている。このような高価な商品価値をもつ耐久消費財に対する損害は，一家の働き手の死亡の場合と同様，家計の消費生活の存立基盤を危うくする。しかしながら，こうした危険に対し，個別的，家計的に十分な準備を講じることは資本制生産諸関係・経済法則によって抑圧されている労働者階級・勤労大衆にとってほとんど不可能に近い。労働者階級・勤労大衆の消費生活の崩壊は，一方では資本制再生産機構の存続そのものに不可欠な，生産要素としての「労働力商品」の健全な調達を不可能にし，他方では水島教授が指摘しているように，「商品生産物の最終購買者としての彼らの存在」を失うことにもなる。

ところで，社会経済の発展・変化とともに消費生活過程の継続を脅かす危険も耐久消費財などの物的要素にかかわる種類のみならず，たとえば賠償責任・費用負担の発生等，多様化していくことは言うまでもない(42)。消費生活過程における消費手段，基本的には物的要素に対する危険準備は，資本制社会の下では企業保険事業を専業とする保険資本＝損害保険会社によって事業化される形態が一般的である。その機能・役割は消費過程の継続を可能ならしめることによって「労働力再生産過程」として総再生産機構に連関させることにある。

かくして，家計保険としての損害保険は，資本制再生産過程の一環としての消費過程との関連において把握され，歴史的被制約条件・階級諸関係にもとづいて理解されなければならないのである(43)。

注

(1)とくに,「保険本質論」においては保険の統一的概念規定を目的とするために,あたかもその論証自体が経済学的研究であるかのごとき混乱に陥っている。それゆえに,家計保険としての損害保険は,企業保険の派生的形態,企業保険として損害保険の一部分,あるいは損害保険会社の営業分野として理解されるにとどまっており,経済学的観点に立つ問題意識はひじょうに希薄であるか,または皆無に等しい。「保険本質論」に見られる,このような限定的立場は方法論それ自体にともなう性質であるが,同時にまた本章の4でも指摘しているように,伝統的な「年譜的保険史観」と実務的保険分類方法による否定的影響にも原因している。

(2)加藤由作著『新訂保険概論』,p.42,巌松堂書店,1946年。

(3)木村栄一著『海上保険』,p.23,千倉書房,1978年。同稿「損害保険総論」(同編『損害保険論(第2版)』,p.18,有斐閣,1983年。また,保険実務家は,家計保険としての損害保険を損害保険会社の「公共事業的性格」として特徴づけようとする。たとえば,鈴木譲一氏は,次のように述べている。「とりわけ一般国民の家財,住宅等を対象とする火災保険は,いわゆる家計保険として,大衆を火災による経済的損失から保護する点において公共事業的性格を有しているといえる(傍点:押尾)」(鈴木稿「損害保険経営論」,印南博吉・二瓶嘉三・鈴木譲一共著『保険経営論』,東洋経済新報社,1961年,同稿「保険制度」,鈴木譲一・田辺康平共著『火災保険概論』,pp.1-3,海文堂出版,1978年)。鈴木氏は一方で,家計保険としての損害保険を損害保険会社の「公共事業的性格」として捉えながら,他方で損害保険事業を「営利事業」と規定しているのであり,論理的に明確性を欠いていると言わざるをえない(同稿「保険の分類方法」,『損害保険研究』第41巻第3号,p.86以下,1980年)。このような理解の仕方は長崎正造氏や高木秀卓氏などの場合も同様である(長崎正造著『損害保険論入門』,p.46,有斐閣,1975年,高木秀卓稿「損害保険の機能」pp.38-39,木村編前掲書)。

(4)大林良一教授も,「損害保険」・「定額保険」という分類を「法律ならびに実務上」の区別であると述べている(大林著『保険総論』,p.38,春秋社,1971年,同『保険理論』第二版,p.18,春秋社,1975年)。

(5)小島昌太郎著『綜合保険学』,p.124,日本評論社,1935年。近藤文二著『保険学総論』,p.243,有光社,1940年。印南博吉著『新訂保険経済』,p.25,白桃書房,1967年,同稿「総説」(東京海上火災保険株式会社企画室編集『損害保険実務講座』第1巻,有斐閣,1966年),p.4。また,「不変額保険」あるいは「変額保険」と呼称すべきであると主張する説もある(大林前掲書『保険総論』,pp.38-39,1971年,同『保険理論』(第三版)pp.16-18,ともに春秋社,1979年)。

(6)谷山新良稿「保険経済論――本質と構造と循環」(生命保険文化研究所『論集』第17号,1970年),p.35,p.36,他。同稿「保険の本質,構造,および循環」,近藤文二編『保険の基礎理論』,p.163,p.167,他,千倉書房,1970年。

(7)同上「保険の本質,構造,および循環」,p.205。

(8)同,p.229。

(9)谷山前掲書,p.17。

(10)同上,pp.24-25。

(11) 同，p.50。
(12) 同，p.55。
(13) 谷山前掲稿「保険経済論――本質と構造と循環」，p.29。
(14) 谷山前掲書，「序」，p.1。
(15) 同上，p.63，註（15）。
(16) 新野幸次郎・置塩信雄共著『ケインズ経済学』，p.90，三一書房，1957年。
(17) 川口弘著『ケインズ経済学研究』，p.194，中大出版会，1953年。
(18) 谷山前掲書，p.50。
(19) ケインズ著『雇傭・利子および貨幣の一般理論』，塩野谷祐一訳，p.66，東洋経済新報社，1979年。
(20) 伊東光晴著『ケインズ――"新しい経済学"の誕生』，p.145，岩波書店，1979年。
(21) 巽博一稿「ケインズ理論の基本体系」（小泉明編『経済学説全集・近代経済学の革新』第12巻），p.112，河出書房，1955年。
(22) 水島一也稿「保険制度と経営主体――伝統理論の"神話"をめぐって」（生命保険文化研究所『所報』第49号，p.6，1979年。同稿「企業年金と機関投資家」（神戸大学『国民経済雑誌』第141巻第5号，p.12，1980年。
(23) 谷山新良稿「商人保険について――イギリスにおける前資本主義的保険の基本的特性」（日本保険学会編『保険学雑誌』第396号，1956年，および同稿「ロイヅ船級協会――創立（一七六〇年）より再建（一八三四年）まで」（京都大学『経済論叢』第77巻第6号），1956年。
(24) 同前掲稿「保険経済論――本質と構造と循環」，p.56。
(25) 鈴木氏も「保険経済学における保険の分類」として企業保険・家計保険という分類法を取り上げ，その「妥当」性を「保険料の転嫁性」に求めているが，より基底的な分析はまったくなされていない（鈴木前掲稿「保険分類の方法」，p.106。同著『財産・責任保険総論』，pp.38-39，海文堂出版，1981年）。
(26) 水島一也稿「近代保険の生成」，近藤文二編前掲書，pp.92-93, 1970年。同著『近代保険の生成』，pp.132-133，千倉書房，1976年。
(27) Morrah, D., A History of Industrial Life Assurance, 1955, p.24. Clayton, G., British Insurance, 1971, p.124ff.
(28) 19世紀のイギリスにおける主要な火災保険会社，たとえば The Sun Fire Office, The Royal Exchange Assurance あるいは The Phoenix Fire Office（Supple, B., The Royal Exchange Assurance, 1970. p.149.）の保有契約を見ると，18世紀末から19世紀初めには，住宅，店舗および農場が契約件数・保険料ともに最大部分を占めている。Dickson によれば，The Sun Fire Office の1790年における保有契約では，住宅・店舗の付保件数比率が67%，保険料に占める比率が43%，また農場の付保件数比率は10%であると示されている。また，Supple は，「1820年代に，5,000ポンド以上（火災保険事業全体の約5分の1）のリスクから得られた The Royal Exchange Assurance の保険料収入のうち，個人住宅がおよそ26%，商業用倉庫のリスクは20%を若干上回り，綿工場は約11%を占めた」（Supple, ibid., p.110.）と述べている。
　このように，住宅火災保険事業は19世紀半ば頃まで火災保険会社にかなり好収益をもたらしていたようである。(Dickson, ibid., p.139.) ただし，これら「住宅」,「店舗」および「農場」などの付保物件には，当時なおマニュファクチュアの様相を呈していた産業資本の「作業場」が数多く混在していたと推論することは可能であろう（水島前掲書『近代保険の生成』，p.107)。

住宅火災保険契約者の職業に関する詳細な資料は，現在までのところ，残念ながらほとんど見当たらない。したがって，労働者が住宅火災保険契約の付保件数・保険料の中で一定の比率を占めるようになる時期を正確に求めることは非常に困難である。しかし，たとえばThe Sun Fire Officeの場合，1830年代から1890年代までの間に家計保険事業が3倍以上の増加を示しているように，(Supple, ibid., pp.137-138)，19世紀半ばから後半にかけて家計保険，とくに住宅火災保険契約に占める労働者の比率も徐々に増大していったと考えられる。

ところで，水島教授は，企業保険と家計保険の「二重性」をもつと言う火災保険の近代化を論ずる場合，家計保険の「性格」に関しては，近代資本主義下における労働者階級を保険契約者とする火災保険でなく，「産業革命期以前」の「家計的・市民的なもの」を対象としている。(水島著『近代保険論』，p.115，千倉書房，1961年，同稿「近代保険の社会的基盤――近代化の過程を中心に」，神戸大学『国民経済雑誌』第100巻第6号，p.590，1959年）つまり，火災保険の近代化は「産業資本体制の確立」との関連において捉えられているのである。それは，近代保険を「保険需要＝保険供給関係」として把握し――火災保険については，「保険供給者」側における保険技術面（協定料率制度・再保険機構）の確立と「保険需要者」としての産業資本の確立――，その「確立」を論証することによって保険の「本質的性格」を解明しようとする方法的立場にもとづいているのである。換言すれば，前近代的な「家計的・市民的な」火災保険に家計保険としての「性格」を見出そうとするのは，本章で詳述しているように，家計保険の経済的性格をもっぱら（簡易）生命保険のみによって分析・規定し，火災保険に代表される家計保険としての損害保険を「保険経営展開の一般的過程」，すなわち損害保険経営ないしは企業保険の「量」的発展のうちに解消しようとする理解の仕方に制約されているのである。

(29) エンゲルス著『イギリスにおける労働者階級の状態』Engels, F., "Die Lage der arbeitenden Klasse in England. Nach eigner Anschauung und authentischen Quellen", 1845.,『マルクス＝エンゲルス全集』第2巻，p.253以下，大月書店，1960年。

(30) 水島一也稿「保険史研究をめぐる基本問題」,『相馬勝夫博士古稀祝賀記念論文集　現代保険学の諸問題』，p.228，専修大学出版局，1978年。

(31) 同上，p.229。

(32) 同著『現代保険経済』(初版)，p.29，千倉書房，1979年。同前掲稿「近代保険の生成」，p.49。

(33) 同稿「保険資本の性格をめぐる問題」，日本保険学会編『保険学雑誌』第431号，p.38，1965年。

(34) 押尾前掲稿，p.106以下を参照されたい。

(35) 同上。

(36) マルクス著『経済学批判　序文』Marx, K., Die Einleitung Zur Kritik der Politischen Oekonomie, 1857.,『マルクス＝エンゲルス全集』第13巻，pp.627-628。

(37)エンゲルス著『反デューリング論』Engels, F., Herrn Eugen Dühlings Umwälzung der Wissenschaft, 1877-1878.,『マルクス＝エンゲルス全集』第20巻，pp.279-280，1968年。

(38)マルクス著『資本論』第３巻 Marx, K., Das Kapital, dritter Band, 1894.,『マルクス＝エンゲルス全集』第25巻ｂ，p.218以下。

(39)「……自責原則の一般化という事実は，保険需要の広範なひろがりを準備……」(水島前掲書『近代保険の生成』，p.184,1975年）すると述べられていることからも明らかなように，水島教授は「自責原則」を「需要（＝供給関係)」の基礎として理解している――「経済的自己責任原則」，「個人主義」および「私有財産制」は「生産諸関係」，なかんずく「階級諸関係」によって制約されるのである――。したがって，「経済的自己責任原則」に対するこのような「没階級性」的理解において，資本制消費過程に固有の基本的矛盾は捨象されることになる。笠原長寿著『保険経済の研究』，pp.32-33,1973年。モティレフ著『ソ連の国営保険』笠原長寿・水越哲郎監訳，p.82以下。押尾稿「保険ファンドの古典的命題と所謂家計保険との理論的体系化について（Ⅲ)」，明治大学商学研究所編『明大商学論叢』第60巻第７号，p.88以下，1978年。

(40)水島前掲書『近代保険論』，pp.124-125。同稿「近代保険の歴史性」(生命保険文化研究所『所報』第７号第２分冊，pp.３-4,1960年。同前掲稿「近代保険の社会的基盤――近代化の過程を中心に」，pp.583-584。

(41)押尾前掲稿「『保険資本論』における家計保険――家計保険の経済学的性格分析・規定のための一視点」，p.113以下。

(42)本章は，1980年10月25日（土）に生命保険文化研究所東京事務所において開催された保険学セミナーでの研究報告を骨子としている。研究報告終了後，多数の先生から貴重なご意見を頂戴した。この場を借りて厚く御礼申し上げる次第である。

ところで，家計保険としての損害保険の性格・機能の考察の中で，その目的を基本的には物的要素にかかわらせて理解しようとする著者の報告に対し，傷害保険や賠償責任保険など物的要素を目的としない保険種類の取り扱いいかんについて，当然のことながら質問をいただいた。しかも，同様の質問が数名の先生から提示されたので，それに対する著者の回答をここで改めて補足説明しておく。

たしかに，傷害保険――人保険であるにもかかわらず，保険分類上，損害保険に含まれている――や賠償責任保険のように物的要素を保険の目的としない保険商品・種類も現実に存在する。しかしながら，「保険経済論」の主題はあらゆる保険商品・種類を余すところなく分類しうる範疇を設定したり，あるいはそれらを網羅する統一的定義を下すことにあるのではなく，歴史的制度としての近代保険を資本制再生産機構の中に位置づけ，その経済的性格を科学的に分析し，規定することにある。そのための視点を確立することが当面の課題であり，また本章の目的でもある。著者は，資本制生産諸関係・経済法則にこの視点を置いて近代保険の性格を分析するために企業保険と家計保険という分類方法を援用し，前者を生産過程，後者を消費過程と構造的に関連させ，資本制再生産機構の中に位置づけて考察している。資本制再生産機構に連鎖する消費過程に付与されている歴史的役割は，その継続を通して労働力を再生産することである。資本制的，歴史的条件の下で労働者階級・勤労大衆にとって労働力再生産・消費生活の継続を阻害する根本的要因は，主に一家の働き手の死亡による賃金・所得収入の途絶と住宅の火災による損害である。労働力再生産過程としての消費過程の中断は，資本制生産にとって不可欠な労働力の調達を困難にし，機構それ自体の再生産を不可能にするのである。近代保険生成史上，家計保険事業として生命保険と火災保険が主要な保険種類であった所以である。したがって，生命保険と火災保険は家計保険の経済学的性格分析・規定において重要な意味をもっている。

以上のような認識のもとに家計保険としての損害保険を，基本的には物的要素にかかわらせて理解しようとするのが，著者の立場である。もとより，物的要素という表現のうちにすべての損害保険商品・種類を包括し得るわけではないし，そのような目的意識を持っているわけでもない。社会経済の発展・変化にともなって危険が多様化，複雑化ならびに巨大化していくことは言うまでもない。極論すれば，生命保険会社も損害保険会社も収益性が見込まれるなら，いかなる保険商品・種類をも開発し，商品化しようとするであろう。また，わが国のように生命保険・損害保険事業の兼営を法律上禁止している国では，開発された保険を生命保険業界と損害保険業界のいずれに商品認可するかに関し，保険監督上の判断が決定的な影響を及ぼすことも事実である。

要するに，近代保険の経済的性格を科学的に分析し，規定するための基本的な分類と保険実務・保険本質論的分類とは，明確に区別されなければならないのである。

(43) 笠原教授が，家計保険としての損害保険は企業保険事業を専業とする保険資本＝損害保険会社によって営業されるために，「その保険料は生産的保険ファンドの形成に参加し，保険資本の利潤の対象となるのである」（笠原前掲書，p.88）と述べていることは注目される。

第5章

社会保険と保険理論

——帝政ドイツ社会保険を中心にして——

1　保険理論の体系化のための社会保険の歴史的・理論的視角

保険理論の体系化を図るうえで残された重要な課題の一つは社会保険の理論化である（また，今一つの共済＝協同組合保険については，拙著『現代共済論』を参照されたい)。本章では，社会保険を保険資本による家計保険事業と関連づけて考察すべきことを提起する。歴史上最初に社会保険を導入したドイツでは，後進的資本主義の経済構造の発展段階・型態に規定されて保険資本の家計保険事業はいまだ普及していなかった。それゆえ，労働者階級に強制保険を導入し保険思想を浸透させ，自己責任原則や個人主義にもとづく家計保険（事業）の普及を図ろうとする国家（社会保険）の役割に注目する。

社会保険は，信用体系を整備し（1875年のライヒス・バンク設立法 Statut der Reichsbank. Vom 21. Mai 1875.）産業革命を完遂した後，世界市場における覇権の獲得のために短期間のうちに独占資本主義段階に移行した帝政ドイツで1880年代に制定された一連の法律にもとづいて誕生した。当時，ドイツは1873年の恐慌を起点として，1890年代半ばに及ぶ大不況の最中にあった。保護関税（Schutzzoll)，社会主義者鎮圧法（Sozialistengesetz）および社会保険法（疾病保険法 Gesetz betreffend die Krankenversicherung der Arbeiter1883，災害保険法 Unfallversicherungsgesetz 1884，障害老齢保険法 Gesetz betreffend die Invaliditäts-Altersversicherung 1889）が三位一体の政策体系を成し，「ブルジョア的＝ユンカー的」なドイツ帝国主義の内政的前提であるとすれば，これらはドイツ資本主義の経済構造に規定されたものであり，構造的矛盾を集約的に表現していると考えることができる。したがって，（ドイツ）社会保険は（ドイツ）資本主義経済社会の一定の発展段階と型態に規定されて歴史的，必然的に生成した制度である。つまり，（ドイツ）社会保険は（ドイツ）資本主義発展の歴史的所産である。

保険現象の重要な一形態である社会保険の経済的内容・特徴を解明するためには，なによりもまずドイツ資本主義の発展過程における社会経済構造と政策諸体系との関連を踏まえて，その歴史的特殊性のうちに社会保険の成立基盤が明らかにされなければならない。

本章では，このような理解にもとづいて帝政ドイツの社会保険制度に焦点を当てて考察し，社会保険の経済的内容・特徴の解明に資することを目的とする。

ところで，われわれはすでに，社会保険の理論化においてもっとも重要な部分を構成する社会保険と私保険の関係に着目し，保険理論的立場から両制度の相互規定性の解明を試みた若干の貴重な成果を有している。言うまでもなく，それは伝統的社会保険理論の双璧を成す近藤文二教授の『社会保険』と大林良一教授の『社会保険』である。両教授の基本的な分析方法は「保険本質論」であるが，社会政策論的座標の有無が特徴的な相違点である[1]。両教授とも，社会保険の基礎を「近代保険技術」に求め，社会保険と私保険を相互規定的に関連づけて把握している。しかるに，「近代保険技術」はそのトレーガ（Träger）である保険資本と切り離され，保険の本質規定の前提条件としての両制度の共通項，あるいは社会保険の「前駆的形態」とされる共済金庫との相違などに関してのみ議論されるにとどまっている。

両教授のように，「近代保険技術」を保険資本と切り離して理解，把握しようとするならば，近代保険の経済的本質の解明は不可能であろう。けだし，「近代保険技術」は保険資本の価値増殖運動の過程で開発，実践されてくるからである。近代保険制度を保険資本の運動として捉え，資本主義発展段階・型態の特殊性とそれによる保険資本の位置づけ，とくにその限界・制約を見極めながら，社会保険創設を歴史的に把握する視角が要請されよう。そのためには，科学的な保険理論の方法論によって社会保険の経済的内容・特徴を歴史的かつ理論的に解明する必要がある。

2　共済金庫と社会保険との関係

(1) 伝統的社会保険理論の共済金庫についての見解

共済金庫の起源は古く，一般に14・15世紀頃まで遡ると言われている。伝統的社会保険理論では，この共済金庫（Unterstüzungskasse）を社会保険の「前駆的形態」として系譜的に関連づけたうえで，両制度の根本的相違を「近代保険技術」の有無に求める見解が一般的である。たとえば，近藤教授は，次のように述べている。

> ドイツの共済組合は，坑夫共済金庫をふくめて，なお旧来のツンフト的性格を残存させていた。また近代保険技術を十分に利用するまでにいたっていなかった。しかし，それにもかかわらず，われわれはそこにドイツ社会保険の原型を見ることができる。すなわち，それはすでに単なる共済組合の域を脱し，労資による費用分担の原則を実現するとともに，官僚による強制的制度となっていたからである。ビスマルクの役割は，これにいわば保険技術を導入すればよかったのである[2]（傍点：押尾）。

テンシュテット（Tennstedt, F.）や酒寄俊雄教授の場合も，基本的には同様の立場である[3]。共済金庫を社会保険の「前駆的形態」として位置づける論拠は，それぞれ若干相違している。近藤教授は，「労資による費用分担の原則」と「強制制度」に求めている。しかし，これらの共通要素のみによって共済金庫一般を社会保険の「前駆的形態」として理解することが果たして妥当であろうか。共済金庫は1848年の三月革命前期（Vormärz）に典型的な制度である。多種多様な形態をもっているが，発生の独自の系譜として鉱山労働者の坑夫組合（Knappschaftsverein）あるいは坑夫金庫（Knappschaftskassen）がある。坑夫組合ないし坑夫金庫の形成は，本来共済機能の遂行のみを目的としていたのではなかった。むしろ，坑夫たちの自主的同職組合としての性格をもっていたと言われる。しかるに，1622年のシュレージェン（Schlēsĭen）における鉱山条例（Ordnung der Bergwerk）や1794年のプロイセンの一般州法（Allgemeines Landrecht）など，17・18世紀における規制措置にともない，坑夫金庫は「共済組織」に転化させられて行く。それは，鉱山における資本制生産関係の発現に対する封建国家の直接統制の現われであった。また，職人の組織 Brunderschaften あるいは Gesellenschaften は，とくに14・15世紀に親方と職人の対抗関係を背景として組織された。モテック（Moteck, H.）によれば，「職人の組織は，むしろツンフトの解体過程で，親方への昇進の道を閉塞された――その限りで中世に典型的なツンフトをこえた――職人の結集体として現われたのである(4)」。しかし，ツンフトから事実上排除された職人組織もまた排他的であったので，19世紀になって形成される新しい労働者たちは，独自の組織化を行うようになる。

このような点から共済金庫を，坑夫や職人たちの「自主的組織」と捉える見解もある。島崎晴哉教授は，共済金庫を取り扱った従来の研究，とくに近藤教授が共済金庫をビスマルク社会保険との関係で論じていることを問題視し，共済金庫，労働者教育協会（Arbeiterbildungsverein）およびストライキ団体の三つを機能面から Vormärz に典型的な労働者組織と把握し，労働組合の「先行組織」として位置づける。

ブラウン（Braun, H.）も指摘しているように(5)，18世紀の重商主義（Merkantilismus）政策では人口増加のために各種共済金庫に対する奨励策を採用し，官房学派（Kameralismus）によってひじょうに推奨された。マルクスが，「貨幣的理論の一変種」と規定した重商主義，すなわち官房学派は，人口増加と国富のための経済政策を主張し，ツンフトの解散を唱え，絶対主義国家政策に対する理論的根拠を与えたことは周知のところである。しかし，19世紀半ば以降，自由主義的思想の影響と恐慌によってその存在価値を失っていった。のみならず，それらは大部分が企業家や親方の慈善的配慮ないし援助がなければ存続し得なかったし，また警察当局の承認によってのみ結成が可能であった。たとえば，1794年にプロイセンで制定された一般州法では，「職人および労働者の団体は，親方および当局の承認によってのみ結成される」ことが規定され，「共済疾病保険組合」（Krankenkasse）の設立が是認された。また，1845年のプロイセン営業条例（Gewerbeordnung）によってあらゆるギルドの特権は廃止され，169条で「地方自治体に対し，その地域の工場労働者・同徒弟に保険料支払義務を課して共済金庫への加入を強制する権限が認められた(6)」。さらに，181条から184条では団結禁止規定を設けており，183条で警察の許可のない工場労働者および職人の結成に対する罰則が規定された。これは，ツンフト的共済組合の発展による熟練労働者の生活安定をねらいにしたものである。したがって，Vormärz の絶対主義国家は，旧来の封建的労働関係の崩壊がいっそう進行し，新たな労働者範疇，とくに家内労働者，日雇，あるいは工場労働者などの賃金労働者が形成されるようになってくる中で，労働者や職人の団結闘争に対する警察の承認権を義務づけ規制したのである。しかし，労働者や職人の多数の団体がなお地方に分散して存在しており，実際上有効な行政的措置を講ずることが不可能であった。一連の立法化はこの事実を裏づけていると言える。Vormärz のツンフト的，封建的共済組合が原蓄過程の低賃金や長時間労働などの劣悪で，過酷な労働条件下においてひじょうに限られた範囲で職人・労働者の相互扶助的機能を果たしてきたのである。

ところで，1848年のブルジョア革命，したがってまた産業革命以降，石炭＝鉄鋼業等，生産手段生産部門を中心に資本制生産様式は急速に伸展した。同時に，農業改革によって農業における封建的生産関係が克服され，それに代わって資本主義的生産関係が浸透していった。こうした社会経済的状況のもとで，1854年の坑夫共済金庫結成法（Gesetz, betr. dieVereinigung der Berg-, Hütten, und Salinenarbeiter in Knappschaften）や1865年のプロイセン鉱業法（Allgemeines Berggesetz für die Preußischen Staaten vom 24. Juni 1865.）などによって鉱山，精錬所あるいは採掘所における共済金庫の設立あるいは加入の強制が義務づけられた。また，1876年の登録共済金庫法（Gesetz über die eingeschriebenen Hilfskassen）にもとづいて各種の任意共済金庫・組合が設立された。ツェルナー（Zöllner, D.）によれば，社会保険立法制定前の1874年には，各種の共済金庫が約10,000，その加入者は200万人であった。労働者は当時800万人にのぼっており，加入者はそれほど多くなかった。金庫の総数の約半分は登録共済金庫であるが，地方法にもとづく一定の職種の労働者・手工業者に対する強制加入制の地区疾病組合（Ortkrankenkassen）および一定の産業の労働者のための工場経営疾病組合（Betriebskrankenkassen）もかなりの数が存在した(7)。しかし，これらの組合は，大林良一教授やツェルナーが指摘するように，比較的所得水準の高い熟練労働者層が加入者であり，その数もあまりに少なかった(8)。

このような傾向はドイツのみならず，水島一也教授の研究によって明らかなように，イギリスでも同様である。水島教授は，上層の熟練労働者の経済的地位・生活水準の向上が労働運動に反映し，政治的中立・労資協調のもとで共済活動に関心が置かれるようになったと述べている[9]。

Vormärz の1840年代に登場したドイツ・マンチェスター学派（das deutsche Manchestertum）はシュルツェ＝デーリッチュ（Schulze-Delitsch, F. H.）の自助原理にもとづく協同組合運動をも組み込み，手工業者，小商工業者，農民あるいは労働者層にまでその支持基盤を拡大し，1860年代には広く影響を及ぼすようになった。シュルツェ＝デーリッチュの協同組合は，都市自営業者を基盤に組織された。また，それに範をとり，農民を基盤に独自に組織されたライファイゼン協同組合（Raiffeisen Kooperative）などがある。しかし，これらの協同組合は資本主義的な適応形態であり，保守的性格をもっていた。

ドイツでは，手工業者，小商工業者あるいは農民などの自営業者の協同組合運動が労働組合運動に先立って展開されたが，それは小生産者維持政策の一環としての協同組合育成策に依っている[10]。こうした経済政策＝上部構造を規定し，方向づけたのは，生産手段生産部門を中心にした資本制生産の展開と，生産関係の浸透にともなう1857年の過剰生産恐慌である。恐慌を契機にして旧中産階級である都市自営業者や中小零細農民は徐々にプロレタリアートに没落していった。産業資本主義段階における経済構造の矛盾は不可避的に労働運動を生起せしめることになる。労働運動史上，1860年代はこの点で重要な意味をもつ。

ラサール（Lasalle, F.）＝シュヴァイツァ（Schweizer, J. B.）派およびマルクス（Marx, K.）主義派とは別に設立された労働組合として，シュルツェ＝デーリッチュの友人であったヒルシュ（Hilsch, M.）・ドゥンカー（Dunker, F.）労働組合がある。ヒルシュはデーリッチュと同様に組合の「自給自足」原則を次のように主張した。「組合は総ての救済施設の最も完全なる組織と運用とによって其の目的を実現せねばなら」ない。「労働者の生存を確保する唯一の適切なる手段は相互主義に基く保険によって自給自足をなす事，及び企業家との協調を保つ事である。然し労働者の為に国家の助力を受ける事は不適当である，少なくとも不必要である[11]」。

しかし，ヒルシュ＝ドゥンカー組合における共済制度は計画通りには運営できず，救済条件や内容を変更したり，引き下げたりせざるを得ないことが多かったと言われる。ネシュトリープケ（Nestriepke, S.）はこうした点を踏まえてヒルシュ＝ドゥンカー組合について，共済制度を尊重して「自給自足」原則に偏した結果，本来の労働組合活動が減殺されてしまったと述べている[12]。

1875年にラサール派 Allgemeiner Deutscher Arbeiterverein（ADAV）とアイゼナハ派 Sozialdemokratische Arbeiterpartei（SDAP）との合同によってドイツ社会主義労働党 Sozialistische Arbeiterpartei Deutschlands が結成された際に採択された「ゴータ綱領」Gothaer Programm では，プロレタリアート以外の国民階層を「反動的大衆」と決めつけたラサールのテーゼが受け入れられた。その「綱領」では，「社会保障に関して2項目だけ，すなわち有効な雇主責任法及び完全な自治管理についてだけ要望が出されたが，そのどちらも画期的なものではなかった[13]」。

国家の警察的・軍事的権力機構を封建遺制として排する政策を提唱した，スミス（Smith, P.）に代表されるマンチェスター学派 Manchester Schule と新歴史学派 jüngere historische Schule との対立を決定づけるのは，1871年の帝政の成立であった。新歴史学派は，エンゲルス（Engels, F.）が鋭く指摘したように，東西エルベ型産業構造をプロイセンの国家権力主導によって統一しようとする「折衷的」国民経済論である。

新歴史学派の中でもとくに，シュモラー（Schmoller, G.）はもっとも深くビスマルク政権と結びついていた。したがって，ビスマルクの政策に大きな影響力をもっていた，と言われる。「シュモラーが社会政策の内容として中産階級の保護と救済を叫んだのは，この政策こそが統一ドイツ帝国の基礎を安定させ，すでに〈独占資本主義段階〉に達していたドイツのイギリスおよびフランスに対する覇権の確立を可能にすると考えたからである[14]」。ここでシュモラーの言う「中産階級」とは，社会の安定勢力で，農村の中小農民や都市の手工業者等の旧中産階級と，都市の熟練労働者を中心とする所得水準の高い俸給生活者，下級官吏，中小商店主等の新中産階級を指している。シュモラーはこれらの中産階級を賃金労働者から分断し，労働運動を減退させることを目論んだのである。シュモラーの提唱した政策は，半絶対主義的な「ユンカー的＝ブルジョア的」ビスマルク政府による共済金庫保護・育成策の理論的根拠を与えたと考えられる。

（2）伝統的社会保険理論の歴史認識についての問題点

以上の共済金庫に対する概観から，共済金庫を社会保険の「前駆的形態」とする伝統的社会保険理論の歴史認識に対して，以下の三つの問題点が提起されよう。

まず第一に，封建的，ツンフト的な伝統的共済金庫は熟練労働者・職人の自主的組織であり，絶対主義国家がその活動に対し，弾圧的，敵対的な団結禁止立法措置を講じて取り締まってきた歴史的経緯が軽視ないし無視されている。また，18世紀の重商主義下における各種金庫，死亡金庫，寡婦金庫あるいは婚資金庫などに対する保護・奨励策は封建的絶対主義の経済構造との関連において理解されるべきである。しかも，Vormärz の原蓄過程においては，閉鎖的，排他的な伝統的救済金庫に対し，賃金労働者を中心とする新たな組織が形成されるようになった。これらの職業・職工組合もまた排他的であったが，中にはブルジョア三月革命以降，徐々に労働組合へと発展して行った組合もある。

第二に，ブルジョア三月革命後，「労働者保険」（Arbeiterversicherung）と総称される多種多様の金庫が併存していたが，これらは大林教授も指摘しているように，「全国民中の極めて小部分即ち労働者中の経済的・社会的並に精神的に進歩した階層を捕捉していたに過ぎ」ず，近藤教授が主張する形式上の共通要素，すなわち「労資による費用分担」と「強制制度」のみをもって社会保険と救済金庫を関連づける場合，社会保険の経済的内容・特徴をどのように理解するかが問題となる。

したがって，第三に，次節で考察するように，近藤教授が「保険技術」，あるいはテンシュテットが「保険原理への転換」（Übergangs vom Fürsorge zum Versicherungsprinzip）なり「労働者保険の拡大」（Der Ausbau der Arbeiterversicherung）という表現で示しているように，「保険技術」・「保険原理」を，その開発・実践の主体である保険資本からなんらの媒介論理的な説明もなく切り離し，社会保険に適用していることである。

3　ドイツにおける保険事業の発展と社会保険制度の導入

（1）ビスマルク社会保険と社会主義的社会保険の本質的相違

周知のごとく，ビスマルク社会保険計画では災害保険法案が最初に作成され，議会に送付された（1881年に提案された災害保険法案が成立したのは1884年である）。雇主の労働者に対する賠償責任については，1871年の帝国雇主責任法（Reichschaftpflichtgesetz）の制定によって原則が確立し，責任範囲が明確化され，拡大された。雇主は賠償責任範囲の拡大に対し保険会社とあるいは災害保険組合を新設して災害保険契約を結び，責任の転嫁を図った。ツェルナーによれば，1879年には全工場労働者の３分の１がこのような方法で災害に対する保険保護を受けていた[(15)]。

この責任制度は個別的保障（Individualsicherung）ではあったが，それが社会的な集団的保障（Kollektivversicherung）の制度である社会保険の発生にとって極めて大なる意義を持ったものである。この適例は企業家の労働者に対する責任を確定した責任法であって，即ち立法によって自由な雇傭関係の中に雇主責任制度に関する思想を導入するや，忽ち雇主はその課せられた責任を保証するために雇主の利便のための私保険という観念を発生せしめたものである。この責任は，企業家にとっては，一個の不確定な，然も程度において極めて脅威的な危険であったために，責任保険の制度は，責任立法と同時に発生した。総じて工業国においては，責任保険から更に附随的に自由な又は義務的な災害保険への移行が行われたものであるから，結局社会保険は，本来専ら私保険として準備された発展を，立法的に確認し且つ永久的根拠を与えることになったに過ぎないということができる[(16)]。

大林教授が分析しているように，帝政ドイツで創設された歴史上最初の社会保険は，私保険，すなわち近代保険制度，したがってまた保険資本の生成・発展を前提にしている。伝統的社会保険理論で言うところの「保険技術」，つまり保険経営における給付反対給付均等の原則ないし等価原則，収支相等の原則，純保険料方式あるいは大数の法則（危険分散）などは，保険資本の相対的自立化・価値増殖運動の中で開発・実践されてくる技術であり，それとの関連で統一的に把握することによって保険の歴史的な位置づけが可能となる。笠原長寿教授が近藤教授の「経済技術説」を批判して，次のように述べている点は重要である。「保険の概念を保険技術として抽象化し，一般化することは，歴史的に規定された社会における保険制度の階級的性格を背後におしやり，純然たる弁護論的役割を果すことになる[17]」。

ビスマルク社会保険では，当初からすべての労働者に加入を強制したわけではないが，一定の職種・産業の労働者の加入，あるいは疾病金庫の設置を強制化することによって保険団体の設立を可能にした。また，疾病保険の場合，保険料分担は労働者３分の２，資本家３分の１，災害保険の場合は資本家が全額負担（しかし，運営は資本家の完全自治である），さらに障害老齢保険では労資折半であるが，資本家の負担する保険料は，労働者の賃金の一部分を構成すると解せられるので，本質的には全額労働者負担によって賄われる仕組みであった。

これに対し，社会主義下における社会保険は「社会主義社会の目的原理の実現として実行されて[18]」おり，「資本制社会のそれとは，形式的相似性はあっても本質的に異なるものである[19]」。レーニンは社会主義革命前夜の1912年ロシア社会民主労働党第６回プラーグ全国協議会において，すでに社会主義の目的原理実現のための社会保険に関する根本命題を明らかにした。すなわち，

労働者保険のもっともよい形態は，つぎのような基礎のうえにきずかれている国営労働者保険である。（イ）それは，労働者が労働能力を失うすべてのばあいに（傷害，疾病，老齢，廃疾，婦人労働者のばあいにはそのうえに，妊娠と出産。かせぎ手が死んだ後の寡婦と孤児への扶助），あるいは失業のために資金を失うばあいに，労働者を保障しなければならない。（ロ）保険は賃労働の当人とその家族との全部をふくまなければならない。（ハ）すべての被保険者は賃金全額補償の原則によって補償されなければならない。しかも，保険金の全額は企業主と国家が負担しなければならない。（ニ）地域別にそして，被保険者の完全な自治の原則にもとづいて構成される統一的な保険組織が，あらゆる種類の保険を管掌しなければならない[20]。

レーニン（Лéнин, В. И.）の社会主義的社会保険の命題について，ヴィック・ジョージ（George, V.）とマニング（Manning, N.）は，次のように述べている。レーニンが列挙しているリスクのリストは西ヨーロッパ諸国の基準を踏襲したものであり，ドイツのビスマルク社会保険のリスクのリストに酷似している。レー

ニンの付保リスクに対する注意は保険集団に即している。つまり，賃金労働者およびその家族のみに保険保護が与えられ，ロシア人口中の大多数を占める自作農あるいは都市の自営職人は除外されるのである，と[21]。ヴィック・ジョージとマニングによるレーニンの社会保険原理に対する理解の仕方は形式的相似性のみを捉えたに過ぎず，皮相的であると言わざるを得ない。両氏が引用しているレーニンの社会保険原理はロシア社会民主労働党大会における演説の中で述べられた。レーニンの目的は，ツァー（Царь）政府によって採択された「国営労働者保険」に関する国会法案の反動的，敵対的性格をプロレタリアートに明らかにすることによって，プロレタリアートの自由な階級闘争の条件を獲得し，その利益に真に応える保険の改革を実現することにあった。同じ演説の中でレーニンは，ツァー政府の「国営労働者保険」法案の内容に言及し，この法案は，「幾多の地方（シベリア，政府案ではカフカーズも）と，とくに保険を必要としている労働者の幾多の部類（農業労働者，建築労働者，鉄道従業員，郵便電信従業員，店員等）を保険の枠外において，ロシアのプロレタリアートの小さな部分（もっとも寛大に計算しても，六分の一）をふくんでいるにすぎない[22]」と明瞭に述べている。

レーニンは保険が勤労農民を援助する重要な経済的範疇であることを正しく理解していた。社会主義十月革命が勝利を収めた後，直ちに保険国営化計画が推進され，1918年１月，「レーニンの署名になる『土地社会化に関する基本法』のなかで，保険のきちんとした計画がつぎのように書かれていた。『すべての勤労農民の経営は，ソビエト相互保険によって，火事，家畜の疫病死，凶作，旱魃，雪害やその他の自然災害から保護されなければならない[23]』」。そして，同年11月には「ロシア共和国における保険事業の組織について」の法令によって国営農業保険は具体化されていった。

ヴィック・ジョージとマニングはレーニンの付保リスクのリストのみを取り上げ，ビスマルク社会保険との類似性を問題視している。しかし，レーニンの社会主義的社会保険の命題とビスマルク社会保険は，それが成立する社会体制そのものが根本的に相違しているために，経済的範疇としての内容・特徴をまったく異にする。よしんば，個々の規定を比較対比し，その類似性を強調したとしても，労働者の賃金全額補償原則，保険料負担の完全解放，労働者による組織運営の完全自治など，ビスマルク社会保険とは決定的に相違している。

また，経済的範疇としての社会保険の内容・特徴を直接規定する要素ではないが，資本主義の下で社会保険制度を創設することによって得られる付随的政策効果として，伝統的社会保険理論における社会政策論的アプローチで一般的に主張されている「階級闘争緩和」も基本的な相違点として挙げることができる[24]。

（2）ドイツにおける社会保険制度創設の社会経済的条件

ところで，前述のごとく，社会保険の経済的内容・特徴を解明するためには，保険資本との関連的把握が重要である。そこで，ドイツにおける近代保険の展開過程を一瞥しておかなければならない。それによって，近代保険制度，すなわち保険資本の存在にもかかわらず，社会的総資本が国家という機関を通じて強制保険制度を創設せざるを得なかった社会経済的条件が明らかになるであろう。

ドイツにおける近代保険制度，すなわち保険資本による営利を目的とした各種保険事業は，言うまでもなく自生的に展開したのではない。中世からハンザ都市として繁栄し，幾たびかの戦禍を被りながらドイツ最大の貿易港をもつ自由ハンザ都市ハンブルク（Freie Hansestadt Hamburg）にはすでに18世紀後半，イギリスの保険会社が支店を設置して営業を行っていた。ドイツではじめて設立された民間保険会社としては，イギリスの保険会社に範をとり1765年にハンブルクで設立された（Assekuranz Compagnie für Seerisiko und Feuergefahr），（Erste Hamburger Assekuranz Compagnie für Seerisiko und Feuergefahr）やベルリンで設立された（Assekuranz Compagnie zu Berlin），1821年に設立されたゴータ火災保険銀行（Feuerversicherungsbank für Deutschland）などの火災保険や海上保険事業を行う保険会社，および1827年に設立され，生命保険事業の経営形態では今日一般的となった相互会社形態で，現存するゴータ生命保険銀行（Die Lebensversicherungsbank für Deutschland in Gotha）などがある。ドイツにおいては，18世紀後半以降，イギリスやオランダなどの保険会社の影響を受けて保険技術的基礎にもとづく民間保険会社が相次いで設立されたが，広く危険負担機能を担う近代保険制度として社会的に承認されるようになるには，なお産業革命を経て資本主義が発展するのを待たなければならなかった[25]。

ツェルナーは詳細な調査でないと前置きしたうえで，19世紀前半に生命保険事業がかなり拡大し，1833年から1857年の間だけで50社設立されたと述べているという[26]。とくに，三月革命以降，1851年にベルリン生命保険会社（Berlinische Lebensversicherungsgesellschaft）の特権（1836年の設立認可申請時に15年間，他の生命保険会社設立認可申請を認めず免許を与えないという特権）が消滅した後，1852年から1856年にかけて「創立熱狂の時代」を迎えた。その翌年，1857年には最初の過剰生産恐慌が発生した。さらに，1865年から1868年に新設された生命保険会社は6社である。1881年，つまりビスマルクの災害保険第一法案が帝国議会に提出された直後，労働者および企業者を対象とした労働者保険事業のための障害老齢保険会社（Invaliditäts- und Altersversicherung）が設立された。また，ヴィルヘルム社（Friedlich Wilhelm）やニュルンベルク生命保険銀行（Nürnberger Lebensversicherungs-Bank）が障害保険（Invaliditätsversicherung）を手掛けるようになった。

このように，生命保険会社数は1852年に12社，契約件数46,000余件，保有契約高5,800万ターレル（Thaler）であったのに対し，10年後の1862年には会社数で2倍弱，契約件数4倍強，保有契約高3倍にそれぞれ増加している。その後，1860年代から1870年代には恐慌の影響を受け，会社数こそそれほど増加しなかったが，契約件数，保有契約高ともに確実な発展を示している。

さて，社会保険創設時の1883年ではいかなる状況であったのか。生命保険会社数34社，契約件数656,000件，保有契約高24億8,900万マルクに達している。当時の総人口を約400万人と見積もると，平均16％の普及率ということになる。

ところで，ケルマン（Kelman, W.）はバルメン Barmen の男子労働者の平均週賃金について，次のような興味深い数字を示している[27]。

1840年―2～4ターレル

1849年―4ターレル

1865年―3～6ターレル

1871年―4～8ターレル

しかも，この中には現物支給分も含まれているという。

仮に，比較的賃金の高いロシュトック Rostock の大工の1860年における年収と同年の生命保険会社の平均保険金額を比較してみよう。大工の週賃金は12.38マルク，年収は約600マルクである。これに対し，生命保険事業における契約件数は約13万件，保険金額は1億3,800万ターレルである。1ターレル＝3マルクで計算すると，保険金額は4億1,400万マルクとなる。これを単純に契約件数で除すと，１契約当たり平均3,200マルクとなり，比較的賃金の高い大工の年収の５倍余の金額になる。同様の試算を低賃金労働者について行ってみると，実に年収の10倍から20倍の保険金額となる。

したがって，生命保険が労働者や職人たちにとっていかに縁遠い存在であったかが容易に理解されよう。とくに，労働者中のかなりの割合を占めていた農業日雇労働者や職人たちの賃金は生存最低限を下回っていたと言われる。また，農民のプロレタリア化もかなりすすんだのであるが，低賃金のため自立的な賃金労働者になり切れず，生計のかなりの部分を家族成員，それもとくに婦人労働による農業収入に依存する労働者も多かった。労働者や職人のこうした状態をさらに窮迫させたのは，ビスマルクの財政政策であった。その中核は帝国財政の基礎を強化することであった。ビスマルクはその手段として，当時「五大消費税」と言われた大型間接税を導入した。火酒，砂糖，ビール，塩および煙草などの大衆消費財貨に課される間接消費税は，価格引き上げによって大きな負担となった。のみならず，免税点は低く設定され，下層の低所得者のかなりの部分にまで課税範囲が及んだ。このような帝政ドイツの財政構造は，固有の自由主義段階をもたず，急速に帝国主義段階へ移行したドイツ資本主義の「後進性」にもとづいていると言えよう。とくに，1873年の大恐慌以降，急速に独占化が進行し，機械化にともなう不熟練労働者，日雇，婦人・児童労働者の増加によって成年男子労働者の賃金水準は低下した。しかも，雇主責任法の立法規定に象徴されるように，労働災害は増加し，また労働時間――1870年以降になってようやく12時間労働日が問題にされ，それ以前は夜間・日曜労働も一般的であった――など，劣悪な労働条件が労働者の健康を著しく害していた。

このような状況下で，1860年にはプロシアの工場労働者のための共済金庫は779組合，17万1,000人が加入しており，1874年には1,931組合，加入者45万6,000人に増加した。また，1876年には4,850社に福祉制度があり，そのうちの2,828社は災害保険契約を付けていた[(28)]。しかし，前節で述べたように，共済金庫に加入していた労働者は全労働者中のわずかな部分に過ぎず，しかも地方の金庫は労働者の移動や恐慌によって壊滅的な打撃を被り，その存在価値を失っていったのである。

一方，社会保険制度創設前，小口契約で，保険料分割払制を採り，あるいは加入時に医的診査を行わない簡易生命保険の普及状況は取るに足らないほどであった。簡易生命保険が新たな発展を始めるのは，社会保険制度導入直後である[29]。

近代保険制度が導入されて以降，社会保険立法が制定されるまでに近代保険制度は半世紀以上の歴史を有している。しかも，死亡保険，養老保険ばかりでなく，雇主責任保険，疾病保険，傷害保険あるいは障害保険などの保険種類もすでに取り扱われていた。しかし，労働者や職人たちにとってこれらの保険は到底望みえない高価な「商品」であった。

それでは，社会総資本が自らの「代理機関」としての国家を通じて，その一構成部分を成す保険資本の価値増殖運動を媒介する「保険技術」を導入して強制保険を創設せざるを得なかった客観的，歴史的必然性はいずこに求められるべきであろうか。この点についての考察が本章の課題であり，かつまた結論となる。

4　社会保険創設と保険資本による家計保険事業の歴史的関係

本章の目的は，すぐれて経済的な範疇である社会保険の経済的内容・特徴を解明する場合，分析方法上の立場を，社会政策論（社会保障論も基本的には社会政策論の延長線上にあることは，すでに別稿で明らかにした[30]）あるいは保険本質論に求め，社会保険を「保険技術」的次元で理解，把握しようとする伝統的社会保険論の体系に疑問を感じ，保険経済論の立場からの分析視角を確立しようとすることにある。

それにもかかわらず，著者は，伝統的社会保険論の成果に多く依拠している。とくに，社会保険を私保険の「改造」と捉える大林教授の見解は注目されるところである。確かに，大林教授の場合，「保険本質論」的方法論の制約によって，保険概念規定においては抽象的，形而上学的な観念論に陥っている。しかし，社会保険に対する社会政策論的研究が主流を占めるなかで，社会保険と私保険との関連を重視したことは高く評価されるべきであろう。ただ，社会保険の経済的内容・特徴は，資本主義発展段階・型態によってその社会経済的機能・役割が規定される保険資本と相互関連的に理解，把握されるべきであった。

「近代保険技術」に技術的基礎を置く社会保険の経済的内容・特徴を究明する場合には，それを開発・実践しているトレーガたる保険資本との関連に焦点が向けられなければならない。資本主義下における近代保険制度は保険資本の価値増殖運動を通して生成・発展し，資本制再生産構造に不可欠の機能・役割を果たすことによって，その中に有機的に組み込まれる。したがって，「保険技術」それ自体は，保険資本の価値増殖運動と一体化しており，その手段である。このような観点から「保険技術」を把握することによって，はじめてその「歴史的性格」ないし「階級的性格」が明らかになると考えられる。

保険資本と再生産構造との関連は，社会的総再生産過程としての生産過程と消費過程のそれぞれの過程の継続・再生産を「保険技術」的に可能にし，社会的費用を縮約し，合理化することによって形成される。しかして，保険資本は自立化し，社会総資本の一定部分を構成すると理解されるのである。

ところで，自立化した保険資本が存在しているにもかかわらず，社会総資本の「代理機関」である「国家」を媒介として，「強制加入」を基礎とする「保険的集団自助制度」としての社会保険が創設される客観的，歴史的必然性は何であるのか。一般的，抽象的には，以下のごとく規定されよう。保険資本による家計保険事業は，価値増殖，つまり利潤原理にもとづいて実践される以上，その範囲・内容等は自ずと一定の限界・制約をもたざるを得ない。もちろん，それは資本主義の発展段階・型態に規定され，変化するのであり，不変固定的でない。換言すれば，保険資本にとってそれぞれの時代の社会経済的条件のもとで収益性の限界を超えるところに――もちろん，保険監督法・保険行政による一定の制約はある――，社会保険成立の基盤がある。言うまでもなく，社会保険成立の物質的基盤は資本主義の独占段階への移行によってもたらされる。資本主義下における社会保険の社会経済的機能・役割と歴史的必然性はこの点に存する。しかし，社会保険成立と保険資本との関連は，それぞれの国の資本主義発展段階・型態によって規定され，制約されるのである。

本章では，歴史上最初の社会保険の実現をみた帝政ドイツを考察の対象として取り上げ，概観した。ドイツの場合，「後進性」・「特殊ドイツ型」と言われる資本主義発展段階・型態に規定，制約され，保険資本による家計保険事業がとくに労働者階級や勤労大衆にまで普及していなかった。しかも，「ユンカー的＝ブルジョア的」国家によって，旧来の救済制度が温存され，低所得階層や貧困階層への配慮は欠落している状態にあった。

このような社会経済的条件のもとで，保険資本の収益性を超える範囲で，労働者階級の中間階層の消費生活過程の継続・再生産の機能・役割を担う制度として，「近代保険技術」に基礎を置く保険的集団（階級）自助制度としての社会保険が創設されたのである。しかも，社会保険の創設は，保険資本による家計保険事業への市場開拓的役割を担ったのである。事実，1890年代以降，ヴィルヘルム社やヴィクトリア社（Victoria Lebensversicherungs AG）などを中心に簡易生命保険事業が急速に発展して行く[31]。したがって，帝政ドイツ社会保険は保険資本による家計保険事業を再生産構造に有機的に結合するための‘呼び水’としての役割を果たしたのである。

注

(1) 押尾直志稿「社会保険理論における基本問題――社会政策論的社会保険観の批判的検討を中心にして」，明治大学商学研究所編『明大商学論叢』第65巻第3・4・5号，1983年。
(2) 近藤文二著『社会保険』，p.109，岩波書店，1963年。
(3) Tennstedt, F., Vom Proleten zum Industriearbeiter : Arbeiterbewegung u. Sozialpolitik in Deutschland 1800 bis 1983, SS.288-289. 酒寄俊雄著『社会保障（第二版)』，pp.40-41，岩波書店，1974年。
(4) 島崎晴哉著『ドイツ労働運動史』，p.171，慶應義塾経済学会，1963年。
(5) Braun, H., Geschichte Lebensversicherung und Lebensversicherungstechnik, 1963. 水島一也訳『生命保険史』，S.205以下，明治生命保険相互会社100周年記念刊行会，1983年。
(6) Kleeis, F., Gesichte der sozialen Versicherung in Deutschland, 1928, S.67.
(7) Köhler, P. A. /F. Zacher, The Evolution of Social Insurance 1881-1981, p.21. 1982.
(8) Ibd, p.21. 大林良一著『社会保険』，p.43，春秋社，1952年。
(9) 水島一也著『近代保険論』，p.93，千倉書房，1961年。
(10) レーニンはドイツの農民の協同組合の実態について，「中農はどこへいくべきか？　有産者と金持ちのがわへか，それとも労働者と無産者のがわへか？」の中で，次のように述べている。「ドイツでは，農民のあいだにあらゆる種類の協同組合が非常にたくさんある。そこで，これらの協同組合がいちばんだれの助けになっているかを，見ていただきたい。ドイツ全体では，一四万の農業経営者が牛乳や酪農製品の販売組合に加入しているが，この一四万の経営者（ここでもまた，簡単のために概数をもちいることにする）が一一〇万頭の牝牛をもっている。ドイツ全体では貧農の数は四〇〇万人とみられている。このうちで，組合に加入しているのはたった四万人にすぎない。つまり，貧農百人につきたった一人がこれらの協同組合を利用しているにすぎないのである。これらの四万人の貧農がもっている牝牛の数は，全部でわずかに一〇万頭である。さらに，中位の経営者，中農が一〇〇万人いるが，そのうち五万人が協同組合に加入しており（つまり，一〇〇人につき五人の割合），彼らのもっている牝牛は二〇万頭である。おしまいに，金持の経営者（すなわち，地主も富農もいっしょにして）は三〇万人であるが，そのうち協同組合に加入しているのは，五万人であり（つまり，一〇〇人につき一七人の割合！），彼らのもっている牝牛は八〇万頭である！　協同組合がだれよりもまず，またたれよりも多くたすけている人々は，この人々なのである」（レーニン著『貧農に訴える』，1903年，『レーニン全集』第6巻，pp.401-402.大月書店，1954年）。

(11) Nestriepke, S., Die Gewerkschaftsbewegung, 1921. ネストリープケ著，協調会邦訳『独逸労働組合運動史』（下巻），SS.241-242，協調会，1923年。1869年にラサール派シュヴァイツァとマルクス主義派によって結成された社会民主労働党は，熟練労働者，すなわち労働貴族＝労働官僚を中心に構成されており，職業別組合に固執し，経済闘争に限定した。また，重工業企業では，労働組合との交渉を一切拒否して労働者に労働条件を押し付けたが，その反面，労働者を固定させるために労働条件を相対的に良くし，こうした点でも労働貴族化がすすんだ。

(12) ebd.邦訳，S.262。

(13) Köhler, P. A. /F. Zacher, a.a.O.,S.12.

(14) 岡崎次郎編集代表『現代マルクス＝レーニン主義事典（上）』，p.911，社会思想社，1980年。

(15) Köhler, P. A. /F. Zacher, a.a.O.,S.19.

(16) 大林前掲書，pp.36-37。

(17)『協同組合保険論集――笠原長寿遺稿集』，p.224，共済保険研究会，1982年。

(18) 笠原長寿稿「外国生命保険事情ソ連邦」，生命保険新実務講座編集委員会『新生命保険実務講座』第6巻，p.374，有斐閣，1966年。

(19) 同稿「ソヴェト同盟の社会保障――スターリン論文に関連して」，明治大学商学研究所編『明大商学論叢』第38巻第2号，p.105，1954年。

(20) レーニン稿「ロシア社会民主労働党第6回（「プラーグ」）全国協議会　飢餓との闘争における社会民主労働党の任務について」，1912年，『レーニン全集』第17巻，p.489，大月書店，1956年。

(21) George, V., and N. Manning, Socialism, Social Welfare and the Soviet Union, 1980. pp.33-34.

(22) レーニン前掲稿「ロシア社会民主労働党第6回（「プラーグ」）全国協議会　飢餓との闘争における社会民主労働党の任務について」，p.489。

(23) モティレフ著，笠原長寿・水越哲郎監訳『ソ連の国営保険』，p.72，白桃書房，1975年。

(24) その典型は西岡幸泰氏の「ドイツ＝ビスマルクの社会保険」（『講座社会保障3』）に見られる。「経営疾病金庫は資本家の経営内福利施設そのものであって，それは労働者の従業員意識の強化に役立つものであったし，さらに地区疾病金庫は，当時の労働組合組織の培養基であった労働者の自主的共済金庫の解体に利用され，また弾圧を避けるために労働組合が登録共済金庫に変装しようとしたばあいには，官庁は労働組合的なものには，いっさい認可を与えようとしなかったし，あるいは認可したばあいでもこれを警察的監督のもとにおき，また保険給付の最低限を規定することによって，財政的危機においこむことなどが企てられた。だから疾病保険法は労働組合弾圧の企図をすみずみまではりめぐらしていたのであって，社会主義者鎮圧法が労働組合を外部から弾圧したのに対して，社会保険はそれを内部から崩壊させようとしたのである。労働組合の解体，労働者の資本への隷属という点では，ビスマルクもブルジョアジーも完全に一致した」(p.261)。

(25)ブラウンは，1778年に設立されたハンブルク一般扶助施設 Allgemeinen Versorgungsanstalt を保険技術的基礎に立ったものと述べている。これは知識層の市民団体である愛国（者）協会 Patriotische Gesellschaft von 1765. が設立した年金支払いのための積み立て基金である。Braun, H., a.a.O, 邦訳，S.257。

(26)Köhler, P. A. /F. Zacher, a. a., S.20.

(27)Moteck, H., Wirtschaftsgeschichte Deutschlands, von der Zeit der Französichen Revolution bis zur Zeit der Bismarkschen Reichsgründung, 1969. モテック著，大島隆雄訳『ドイツ経済史1789-1871』，S.167，大月書店，1980年。

(28)Köhler, P. A. /F. Zacher, a.a.O.,S. 18.

(29)Braun, H., a.a.O, 邦訳，S.338。

(30)押尾前掲稿。

(31)Braun, H., a.a.O., 邦訳，S.337以下。

第6章
イギリスにおける社会保険制度創設の意味

1　イギリス資本主義の展開過程における保険資本の独占化と社会保険制度創設

1984年6月にロンドンで開催されたサミット（The London Summit，発足当初は先進国首脳会議，1998年からロシアが参加するようになって以降は主要国首脳会議に名称変更した）において，社会保障費抑制が共通の政策課題として確認され，「経済宣言 The London Economic Declaration」の中に盛り込まれたことに象徴されるように，先進国の社会保障改革が，近年，急速に具体化されつつある。包括的・体系的な社会保障制度を確立しているイギリスでも，サッチャー（Thatcher, M.）保守党政権のもとで社会保障制度の大幅な見直し作業が開始された。ファウラー（Fowler, N.）社会保障相（Secretary of State for Social Services）を委員長とする委員会において，一連の社会保障改革案が取りまとめられて国会に提出，承認された(1)。

世界資本主義体制はその危機的状況を回避するために体制の再編成を推しすすめる中で，急速に国民生活に犠牲を転嫁してきている。こうした動向のもとで，資本主義的社会保障・社会福祉の本質および限界が次第に明らかになってきている。資本主義下の社会保障・社会保険についての理論的解明は現在，社会保障論の立場から一定の成果が示されている。しかるに，社会保障論における社会保険の分析視角はすでに第5章の2で指摘したように(2)，基本的には伝統的な社会政策論の延長線上にあり，抽象的，非歴史的であると言わざるを得ない。社会保障論においては社会政策論と同様，社会保険生成の基本法則，客観的必然性および歴史的意義が一般化，抽象化されてしまっている。こうした分析方法による限り，社会保険から社会保障への歴史的発展の法則・必然性についても，また現代の社会保障をめぐる諸問題に対しても理論的解明を行うことは不可能であり，方法論上の限界を露呈している。

社会保険が「近代保険技術」に基礎を置く限り，その経済的内容・特徴は，資本の価値増殖運動を通じて「近代保険技術」を開発・実践している保険資本の社会経済的機能・役割との関連において考察する必要がある。

社会保険制度は資本主義の一定の歴史的発展段階，つまり独占資本主義段階に創設された。したがって，まず個々の資本主義国の独占段階の経済構造と政策諸体系の歴史的特殊性が明確にされなければならない。さらに，保険資本が独占資本主義の経済構造の中で果たしている機能・役割を踏まえ，国家機関を通じて社会保険制度を創設する意味を歴史的，具体的に解明すべきである。

このような問題意識のもとに，著者は第5章で歴史上最初の社会保険制度であるドイツ社会保険制度を，ドイツ資本主義の「後進性」・「特殊ドイツ型」と言われる資本主義の発展段階・発展型態と，それに規定，制約された保険資本による家計保険事業との関連において理解，把握しようと試みた(3)。しかし，そこで析出されたドイツ社会保険制度の社会経済的内容・特徴を，そのままイギリス社会保険制度のそれに当てはめることはできない。けだし，イギリス資本主義は，19世紀70年代以降の大不況期を通じて後進資本主義国のドイツやアメリカの台頭によって徐々に世界的独占を後退させつつ，特殊歴史的な独占資本主義段階に移行していくと理解されるからである。

そこで本章では，19世紀末から20世紀初頭のイギリス資本主義の展開過程を踏まえて，保険資本の蓄積と独占化に視点を向けながら，イギリス社会保険制度創設の意味を考察し，社会保険の経済的内容・特徴を解明することにした。

2　イギリス独占資本主義と保険業の集積・集中

（1）イギリス独占資本主義の構造と特徴

1873年に始まる世界経済恐慌から1896年までの四半世紀に及ぶ「大不況期」'Great Depression' は，自由競争の支配する資本主義の，独占資本主義＝帝国主義段階への発展の過渡期であった。大不況の構造的要因については，たとえば「世界経済の構造的変化」，つまり「国際分業関係の拡大・深化の過程」に求める立場や「資本主義的蓄積の展開過程で生じる固定資本の集積一般」から説明する立場など，議論が分かれている(4)。しかし，いずれにしても，イギリスの世界市場における工業の独占的地位が経済恐慌の影響を受けて大きく動揺し，1880年代から1890年代にかけて後退していったことは事実である。

20世紀初頭に世界資本主義は独占資本主義＝帝国主義段階への移行を終え，「資本主義はひとにぎりの『先進』諸国による地上人口の圧倒的多数の植民地的抑圧と金融的絞殺の世界的体系に成長した(5)」。1900年から第一次大戦までの時期におけるイギリス帝国主義の政治的・経済的発展の特殊性は，次のように要約されよう。「イギリスでは，その植民地領土が第一位にある。この領土は，アジアその他についてはいうにおよばず，アメリカでも非常に大きい（たとえばカナダ）。イギリスでは，巨大な資本輸出は，広大な植民地ともっとも密接に結びついている(6)」。イギリスは，すでに20世紀初頭に工業生産力においてアメリカ，ドイツに凌駕され，商品輸出においてもはげしく肉迫されていた。それにもかかわらず，植民地領有の独占を基礎として世界の商業・金融の中心，世界最強の帝国主義としての地位を占め，軍事・外交においてはなお指導的な立場を保持していた。また，世界の資本輸出総額の40％以上を占め，最大の資本輸出国でもあった。

広大な植民地領有を背景にしたイギリス資本主義の独占段階への移行はドイツやアメリカに比し，緩慢であった。主要産業であった綿工業や鉄鋼業などにおける生産の集積過程と独占体制の確立は，とくに相対的な遅れをとっていたと解される面もある。しかし，イギリスは資本主義生産様式を確立し，自由競争段階の展開を通して世界資本主義の景気循環を主導し，特徴的な植民地的帝国主義の基礎を築いてきた。1890年代後半から20世紀初頭には鉄鋼・造船・機械部門において一連の企業結合運動が展開され，第一次大戦までには約40の連合が形成された。「こうして，イギリス鉄鋼業は大戦直前にはもはや独占の段階に入ったということができ，これによって，好況期にはより高利潤を蓄積し，それも一つの基礎として不況期には既存設備をより長く温存しつつ，海外の，とくにドイツの独占体との対抗を強めていたのである(7)」。

（2）イギリスにおける産業資本の合併・合同と銀行・保険業の集積・集中

ところで，重工業の独占形成には銀行業や保険業が密接なかかわりをもっていた。ロンドンの株式銀行は1884年までに21社に増え，約50の支社を開設するに至った[8]。銀行業における合併運動の結果，2,000行以上存在していた株式銀行が1913年までにはわずか43行ほどの独立した銀行を残すだけになった。1918年の大合併の後，ビッグ5，つまりロイズ銀行（Lloyds Bank），ミドランド銀行（Midland Bank），バークレイズ銀行（Barclays Bank），ウェストミンスター銀行（Westminster Bank）およびナショナル・プロヴィンシャル銀行（National Provintial Bank）は成長を続け，集中運動は1923年までに完了する[9]。1920年代初期の合併はロンドン以外の地方の銀行の乗っ取りを含んでいる。結局，ビッグ5は預金業務も信用業務もともにイギリス全体の銀行業務の85%を掌握した。銀行はこうした合併運動を通して資本の集積・集中を促進し，綿工業や鉄鋼業との金融的連携を強化していった。銀行業における集中は産業部門に比してむしろ急激であった。イギリスが自由貿易制度を利用して「全世界の工場」として独占的経済基盤を確立していたことにより，相互に密接な提携を結んだマーチャント・バンカー（merchant banker）を含む企業集団を発生せしめた。「マーチャント・バンカーは，最初は外債，商業手形および引受手形などの業務に専念して，商業や保険業にたずさわっていた。……すでに保険業に深入りしていたマーチャント・バンクが，有利な投資を求める保険会社の動きに関心をもつようになったのは当然である[10]」。銀行業と同様，保険業においてもすでに19世紀末から合併運動がすすめられた。とくに，大手の火災保険会社は災害保険会社の発行株式を積極的に買占め，吸収・合併を促進した。また，海上保険会社も1920年頃までに10社以上が吸収・合併された[11]。

企業保険事業を中心にした火災保険会社や海上保険会社は，産業資本の合併・合同――つまり生産と資本の集積・集中過程――に対応して集中をすすめるという関係が見られる。

一方，生命保険会社は当時まだ，労働者・勤労大衆にまで広く事業を浸透，普及させる段階ではなかった。生命保険会社の合併・合同運動は，19世紀末から20世紀初頭にかけて展開されたが[12]，その中心は主に火災保険事業や災害保険事業を営む大手損害保険会社であり，兼営化の手段として行われたのである。

3　社会保険制度導入と労働者の生活状態

（1）イギリス帝国主義下の労働者の生活状態

大不況およびその後の恐慌によってイギリスの国内消費，とくに生産的消費は増大せず，企業の倒産が増加するとともに失業率が上昇した。失業率の高い業種は，石炭，鉄鋼，機械，造船などの重工業部門であった。失業率統計では，重工業部門の失業率の平均は８％，高い時には12～13％にも達した。また，農業では1870年代の後半からアメリカやロシアの安価な農産物の輸入が拡大したことによって大きな影響を蒙り，慢性的な農業恐慌がつづいた。こうした状況の中で農業の機械化がすすみ，農業人口（労働者）は減少していった。失業率の増大や工業と農業との不均等発展により，市民は「半ば飢餓的な生活水準」に置かれていた。当時の市民生活，とりわけ労働者の生活状態については，チャールズ・ブース（Booth, C.）による1887年～1892年におけるロンドンの労働者を対象にした調査やラウントゥリー（Rowntree, B. S.）によるヨーク・シティ City of York の労働者を対象とした調査によってある程度明らかになる。

また，労働党が1911年に「最低賃金法（minimum wage act）」を議会に提案した際に明らかにされた数字によれば，当時週30シリングが生存に必要な最低限とされていたにもかかわらず，800万人の成人男子労働者中，それ以上の賃金を得ているのはわずかに300万人に過ぎず，大部分は生活標準以下であると指摘された。さらに，1908年の鉄道労働者賃金調査でも，週賃金30シリング以上は11％，30シリングから20シリングの間が50％，20シリング未満29％という結果が示された。これらの調査結果から，当時の大多数の労働者の賃金・所得は社会的生活標準の貧乏線以下であったことがある程度明らかになる。しかも，大不況が終焉する1890年代半ば以降，第一次大戦まで物価は食料品価格を中心に慢性的に上昇を続けたのである。

ところで，帝国主義的な対立激化とそれにともなうイギリス国内の諸矛盾を背景にして国家経費は膨張していくのであるが，中心は軍事費と民事費である。民事費の中では，とくに健康保険委員会費，失業保険，老齢年金等からなる社会費が大きな割合を占めている（表6-1）。

表6－1　イギリス国家経費の構成と推移　　　（千ポンド）

	総額	公債費	軍事費	民事費			地　方 交付金	その他
				社会費	外交・ 植民地	その他		
1870	67,778	26,826	23,154	9,849			—	7,949
	(100)	(100)	(100)	(100)				
80	80,939	29,575	26,886	15,779			—	8,699
	(119)	(110)	(116)	(160)				
85	92,224	23,450	29,938	17,726			—	21,110
	(136)	(88)	(129)	(180)				
90	87,733	25,207	33,338	5,262	690	10,008	6,974	6,174
	(129)	(94)	(144)	(100)	(100)	(100)	(100)	
95	105,130	25,000	38,184	9,162	925	9,713	7,366	14,780
	(155)	(93)	(165)	(174)	(134)	(97)	(106)	
1900	193,332	19,835	121,230	12,172	2,084	9,244	9,740	19,027
	(286)	(74)	(523)	(231)	(303)	(92)	(139)	
05	150,413	28,025	62,150	15,934	1,961	10,535	9,901	21,907
	(222)	(104)	(269)	(330)	(284)	(105)	(142)	
10	171,996	24,554	67,835	28,031	1,995	13,072	—	36,509
	(254)	(92)	(293)	(532)	(289)	(130)		

出所：武田隆夫著『財政と財政学』，1985年，p.260。

軍事費と社会政策費を主たる要因とする国家経費の膨張に対し，アスキス（Asquith, H.）とロイド・ジョージ（George, D. L.）による一連の税制改革が断行された。1910年には，かくして直接税に依存した特殊イギリス型帝国主義財政政策の具体化としての人民予算が成立したのである。19世紀末から20世紀初頭の頃の所得税の免税点は一般に年収150ポンド pound ないし160ポンドであった。当時の一般労働者の年収は100ポンド未満が大部分であった。比較的賃金の高いロンドンの鋳鉄工，組立工，植字工などでも年収100ポンド程度であった。したがって，当時の労働者のほとんどは所得税を支払っていなかったと考えられる[(13)]。しかし，たとえ所得税支払いを免除されたとしても，一般消費税は不可避的に徴収される。消費税の大部分は酒類・たばこ・茶・砂糖などであり，日常生活に欠くことのできない品目が含まれている。

（2）帝国主義財政政策における社会保険制度導入のねらい

このような生活状態の中で，1911年に国民保険法 National Insurance Act が制定され，翌1912年7月から実施された。保険料の負担割合は医療保険が男子被保険者週4ペンス pence，女子被保険者3ペンス，雇主3ペンス，国庫負担2ペンスであり，また失業保険は被保険者が週2.5ペンス，雇主2.5ペンス，国庫負担5/3ペンスである[14]。対象者の所得制限は年収160ポンドまでである。この国民保険法の制定，施行によって国家と雇主の社会問題に対する責任，したがってまた負担が法律上明確に規定されることになった。しかし，国家および雇主の負担する保険料はともに純然たる負担と考えられない。雇主の負担部分は，あるいは商品価格に含まれ，最終的に消費者に転嫁されるか，あるいはそれが労働者の賃金の一部分を構成することになる。また，国家からの繰り入れ部分も，資本主義国家収入が基本的には租税収入を主たる源泉にしている以上，大部分は国民の負担であると解すべきである。

前述のごとく，国民保険法制定の前年までに一連の税制改革措置が講じられて，帝国主義財政政策が一応整備，体系化された。したがって，社会保険財政への国家予算繰り入れは，財政運営上の困難をもたらすことは必至であった。否，むしろ社会保険の被保険者の大部分が所得税の免税点以下の所得階層であるために，社会保険制度の導入は新たな大衆課税の道を切り拓くことを可能にし，帝国主義財政政策上の効果を期待することもできるようになったのである。こうした点を考慮すれば，社会保険は後述するように，保険資本の蓄積を前提にしながら国家を媒体として労働者階級間に強制的に保険制度を導入することによって，特殊歴史的なイギリス独占資本主義の諸矛盾を転嫁する機能・役割を担ったと考えられる。

かくして，労働者は一方で食料品価格の騰貴や消費税で社会生活上大きな打撃を受けながら，他方で社会保険制度導入にともない，強制的に保険料控除を受けることになり，ますます厳しい生活条件を強いられることになったのである。しかし，ここで認識しておかなければならない点は，イギリスの世界市場における工業独占が崩壊したとはいえ，なお依然として植民地の独占支配によってその利益のおこぼれにあずかる一部の「特権的な少数者」である労働貴族のみならず，一般労働者の名目的賃金・所得が徐々に上昇していったことである。

エンゲルス（Engels, F.）は，すでに1882年9月12日付のカウツキー（Kautsky, K.）宛の手紙の中で，次のように述べている。「あなたが私に質問しておられるのは，イギリスの労働者たちは植民地政策についてどんなことを考えているのか？　ということです。それは，彼らが政策一般について考えていることとまったく同じことです。すなわち，ブルジョアたちがそれについて考えていることと同じなのです。じっさい，ここには労働者党というものはなくて，ただ保守党と自由—急進党とがあるだけであり，労働者もいっしょにイギリスの世界市場—植民地独占によって気楽に暮らしているのです[15]」。また，ホブスボーム（Hobsbawm, E. J.）も『イギリス労働史研究』の中で，同様の指摘をしている[16]。事実，国民所得は1900年～1901年の17億5,000万ポンドから1913年～1914年には22億6,500万ポンドに増加している。こうした事実とブース，ラウントゥリーあるいは労働党の賃金調査結果とをいかに関連的に把握し，かつ簡易生命保険事業の急速な成長・発展を歴史的，具体的に説明するかが問題となる。

4　金融資本形成における簡易生命保険部門をもつ独占的保険資本

（1）産業企業の独占化と簡易生命保険部門をもつ保険資本の独占形成

独占資本主義への構造的変化の中で収奪・搾取の強化にともなう労働災害・疾病の多発，あるいは失業の増大などの社会問題に対し，保険資本による営利保険事業の機能・役割が当然重要視されるようになってくる。しかし，国民保険法制定まで，保険資本による家計保険事業として普及していた保険種目はおもに死亡保障としての簡易生命保険ぐらいである。簡易生命保険事業は，周知のごとくプルデンシャル社（The Prudential Assurance Company Ltd.）が1854年にこの分野に進出するようになってから急速に発展していった。プルデンシャル社は吸収・合併運動を通して事業規模を拡大し，簡易生命保険事業部門の最大手会社に成長した。

簡易生命保険事業全体の保有契約高は，1890年代初期に契約件数1,000万件，契約金額9,000万ポンドを超え，1902年にはそれぞれ2,000万件，1億9,500万ポンド，さらに国民保険法制定前年の1910年には契約件数2,850万件，契約金額2億9,000万ポンドにのぼった。1911年当時のイギリスの総人口は4,300万人で，そのうち成人男子労働者は800万人であった。したがって，簡易生命保険は労働者一人当たり単純平均で3.7件加入，保険金額37ポンド（8～9ヶ月分の賃金相当）となり，かなり広く普及していたと推測される。

簡易生命保険事業は主要な保険会社，プルデンシャル社，パール社（Peal Assurance Company Ltd.）あるいはリフュージ社（Refuge Assurance Company Ltd.）や集金組合（Collecting societies），リヴァプール・ヴィクトリア（Riverpool Victoria）やロイアル・ロンドン・ミューチュアル（Royal London Mutual）など，上位10社によって保有契約高・収入保険料の98％以上が占有されていた。とくに，プルデンシャル社は市場の60％を支配していた。プルデンシャル社など，簡易生命保険部門をもつ保険会社＝保険資本の中に，19世紀から20世紀への転換期の頃には資本の集積・集中過程を通じて独占体制を担う会社が現われ始めていたイギリス保険業における独占の形成は，産業企業の独占化に対応した危険負担能力の拡大（および労働力再生産・消費過程の継続にかかわる保険市場の拡大・支配）と長期安定的な設備資金供給の増大という二つの側面から把握される必要がある。けだし，保険資本の経済的本質は社会経済構造とその発展・変化に有機的に連関させて歴史的，具体的に理解されなければならないからである(17)。

簡易生命保険部門をもつ独占的保険会社のうちプルデンシャル社のバランス・シート（Ordinary Branch と Industrial Branch）を見ると，資産運用において積極的な投資活動を展開し，すでに独占が形成されつつあった主要産業，鉄道，鉄鋼，あるいは機械などの株式や社債を投資対象としていたことが明らかになる。また，プルデンシャル社がイングランド銀行（Bank of England Stock）の株式を保有しており，両社間に密接な関係——人的交流を含む——が成立していたことを物語っている（本章末の資料6-1～6を参照されたい。ここでは，1899年，1903年および1910年のみを取り上げる）。

（2）簡易生命保険部門をもつ独占的保険資本と社会保険制度の導入

ところで，大不況を契機にしてイギリスの再生産構造が変化し，それにともなって銀行業務や信用体系に新たな変化が生じてきた。とくに，海外投資の展開過程も複雑な性質を帯びるようになった(18)。海外投資の発行・引受・発行媒介機関として重要な地位を占めたのはマーチャント・バンカーであった。インド・植民地政府債やその他の外国政府債，あるいは植民地や外国企業株式への投資はプルデンシャル社やパール社などの独占的保険会社とマーチャント・バンカーとの結合をもたらすことになったのである。

さらに，プルデンシャル社と密接な人的連携をもつミドランド銀行は鉄鋼業と金融的結合を築いていた。鉄鋼業をはじめ既存の産業企業は，資金獲得のために優先株や社債を利用することが多く，保険会社も積極的に保有したのである[19]。こうした事実を考え合わせると，独占的銀行・保険会社・産業資本間の金融的結合・癒着が当時，すでに形成されつつあったと考えられる。そのうえ，保険会社の投資活動において不動産も主要な投資対象の一つであったことがわかる。プルデンシャル社一社だけでイギリス最大の不動産所有会社であった。「急速に発達しつつある大都市近郊の土地投機もまた，金融資本のとくに有利な業務である。このばあい，銀行の独占は地代の独占および交通機関の独占と融合している。というのは，地価の騰貴，土地を有利に分譲する可能性，等々は，なによりも，都市中心部との交通機関が良いかどうかにかかっており，しかもこれらの交通機関は，参与制度や取締役の配置によってさきの銀行と結合している大会社の手中にあるからである[20]」。

かくして，イギリスでは第一次大戦前には独占化の過程を通じて産業資本（重工業），保険資本（簡易生命保険部門をもつ保険会社を含む）および銀行資本（株式銀行やマーチャント・バンカー）相互間の金融的融合・癒着によって金融資本が成立しつつあったと言えよう。金融資本家はその経済的支配のみにとどまらず，政治関係を媒介として経済政策や社会政策の形成，遂行にも支配的な影響力を獲得するようになった。ホブスン（Hobson, J. A.）はつとにその『帝国主義論（Imperialism)』の中で，次のように述べている。

> 大体において，一般の投資家連中は事業に関しても政治に関しても大金融業者（the great financial Houses）の手先であり，これらの金融業者は自己に対して利子を生む投資としてではなく，むしろ金融市場における投機の材料として公債や株式を利用するのである。巨大な量の公債や株式の取引において，会社の創立において，価格の変動を操作することにおいて，取引所の大物たちは彼らの利得を見出すのである。これらの事業――銀行業，仲買業，手形割引業，公債発行業，会社発起業――は，国際資本主義の活動中枢を形成している。……こ

れらの金融業者の富，彼らの活動の規模，ならびに彼らの世界的な組織は，彼らをして帝国的政策の主要な決定者たらしめる。彼らは，帝国主義の事業についての最大の明確な利害関係をもち，そして彼らの意思を国家の政策の上に強要する最も豊富な手段をもっている[21]。

すでに金融資本連鎖の環を形成しつつあった独占的保険資本は，行政＝政策決定機関との間に一定の利害関係を築いていたのである。この点は，二大政党，自由党と保守党がマーチャント・バンカーと結びついていた事実によって裏づけられよう[22]。自由党が新救貧法（new poor law act）を公布し，保守党が承認した事実のみをもってしても，これらの両政党がいかなる階級の利益を代表した政党であるかは明白である[23]。

社会政策の導入は，自由党が1905年に政権の座についてから積極化した。したがって，20世紀初頭の国家・政府による一連の社会政策において導入される社会保険制度も，独占＝金融資本，したがってまた簡易生命保険部門をもつ独占的保険資本との関連を踏まえて考察される必要がある。

5　社会保険と簡易生命保険事業の歴史的，具体的相関関係

（1）帝国主義財政政策における社会問題解決のための社会保険制度の創設

ところで，保険史研究では一般に，保険資本による簡易生命保険事業の生成・発展の要因を，ブースやラウントゥリーの調査によって実態が明らかにされた貧困労働者層の増大と彼らの埋葬費調達に対する潜在的需要に求めている。しかも，彼らが熟練労働者たちの労働組合から排除され，未組織であったことが簡易生命保険への加入を促進したとし，その拠り所を屈辱的な救貧制度への抵抗に求めている[24]。しかし，最低生活水準にあえぎ，生活資料さえ十分に確保し得ないような貧困労働者に簡易生命保険発展の根拠を求めようとする形式論的解釈には無理があるように思われる。19世紀にはすでに，マニュファクチュア的な入職制限を目的とする労働組合主義に対し，資本主義的機械制大工業の進展にともない大量に創出された半熟練・未熟練労働者による新組合主義，すなわち全労働者の労働条件を直接に規制する共通規則を方策とする組合が急速に形成されてくる。これ

らの労働者は，相対的にはたしかに低所得者階層である。しかし，植民地独占を経済的基盤にしたイギリス独占資本主義の利益による国民所得増大を背景にして，名目的賃金・所得の増大にあずかる階層である。極貧階層はつねに温存され，社会の最下層を構成し，救貧制度によって辛うじて生命を維持していた。実際，救貧法（poor law）による被救済者数は，社会保険制度導入後もほとんど変わらなかった[25]。

極貧階層を除く大半の労働者は，たとえ免税点以下の所得階層であっても，定期的な賃金・所得収入を確保することができる。これらの労働者は国家・独占資本の側からすれば，いわば自活能力をもつ階層である。したがって，帝国主義財政政策上，社会問題の解決を労働者層の自助制度に転嫁する政策が導入されるのである。そのために政治的，法律的あるいは経済的なさまざまの措置が講じられる。1897年には保守党政権のもとで労働者災害補償法（industrial accidents compensation insurance act）が制定され，危険をともなう産業（鉄道，製造業，鉱業，採石業，建設業など）の雇主責任が規定された。また，1906年には特別委員会報告にもとづいて雇主責任規定が一般化されるに至った。

一方，保険会社による災害保険の営業はすでに1844年に開始されたが，1880年の雇主責任法（the Employers Liability Act of 1880）の制定を契機として資本家の間に徐々に浸透し始めた。そのほか，自由党政権下で1905年から1912年にかけて一連の社会改良策が導入された。たとえば，1905年失業労働者法（Unemployed Workmen Act），1909年職業紹介法（Labour Exchanges Act）——1911年の国民保険法の一方の柱をなす失業保険制度導入の不可欠の前提となった—，あるいはラフィット（Lafitte, F.）の言うように酷使業務における最低賃金制を実施し，強制的社会保険制度の基礎となった最低賃金協議会法（Trade Board Act）などである。とくに，最低賃金協議会法は，賃金・所得収入が低い労働者層にも保険加入を強制的に義務づけた点で注目されるところである[26]。

実質上，負担能力のない低所得労働者から保険原理の適用によって保険料を徴収し，財源を確保しようとする当局者の意図は，1908年４月の下院におけるロイド・ジョージの予算演説や1909年に社会保険制度創設の必要性を説いたチャーチル（Churchill, W. L. S.）の演説に象徴的に示されている。「友愛組合や救済団体が，他国では決して類をみないほどの奮闘と自治組織の成功を示しているわが国においては，（計画されている社会保険制度が）このような非常に有益な諸機関を多少なりとも減殺することになっては好ましくない。逆に，このような機関を促進して，もし実用的であれば（私はそうであると信ずるが），それを媒体として保険事業をおこなうことが，周到なる計画における目的でなければならない[27]」。

また，チャーチルもロイド・ジョージと同じ趣旨で，次のように述べている。「もし私が，民主政治の最も近き将来を一言にして要約せよといわれたなら，私は，それは『保険』だと答えよう。全く考えも及ばぬ程極めて僅少の，正規の仕事についている者なら，その最も貧乏な者でさえ，充分支払える程の犠牲によって，その家庭をさもなくば永遠に破滅せしめるであろう悲劇的結末から防護することができるのである[28]」（傍点：押尾）。

社会保険制度創設のメンバーであるロイド・ジョージやチャーチルのこうした演説内容から，イギリスの国民保険が私的生命保険商品を購入し得ないような低所得者層にも強制的に保険原理を適用せしめ，保険料の徴収によって財源を確保し，イギリス独占資本主義の矛盾に根差す社会問題の解決を労働者に転嫁しようとした意図が十分に理解できる。国民保険法案の審議の過程で，金融資本連鎖の環をなす独占的保険資本の政治機構への圧力のもとに社会保険取扱機関としての認可組合（approved societies）への保険資本の参加が容認されることになった。国家独占資本主義の本質である国家と独占＝金融資本との「癒着」がすでに20世紀初頭にその兆候ないし萌芽を示し始めていたのである。

（2）社会保険制度の創設と簡易生命保険事業の発展

国家と独占＝金融資本にとっては帝国主義政策上，簡易生命保険が労働者層にある程度の普及をみているので，それ以外の，とくに疾病保険の浸透を社会保険制度の実施を契機にして促進し[29]，かつまた深刻な社会問題となっていた失業にも保険原理を適用し，労働者の負担による自助制度を確立することが緊要であった。保険資本側が，すでに事業経験を積んできている疾病保険取扱に深い関心をもったことは言うまでもない。

保険資本が自立化し，一定の資本蓄積をすすめ，独占を形成するまでに成長している場合，社会総資本の「代理機関」＝「上部構造」としての国家を媒体にして「強制」を基礎とする社会保険制度が導入される客観的，歴史的必然性はいずこに求められるべきであろうか。社会保険制度が導入される経済的基盤は独占資本主義である。しかし，各先進国の独占資本主義段階への移行とその内容・特徴は，それぞれ特殊な歴史的，具体的条件に制約される。したがって，保険資本の生成・発展，独占化の過程は各国の資本主義発展の特殊性に規定されることになる。

社会保険は，言うまでもなく，基本的には保険資本の価値増殖運動を通して開発，実践された「近代保険技術」を，社会総資本，というよりも独占＝金融資本の「代理機関」＝「上部構造」である国家が導入することによって成り立つのである。したがって，保険資本が独占資本主義段階における社会経済構造の中で，いかなる機能・役割を果たしているのかという歴史的，具体的条件を踏まえて，社会保険制度創設の意味が解明されなければならない。

イギリスの場合には，ドイツと異なり，社会保険制度が保険資本それ自体によって営まれ――もちろん，友愛組合(30)や労働組合も認可組合として取り扱いをしたが――，すでに普及していた死亡保障保険商品以外の，とくに疾病保険の市場開拓的機能を果たすことになったのである(31)。

社会保険は広汎な低賃金労働者層を強制的に保険制度によって再編成し，階級内的自助制度として組織し，名目的賃金・所得の上昇を背景にして徐々に市場を保険資本に譲り渡していくという両者の相関関係が存する。すなわち，資本主義下の社会保険の一般的な経済的内容・特徴は，保険資本の採算性の限界を超える範囲で強制的な保険原理の適用によって労働者を組織し，保険思想・自助思想の涵養を図ることを可能にするとともに，漸次保険資本に市場を提供していくという機能・役割を担っていると規定し得るのである。事実，イギリスでは社会保険制度創設以降，国民所得の上昇を背景として簡易生命保険事業は1925年～1953年の間に第二次大戦を挟みながらも，保険料収入を３倍以上増加し，また普通生命保険事業も1900年～1946年の間に５倍以上増加している。ここに社会保険と営利保険との一定の歴史的，具体的相関関係を認め得るのである。

6　独占的保険資本の市場開拓手段としてのイギリス社会保険

社会保険は，一面でたしかに「保険の社会化」を意味し，保険発展の法則性を示している。しかし，他面では資本主義の独占段階に生成の基盤を置き，歴史的，具体的な内容・特徴をもっている。それを解明するためには，まず独占資本主義の特殊歴史的，具体的な条件が明らかにされなければならない。しかも，その場合，社会保険が「近代保険技術」に技術的基礎を置いており，なおかつそれを導入する主体が社会総資本，とくに独占＝金融資本の「代理機関」＝「上部構造」としての国家である以上，社会保険の経済的内容・特徴は保険資本の展開過程と資本蓄積を前提に，保険資本の再生産構造に対する機能・役割を踏まえて歴史的，具体的に把握されなければならない。こうした観点から，本章ではイギリスにおける社会保険制度創設の意味を主題に理論的かつ実証的な考察を試みた。その結果，イギリスにおける社会保険制度は保険資本の資本蓄積と結びついて創設されたことが明らかとなった。

最後に，ドイツにおける社会保険制度についての第5章における一定の結論ないし仮説を，本章におけるそれと対比し，イギリスとドイツの社会保険制度創設の歴史的条件の相違を概括することにする。ドイツにおける社会保険制度の導入は，イギリスと異なり，官僚的に「上」から導入されることによって未発達であった保険資本による家計保険事業の発達を誘導し，独占資本主義段階における消費過程の再生産・継続を可能ならしめる自助的保障手段として有機的に再生産構造に結びつけていく機能・役割を果たしたと結論できる。ドイツにおける保険資本の蓄積の遅れと家計保険事業の未発達とは，まさしく「後進的」なドイツ資本主義の歴史的特殊性に規定されたものであった。

これに対し，イギリスにおける社会保険制度はいかなる特徴をもっていたのであろうか。自由競争段階での保険資本の広汎な展開を基盤にして，すでに独占化を遂げつつあった簡易生命保険部門をもつ保険会社は独占的銀行資本・独占的産業資本との間に金融資本的連鎖を形成し，その政治的，経済的支配力によって社会保険制度運営を掌握した。しかして，イギリスにおける社会保険制度は独占的保険資本の手によって自らの市場開拓手段と化せられ，労働者・勤労大衆の保険思想・自助思想の涵養に貢献することになったのである。

注

(1)社会保障改革案（Reform of Social Security, 1985）は全4巻から成る。Vol. 1は社会保障

制度がこれまで果たしてきた機能・役割を評価したうえで，深刻な財政問題に対処するための新しいアプローチ――給付の抑制と負担の増加の必要性を提起する。Vol.2 Programme for Change は大幅な改正措置を予定している所得比例付加年金や住宅手当，家族所得補償給付などについて改正の理由を，歴史的背景・現況を分析しながら説明している。また，Vol.3 Background Papers は社会保障費支出の将来展望や自助制度への転嫁を意図しながら社会保障給付の本質，現在の規模，範囲などについて論じている。Vol.4 Housing Benefit Review は住宅保有者に対する固定資産税の適用の拡大を内容としている。

(2) 押尾直志稿「社会保険理論における基本問題――社会政策論的社会保険観の批判的検討を中心にして」，明治大学商学研究所編『明大商学論叢』第65巻第3・4号，1983年。

(3) 押尾直志稿「社会保険と保険理論――帝政ドイツ社会保険を中心に」，日本保険学会編『保険学雑誌』第507号，1984年，本書理論編第5章に収録。

(4) 前者の立場には，遠藤湘吉編『帝国主義論（下)』（東京大学出版会，1965年）および武田隆夫ほか編『資本論と帝国主義論（下)』（東京大学出版会，1971年）などがある。また，後者の立場には，鈴木鴻一郎編『経済学原理（下)』（東京大学出版会，1962年）などがある。

(5) レーニン著『資本主義の最高の段階としての帝国主義』，『レーニン全集』第22巻，p.219，大月書店，1957年。

(6) 同上，p.279。

(7) 遠藤編前掲書，p.281。

(8) 入江節次郎編『講座西洋経済史Ⅲ』，p.84以下，同文館出版，1980年。

(9) Born, K. E., International Banking in the 19th and 20th Centuries, 1983, p.72.

(10) Aaronovitch, S., The Ruling Class, 1961. 勝部元・玉井龍象訳『イギリスの金融資本』，pp.116-117，新評論，1967年。1958年の引受商社委員会業務案内には，保険部門を設置したり，保険会社を子会社にもつ引受商社が存在することが明記されている。今井清孝著『マーチャント・バンカーズ（上巻)』，p.11，東京布井出版，1979年。

(11) Raynes, H. E., A History of British Insurance, 2nd ed, 1964, p.481.

(12) Raynes, H. E., ibid, pp.484-485.

(13) 武田前掲書，p.276。

(14) Beveridge, W. H., Social Insurance and Allied Service, 1942. 邦訳山田雄三，p.320，至誠堂，1969年。

(15) エンゲルス稿「エンゲルスからカール・カウツキー（在ウィーン）へ」『マルクス＝エンゲルス全集』第35巻，pp.306-307，大月書店，1974年。

(16) Hobsbawm, E. J., Labouring Men Studies in the History of Labour, 1964. 鈴木幹久・永井義雄訳『イギリス労働史研究』，p.307，ミネルヴァ書房，1968年。

(17) 笠原長寿著『保険経済の研究』，p.317以下およびp.349以下，未來社，1977年。

(18) 遠藤前掲書，p.337以下。

(19) プルデンシャル社は British Mutual Banking Company という支店をもたない小銀行を子会社として有していた。Balogh, T., Studies in Financial Organization, 1950. 西村閑也・藤沢正也訳『英国の金融機構』，p.16，法政大学出版局，1964年。

(20) レーニン前掲書，p.271。また，パスフィールド卿やシドニー・ウェッブなどもすでに

	保険料			年初現在の疾病保険資金		
1901年	£14	s 9	d 7	£575	s 5	d 7
1905年	£ 9	s18	d 1	£570	s 9	d 8
1909年	£ 6	s 1	d 1	£467	s 5	d 4

出所：B.P.P, ibid., 1901, P. 40. 1905, P. 119. 1909, P. 113. より作成。

1915年当時，プルデンシャル社がイギリス最大の地主であることを指摘している。Clayton, G., British Insurance, 1971, p.123,. Aaronovitch, S., Monopoly, 1955, p.56.

(21) Hobson, J. A. Imperialism. ホブソン著，矢内原忠男訳『帝国主義論』，p.108，p.111，岩波書店，1951年。

(22) 入江節次郎著『独占資本イギリスへの道——現代への序曲』，p.185，ミネルヴァ書房，1962年。

(23) Engels, E. Condition of the Working Class in England in 1844, 1845. エンゲルス著『イギリスにおける労働者階級の状態』，『マルクス＝エンゲルス全集』第2巻，p.519以下，大月書店，1960年。

(24) 水島一也著『近代保険論』，p.81以下，千倉書房，1961年，および『近代保険の生成』，p.132以下，千倉書房，1975年。樫原朗著『イギリス社会保障の史的研究Ⅰ』，p.450，法律文化社，1973年。横山寿一稿「一九世紀中葉イギリスの労働者生活と生命保険——簡易生命保険の生成と展開」，『立命館経済学』第29巻第6号，第30巻第1号，1981年，あるいはMorrah, D., A History of Industrial Life Assurance, 1955, pp.27-28. など。

(25) Beveridge, ibid., pp.320ff.

(26) Lafitte, F., Britain's Way to Social Security, 1945. ラフィテ著，藤林敬三・角田豊訳『社会保障制度——英国社会保障への道』，p.14，好学社，1949年。

(27) Parcq, H., Life of David Lloyd George, Vol. Ⅵ, p.652, 1912.

(28) Lafitte, F., ibid, 邦訳，p.15。

(29) プルデンシャル社は1858年にすでに疾病保険の取り扱いを開始している。当時のバランス・シートを見ると，疾病保険資金は，1900年代においてわずか£500余りに過ぎない。

(30) 本章は，1985年10月20日に開催された日本保険学会大会報告に一部加筆・修正したものである。大会報告終了後の質疑応答において，生命保険文化研究所顧問今田益三氏から，イギリスの社会保険制度は友愛組合で行っていた相互救済制度（職域年金など）を国家的制度として確立したものではないか，との指摘をいただいたが，時間の制約上，十分回答することができなかったので，補足しておく。たしかに，社会保険制度の運営上，簡易生命保険会社ばかりでなく友愛組合，労働組合あるいはCo-operative Insurance Companyなども認可組合に参加することを認められた。しかし，本文でも再三にわたって述べているように，すでに簡易生命保険部門をもつ独占的保険会社は金融資本連鎖の重要な環をなし，政治機構と密接な関係を築いていたと考えられる。しかも，社会保険が近代保険技術に基礎を置く以上，国家が保険資本の利害にかかわる制度をなぜに導入しようとしたのかが考慮されなければならないであろう。独占資本主義段階に移行しつつあった当時のイギリスの歴史的，社会経済的条件の中で保険資本の機能・役割を明らかにしたうえで，社会保険制度創設の意味を考えるべきではないだろうか。実際，社会保険の認可組合の中で，簡易生命保険会社は50％以上のシェアを支配した。また，組合員構成比でも設立直後の1912年42％，1938年においても47％を占めていたのである。友愛組合における近代保険技術の導入は，保険資本の生成を前提にして理解されるべきであると考える。

(31) Franklin, P. J., &C. Woodhead, The UK Life Assurance Industry, 1980. pp. 17-19. Westall, O. M., The Historian and the Business of Insurance, 1984. p. 161ff.

資料6－1　BALANCE SHEET

Of the Prudential Assurance Company (Limited) (Ordinany Branch), on the 31st Decemder 1899.

LIABILITIES.	£.	s.	d.	ASSETS.	£.	s.	d.
Life Assurance Fund	19,149,470	11	9	Mortgages on Property within the United Kingdom	3,543,460	14	7
				Loans on the Company's Policies	818,128	3	6
Sickness Assurance Fund	550	5	3	Loans on County Council, Municipal and other Rates	271,422	3	1
				Rent Charges	143,073	1	8
				Metropolitan Consolidated Stock	166,468	12	
Claims under Life Policies admitted	116,734	10	6	Investment: British Government Securities	1,368,901	6	3
				Bank of England Stock	200,559	18	6
				Indian and Colonial Government Securities	3,659,943	10	8
				Foreign Government Securities	731,575	9	4
				Railway and other Debentures and Debenture Stock	455,534	13	7
				Railway, Gas, Water, and other Stocks and Shares	6,331,176	—	6
				House Property	158,974	7	9
				Reversions and Life Interests	738,486	14	11
				Outstanding Premiums	173,237	17	2
				Ditto Interest	112,735	13	3
				Cash: (£. s. d.) on Deposit 50,000; on Current Accounts 342,977 9; in hand 100	393,077		9
£.	19,266,755	7	6	£.	19,266,755	7	6

出所：British Parliamentary Papers, Assurance, 1900, Ixxx, pp. 88-89.

資料6－2　BALANCE SHEET

Of the Prudential Assurance Company (Limited) (Industrial Branch), on the 31st December 1899.

LIABILITIES.	£.	s.	d.	£.	s.	d.	ASSETS.	£.	s.	d.
Shareholders' Capital	1,000,000						Mortgages on Property within the United Kingdom	1,327,499	7	11
							Loans on County Council, Municipal and other Rates	6,776,865	7	7
Life Assurance Fund	15,708,695	17	8				City of London Corporation Bonds	189,177		6
							Investments: British Government Securities	1,810,432		8
Reserve Fund	800,000						Foreige ditto ditto	315,395	4	10
				17,508,695	17	8	Railway Debenture Stocks	1,720,199	18	11
							Freehold Ground Rents and Scotch Feu Duties	3,034,321	9	1
Claims under Life Policies admitted				56,607	17	3	House Property: (£. s. d.) Freehold 1,810,291 5 7; Leasehold 50,543 18 4	1,860,835	3	11
							Agents' Balances	4,866	9	10
							Outstanding Premiums	199,749	15	3
							Outstanding Interest and Rents	162,855	7	5
							Cash in Hands of Superintendents	41,812	13	6
							Cash: (£. s. d.) on Current Account 120,943 15 6; In hand 350	121,293	15	6
£.				17,565,303	14	11	£.	17,565,303	14	11

資料6－3　BALANCE SHEET

Of the Prudential Assurance Company (Limited) (Ordinary Branch), on the 31st December 1903.

LIABILITIES. £. s. d.	£.	s.	d.	ASSETS.	£.	s.	d.
Life Assurance Fund 27,120,353 15				Mortgages on Property within the United Kingdom	4,897,199	9	1
				Loans on the Company's Policies	1,606,633	12	1
Sickness Assurance Fund 589 11 6				Loans on County Council, Municipal and other Rates	2,461,794	3	1
Investments Reserve Fund 650,000 — —				Rent Charges	296,445	14	10
				Investments:			
	27,770,943	6	6	British Government Securities	1,420,250	14	11
Claims under Life Policies admitted	124,517	2	7	Bank of England Stock	200,559	18	6
				Metropolitan Consolidaed Stock	165,911	2	11
				Indian and Colonial Government Securities	4,782,894	7	1
				Colonial & Foreign Corporation Stocks	755,191	14	7
				Foreign Government Securities	1,057,349	2	7
				Railway and other Debentures and Debenture Stocks	1,954,493	16	4
				Railway, Gas, Water, and other Stocks and Shares	6,757,440	2	5
				Reversions and Life Interests	1,080,425	6	2
				Outstanding Premiums	175,168	8	8
				Ditto Interest	193,862	18	6
				Cash-On Current Accounts and hand	89,839	17	4
£.	27,895,460	9	1	£.	27,895,460	9	1

出所：B.P.P, ibid., 1903, Ixv, pp. 47-48.

資料6-4　BALANCE SHEET

Of the Prudential Assurance Company (Limited) (Industrial Branch), on the 31st December 1903.

LIABILITIES.	£. s. d.	£.	s.	d.	ASSETS.	£.	s.	d.
					Mortgages on Property within the United Kingdom	1,570,815	4	—
Shareholders' Capital	1,000,000 — —				Loans on County Council, Municipal and other Rates	9,223,560	15	3
					Investments: British Government Securities	1,927,622	13	11
Life Assurance Fund	20,968,332 6 2				City of London Corporation Bonds	106,151	1	8
					Colonial Government Securities	165,289	10	10
					Colonial Corporation Stocks	183,183	3	9
Reserve Found	1,350,000 — —				Foreign Government Securities	292,139	8	2
		23,318,332	6	2	Railway and other Debentures and Debenture Stocks	2,044,351	4	11
Claims under Life Policies admitted		3,585	—	—	Railway Preference and Guaranteed Stocks	380,343	6	—
					Freehold Ground Rents and Scotch Feu Duties	3,736,819	13	3
					House Property: (£. s. d.) Freehold 2861,774 19 6; Leasehold 131,983 2 8	2,993,758	2	2
					Agents' Balances	4,089	10	2
					Outstanding Premiums	268,822	12	6
					Outstanding Interest and Rents	222,795	17	4
					Cash in Hands of Superintendents	35,972	1	6
					Do, on Current Accounts and in Hand	166,203	—	9
	£.	23,321,917	6	2	£.	23,321,917	6	2

資料6－5　PRUDENTIAL ASSURANCE COMPANY, LIMITED—continued
BALANCE SHEET（ORDINARY BRANCH）31st December, 1910.

LIABILITIES.	£.	s.	d.	£.	s.	d.
Life Assurance Fund	41,425,962	6	—			
Investments 'Reserve Fund	1,075,000					
Written off value of securities	300,000					
	775,000	—	—	42,200,962	6	—
Claims under life policies admitted or intimated, but not paid				170,180	13	9
Annuities due and unpaid				2,011	9	2
£.				42,373,154	8	11

ASSETS.	£.	s.	d.
Mortgages on Property within the United Kingdom	6,207,015	12	3
Loans on parochial and other public rates	5,127,046	11	4
〃 Life interests	702,253	8	11
〃 Reversions	102,561	13	8
〃 Stocks and Shares	104,000	—	—
〃 Company' s policies within their surrender values	3,082,811	13	3
Loans to Educational institutions secured on income, etc.	50,713	11	2
Investments:			
British Government Securities	1,146,839	3	10
Bank of England Stock	152,902	18	7
Municipal and County Securities, United Kingdom	639,599	—	8
Indian and Colonial Government Securities	4,555,200	9	10
Indian and Colonial Provincial Securities	526,320	9	8
Colonial Municipal Securities	1,677,592	5	9
Foreign Government Securities	2,454,911	11	8
Foreign Provincial Securities	22,094	9	8
Foreign Municipal Securities	1,223,446	11	5
Railway and other Debentures and Debenture Stocks and Gold and Sterling Bounds-Home and Foreign	6,042,777	15	11
Railway and other Preference and Guaranteed Stocks and Shares	2,146,539	2	5
Railway and other ordinary Stocks and Shares	3,720,175	5	—
Rent charges	353,308	7	3
Life Interests	34,626	14	6
Reversions	1,465,195	12	6
Outstanding premiums	177,811	16	8
Outstanding interest	18,485	—	1
Interest accrued but not payable	340,943	15	9
Cash in hand and on current accounts	297,891	7	2
£.	42,373,154	8	11

出所：B.P.P, ibid., 1911, Ixxxv, pp. 33-35.

資料6－6　PRUDENTIAL ASSURANCE COMPANY, LIMITED—continued
BALANCE SHEET (INDUSTRIAL BRANCH) 31st December, 1910.

LIABILITIES.	£.	s.	d.	£.	s.	d.
Shareholders' Capital	1,000,000					
Life Assurance Fund	33,424,266	7	—			
	£.					
Investments Reserve Fund	1,050,000					
Written off value of securities	450,000					
	600,000	—	—			
				35,024,266	7	—
Claims under Life Policies admitted or intimated but not paid				3,410	—	—
Balance of Bonus under Life Policies reserved for distribution				128,395	10	1
£.				35,156,071	17	1

ASSETS.	£.	s.	d.
Mortgages on Property within the United Kingdom	1,836,095	19	—
Loans on parochial and other public rates	9,670,452	7	4
Loans on Life Interests	425,000	—	—
Loans to Educational institutions secured on income, & c.	522	—	5
Investments:			
Deposit with the High Court (L24, 400 $2\frac{1}{2}$per cent. Consolidated Stock)	19,520	—	—
British Government Securities	1,560,938	7	—
Municipal and County Securities, United Kingdom	224,955	14	10
Indian and Colonial Government Securities	1,114,886	4	2
Indian and Colonial Provincial Securities	429,858	1	5
Indian and Colonial Municipal Securities	663,738	17	8
Foreign Government Securities	682,989	2	1
Foreign Provincial Securities	130,263	19	10
Foreign Municipal Securities	417,416	17	11
Railway and other Debentures and Debenture Stocks and Gold and Sterling Bonds -Home and Foreign	7,178,642	5	—
Railway Preference and Guaranteed Stocks	1,322,018	5	—
Railway and other Ordinary Stocks and Shares	14,578	16	4
Freehold Ground Rents and Scotch Feu Duties	4,749,200	10	—
Leasehold Ground Rents	7,921	1	1
House Property	3,933,671	17	9
Agents' Balances	5,713	3	4
Outstanding Premiums	277,482	6	9
Outstanding interest and Rents	52,321	9	10
Interest accrued but not payable	272,520	7	1
Cash:			
On Deposit	20,000	—	—
In hands and on Current Accounts	145,364	3	3
£.	35,156,071	17	1

第7章
資本主義社会における社会保険の歴史的役割
――「ビヴァリッジ・リポート」を中心に――

1 「ビヴァリッジ・リポート」における私的保険市場の整備，拡大策としての側面

現代のイギリスにおける社会保障論・社会福祉論の主要なアプローチの一つとして注目されるのは，Radical Social Policy（本章では以下，民主社会主義的社会政策論と表記する）である[(1)]。民主社会主義的社会政策論は社会保障の資本主義的経済社会システムとの内的関連や相互作用に視点を据え，近年の社会保障の後退局面を社会政策の「経済的政治的システムの弱体化の効果」――同時に，「システム維持の効果」を併せもつとされる――や，「福祉準備の二重構造」，すなわち「つねに福祉国家の中心的特徴となってきた公的福祉サーヴィスの貧困と私的な民間の福祉サーヴィスにおける豊かさの格差あるいは二重性」の長期的傾向と保守党の「国家活動削減による私的準備（Private Provision）の拡大」政策，すなわちプライヴァタイゼーション（Privatisation）などの要因によって説明する[(2)]。民主社会主義的社会政策論は社会保障の「システム維持的役割」を認めながらも，資本主義経済に対する人間の意識的コントロールの拡大としてその発展を強調する立場である。

サッチャリズム，レーガノミクスあるいは臨調「行革」路線に象徴される社会保障・社会福祉見直し，再編政策を，近年社会政策分析へのアプローチによって開発された枠組みを採用して，「国家活動を削減し私的準備の拡大を図るための政策[(3)]」として位置づける。民主社会主義的社会政策論は，戦後史的過程に即して「福祉国家政策」の果たす「改良的効果」を重視する立場からマルキシズムの「社会主義が歴史的に不可避なものであるという初期の見解の誤り[(4)]」を指摘し，社会主義への漸進的，民主主義的な展望を見出そうとする試みである。

しかしながら，民主社会主義的社会政策論の「改良主義的社会主義」は，「消

極的集産主義者」(Reluctant Collectivists)，ビヴァリッジ（Beveridge, W.），ケインズ（Keynes, J. M.）あるいはガルブレイス（Galbraith, J. B.）などの社会思想に少なからず影響を受けているとの印象を免れない。けだし，民主社会主義的社会政策論は資本主義的社会関係の本質的矛盾とそれに起因する階級闘争の重要性から注意をそらし，資本主義的経済社会システムと国家活動の相互関係を変質せしめ，社会保障と私保険の関係を曖昧にしたまま，国家活動の「質量的改善(5)」による体制変革の可能性を追求しているからである。

本章では，このような問題意識と以下に挙げる若干の理由から，イギリスの社会保障制度ないし「福祉国家政策」の制度的，思想的基礎を確立したと言われる，いわゆる「ビヴァリッジ・リポート」(“SOCIAL INSURANCE AND ALLIED SERVICES” : REPORT BY SIR WILLIAM BEVERIDGE, 1942.）の考察を試み，従来必ずしも十分に研究され尽くしたとは言い難い「ビヴァリッジ・リポート」の私的保険市場の整備，拡大策——独占的保険資本の積極的保護・促進策——としての側面を明らかにすることが目的である。すなわち，第一に「ビヴァリッジ・リポート」が戦後のイギリスの社会保障・社会福祉制度ないし「福祉国家政策」の出発点となったこと，第二に民主社会主義的社会政策論の理論的枠組・前提がビヴァリッジの社会保障プランにかなり制約されていると考えられること，第三に伝統的社会政策論および社会保障論・社会福祉論あるいは保険論の「ビヴァリッジ・リポート」に対する理解，評価には社会保障・社会福祉見直し，再編政策を分析，解明する視点が欠落していること，などである。

2　社会（国民）保険制度改革とビヴァリッジ社会保障改革プランの導入

（1）戦後イギリスの福祉国家政策におけるビヴァリッジ社会保障改革プラン

周知のごとく，1945年のイギリスの総選挙において，チャーチル率いる保守党は予想外の大敗北を喫し，労働党が政権の座に就いた。労働党政権は下院で圧倒的な過半数を占め，社会改良プログラムの策定に着手した。労働党の指導部はビヴァリッジの社会保障プランの柱をなす「保険原理」を受け入れたが，労働党左派を中心とする党員や多数の低賃金労働者を含んでいる T & GWU（Transport and General Workers' Union)，NUGMW（National Union of General and Municipal

Workers）などの労働組合はそれに反対した。また，TUC（Trade Union Congress）は社会的諸条件を改善する必要な手段であるとして拠出制保険に関するビヴァリッジ提案や官僚的集産主義を支持した[6]。

「ビヴァリッジ・リポート」の草案について，大蔵省は当初財政的理由や完全雇用政策の有効性の問題などからこれに反対を表明した。しかし，ケインズは直接税のシステムの改革なしにはただちに実行不可能だが，拠出制保険は福祉費用を雇用者にも負担させる便利な手段であり，ビヴァリッジ・プランはわれわれに与えられているもっとも安価な選択肢であるので，大蔵省が細心の注意を払って管理すれば懸念される財政的な困難は避けられ得るとしてこれを支持した[7]。

労働党政権による社会改良プログラムによって，以下のような制度が実施された。すなわち，家族手当法（The Family Allowance Act 1945），国民保険および国民保険労働災害法（The National Insurance and National Insurance （Industrial Accidents） Act 1946），国民医療保健制度（The National Health Service Act 1948），国民扶助法（The National Assistance Act 1948），および児童法（The Children Act 1948）などである。「ビヴァリッジ・リポート」に依拠してこれら一連の社会保障立法が制定され，福祉国家としての体裁は一応整えられることになった。しかし，「労働党政府の社会改良は以前に達していた状態にいっそうの改善を加えたものであった[8]」。労働党ばかりでなく保守党も福祉立法の枠組を基本的に受け入れ，この後イギリスの二大政党は今日まで「福祉国家政策」を堅持することになる[9]。これらの社会保障立法は制度的，思想的に「ビヴァリッジ・リポート」にほとんど全面的に依拠していたが，後述するようにその中で立案，提言された社会保障プランはあくまでも「伝統的な考え方」（George, V.）の域を脱してはいなかった。労働党政府の社会改良政策に対しては，イデオロギー的立場の違いから当然評価が分かれる。たとえば，テイン（Thane, P.）は「保守党政府のもとでよりも，十分に立法措置が図られ」，「普遍的なサーヴィスのためのより効率的な行政構造と最低水準の設定への最初のステップ」になり，「国民の社会的公正のために意識的に国家の力を活用しようとする新しいアプローチ，すなわち，‘福祉国家’[10]」政策が導入されることになったと評価している。これに対し，ヴィック・ジョージは労働党政府の社会保障政策について，「なにひとつ根本的な転換を図ろうとしなかった」だけでなく，社会政策の目標が保守党や自由党と「本質的に選ぶところがない」ことをさらけ出し,「改良された資本主義システムのいちばん熱心な唱道者[11]」になったと手厳しい。

(2) 社会(国民)保険制度改革のための「ビヴァリッジ・リポート」

ところで,「ビヴァリッジ・リポート」が第二次大戦中, 保守党主導の戦時連立政権のもとで社会保険制度および関連サーヴィスの全般的な改革を図るために任命された, 失業問題の権威者でケインジアンのビヴァリッジを委員長とする特別委員会によって取りまとめられたことは周知のところである。当時の社会保険制度はビヴァリッジ自身がその「リポート」の冒頭に書いているように,「完全とは程遠く」,「断片的なもの」であった。しかも,「制度間での調整はほとんどなく」, 行政上の管理も「政府部内の諸部門にまたがっていた」。「掛金や給付率にも相違があり」,「給付や手当は肉体的な生存のためのぎりぎりの必要」を辛うじて満たすだけのものにすぎず, 当時の社会調査の厳しい水準によって測定された人間の必要を満たすにはまったく「不充分」であった。実際に制度が存在しているにもかかわらず,「1930年代にはイングランドとウェールズで労働階級家族の10〜15%が根本的な貧困(Primary Poverty)に喘ぎながら生活していたが, この貧困の4分の3から6分の5は稼得力の中断に起因していた[12]」。

1942年1月27日, 国務大臣グリーンウッド(Greenwood, A.)は下院において, ビヴァリッジ委員会の権限により, 従来の制度では保障されていなかった死亡給付(Death Benefits with any other risks)を新たに追加する方向で国民保険制度の改革を提案することを報告した。「ビヴァリッジ・リポート」では, 社会保障プランの中の必須の部分としてすべての死亡に対してこの給付を準備することと同時に, 1911年の国民保険法によって設置された認可組合システムを廃止することを提案したのである。ビヴァリッジ社会保障改革プランはまさしくこの二点に集約されると言っても過言でない。したがって, ビヴァリッジ社会保障プランの性格や歴史的使命は, 1911年国民保険法とそれ以降の簡易生命保険会社を中心とした生命保険市場の構造変化を踏まえて, この二点の提案内容がもつ意味を検討することによってはじめて明らかにされると考える。

当時の社会保険制度(1911年国民保険法)は健康保険と失業保険から成り立っていたが, 健康保険はすでにこのような業務に経験を有している団体, すなわち簡易生命保険会社，友愛組合，集金組合，協同組合保険会社ならびに労働組合などの民間団体が国の代行機関として認可組合の設置を認められ，これらの機関を通して取り扱われた――ただし，未組織，低賃金の労働者の場合には友愛組合にも加入できないため，郵便局から国民保険制度委員会（The National Insurance Committee）に直接掛金を払い込むことによって受給資格を得られることになっていたが，彼らの大部分は掛金の負担能力がなく，加入できなかった――。しかも，これらの認可組合は従来の事業については国家の介入をいっさい受けないことを保証されたのである。そのため，認可組合の管理システムについては批判が高まり，早くも1926年にはロイヤル・コミッション（Royal Commission）によって認可組合の健康保険管理システムの調査が実施された。調査結果は「リポート」にまとめられ，それぞれの認可組合の健康保険サーヴィス間の調整が不足していること，および給付水準に地域的な格差が生じていることが指摘された。提案された改善策のなかには，認可組合の廃止を求める少数意見もこのときすでに含まれていた。しかし，結果的には財政的な理由から制度上の変更はなんら加えられなかった。もっとも，政府の歳入不足を補うには国民保険はもっとも便利な仕組みであることを創設者のロイド・ジョージ自身が認めている。つまり，国家にとって社会保険制度は直接税の隠蔽された形態で，大衆課税の有効な手段であり，また国家による巧妙な国民収奪の仕組みでもある。社会保険制度がたとえアクチュアリー的に成立しなくなっても，法律上の擬制（a legal fiction）として存続することは，多くの国の社会保険制度によって十分に実証される。

3　ビヴァリッジ社会保障プランの簡易生命保険事業への影響

（1）ビヴァリッジ社会保障プランにおける任意保険の位置づけ

このような特殊な事情のもとで，ビヴァリッジの社会保障プランがいかなる意図をもち，また使命を担ったのかという問題意識に立って「ビヴァリッジ・リポート」を分析・究明することが改めて必要になる。「ビヴァリッジ・リポート」では「任意保険の範囲」について，次のように述べている。

任意保険が実際のニーズを満たすかぎり，それは（社会：押尾注）保障の必須の一部分を成す；任意保険にその範囲と奨励策が与えられなければならない。……任意保険に対して国家の活動を検討する場合，任意保険がすでにさまざまな分野で発展してきたその程度と，違った環境に注意が払われなければならない[13]。

ビヴァリッジが社会保障プランの策定にあたって任意保険に重要な地位を与え，かつ意義をもたせたことは明らかである。ビヴァリッジにとって民間保険市場の整備，再編は不可欠であった。ビヴァリッジは「あらゆる種類・規模の認可組合はほとんど地域的な結びつきがなく，しばしば社会的利益を有しない」ことを批判していたので，認可組合を廃止することは彼にとって実際不可避であった。さらに，ビヴァリッジは死亡給付の導入を簡易生命保険問題の解決と関連させてひじょうに重要視している。埋葬費用準備に対する基本的で，普遍的なニーズが簡易生命保険の前提となるが，国家がこれを強制社会保険のかたちで独占事業（a monopoly corporation）として実施することにより，現在の簡易生命保険のコストのごくわずかな部分で満たされ得る。これが社会保険制度の中に普遍的なニーズとしての埋葬費用準備のための給付（funeral grant）を導入しようとする理由であると説明されている。その他のニーズについては強制保険（compulsory insurance）よりもむしろ，任意の事業（生命保険や貯蓄など）によってまかなわれるべきであるとされた。ビヴァリッジ自身，社会保険と任意保険事業の発展の一定の関係をはっきりと認めていたのである。

（2）社会（国民）保険・認可組合による簡易生命保険事業の発展・独占化

ほとんどの主要な簡易生命保険会社と友愛組合はこの30年間，つまり1911年の国民保険法施行以降急速に成長してきたが，その成長は実際国民保険法にもとづく健康保険の取り扱いと密接にかかわっている。これらの簡易生命保険会社や友愛組合は自らの主要な保険事業と結びつけて，同じ集金員（collectors）を通じて社会保険としての健康保険を取り扱ってきた。認可組合は健康保険制度によって保障される全被保険者のほぼ半数を扱っていたのである。集金員はそれぞれの保険会社や組合にとって主要な保険事業拡張のエイジェントである。最大手の簡易生命保険会社であるプルデンシャル社の場合，集金員は保証給，認可組合に関する仕事に対する支払い，簡易生命保険・普通保険部門の新契約獲得高および利潤の分け前などによって報酬の支払いを受け取ることになっていた。大規模な簡易生命保険団体においてはプルデンシャル社と同様，集金員はデビット・システム（debit system）により集金する保険料の額の多寡に応じて保険料の一定割合を報酬として受け取った(14)。さらに，集金組合，とくに五大集金組合の場合には終身保険契約をもとにして保険料の一定割合がエイジェントに支払われた。新契約には最初の十数週分の保険料の全部が，また集金された保険料の「増加」によって定期的に賞与も支払われた(15)。

ビヴァリッジ委員会の調査によって明らかなように，大手の簡易生命保険会社や友愛組合・集金組合などは社会保険としての健康保険の取り扱いを市場戦略の有力な手段として利用し，報酬制度によってエイジェントに新契約獲得の強い「圧力」をかけて簡易生命保険事業と普通保険事業の激しい市場競争を展開していたのである。簡易生命保険事業協会（The Industrial Life Offices Association）や保険労働組合会議（The Insurance Unions Congress）の代表の証言から，その事実の存在と実態が明らかとなった(16)。とくに，大手簡易生命保険会社は，社会保険取り扱い代行機関としての立場を最大限に利用し，報酬を見返りに「不当」で「過酷」な「圧力」をエイジェントにかけながら業容拡大競争を展開して市場の独占化をすすめていった。過剰な業拡競争と独占化にともなう矛盾は不可避的に大量の「失効契約」を生ぜしめ，多くの保険契約者に損失を与えながら転嫁されたのである。全国生命保険労働組合（The National Amalgamated Union of Life Assurance Workers）はコーエン委員会（The Cohen Committee for 1929）で，「大量失効は過剰販売にその原因がある」ことを証言した(17)。

「ビヴァリッジ・リポート」によれば，国民保険法制定の前年の1910年に全簡易生命保険団体の総保険料収入は1939年のそれのおよそ4分の1であった。1939年には保有契約件数は1億300万件で，イギリスの男女，子供一人当たり2.25件以上の普及状況であった。また，保有契約金額は16億6,800万ポンド，保険金積立額は4億5,500万ポンドにのぼった(18)。これらの事業成績の5分の4は簡易生命保険会社14社によって占められ，残りの5分の1を集金組合146組合で分け合っていた。また，簡易生命保険会社は満期保険金の8分の7を支払った。この事実は，普通保険，とくに養老生命保険のいっそう大きな発展の可能性を示していた。簡易生命保険会社が占有していた普通保険の保有契約件数の割合は全体のおよそ4分の3ほどであったが，それらは契約金額が比較的大きかった[19]。主要な簡易生命保険団体の1937年における簡易生命保険および普通保険事業成績によると，プルデンシャル社は両部門とも主要8社の総保険料収入の約35%を，普通保険の総保険料収入の44%をそれぞれ占めていた[20]。ほとんどの簡易生命保険会社と大規模な集金組合は簡易生命保険に加えて普通保険を取り扱っていたが，普通保険の大半はすでに簡易生命保険に加入している契約者から獲得された契約であった。プルデンシャル社では，普通保険の保険料収入は国民保険法施行時の1911年には481万2,268ポンドであったが，30年後の1941年には1,459万8,319ポンドと実に3倍に増大し，簡易生命保険料収入のほぼ60%にも達していた[21]。

このように簡易生命保険市場は当時，簡易生命保険団体間の過当競争を通じて主要な簡易生命保険会社，とくにプルデンシャル社による市場支配，したがってまた独占がすでに形成されつつあっただけでなく，普通保険事業の市場も大手保険会社の経営戦略によって急速に拡大されていたのである。

4　ビヴァリッジ社会保障プランにおける任意保険の重視と労働組合の排除

(1)「保険原理」にもとづくビヴァリッジ社会保障プラン

ビヴァリッジが社会保障プランの策定にあたり，任意保険に重要な地位を与えたことは，以上の民間保険事業の状況および市場構造から改めて注目されることである。ビヴァリッジは完全雇用を前提に，主に「稼得能力の中断」に起因する「生理的貧困」を一掃する社会保障制度を確立するために「拠出原則」にもとづく保険制度を中心にしてその体系化を図ろうとした。社会保障の範囲について「リポート」では，次のように述べられている。

「『社会保障』という言葉はここでは，失業，疾病あるいは災害によって稼得が中断されるときにそれに代わる所得保障のため，老齢による退職に備えるため，自分以外のものの死によって扶養を受けられなくなる場合に備えるため，出生・死亡・結婚にともなう例外的な支出をまかなうために使われる。主として，社会保障は最低限の所得の保障を意味する。しかし，(このような意味での：押尾注) 所得保障の準備はできるだけ早く稼得の中断を終わらせるように考案された措置と結びつけられなければならない[22]」。

ビヴァリッジは，「社会保障」を「稼得能力の中断」に対する「所得保障」と規定している。既述のごとく，ビヴァリッジは「保険原理」にもとづいて社会保険制度を中心に社会保障プランを練り上げた。ビヴァリッジが社会保障を「所得保障」と規定しているのは，まさしく彼の社会保障プランが任意保険を含む「保険原理」によって構成されていたからにほかならない。ビヴァリッジ社会保障プランの中で，任意保険の「範囲」と「奨励」策がこのように明確に規定され，1911年の国民保険法のもとでの健康保険の取り扱い代行機関に代わって，国家社会保障制度の中により積極的に組み込まれることになったのである。これは，ビヴァリッジが提起した「社会保険の六原則」(Six Principles of Social Insurance）のうちのもっとも重要な原則である「フラット・レート（均一拠出・均一給付）原則(Flat Rate of Subsistence Benefit and Contribution[23])」からも裏づけられよう。ビヴァリッジは社会保障プランにおける任意保険の役割について，国は，「各人が自分自身と家族の生活保障準備のために社会保険の支給額に上積みするように自主的活動の余地を残すべき」であり，また「法律によって任意保険のための余地と刺激を残し，それを奨励する必要がある[24]」と述べている。

大手簡易生命保険会社は市場での独占形成を背景に普通保険事業の業容拡大をめぐって熾烈な競争を繰り広げていた。1911年の国民保険制度の「保険思想涵養および市場開拓機能[25]」に支えられ，簡易生命保険だけでなく普通保険の市場も拡大する中で，国家が社会保障領域に「市場原理」を持ち込むことで過当競争を排除し，中小保険会社・団体を規制，淘汰するとともに，独占的保険会社の市場支配をさらに促進することが可能であった。

（2）社会（国民）保険代行機関としての労働組合の排除

さらに重要な点は，1911年の国民保険法のもとで労働組合にも認められていた健康保険取り扱い代行機関としての地位が，「ビヴァリッジ・リポート」では巧妙にうばわれてしまったことである。「リポート」では，均一の強制掛金に対する不均等給付の問題がそのメンバーに独自の任意保険給付を追加提供している友愛組合や労働組合の認可組合としての存続と深く関係していることを認可組合制の廃止理由に挙げている[26]。イギリスでは労働組合は比較的賃金水準の高い労働者層を中心に組織され，その組合員に対して独自の保障制度を実施していたので，1911年の国民保険法の施行に際し簡易生命保険会社や友愛組合・集金組合，協同組合保険会社と同様に認可組合を設置して健康保険事業を管理・代行することを認められたのである。しかし，労働組合はその他の認可組合と異なり，任意給付の提供を営利事業として実施していたわけではない。ビヴァリッジの社会保障プランの中心をなす認可組合の廃止案が，独占的簡易生命保険会社の市場支配の促進と中小保険会社・団体の規制，淘汰，さらには労働組合の排除をも目的とするものであったとの理解を正当化するであろう。

また，労働組合は国民保険法によって国家機関のエイジェントとして失業保険給付の管理・代行を認められたただひとつの団体であり，その取り扱いに要する管理費として国の補助金を受け取っていたが，「労働組合の内部でさえ失業に対する任意保険の領域は制限され，成長の兆しはまったくない」として健康保険の認可組合と同様，廃止すべきであるということも提言されたのである[27]。この失業保険制度は，職業紹介所制度（labour exchanges）の実施（The Labour Exchanges Act 1909）にとって望ましい補完的制度であるとのビヴァリッジの1907年の勧告にもとづいて，1911年の国民保険法に初めて導入された。それまでは失業問題について，イギリスの「ブルジョア的政治屋と『社会主義的』日和見主義者はこの問題にあまり考慮をはらっていな[28]」かった。

ビヴァリッジは短期失業の影響を重視し，労働市場の組織化と流動化政策の核心として失業保険を提案したのである。失業保険は保険料の拠出能力のある所得層を対象に，ケインズのいわゆる「非自発的失業」に対して「所得保障」を提供する制度で，完全雇用政策と補完的な関係にあった。失業保険は当初肉体労働者と一定額以下の所得者層だけを対象とするきわめて限られた内容の制度であった。失業保険は早くも1920年代には長期的な「構造的失業」に対して十分対処し得ないところをさらけ出し，世界恐慌によって破たんをきたして1934年にはついに失業扶助を含む失業法（The Unemployment Act）の制定が余儀なくされた。公的扶助としての失業扶助の実施はたしかに，救貧法のような「救済の拒否ではなく，少なくとも理念上は生存権の具体化を意味するものへとすすんだ[29]」とはいえ，失業保険給付の所定の受給期間経過後，「非人間的」，「屈辱的」なミーンズ・テスト（means test）を条件とする失業扶助は社会保険料の拠出能力のない低所得者・貧困層をたえず温存し，再生産することを可能にした。

5 「ビヴァリッジ・リポート」の性格

(1)「ビヴァリッジ・リポート」の二つの側面

「ビヴァリッジ・リポート」がたとえ制約された範囲内であったにしても，資本主義システム下での包括的かつ体系的な社会保障制度と「生存権理念」の確立・発展のうえで一定の役割を果たしたことは争う余地がないであろう。しかし，これまで述べてきたように，同「リポート」はあくまでも「保険原理」に立脚した自助制度（self-help）の社会的承認のためのプログラムとしての側面と同時に，独占的保険会社の市場支配の促進，市場開拓のための政策という側面を色濃くもっていた。

資本主義社会においては生産要素としての「労働」を「労働力商品」として切り売りすることでしか生存できず，たえず「悲惨」で「無知」で「不道徳」で「怠惰」で「過剰」な労働者や勤労者が自助制度によって生存する「権利」を与えられ，社会的に「人間」として認められたともいえよう。国民保険は「個々人に国家と法的な，半契約的な関係を結ぶことを要件として自力本願（self-reliance）を強制する[30]」。そして，それが不可能ならば，「非人間的」，「屈辱的」なミーンズ・テストを条件に公的扶助によって要被救済貧困層としてのみ「生存」する「権利」を与えられるのである。公的扶助が「エリザベス救貧法の直接の流れを汲む制度[31]」で「救貧法的な特質」を受け継ぎながら，「両者は段階的に異なる存在であ[32]」り，部分的には「社会保障への前進を示すもの[33]」であるとしても，公的扶助は保険料拠出能力がなく国民保険制度から脱落した要被救済者を特殊「階層」化し，維持，温存する制度である。したがって，それは冷徹な「保険原理」にもとづき，保障範囲を「最低生存水準」に厳しく制限しながら独占的保険会社への市場提供を目的に構築された資本主義的社会保険制度の矛盾・差別を正当化する制度であるということも，また正しく認識される必要がある。

ビヴァリッジは，公的扶助が社会保障プランにおいて不可欠の補助的な方法であることを認めながらも，社会保険が通常生存に必要とされるあらゆる「所得保障」のために機能するように考案されているので，年金への移行期間を経て消滅することになり，当初からその範囲は狭められていると述べている[34]。ビヴァリッジ委員会にとって失業対策のための財政的困難にいかに取り組むかが最大の懸案であったことは言うまでもない。そのため，「リポート」では失業の範囲が厳しく制限されたのである――それにもかかわらず，ビヴァリッジ案は1946年社会保険法において受け入れられず，それ以降の社会保障改革でもますます厳しい条件が付け加えられてきている――。

（2）賃金労働者間の「所得再分配」としての社会保険

戦後，一連の社会保障立法が制定されて間もなく，1960年代には国民保険法のもっとも重要な基本原則であったビヴァリッジの「フラット・レート原則」が崩れ，いわゆる「貧困の再発見」によって図らずも国民保険法の矛盾・差別が表面化し，公的扶助制度が国民の「権利」として規定されることになった。それゆえ公的扶助は社会保障・社会福祉制度における選別主義（selectivism）の傾向をさらに強化することになった。

ビヴァリッジは『手記』の中で，「社会保険は階層と人々の間でも，また所得と所得喪失の間でも直接に所得の再配分によってその主たる目的を遂行する[35]」と述べ，国民保険制度が諸階層間の「所得再分配」によって貧困を一掃することを目的にしていると強調しているが，「リポート」では「国民保険で意味する階層（Insurance Classes）というのは，通常用いられるような経済的・社会的階層でない[36]」との理解に立って，「正しい分配とは……異なる生産要素，すなわち土地，資本，経営，労働の間における分配……を意味するのではな」く，「購買力の分配が賃金労働者の間でより適切におこなわれること[37]」であると規定している。つまり，ビヴァリッジの意図する「正しい（再）分配」とは，経済的・社会的階級間の「富の再分配」ではなく，あくまでも賃金労働者・勤労諸階層の間での階級内自助制度としての「所得の再分配」であった。

6　「ビヴァリッジ・リポート」に見る資本主義的社会保障・社会保険と保険資本の関係

現在，イギリスではポスト＝サッチャー時代の社会保障・社会福祉をめぐって新たな局面を迎えている。サッチャー政権のもとで「ビヴァリッジ・リポート」

以来「もっとも革新的な社会保障改革」(Baldock, J.) が企図されたが，皮肉なことに社会保障予算はその後も年々膨張し続けている。しかし，民主社会主義的社会政策論が福祉見直し，再編政策の分析のためのアプローチとして採用するフレーム・ワーク，つまり「私的準備の拡大をおもに国家活動（サーヴィスの準備，補助金あるいは規制において）の削減として理解しようとする」試み(38)によれば，福祉準備の二重構造はつねに福祉国家の中心的特徴であり，私的福祉の拡張ないしプライヴァタイゼーションは保守党支配にのみ起因さすべきではなく，長期的傾向と結びつけられる。この10年間に私的健康保険と企業年金が一時的にブームとなったが——私的健康保険のブームは急速に終わりを告げた——，それらの傾向は必ずしも保守党政権の登場と直接結びついておらず，むしろ保険会社が生き残りのために事業改善を図っていかなければならない不断の圧力から生じたという。さらに，民間事業化された福祉の内容やその効果を公的福祉と区別するのはむつかしい，とされる(39)。

このような福祉準備の二重構造に対し，民主社会主義的社会政策論は「公的施策の質量的改善」を提言するのである。したがって，民主社会主義的社会政策論は「福祉国家政策」の「改良的効果」を重視する結果，資本主義的社会関係の矛盾を修正するための「福祉国家政策」の基本的な枠組みを承認していると解さざるを得ない。福祉国家論の議論の前提が，「ビヴァリッジ・リポート」で意味する「所得保障」としての社会保障であり，社会保険と私保険との一定の関係およびそれに規定された社会保障見直し，再編政策については残念ながら，より本質的なメカニズムにまで立ち入って考察されていない。

本章では，資本主義的社会保障・社会保険と保険資本の関係およびそれによって規定・展開されるダイナミズムの諸側面を解明するための一つの素材として「ビヴァリッジ・リポート」の性格について若干の考察を試みた。その結果，伝統的社会政策論および社会保障論・社会福祉論あるいは保険論における従来の理解，評価と異なり，著者は「ビヴァリッジ・リポート」が基本的には保険・自助思想の涵養および独占的保険会社の市場支配の促進と不可分の関係にあることを正しく認識する必要があること，したがってまた資本主義的社会保障・社会保険と保険資本の関係についての理論的・実証的研究が今日の社会保障・社会福祉の後退局面を理解するためにも重要な問題として提起されるべきであることを確認した。

注

（1）George, V. & P. Wilding, Ideology and Social Welfare, 1985. George, V., Social Security and Society, 1973. Papadakis, E. & P. Taylor-Gooby, The Private Provision of Public Welfare, 1987.を参照されたい。なお，民主社会主義的社会政策論については，「第2部実証編第11章」で詳細に検討している。
（2）Papadakis, E. &P. Taylor-Gooby, op.cit., p.171.
（3）Ibid., p.10.
（4）George, V.& P. Wilding, op.cit., p.147.
（5）Ibid., p.67.
（6）Thane, P., The Foundations of the Welfare State, 1982. pp.248-249.
（7）Ibid., p.252.
（8）Ibid., p.267.
（9）森嶋道夫教授は，労働党だけでなく保守党すらも「労働者に迎合して福祉国家の建設に励」んだと述べているが，資本主義的社会システムにおける「福祉国家政策」の機能・役割については触れていない。『サッチャー時代のイギリス――その政治，経済，教育』，岩波書店，1988年。
(10) Thane, P., op.cit., p.267.
(11) George, V., op.cit., pp.26-27.
(12) Hall, M. P., The Social Service of Modern England, 1952. p.29.
(13) Beveridge, W. H., Social Insurance and Allied Services, Cmd. HMSO, 1942, p.143.
(14) Ibid., p.251.
(15) Ibid., p.252.
(16) Ibid., p.254.
(17) Ibid., p.266.
(18) Ibid., p.250.
(19) Ibid., p.250.
(20) Ibid., p.262.
(21) Ibid., p.250.
(22) Ibid., p.120.
(23) Ibid., p.121.
(24) Ibid., p.143.
(25) 押尾直志稿「社会保険と保険理論――帝政ドイツ社会保険を中心として」日本保険学会編『保険学雑誌』第507号，1984年，本書第5章に収録，および同「イギリス社会保険制度創設の意味」，同『保険学雑誌』第513号，1986年，本書第6章に収録。
(26) Beveridge, W. H., op.cit., p.15.
(27) Ibid., p.143.
(28) レーニン著『資本主義の最高の段階としての帝国主義』，『レーニン全集』第22巻，p.326,

大月書店，1974年。
(29) 高島進稿「イギリス＝救貧法」『講座社会保障３』，p.281，至誠堂，1959年。
(30) Dean, H., Social Security and Social Control, 1991, p.58.
(31) Hall, M. P., op.cit., p.28.
(32) 高島前掲稿，p.282。
(33) 柴田嘉彦稿「資本主義の発展と社会保障・社会福祉」，事典刊行委員会編『社会保障・社会福祉事典』，p.466，労働旬報社，1989年。
(34) Beveridge, W. H., op.cit., p.12.
(35) Papers by W. H. Beveridge to Interdepartmental Committee on Social Insurance and Allied Services.（ii）The Scale of Social Insurance Benefits and Problem of Poverty, 1942, P.R.O. Cab. 87/79.
(36) Beveridge, W. H., op.cit., p.122.
(37) Ibid., p.167.
(38) Papadakis, E., & P. Talor-Gooby, op.cit., p.10.
(39) Ibid., pp.172-173.

第Ⅱ部

実証編

第8章
社会保険の後退と生保・損保の参入

1　社会保障費抑制策を背景とした社会保険の後退と生保・損保の代替機能の拡大

西側24か国が参加して1988年7月6日・7日の両日，パリのOECD（Organization for Economic Co-operation and Development，経済協力開発機構）本部で開催された社会保障担当大臣会議では，経済の低成長化や人口の高齢化による社会保障財源難・支出増大を根拠に，社会保障政策の見直しを図るコミュニケ（Communiquè）を採択した。わが国が3年半前から「経済成長と社会保障費支出は密接不可分の関係」にあるとしてOECDでの協議を呼びかけてきたのは，西側諸国内におけるわが国の東西関係上の役割分担の増大，とくに極東戦略防衛上の責任強化と貿易収支不均衡是正のための軍事費の増大，農産物輸入自由化および金融・通信部門の市場開放要求の高まりなどを背景としていると考えられる。

今回の社会保障担当大臣会議では，社会保障制度を今後「発展させていく」ために「これまで以上に個人や地域の資源に依存することが必要となる」という観点から，社会保障見直し政策を共通の認識として定着させていくことが確認されたのである。

社会保障費抑制策は，すでに1984年6月に開催されたロンドン・サミットで提起され，「経済宣言」の中に盛り込まれた。サミットとほとんど時を同じくしてイギリスでは社会保障改革がサッチャー政権のもとで40年ぶりに着手された。また，その直後にOECDは「公共部門の役割」と題する報告書を発表し，その中で社会保障費の膨張が財政赤字をもたらす原因になっており，それが経済成長の障害になっていることや，福祉国家建設の過程で得られたコンセンサスを崩壊させかねないことを警告した[(1)]。さらに，西ドイツにおいては，生命保険協会レヴェルで民間生命保険を社会保障そのものの一部として定着させていこうとする広報・宣伝活動が試みられている。西ドイツ生命保険協会の1987年の年報には，

「老齢・障害・早期死亡事故に備える『前準備』の全制度が区々分かれているが，生命保険は社会保障にとっても重要な意味をもつ。生命保険は量的にも質的にも社会保障を提供している[2]」と述べられている。西ドイツ生命保険協会のこのような広報・宣伝活動は政府の社会保障費抑制策を受けて，民間生命保険会社を社会保障制度の一環として位置づけることによって，社会保障の肩代わり戦略を積極的に展開しようとするねらいがあるものと考えられる。

ところで，わが国では第一次オイル・ショックを契機に，三木（武夫）内閣により「ライフ・サイクル計画」として社会保障の見直し・切り捨て政策が導入された。つづく第二次オイル・ショックによって高度経済成長政策が完全に破たんするとともに，行財政改革推進のカジ取り役を担った臨時行政調査会（以下，臨調と略記する）が「戦後政治の総決算」をスローガンに掲げ，この政策をいっそう具体化したのである。1982年７月，臨調は「活力ある福祉社会」を実現するために公租公課（税金と社会保険料負担）の国民負担率増加を極力抑えるよう提言し，民間活力導入を明確に方向づけた。1980年代に入って実施されてきた臨調「行革」路線にもとづく一連の医療・年金制度改革によって民間活力導入政策が具体的に展開され，生保・損保会社に一定の役割分担が求められるようになった。

そこで本章では，社会保障の中核をなす社会保険の後退と，生保・損保会社による社会保険の代替機能の拡大をめぐる戦略と動向について，医療保険と年金保険を中心に考察することにした。

2　公的医療保障制度の改革と生保・損保会社の対応

政府・財界がすすめる医療保険制度改革の主たるねらいは国民医療費の抑制にある（1980年代に入ってからの医療制度改革については表８－１参照）。

医療費削減の対象に挙げられたのは老人，入院および高度先進医療である。1983年８月に発表された「今後の医療政策――視点と方向」は医療の反動的再編のための処方箋である。これを踏まえて，翌1984年10月には健康保険制度の大改悪が実施された。

国民医療費抑制のための受益者負担，疾病の自己責任化および高齢化社会危機論が喧伝される中で，民間活力の導入策として生保・損保事業の活用が具体化さ

表8－1　1980年代の主な医療制度改革

1983年　2月	老人保健法実施
1983年　8月	「今後の医療政策――視点と方向」発表
1984年　10月	健康保険制度改革
1985年　5月	保険審議会生命保険答申提出
1985年　12月	医療および関連分野における民間活力の導入に関する研究会「中間報告」発表
1986年　4月	高齢者対策企画推進本部「報告」発表
1987年　1月	老人保健法等改革
1987年　5月	保険審議会損害保険答申提出
1987年　6月	国民医療総合対策本部「中間報告」発表
1987年　10月	民間活力を活用した総合保健・医療・福祉サーヴィスの研究会「報告書――在宅ケアを促進する民間活力の活用」
1988年　2月	厚生省が社団法人シルバーサーヴィス振興会を設立

出所：著者作成。

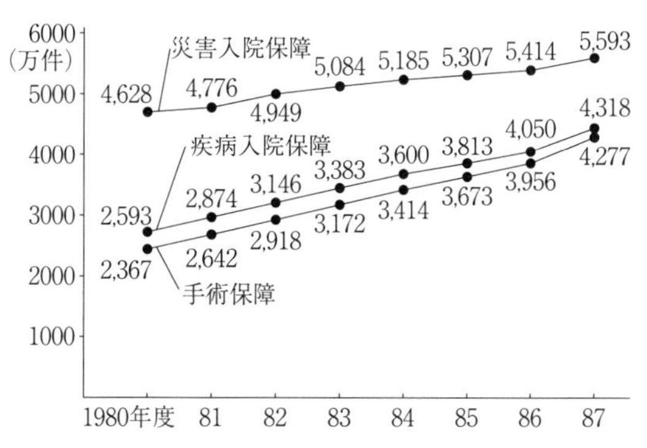

図8－1　入院・手術保障契約件数の推移（個人保険）

出所：生命保険文化センター『1987年版生命保険ファクトブック』p.23，
および『インシュアランス生保版』第3327号。pp. 4－5より作成。

れたのである。生保会社の疾病入院保障保険や手術保障保険は，1980年代に入って目覚ましい成長を遂げつつある（図8－1の疾病入院保障保険・手術保障保険と災害入院保障保険契約件数の増加数を比較すると，伸び率の差が顕著である）。

（1）保険行政主導による生保・損保会社の社会保障代替

①　保険審議会「生命保険答申」と医療制度改革

1985年5月に大蔵大臣の諮問機関である保険審議会による「生命保険答申」が提出された。「答申」では，1984年の健康保険制度改革に対応して公的医療保険の補完を打ち出し，次のような商品開発を指示した。

まず,「医療ニーズへの対応」では,生保会社における医療保険の現状を踏まえて「一部負担についての保険」,「高度先進医療費」,「歯科医療」および「通院給付」を賄う商品開発,また「健康・福祉ニーズへの対応」では,「老人介護保険」の開発,「年金ホーム」,「住宅担保年金制度」および「健康・福祉関連事業」を検討課題として挙げている。

生保業界では「答申」の指摘を受けて,1986年4月より医療保障保険を発売した。この保険は当初,団体向けに開発されたが業績があまり芳しくなく,1988年4月から個人型も認可された——生命保険協会が発表した1987年度の生命保険事業概況では,医療保障保険(団体型)の保有契約高は件数106万4,666件(対前年度比165.8%増),入院日額19億8,881万円(同209.2%増)であった——。

また,介護保険については,アメリカン・ファミリー生命保険会社(American Family Life Assurance Company of Columbus)が大蔵省の要請を受けて痴呆介護給付金付終身保険を発売したのを皮切りに,明治生命保険相互会社(現明治安田生命保険相互会社)の高齢者重度介護年金付終身保険,日産生命保険相互会社(現プルデンシャル生命保険株式会社)の介護人派遣サーヴィス付介護保険,安田生命保険相互会社(現明治安田生命保険相互会社)の重度介護給付組込定期保険特約付特別終身保険,アイ・エヌ・エイ生命保険株式会社(現損害保険ジャパン日本興亜ひまわり生命保険株式会社)の無配当介護保険,日本団体生命保険株式会社(現アクサ生命保険株式会社)の介護保険,朝日生命保険相互会社の介護特約保険および日本生命保険相互会社の介護保障付終身保険などがすでに認可,販売されており,大手生保会社も相次いで取り扱いを始めた。

さらに,義歯治療保障の主契約と冠保障の歯冠特則からなる歯科治療保険を日産生命保険相互会社が9月より,また明治生命保険相互会社も歯科治療を対象とした歯科治療特約を9月契約分より定期付終身,定期付養老および定期付変額保険に付加して発売した。今後,他社も追随する見通しである。

この「答申」を踏まえて医療分野を中心に民間活力導入によりいっそう拍車をかけるために,同年12月に医療および関連分野における民間活力の導入に関する研究会の「中間報告」が,次いで1986年4月には「今後の医療政策——視点と方向」に沿って医療保障制度改革の今後の具体策を展開した「今後の社会保障制度のあり方」=高齢者対策企画推進本部「報告」が発表された。とくに本部「報告」は,

1）1990年度までに公的医療保険制度を一元化し，8割給付で統一するよう再編する
2）1995年度末までに国庫負担をゼロにする
3）民間活力を導入し，民間保険を育成する

など，国民健康保険を解体し，公的医療保険制度を縮小・再編して国家負担を削減し，民間保険を育成することによって医療を市場原理に委ねることをねらいとしている。まさしく「良質で効率的な国民医療保障制度の確立」に名を借りた医療の切り捨て（弱者切り捨て），医療の営利化と自己責任化による民間保険事業への責任転嫁が図られたのである。

こうした政策はその後，1987年1月の老人保健法などの改悪と，6月の国民医療総合対策本部「中間報告」によって，医療供給体制に対する官僚統制的色彩を強化した。これまでの医療制度改革のための一連の諸政策でも国民医療費の増加傾向に歯止めがかけられなかったことから，医療従事者と医療機関に対して「質」的側面からの介入を企てている。とくに，注目されるのは，医療の標準化・規格化，入退院判定委員会設置による病人の追い出し策，あるいはインフォームド・コンセント（informed consent）と称する患者の選別・医療機関の等級化などによって病人や経済的にもっとも弱者である老人がターゲットにされたことである[3]。たしかに，この「中間報告」は，現在の医療が抱える問題を踏まえての提言であるが，換骨奪胎の巧妙な医療改悪策と言わざるを得ない。

「中間報告」では，老人医療の今後のあり方として，民間企業の対応が遅れている介護・寝たきり問題について現状を踏まえて具体的な方策が提示されている。そのねらいは要介護・寝たきり老人を施設から追い出し，「在宅ケア」に転換していくことにある。訪問看護料や介護料は相当多額の負担をともなう。そのための受け皿として民間保険の導入を図るとともに，民間ディベロッパーによるシルバー産業育成を促進するのがねらいである[4]。

②保険審議会「損害保険答申」と医療制度改革

国民医療総合対策本部「中間報告」と相前後して，1987年5月に保険審議会「損害保険答申」が大蔵大臣に提出された。この「答申」では，高齢化社会への

移行にともなう政府・自由民主党の社会保障改革プログラムに対する損害保険事業の役割分担が初めて具体的に明示された。

「答申」では，「国民の自助努力の形成に寄与する」ために，「公的保障や生命保険事業による給付との調整を図りつつ，医療費用保険の改善や，介護状態に陥った場合の諸費用を担保する保険の創設などを進めていくことが望まれる。例えば，医療費用保険については，当面，入院時の親族付添いに伴う費用やホームヘルパーの依頼費用を担保するなど給付内容の充実を図っていくことが考えられる。また，若いうちから老後のための保険を契約できるように，保険期間の一層の長期化を図ることや，働いている間に老後の保険料も払い込んでおくことができるような保険料の払込方法を導入することなどは，特に老人介護に係る保険を創設する場合には不可欠の課題である」と提言された(5)(6)。

損保各社は1986年４月から，生保会社の医療保障保険と同時に認可を受けた医療費用保険を発売した。この保険は個人と団体の両方を対象として，一般治療費の自己負担分（日額54,000円まで），差額ベッド代・付添看護料および厚生省が認定している高度先進医療費用などを総合的に補償する商品である。しかし，これまでの補償内容では保険金額の限度額が１日当たり5,000円から10,000円までに制限されていたため，高度先進医療治療費にまで保険金を回す余裕がなかった。そこで，８月以降の契約分から高度先進医療費用保険金を差額ベッド代・付添看護費用等保険金から分離して入院諸費用とは別に支払うように内容が改訂された。

また，東京海上火災保険株式会社（現東京海上日動火災保険株式会社）は医療費用保険を中心に医療分野における総合安全サーヴィスを実現していく受け皿として，「東京海上メディカルサービス株式会社」を「答申」が出される前（１月16日）にすでに設立した。その業務内容は，①健康診断の斡旋，ホームヘルパー・介護サーヴィスの斡旋，海外渡航者に対する渡航前オリエンテーション・定期健康状態チェック・緊急医療相談・帰国後健康診断の斡旋等の海外医療サーヴィス，②医療費用保険等の医療関連の保険に係わるマーケティング，③医療機関の経理会計事務の受託，④医療関連機器のリース，⑤前各号に付帯する一切の業務，となっている。

損保業界最大手の東京海上火災保険株式会社が医療関連分野に積極的に進出する動きを示したことで，損保業界は今後政府・厚生省の医療政策に深いかかわりをもつようになると予想される。もっとも，損保行政が大手損保会社の経営戦略強化を中心に展開されている以上，医療保険分野でも大手会社の市場開拓に資する面が多いと言えよう。

大蔵省は医療費用保険の販売を促進し，併せて行政の弾力化・規制緩和によって業務の多角化を図るために，都市銀行の定期預金と損保会社の医療費用保険の組み合わせ商品を認可した。富士銀行（現みずほ銀行）と安田火災海上保険株式会社（現損害保険ジャパン日本興亜株式会社）および日動火災海上保険株式会社（現東京海上日動火災保険株式会社），三井銀行（現三井住友銀行）と大正海上火災保険株式会社（現三井住友海上火災保険株式会社），ならびに太陽神戸銀行（現三井住友銀行）と同和火災海上保険株式会社（あいおいニッセイ同和損害保険株式会社）が，それぞれ提携商品を発売した。また，大蔵省は都市銀行の定期預金と生保会社の医療保障保険との提携商品も同様に認める意向で，今後，都市銀行と生保・損保会社との業務提携がますます拡大することが予想される。

医療保険分野の提携としては，日産生命保険相互会社と日産火災海上保険株式会社（現損害保険ジャパン日本興亜株式会社）の医療保険と普通傷害保険を組み合わせ疾病死亡保険金と通院給付を保障する商品も認可されている。

日本損害保険協会は1987年1月,「損害保険に関する意識調査」結果を発表した。「調査」では「高齢化社会への対応」として,「医療費用保険の改善」と「高齢化社会対応商品」についての質問を設け,「答申」指摘事項を根拠づけるような回答結果が示された。「答申」作成前にすでに「答申」内容が明らかになっていたかのごとく,「答申」指摘事項と「調査」の回答結果が一致しており,「調査」結果の発表も「答申」提出に間に合わせたのではないかとの感をぬぐい切れない[7]。

（2）「報告書」・「調査」による世論形成

臨調「行革」路線にもとづき，行政主導によって公的医療保障制度の解体・再編と民間保険への責任転嫁を図るための政策が導入・展開されるとともに，政府の外郭団体による「報告書」や「調査」などがこうした政策を補完しつつ世論形成を担っている。

保険審議会の生保・損保答申が出揃い，また国民医療総合対策本部の「中間報告」が発表されるのを待って，厚生省の外郭団体である財団法人社会保険福祉協会の委託を受けて民間活力を活用した保健医療システム等に関する研究会による「民間活力を活用した総合保健・医療・福祉サーヴィスの研究会報告書」(在宅ケアを促進する民間活力の活用）が1987年10月に発表された。

同研究会の研究スタッフは13名で，その約半数の6名が日本生命保険相互会社，第一生命保険相互会社（現第一生命保険株式会社），明治生命保険相互会社，東京海上火災保険株式会社，安田火災海上保険株式会社ならびに大正海上火災保険株式会社の部長クラスの代表によって構成されている。研究会は，「一，在宅医療を促進する民間活力の活用，二，老人保健医療福祉分野での民間保険の役割，三，海外の動向他」を研究項目とし，「国民の保健・医療・福祉に対するニーズをきめ細かく充足し，効率的なサーヴィスの提供を図っていくために民間活力を適切かつ積極的に活用する具体的指針を示すこと」を目的にしている。

「報告書」では，「在宅ケアの費用負担システム」を公的保険・公費によるシステムとした場合には，財源確保の問題や現行サーヴィスの見直しの必要性が出てくるので，自助努力と民間活力にもとづく民間保険のシステムを導入するのが「最有力」であると述べている。

前述のごとく，生保事業では，1985年の保険審議会「生命保険答申」を受けて介護保険がすでに販売されており，また損保事業でも1987年「損害保険答申」で介護保険の開発が要請されている。「報告書」は民間保険のこうした動向を踏まえて，「在宅ケアを促進し，施設ケアを奨励しないシステム」が望ましい方向であるとして寝たきり状態・痴呆状態の両方を担保し，現物給付化を推進することが必要であると要請している。

また，「低所得者や既に要介護状態にある者等について，別途公的対応を考える必要がある」と述べている。これは，低所得者や要被介護者を国民・労働者から切り離し，最低限の救済措置を講ずることによって階層的格差を温存，拡大しつつ，社会保障制度見直しを正当化するための手段として利用することをねらったものである。同時に，国民・労働者の適切な医療保障を受けるべき権利が民間活力導入というスローガンのもとに寡占的保険会社の営利目的のために供され，寡占的支配体制の強化に利用されているのである。

公的医療保障制度改革によって市場を提供された老人介護保障分野のニーズについて，生命保険文化センター（生保会社批判が高まった1976年に生保事業に関する調査・研究・資料作成のため大蔵省の指導によって設立された）は1988年1月，高齢者予備軍（夫40～50歳代の夫婦）を対象に「老後生活と介護に関する調査」結果をまとめた。それによると，すでに民間で提供されているシルバー向けサーヴィスの認知度では，「寝たきり介護保険などの保険商品」について夫が18.5%，妻が14.1%，自分が介護を受ける場合のシルバー向けサーヴィス・商品の利用意向では，この「寝たきり介護保険などの保険商品」が4割弱であった。また，老人介護保険の給付形態について金銭給付と現物給付（介護人の紹介）のいずれを望むかについては，夫・妻ともに金銭給付を望むという回答が6割以上（夫66.3%，妻63.0%），現物給付を望むという回答が3割（夫32.5%，妻35.0%）であった。

「調査」結果を商品開発促進の根拠として利用しようとする政策は郵政省の簡易生命保険の場合にも同様に採用されている。1985年9月に実施した「簡易保険に関する市場調査」結果でも，新種商品に対するニーズでは老人介護保険がもっとも高かった。この「調査」結果は1986年6月，郵政省から研究委託を受けた「簡易保険郵便年金に関する調査研究会」の「総合福祉システム部会」の「中間報告」に盛り込まれ，1988年9月1日より全国の郵便局で「介護保険」の取り扱いが開始された。郵政省では将来，金銭給付だけではなく介護人を派遣する現物給付の導入も計画している。介護保険分野における官・民の競争（共済事業も含む）においては，官業の運用方法いかんによって医療保障制度に対する自助思想涵養の世論形成と民間事業の市場拡大を促進することになろう。

3　公的年金制度改革と生保・損保会社の経営戦略

(1) 公的年金制度改革と一体化した「答申」行政

医療保険とともに社会保険のもう一方の柱を成す年金保険制度についても政府・厚生省は，国民年金への国庫負担を削減することを目的に国民年金を解体・再編する政策をすすめている。1986年4月には，厚生年金および船員保険と国民年金を統合して「基礎年金（新国民年金）」制度を導入し，年金給付の大幅な引下げと年金保険料の引上げを実施した。

基礎年金構想が具体化されるのに対応して保険審議会「生命保険答申」でも個人年金保険の改善・新商品の開発が要請されると契約高も増加し始め，基礎年金制度導入後はますます顕著な増加を示している。1987年度の生保事業概況によれば対前年度比29.6％増という高い伸び率である（表8－2）。

また，生保会社の年金市場戦略において注目されるのは，労働組合との提携（労働者共済事業が加わる場合もある）によって年金共済が相次いで開発されていることである（表8－3）。

生保会社と提携して年金共済を実施している労働組合はほとんど産業別労働組合である。受託生保会社は数社から10社を超えることも多い。生保会社にとってのメリットは募集コストが削減できるうえに，多額の保険料収入が得られること，さらには巨大な個人保険市場へのアプローチが可能になることである。従来，労働運動のイデオロギーの相違などから年金共済は労働者共済事業が十分に対応し得なかった分野である。しかし，労働戦線の右翼的再編によって発足した「連合」の社会保障改革への妥協によって労働組合と生保・損保会社は年金共済開発や医療保険取引を通じて提携関係を促進しつつある。

また，積立型志向をいっそう強めている損保会社は，1987年「損害保険答申」で要請された保険金支払い方法の多様化，とくに分割支払いの導入——損保会社は大蔵省の認可を受けて1987年10月から普通傷害保険，積立型傷害保険，家族傷害保険および積立型家族傷害保険の4種類に保険金・満期保険金の分割払い制度を導入した——と資産運用力の向上を図りつつ，年金市場への進出の体制を整備している。すでに，4月よりそのための布石とも言うべき財形（勤労者財産形成促進法による貯蓄制度）を取扱い始めた。損保会社が開発した財形制度専用保険は財形年金傷害保険と財形住宅傷害保険である。15兆円ともいわれる年金市場をめぐる競争は損保会社の財形制度の実施によって新たな展開が予測される。

（2）企業年金市場をめぐる動向と金融再編

くわえて，都市銀行懇話会（東京銀行——現三菱東京ＵＦＪ銀行——を除く都銀12行で構成）は，「厚生年金基金の運用機関の拡大について」と題する要望書を厚生省に提出しており，今後都市銀行や証券会社にも厚生年金基金や税制適格年金，あるいは自社年金などの企業年金の受託が拡大される可能性も十分考えられる。巨額の企業年金資金のマーケットをめぐって，都銀，証券および損保会社が参入を企てているが，行政の弾力化・規制緩和措置の導入によって受託機関の枠が将

表8－2　個人年金保険保有契約高の推移

年度	個人年金保険		
	件数（万件）	金額（億円）	1件当たり保険金額（万円）
1975	19	(312)	(17)
80	46	20,827	453
81	89	39,416	444
82	114	52,923	463
83	150	66,972	447
84	186	82,735	445
85	219	96,361	439
86	260	116,276	448
87	320	(147,422)	(433)

注：（　）内の数字は年金年額を表わす。
出所：生命保険文化センター『1987年版生命保険ファクトブック』，p.72，および『インシュアランス生保版』前掲号より作成。

表8－3　年金共済を導入した産別労組の主な例

組合名	組合員数（1000人）	制度発足年月	主幹事	受託生保社数
情報通信労連	313	82.12	東邦生命	9
自治労	1,254	84.4	東邦生命	5
日教組	663	84.4	東邦生命	13
全金同盟	289	84.10	安田生命	7
全建総連	368	85.11	東邦生命	6
自動車総連	689	86.8	東邦生命	10
ゼンセン同盟	498	86.9	明治生命	11
全逓	168	86.12	東邦生命	14
電力総連	215	88.4	明治生命	10
電機労連	655	88.6	明治生命	13
鉄鋼労連	210	88.8	千代田生命	8
ゴム労連	50	88.9	朝日生命	10

注：東邦生命と千代田生命は経営破たんし，ジブラルタ生命保険株式会社に引き継がれている。
出所：『日本経済新聞』1988年1月22日付，他。

表8－4　87年度団体年金保険保有契約状況

社名	団体年金保険			
	被保険者数	前年比	責任準備金	前年比
	人	%	100万円	%
日本	14,799,008	119.9	2,885,954	123.7
日本団体	6,422,679	113.7	6,835,299	112.6
日産	3,464,754	108.8	154,303	121.3
平和	2,828,838	113.2	10,431	124.5
東邦	7,136,756	113.8	560,818	146.0
東京	3,759,854	115.9	138,780	121.4
千代田	8,770,065	122.1	754,079	127.3
太陽	4,346,581	109.2	164,823	125.3
大正	2,389,268	105.7	7,558	114.8
第一	14,472,608	121.1	2,227,819	123.9
大同	5,098,029	113.3	578,157	128.7
第百	4,470,428	112.9	170,856	125.6
ソニーP	—	—	—	—
大和	3,068,838	121.2	12,627	132.1
安田	7,294,996	121.5	876,269	123.6
富国	5,427,749	117.6	221,637	123.2
エクイタブル	—	—	—	—
INA	—	—	—	—
朝日	9,837,777	121.4	853,761	125.2
協栄	3,569,064	110.6	118,926	129.5
明治	11,327,311	119.2	1,399,585	126.8
三井	7,999,193	116.4	960,569	120.3
西武AS	2,372,863	104.6	4,432	127.1
住友	12,436,099	114.2	1,628,041	123.6
合計	154,115,783	115.4	14,364,724	124.5
86年度末	133,550,237	172.5	11,541,115	121.8

注：『インシュアランス生保版』前掲号 p. 7。本表に掲載した生保会社の中には吸収・合併により社名が変わったり，経営破たんし買収されて消滅した会社もある。第百生命はマニュライフ生命保険株式会社，大正生命と大和生命はプルデンシャルジブラルタフィナンシャル生命保険株式会社，平和生命はマスミューチュアル生命保険株式会社，東京生命はT＆Dフィナンシャル生命保険株式会社，協栄生命と西武オールステート生命はジブラルタ生命保険株式会社，エクイタブル生命はアクサ生命保険株式会社にそれぞれ引き継がれている。

来拡大されたとしても，それは大手金融機関の資本蓄積と金融再編に役立つだけである。

現在，生保会社が取扱っている団体年金保険のうちの大部分を占めるのは，税制適格退職年金保険と厚生年金基金保険などの企業年金である――1986年度末では団体年金保険全体の保有契約件数で前者は66.0%，保有契約金額で62.4%，後者はそれぞれ24.8%と36.1%である――。

企業年金保険や厚生年金基金保険を実施できるのは従業員数の多い大規模企業である。したがって，企業系列集団を形成している大手生保会社にとっては団体保険とともに団体年金保険市場でも一定のシェアを獲得することは容易であり，事業成績にもそうした傾向がはっきり表れている（表8-4）。

1987年度末の団体年金保険の保有契約高は，被保険者数合計1億5,411万5,783人，責任準備金合計14兆3,647億2,400万円であった。このうち，大手7社の占有率は前者51%，後者75%であり，大手生保会社がいかに大口契約を獲得しているかを物語っている。

労働運動ばかりでなく協同組合運動においても社会保障拡充闘争が重要な柱であることに鑑みて，公的年金に代替するような私的年金の多様な発展が運動方針に一定の問題を投げかけていることは否定できない事実である。労組と生保会社との提携による年金共済や各種共済事業における年金共済の開発は組合員のニーズを表向きの理由に挙げてはいるものの――経営戦略用語である「ニーズ」という言葉が乱用されている――，実際には，生保会社の市場戦略への対抗と顧客の確保＝収入保険料（共済掛金）の増大という経営目標が優先されている。組合員のニーズに対応することも重要であるが，政府・財界がすすめている社会保障見直し政策のもとでは，むしろ組合員の生活保障の大前提である社会保障拡充を運動目標の最優先課題に据えるべきであろう。

4　生保・損保会社による社会保険の代替化と寡占的市場支配の拡大

臨調「行革」路線にもとづく一連の社会保障改革が，経済構造転換政策（1986年4月「国際協調のための経済構造調整研究会報告書」＝前川リポート，1987年4月「経済構造調整特別部会報告書」＝新前川リポート，1988年6月新経済構造調整推進要綱「世界とともに生きる日本――経済運営五か年計画」）と一体化して断行されたことは，ひじょうに重大な意味をもっている。わが国の社会保障制度は，主要先進国と比較すれば制度・内容とも貧困であるとはいえ，教育とともに戦後国民・労働者が勝ち取ってきた民主主義の象徴であることもまた事実である。したがって，「経済構造調整」というスローガンのもとに国家と独占資本が企てている社会保障改悪による収奪強化は，民主主義を根底から掘り起し，階級的力関係における優位性の復権・強化を図るための手段であり，方法であると考えられる。

前川リポート二部作で「内需拡大」を促進するために意図的に使われている「消費の高級化・多様化」という消費構造の変化を印象づける表現は，鳥や魚を呼び寄せるための撒餌に等しく，また民間活力導入を根拠づける前提とされている。

このような巧妙な手法によって社会保障の中核を成す社会保険，とくに医療保険と年金保険を民間保険事業に代替させる政策が導入されてきたのである。しかし，この問題を民間保険による社会保険の代替化として理解するだけではなお不十分であろう。

経済＝産業構造の調整を図り内需主導型への転換を推進するために，金融制度を再編成していくことが急務となった。「新金融効率化政策」にもとづく競争原理導入・経営効率化促進を図るために行政の弾力化・規制緩和措置の導入の必要性が強調されるようになった。

生保・損保事業では保護行政のもとで形成されてきた寡占的市場支配のなかで，行政の弾力化・規制緩和措置が導入されつつある。生保・損保の垣根の引下げ，相互乗入れ，生保・損保あるいは銀行・証券・信託との提携などが急速に進展しているが，とくに生保・損保の医療保険や生保の年金保険（損保の年金保険認可の可能性）など，社会保険代替商品の開発がすすんでいる――大手生保・損保会社の総合金融機関化，生保会社の脱相互会社化，生保・損保兼営および他業・兼業禁止条項の見直しなどの検討項目を中心に，保険監督法＝保険業法改定に向けて研究会が設置されたのもこうした動きと無関係ではない――。

社会保険関連分野は生保・損保事業にとって行政主導による市場提供を意味する。生保・損保事業はそれによって社会保障制度の見直し政策に加担し，政府・財界がすすめる内需主導型経済への構造調整推進に協力しているのである。しかも，大手生保・損保会社は行政主導によって総合金融機関化への戦略を強化しつつ，寡占的市場支配を拡大している。

ところで，1970年代前半から半ばにかけての消費者運動の高揚は，保険行政と生保・損保事業から，保険契約者・消費者利益を優先し，業容拡大のための過当競争の経営姿勢を改めさせる一定の（改良的ではあるが）譲歩を引き出し「消費者志向路線」を掲げさせた。消費者の「知る権利」が，とくに定款上は保険契約者が社員となり，意思決定に参画できるシステムになっている生命保険相互会社に対して求められた。株式会社の株主総会に匹敵する相互会社の社員総（代）会の保険契約者傍聴制度や地方懇談会，あるいはモニター制度をはじめ，経営内容の開示（ディスクロージャ）や保険約款の簡素化・平易化，クーリング・オフ制度（契約取消しのための猶予期間）などが実施されるようになった。

しかし，政府・財界がすすめる経済構造の転換政策にともなう市場環境の変化の過程で，寡占化政策と表裏一体を成す保険政策により売り手の論理が前面に打ち出され，保険契約者・消費者の権利がなし崩し的に奪われつつある。もとより不十分であった経営内容の開示はむしろ後退しつつある。生保・損保各社が事業内容を公開するために作成している「○○生命の現状」や「××海上火災の現況」，あるいは生命保険文化センター・日本損害保険協会で作成している『ファクトブック』（生命保険事業の『ファクトブック』の発行は2003年版を最後に廃止された）などの内容も必要以上に簡素化され，イラストや図表がふえ，重要な事業成績に関するデータなどが徐々に削除されつつある。本章でもいくつか引用したように，官・民を問わず「報告書」や「調査」が多用され，それらが既成事実であるかのごとく国民・消費者の目を欺くように巧妙に活用されていることに注意しなければならない。

最後に義務教育と準義務教育ともいうべき高校教育の現場で営利保険思想と社会保障改革の思想教育が行われていることに強い危機感を抱いていることを記して本章を結ぶことにする。

注

（1）Saunders, P. Oecd Economic Studies Special Issue the Role of the Public Sector Causes and Consequences, 1985. OECD はすでに1980年に開催した「シンポジウム：福祉国家の危機」の記録を1981年に公開している。OECDed. 1981 The Welfare State in Crisis, Paris.

（2）西ドイツ生命保険協会「生命保険と社会保障制度――西ドイツの生命保険・Jahrbuch1987.から」，生命保険文化研究所『文研海外情報』No.27，1988年。

(3)詳細は，全日本民主医療機関連合会『民医連医療』183号（1987年）を参照されたい。

(4)明治生命保険相互会社は三菱地所などと合弁で1988年5月に老人ホームの建設と経営に参画した。入居契約形態は終身利用権方式で，その権利金が3,150万円，入居保証金2,300万円，入居契約金200万円，その他に管理費および食費がかかる。日本生命保険相互会社や第一生命保険相互会社（現第一生命保険株式会社）も老人ホーム事業会社に出資している。一時払保険料を支払って年金ホーム特約付個人年金保険に加入し，その年金給付金を年金ホームの入居料に充当する仕組みになっている。保険料が高額であるにもかかわらず，1985年保険審議会「生命保険答申」では，「契約後の予想以上の物価上昇等による追加費用は全て生命保険会社の負担となっている。公的年金も充実していくことから，一時払保険料のほかに，入居後も一定の保険料を徴収することも合理的であると思われ」ると述べている。そして，「高齢化社会における老人向けの住宅サーヴィスのニーズに対応するために」，「今後年金ホームの設置について前向きに研究していくべきである」と指摘した。「答申」の要請を受けて千代田生命保険相互会社（2000年経営破たん，AIGスター生命保険株式会社に保険契約を包括移転した後，プルデンシャル・ファイナンシャルが買収し，ジブラルタ生命保険株式会社に吸収合併された）は介護の現物給付を提供する老人ホーム建設（1990年5月完成予定）に着手すると発表した。

(5)大蔵省の保険行政担当者は「二一世紀へのビジョン」の中で在宅介護の必要性をさらに強調している。「要介護高齢者は，現在は病院，特別養護老人ホーム等の施設または在宅で介護を受けており，病院や施設における介護費用は主として公的医療保険を含む公費で賄われているが，在宅介護は主として家族の労力により行なわれている。今後，多出する要介護高齢者の介護を公費のみで対応していくことは，財政面において困難であり，自己負担による民間の有料施設の利用や在宅での介護に頼らざるをえない状況にある」（大蔵省・宮本英利・山本孝之編『損害保険　二一世紀へのビジョン』，pp.58-59，社団法人金融財政事情研究会，1988年）。

(6)全日本損害保険労働組合は，損害保険会社の医療費用保険の発売に際して1986年2月21日，次のような「見解」を発表した。「医療費用保険は健保改悪による医療費自己負担部分を肩代りするものである。営利本位の販売政策によって老人・病弱者などが排除されるなど社会的批判を招きかねない。生保業界との競合商品であり業際競争が激化する，発売をめぐって個別企業の利益が優先されたと思われる点，過当競争の下での労働条件が改悪される問題など行政，協会などに納得いく説明を求める」（全日本損害保険労働組合『損保労働の原点――一〇，〇〇〇人の証言』，p.197，1988年）。

(7)「調査」は，今後の高齢化社会の到来に向けて損害保険の改善を図るため，「(a) 寝たきり老人になったとき，身の回りの世話をしてくれる人を派遣する保険」，「(b) 働いている間に老後の保険料も払い込んでおく保険」および「(c) 生涯にわたって身の回りに起こる危険に対して補償する保険」の三つのタイプの保険種類について，「良いと思う」・「良いとは思わない」・「どちらともいえない」という選択肢のなかから選択して回答させる形式の質問をする。結果は「(a)」について「良いと思う」が74.9%，「(b)」と「(c)」について同様の回答がそれぞれ56.3%と57.8%で，三つのタイプの保険種目の開発を望む人が過半数を上回っている。

第9章
社会保障制度改革における民活化政策と保険事業の代替的役割

1　医療保険制度改革と私的医療保険による公的医療保険の肩代わり

1984年に開催されたロンドン・サミットにおける「経済宣言」の中にはじめて社会保障費抑制策が盛り込まれ，先進国の主要な政策課題となっていることが明らかになった。

「ゆりかごから墓場まで（from the cradle to the grave)」というスローガンのもとに包括的な社会保障制度を実施しているイギリスにおいては，制度の破たんを回避するために財政負担軽減を理由にして（40年ぶりに）公的年金や生活保護制度などを大幅に見直す作業が1年前から続けられている。

わが国においても，社会保障制度の中核をなす医療保障と公的年金について，同様の観点から一連の見直し措置が講じられている。とくに，医療保障制度は医療保険の財政問題と密接に結びつく多くの課題を抱えている。医療の荒廃ともいうべき制度的，構造的な矛盾は，医療保険における医療費の増加傾向の根本的要因になっていると考えられる。しかし，政府・厚生省による医療制度改革は，受診率の向上による医療費増を理由にして医療保険の財政問題に転嫁され，被保険者の負担増によって解決が図られようとしている。

本章では，健康保険制度改定を契機にした医療保険制度の構造的転換と一体になって，私的医療保険による公的医療保険分野への進出ないしその肩代わりを，政府と保険業界（保険資本）が推しすすめている点を中心に医療保障制度をめぐる問題について考察することにする。

2　医療保障制度の構造的転換

（1）1984年健康保険法改定と医療保険制度改革

公的年金とともに社会保障制度の柱を成す医療保険は，1984年10月1日より実施された改定によって国民の生命の根幹にかかわる新たな問題を提起した。政府は医療制度上の重大な問題点，とくに救急医療体制の不備，医師過剰と医療の質的低下，医療機関の営利化，医療の偏在，あるいは差額医療などの抜本的な見直しをないがしろにしたまま，健康保険，とくに国民健康保険の財政問題に帰着させた。

健康保険の財政問題は，社会保障給付費に対する国庫負担の増加傾向との関連で議論されている。その背景には長期化するスタグフレーション（stagflation）の下で独占資本の蓄積強化のための国内市場の基盤整備をすすめるねらいがあるのではないかと考えられる。政府と財界は国民の「中流意識」を煽り，低成長下の財政難と社会保障の高水準および欧米諸国に類を見ないほど急速に進行する高齢化社会の到来を理由に，自助・相互連帯意識を涵養して「福祉見直し」論・「自前の福祉」論を浸透させるために世論を誘導している感がある。

政府は医療費の増加要因について，「疾病構造の変化」，「人口の高齢化」および「医療技術の進歩」を挙げている。なかでも，高齢者の成人病医療費の占める割合の高さが強調されている(1)。このような観点から医療保険制度改革では，①給付内容に無駄がないかどうかを徹底的に見直し，医療費の適正化を図るとともに，制度自体も効率的なものに改めていく，②医療保険の給付率の統一，全医療保険制度間における負担の公平性を図り，生涯を通じて公平な給付と負担を確保することが重視されたのである。その第一段階として，1983年2月から実施された老人保健の診療報酬の設定と今回の健康保険法改定が実施された。

健康保険法改定は，医療費適正化や軽度の疾病の場合の一部負担の軽減――もっとも軽度の疾病の場合の受診率引き下げ策とも考えられる――など，一面で改良的側面をもちながらも，他面では保険外負担を拡大させるとともに，「特定療養費」制度創設によって差額ベッドや付添看護料を事実上温存するなど，医療格差を拡大する反動的側面を内包している。このことは，サラリーマンOBの保険料と被用者保険の拠出金だけに依存し，国庫補助ゼロでまかなわれる新設の退職者医療制度の場合も同様である。

医療保険制度の改善のためには，むしろ医療制度それ自体の構造が内包する諸問題の解決を最優先しなければならない。とくに，乱診・乱療，薬漬け・検査漬け等の過剰診療がもたらす国民医療費のコスト・プッシュ——資本による病院経営とそれにともなう医療機関の競争のために，高価な医療機器・設備の導入によって営利第一主義の経営が行われる——，医療機関の都市集中と無医地区の存在，診療報酬支払制度，地域医療の荒廃——中小病院と診療所の機能分担・連携と総合病院を含めた地域医療の整備の立ち遅れ——，医薬分業・専門医制度の未確立，あるいは医療保険財政の悪化をもたらす医薬品産業の経営政策と医師・医療機関との癒着構造などが医療保険制度改革の前提条件であろう。これらの問題こそが，まさしく健康保険の財政悪化の根本的要因と考えられる。

厚生省はさらに，1985年6月3日から医療保険分野におけるICカード利用の検討を開始した。そのねらいは，高度情報処理システムによる事務処理の合理化・効率化を図るとともに，健康保険証の個人カード化によって被保険者の情報を収集・把握することにある。現在，1万円の費用がかかるカードのみならず，高額なカード・リーダーの費用が被保険者に転嫁され，医療費負担の増大につながる可能性がある。

政府・厚生省が国民の医療費負担の大幅な引き上げを目的とした健康保険の財政改革を断行したことによって，1965年に設定された厚生省の「私的医療保険に対する基本原則(2)」は空文化し，公的医療保険の領域が保険事業の私的医療保険市場として提供されることになったのである。

（2）私的医療保険による公的医療保険の肩代わり

経済成長基盤の変化にともなう国家財政の逼迫と高齢化社会の到来を表向きの理由にした公的医療保険の制度見直し措置と一体化して，大蔵保険行政と保険業界は医療保険領域を新たな市場として位置づけ，公的医療保険を補完する私的医療保険商品の開発，販売を積極的に推しすすめている。

1984年9月に開催された第21回生命保険大会で竹下登大蔵大臣は，今後の生命保険事業の課題についての所見の中で，公的医療保険と私的医療保険に関して，

表9－1　大蔵省の「分野調整」（1965年以降）

	傷害保険	疾病保険	所得補償保険
生命保険	特約認める	原則として生保	（決定せず）
損害保険	単独商品認める	既存特約は認める	認める

出所：『Insurance』生保版新年特集号'85, p.38。

次のように述べている。「今後，高齢化が進展していくにつれて，老後保障に関し多種・多様なニーズが生じてくるものと思われますが，その中には国民に共通するいわば基礎的な水準を超えるものも少なくないと考えられます。このようなニーズを的確に捉えて国民の自助努力を支えていくことは，民間部門を中心とした社会全体の課題でありますが，とくに生命保険事業に求められるところが大きいものと考えます」。

竹下大蔵大臣の挨拶から，大蔵保険行政が保険事業を政府の経済政策や社会政策に積極的に組み込んでいこうとするねらいが明らかになる。公的医療保険の見直し措置と保険事業の私的医療保険による肩代わりという医療保険制度における構造的な転換は，1974年11月に営業を開始したアメリカン・ファミリー生命保険株式会社の特殊疾病保険「ガン保険」によってその糸口が開かれた。しかも，アメリカン・ファミリー生命保険株式会社のわが国保険市場への参入は，一面で大企業の蓄積強化を目的とした「新金融効率化政策」にもとづき保険事業への「競争原理」の導入と「効率化」促進を図るとともに，他面で大幅な貿易黒字に対するアメリカの対日批判と閉鎖的な金融市場の門戸開放要求の高まりへの対応策でもあった。

大蔵省は従来，保険会社に医療保険取扱いの認可を与える際に，行政判断にもとづく分野調整を行ってきた。主に外資系生命保険会社や中小生命保険会社は「疾病保険」・「医療保険」などを単独商品として，大手生命保険会社は「成人病特約」・「疾病特約」・「入院医療特約」など特（別契）約商品として販売認可を受けた。また，損害保険会社は，従来から取り扱ってきている傷害保険と既存の疾病特約，および1974年に認可された「所得補償特約」によって医療保険商品の販売を行っている。「第三分野保険」と呼ばれる傷害保険や疾病保険については，大蔵省の生命保険会社と損害保険会社に対する「分野調整」（1965年）がある（表9－1）。

大蔵省の「分野調整」方針は，保険業法第7条[3]の「生保・損保兼営の禁止」規程による便宜的な措置に過ぎず，社会経済的な環境変化の中で生命保険事業と損害保険事業の相互乗り入れないし兼営化の傾向が近年強まってきている——1975年に21番目の国内生命保険会社として事業免許を取得した西武オールステート生命保険株式会社（現ジブラルタ生命保険株式会社）と1982年に国内法人として事業免許を取得したオールステート自動車・火災保険株式会社（現セゾン自動車火災保険株式会社）は別法人ではあるが，事実上西武流通グループによる生命保険事業と損害保険事業の兼営形態である——。

大蔵省は1979年に取りまとめた保険審議会「生命保険答申：今後の生保事業のあり方について」の中で，中小生命保険会社の特化，つまり地域に密着した事業経営や独自の商品開発などによる経営の特色化を図り，大手生命保険会社との競争に対応して経営の効率化を促進すべきことを指摘した。大手生命保険会社と中小生命保険会社に対する医療保険取扱上の調整もこうした方向に沿って行われた。しかるに，1984年の健康保険法改定を契機として準大手生命保険会社にも単独商品としての医療保険の取り扱いを認可し始めた。1984年9月に千代田生命保険相互会社が「医療保険」を，また1985年4月からは協栄生命保険株式会社が当面，他商品とのセット販売ではあるが，「医療保険」をそれぞれ販売開始した。こうした傾向は大手生命保険会社にも医療保険の単独商品取り扱いを促進するものとして注目される。

「団体保険疾病特約」の代替商品として「集団扱い定期保険」に付加される「疾病・医療保険特約」が生命保険会社全社共通で1984年10月から企業・団体向けに販売されるようになった。「団体定期保険」の業績悪化が続く中で，団体保険市場に営業基盤の重点を置いてきた中小生命保険会社にとっては，大手生命保険会社の市場参入を前提とした業界共通の「団体保険疾病特約」の導入は，先発の既得権侵害，すなわち市場の再分割にかかわる問題であり，最終決定に至るまでにかなり長期間を要した。

大蔵省は保険会社の医療保険取扱いに対し，生命保険会社と損害保険会社間の分野調整を行いながらも徐々に相互乗り入れを認め，また生命保険業界の大手会社と中小会社の利害の調整を図る一方で，大手会社の市場開拓・市場支配を推しすすめる政策を展開してきている。

3　健康保険法改定に対応した1985年保険審議会「生命保険答申」

（1）1985年保険審議会「生命保険答申」において開発を指摘された「医療関連保険」

保険事業を取り巻く経営環境の変化と保険行政主導による業界内の調整の進行のもとで，1985年5月，保険事業経営の“処方箋”とも言うべき保険審議会答申が取りまとめられた。5月30日に竹下大蔵大臣に提出された答申は，「新しい時代に対応するための生命保険事業のあり方――金融の自由化・国際化の進展，高齢化社会への移行，高度情報社会の到来への対応――」と題されている。

答申の中で「医療関連保険」については，健康保険法改定に対応して，公的医療保険の補完を前面に打ち出し，次のような内容の商品を開発すべきことを具体的に指摘している。

①健康保険の自己負担分の医療費を肩代わりする保険
②健康保険の対象とならない先端技術を使った高度先進医療や歯科医療を対象とした保険
③通院の場合にかかる医療費を補填する保険

この保険審議会答申は，まさしく“民活化”答申とも言うべく，政府の社会保障に対する反国民的，反動的政策を民間活力導入によって断行しようとするものと特徴づけられる。

「医療関連保険」のうち，①の健康保険の自己負担医療費を保障対象とした保険商品は，すでに1984年9月，損害保険会社の業界団体である日本損害保険協会の協議の段階において「医療費用保険」の商品構想が固まっており，導入が計画されている。②の高度先進医療や歯科医療を対象とする保険商品は，健康保険法における特定療養費制度の設定により，基礎的部分のみを健康保険で保障し，高度技術部分，したがって高額医療費部分を患者負担に改めたことに対応するための商品である。この種の私的医療保険の導入は，医療差別化を公的に追認し，なおかつ促進することを意味する。

政府は抜本的な医療保障制度改革の中で，医療費適正化対策を推進している。「診療報酬の合理化」がその施策の一つとして取り上げられ，プライマリーケアの重視，薬や検査中心の医療から指導を重視した医療への転換，入院医療から在宅医療への指向等の達成を必要視している。③の通院費を補填する保険は，「診療報酬の合理化」と自己負担増大にかかわっている。厚生省による発表では，1982年度の国民医療費13兆8,659億円に占める入院外医療費の割合は45.4％ともっとも高く，しかも1970年度に比して4.59倍の伸びを示している。

この保険審議会「生命保険答申」に盛り込まれた「医療関連保険」についての指摘事項は，健康保険法改定の主たる目的である医療保障制度にかかわる国庫負担の削減および国民医療費負担の増大を背景にして，保険事業による公的医療保険分野の代替ないし積極的な市場開拓を志向したものと言えよう。

民間保険事業と社会保険との境界は一般に，収益性の限界点にあると考えられる。今日までの労働運動や階級闘争によって社会保険の保障範囲はある程度拡大してきたが，しかし，資本主義の発展・変化にともなう矛盾もまたますます高まり，労働者や国民の保障欲求も否応なく高められてきた。こうした状況の下で臨調路線や高齢化社会到来にともなう財政的危機状態が意図的に打ち出され，世論形成を担ったのである。市場の飽和化で成長率の鈍化しつつあった保険業界にとって医療保険や年金保険など社会保障分野を肩代わりする商品開発ないし市場開拓をめぐる展望は，新たな資本蓄積のための格好の市場として提供されたのである。

1985年版の厚生白書や「医療および関連分野における民間活力の導入に関する研究会」の中間報告（1985年12月）の中でも，生命保険会社と損害保険会社の医療保険（商品）に対して一定の役割分担が明示されたことは周知のところである。

また，1986年3月6日には安田火災海上保険株式会社記念財団主催による医療保険関係の講演会が開催され，厚生省保険局企画課長の岡光序治氏が「医療保険の現状と課題」というテーマで報告した。岡光氏は，今後の高齢化社会の中での基本的施策について，国民の自立・自助努力を強調するとともに，公的医療保険制度の課題・改革との関連で民間医療保険の参入に言及した―岡光氏の講演内容に沿うように，同局企画官の川邊新氏も「公的医療保険制度の動向と民間保険のあり方」という小文の中で損害保険会社の医療費用保険の開発を国民医療費に対するコスト意識高揚と多様なニーズへの対応として位置づけ，国民の望む方向であると述べている(4)。

表9－2　生保業界のシルバーサーヴィスの状況（1990年現在）

	事業種類	事業・サーヴィス内容
日本生命	・日生聖隷健康福祉財団…ニッセイ・エデンの園（91年6月予定）	・高齢者に対する総合的な福祉サーヴィスに関する調査研究・実践活動
	・老人ホーム	・老人ホーム事業会社に出資
第一生命	・生涯居住高齢者向け賃貸住宅(90年度首都圏に建設予定)	・一時払終身年金保険の加入者を対象とし，年金を家賃支払いに充当
	・老人ホーム	・老人ホーム事業会社に出資
明治生命	・老人ホーム	・三菱地所や横浜銀行と合弁で高齢者向け集合住宅建設・経営に参画 ・三菱グループ（三菱商事，東京海上など）でホームケア推進協議会を設置し，総合的な在宅介護サーヴィス事業化のための調査研究
	・介護人派遣・介護取次サーヴィス提供	・日本臨床看護家政協会との業務提携
千代田生命	・千代田生命健康開発事業団	
	・老人ホーム	・千代田生命健康開発事業団による終身介護サーヴィス制度
	・介護人派遣・介護取次サーヴィス提供	・日本臨床看護家政協会との業務提携
協栄生命	・老人ホーム	・年金ホーム特約付個人年金保険と医療保険の一時払加入者を対象に終身看・介護サーヴィス提供
日産生命	・介護人派遣・介護取次サーヴィス提供	・日本臨床看護家政協会との業務提携
アメリカン・ファミリー生命	・介護人派遣・介護取次サーヴィス提供	・日本臨床看護家政協会との業務提携
生命保険協会	・「老人福祉サーヴィスの現状と動向」（87年3月）作成	・老人福祉サーヴィスや保険・医療サーヴィスの現状あるいは介護等福祉サーヴィスに対するニーズ把握および今後の生保業界の役割と課題などの内容
	・社会還元事業	・在宅介護促進を目的とした介護福祉士養成のための奨学金制度
		・地方自治体への移動入浴車の寄贈
	・啓蒙活動	・セミナー，シンポジウム開催，とくに90年度から社会福祉協議会と提携「諸外国における介護福祉分野の現状」についての調査委託，国際シンポ開催予定

出所：『Insurance 生保版』や各種資料により作成。

表9－3　損保会社15社の介護費用保険元受成績（1989年10月～1990年2月累計）

会社名	介護保険料 百万円	会社名	介護保険料 百万円
東　海	9,778	大東京	1,757
安　田	11,263	日　産	243
大　正	2,250	同　和	2,021
住　友	2,638	興　亜	874
日　火	4,459	日　新	205
日　動	2,563	共　栄	672
富　士	707	大　成	304
千代田	551	15社計	40,285

注：『日本保険新聞（損保版）』90年4月2日付。上記の損保会社の中には合併により社名が変わっているところがある。大成火災，日本火災，興亜火災は損害保険ジャパン日本興亜株式会社，千代田火災と大東京火災はあいおい損害保険株式会社，コンチネンタル保険株式会社はゼネラリ保険株式会社に引き継がれている。

（2）1985年保険審議会「生命保険答申」における健康・福祉ニーズへの対応

1985年保険審議会「生命保険答申」ではまた，健康・福祉ニーズへの対応として介護保険の開発の必要性を指摘した。生命保険業界では，すでに外資系の生命保険会社が大蔵省の指導を受けて痴呆介護保険商品を開発しており，答申では金銭給付だけでなく現物給付とのリンクについて検討を要請した。現在，パイオニアのアメリカン・ファミリー生命保険株式会社をはじめ，明治生命保険相互会社，日産生命保険相互会社，日本団体生命保険株式会社ならびにアイ・エヌ・エイ生命保険株式会社などが金銭給付を行う介護保険を取り扱っている。

答申ではさらに，健康・福祉関連事業として年金ホームの設置や，人間ドック等の健康サーヴィス，在宅ケア等の福祉サーヴィスについて提携や関連会社等による提供を前向きに検討すべきことも要請した（生命保険業界の健康・福祉関連のシルバーサーヴィスの現状については表9－2参照）。

表9－4　損保業界の医療・介護支援サーヴィスの状況（1990年現在）

	事業・サーヴィス内容
東京海上	海外旅行傷害保険契約者を対象にアメリカ最大の医療機関と提携し，日本語による外来診療や健康診断などの医療サーヴィス提供
安田火災	海外旅行傷害保険契約者を対象にアメリカ最大の民間医療保険組織と提携し，アメリカ，カナダ，グアムおよびサイパンでの現物給付を含めた緊急医療サーヴィス提供 介護費用保険の加入者を対象に会員組織「クローバークラブ」を発足。介護相談，健康診断，人間ドック・レジャー施設優待あるいは住宅・生活相談等サーヴィス提供（会員専用カード発行）
大正海上	介護費用保険の加入者を対象に会員組織「WELL ライフ倶楽部」発足。会員に大正海上ライフサーヴィスセンター（ライフサーヴィス開発室内）を通じて介護，シルバー，保健・医療，税務等コンサルティング，自動車関連・各種優待サーヴィス等提供（会員専用カード，暮らしの情報誌「WELL ライフ」発行）
住友海上	介護費用保険の加入者を対象に会員組織「住友海上 VIV CLUB」を発足。介護の仕方，自治体の各種援助制度の内容に関する介護電話相談，優良介護関連サーヴィス事業者紹介等の支援サーヴィス提供
日本火災	介護費用保険の加入者を対象に会員組織「日本火災ふれあいサークル」発足。介護相談，在宅ケア・入浴サーヴィス・レンタル用品・住宅改造・人間ドック紹介，法律・生活相談サーヴィス提供
日動火災 同和火災 千代田火災 共栄火災	いずれも介護費用保険の加入者を対象に会員組織。日動は「愛 LIFE クラブ」，同和は「ゆとりんぐクラブ」，千代田は「ドゥライフくらぶ」，また共栄は「SANTEX CLUB」を発足。在宅介護サーヴィス・ホームヘルパー派遣業者，住宅改造業者，優良介護機器・用品業者の紹介など介護支援サーヴィスや健康増進サーヴィスの提供
大東京火災	介護費用保険の加入者を対象に会員組織「ふ・れ・愛倶楽部」を発足。ホームヘルパー・介護用品・機器業者・給食・入浴紹介など在宅ケアサーヴィス，住宅改造業者・シルバー施設紹介などのシルバーハウジングやシルバーライフサーヴィスなど提供，高齢者向けマンション事業（生活科学研究所）に資本出資し，シルバーマンション事業展開，中高年以上の婦人・退職者シルバー層を会員とする長寿社会文化協会を支援し，地域組織拡大を図る，埼玉県シルバーサーヴィス情報公社に支援体制をとる。
興亜火災 日産火災	介護費用保険の契約者・家族を対象に，在宅介護サーヴィス，介護機器等事業者紹介，情報誌発行あるいは暮らしと健康づくりの相談サーヴィスなどを提供することを目的に，興亜はフリーダイヤル「思いやりダイヤル」を，また日産は「にっさん‘ほっとダイヤル’」を設置
AIU	日本臨床看護家政協会と提携し，介護人派遣，介護取次サーヴィス提供
コンチネンタル	健康管理システム引受会社，ジャパン・ヘルス・リサーチと提携，健康管理システムと普通生涯保険のセット商品開発
その他 シルバーサーヴィス振興会(金融,生･損保,建設ならびにディベロッパーなど大企業を中心に現在180社余りが会員)	大正海上を主幹事とする損保15社が，在宅介護・在宅入浴サーヴィス，介護機器レンタルなどの企業に交付する「シルバーマーク制度」についての賠償責任保険の共同引受シルバーコミュニティ，シルバーハウジング，在宅サーヴィス，シルバーライフあるいはセカンドライフなどに関する共同研究の分科会活動

出所：『Insurance 損保版』や各種資料により作成。

損害保険業界では1989年10月から統一の介護費用保険を発売した（発売から1990年2月までの元受成績は表9－3のとおりである）。この保険は介護状態になることを保険事故，つまり保険金支払条件とする保険期間終身型の商品である。介護費用保険の発売に際して損害保険会社は保険契約者を対象に会員組織を発足させ，介護相談や介護関連業者の紹介・斡旋サーヴィス・電話相談などを実施した（表9－4参照）。

高齢者を対象とする福祉サーヴィス分野の対応については厚生省の「高齢者対策企画推進本部報告」や「民間活力を活用した総合保健・医療・福祉サーヴィスの研究」報告書，あるいは社会保障制度審議会の建議「老人福祉のあり方について」などが相次いで発表され，それに即して保険審議会答申でより具体的に介護保険・介護サーヴィスの開発が要請されたといえる。

介護費用保険は「損保としても医療・福祉分野に本格参入する足がかりとなる意義深い商品である(5)」との認識に立ってシルバーマーケット戦略商品として明確に位置づけられている。しかも，「今後の検討課題」として「同保険の長期化，積立化を含めた商品の改善を検討」するとともに，介護費用保険における「『現物給付』については実損害を填補するというまさしく損保の特性を活かせる仕組み」であるので，そのための調査・研究，ノウハウの蓄積にいっそう取り組む必要があると前向きの姿勢を示している。

（3）医療保険制度改革にとどまらない社会保障制度改革と民間保険

1986年4月1日より一斉に発売された生命保険会社の「医療保障保険」は団体を対象にした全社共通の保険商品であるのに対し，損害保険会社の「医療費用保険」は個人と団体の両方を対象にしている。損害保険会社の「医療費用保険」は公的医療保険の自己負担分，病室料の差額徴収分，付添看護料あるいは厚生省が認定している高度先進医療費用等を総合的に補償する商品である。しかも，団体契約の場合には，被保険者数20人以上から1,000人以下まで5～20％の割引が適用される。損害保険会社は販売効率の面から個人よりもむしろ企業・団体を中心に販売している。民間保険会社の医療保険市場は従業員数の多い大企業が主要な対象となっている。大企業は一方で，健康保険法第22条にもとづいて健康保険組合（1984年3月末の加入者数は約2,862万人）を設立している。組合健保は実際，中小企業の従業員を対象にする政府管掌健康保険（現全国健康保険協会管掌健康保険）や，農業者・自営業者を対象にする国民健康保険に比べて保険料率と付加給付の面で上回っている。また，福利厚生施設なども，大企業の従業員は一般に中小企業の従業員に比して恵まれている。

生命保険会社と損害保険会社が取り扱っている医療保険の販売では，大企業と中小企業のこのような従業員数＝被保険者数・労働条件の相違を反映して保険料率に格差が生ずることになる。たとえば，生命保険会社の医療保障保険の場合，被保険者ごとの保険料は公的医療保険の一部負担割合別であり，かつ被保険者数の規模別に6段階に定められている。この点でも医療格差が生じているのである。

社会保障制度の見直しは医療保険のみならず，寝たきり・痴呆性老人などに対する公的責任を，有料の民間施設や民間保険事業に転嫁することにも表れている。

こうした政策はまた，国営保険事業にも導入されようとしている。郵政省から研究委託を受けた「簡易保険郵便年金に関する調査研究会」の「総合福祉システム部会」は，6月に現物給付型の保障として寝たきり・痴呆状態に対するサーヴィスを提供する介護保険商品の開発や「郵便局職員による訪問サーヴィス」などの簡易生命保険商品構想を含む中間報告を郵政省に提出した―郵政省簡易保険局が1985年9月に実施した「簡易保険に関する市場調査」結果では新種商品に対するニーズで老人介護保険がもっとも高い。官業と民間事業との競合化は官業の運用方法如何によっては世論形成と民間事業の市場形成に資することになろう。

さらに，大蔵省は外資系保険会社の営業免許申請に際しても，こうした観点から医療保険商品に特化している保険会社に認可を与えている。1985年10月にわが国の生命保険市場での円貨建販売の営業認可を得たオマハ生命保険株式会社のアメリカの親会社ミューチュアル・オブ・オマハ（Mutual of Omaha Insurance Company）は個人・家族向け医療保険販売で全米第1位の実績をもつ保険会社である――1985年の収入保険料は17億2,000万ドルである。日本の子会社は「入院医療保険」を主力商品として営業している。

（4）共済事業における社会保障補完機能

市場を取り巻く環境変化への保険事業の対応とそれにともなう競争の激化は，隣接する共済（＝協同組合保険）事業にも重大な影響を及ぼしつつある。共済事業の中には，とくに医療保険と年金保険に対抗する保障仕組みを開発，導入し，保険会社，簡易生命保険事業，さらには他の各種共済団体との間で契約獲得競争を展開している団体もある。

私的医療保険・共済には，次のような種目がある。生命保険会社の個人保険には疾病入院特約，災害入院特約，あるいは手術保障特約などがある。1985年度末の保有契約高はそれぞれ，3,812万件，1,685億円，5,306万件，2,022億円，3,672万件である[6]。また，損害保険会社には所得補償保険と普通傷害保険がある――傷害保険の1985年度国内元受保険料は2,628億円である――。簡易生命保険事業には疾病傷害特約と傷害特約がある――1985年度末の保有契約高は疾病傷害特約が3,996万件，73兆775億円，傷害特約が1,036万件，6兆6,149億円である。農協共済では入院費用保障特約と普通傷害共済がある――普通傷害共済の1984年度の契約高は716万件，共済掛金収入は19兆3,050億円である。

生命保険会社と損害保険会社の医療保険や個人年金保険が社会保障制度改革のいわばショック・アブソーバーとしての機能・役割を担っている以上，農協・漁協，生協あるいは労働組合などの組織も市場戦略の対象として位置づけられる。事実，1982年11月に電通労連と東邦生命保険相互会社（および信託銀行）との間の提携によって年金共済が開発された。また，日本教職員共済生活協同組合や警察職員生活協同組合も日本生命保険相互会社や第一生命保険相互会社など大手生命保険会社を含む数社と提携して年金共済の取扱いを実施した。生命保険会社が開発した医療保障保険でも加入対象に協同組合と労働組合が含まれており，いずれ提携する組合も出てくるのではないかと考えられる[7]。

協同組合運動は一定の事業経営を通じて組合員の経済的利益を実現していかなければならないために，購買，販売，共済，医療，住宅建設あるいは信用など日常の業務の中では，ともすれば経営が理念・思想，つまり階級的意義に優先することになる。ましてや，共済事業の場合には「近代保険技術」・原理にもとづく事業経営であり，大数法則による危険分散・危険偏差の安定化のために事業自体に規模拡大志向が内包されている。また，保険商品は無形財であり，開発特許権が認められておらず，ほとんど開発コストをかけずに導入できるという一般的特徴をもっているために，保険業界の商品戦略に追随しやすい。さらに，近年経営者・管理者にとって都合のよい「ニーズ」論が乱用されている。協同組合や労働組合にも「ニーズ」論が無批判的に導入されつつあることは憂慮される。

共済事業が医療共済や年金共済を取り扱うようになると，政府の貧困な社会保障政策を容認するだけでなく，保険会社と同様に収益拡大のための市場開拓手段として導入したのではないかとの批判も免れないであろう。組合員の医療費や老後の生活資金準備に対する経済的負担が，公的保険制度改革によって現実に増加することは避けられない。組合員の経済的負担の増加に対し共済組合として独自の取り組みをすることは重要である。ただし，社会保障制度は民主主義的諸権利の具体化という意義をもっているので，広く国民全体の立場から国家・政府に対し社会保障制度の拡充を要求していくことが望まれる。また，社会保障を補完する制度を実施する場合，民間保険事業のようなモラル・リスクの誘発や国民医療費の増大につながる不正受給などへの対応が必要である。

厚生省は国民医療費と国庫負担の増大を抑制するために，これまで被保険者の一割負担を含む健康保険法改定，生活保護費補助率カット，さらには1986年度中に老人医療費の自己負担率引き上げのための老人保健法改定を予定している(8)。そのため，公的保険を補完する民間医療保険導入に際しても，厚生省は国民医療費全体の膨張をもたらさないように商品の適切なあり方の確保を生命保険業界と損害保険業界に求めている(9)。

（5）社会保障改革における市場原理拡大の問題

大蔵省・保険審議会総合部会は「保険事業の在り方及び保険関係法規の見直し」審議をすすめるために立てた基本６項目のうち，総論「保険事業の役割」をめぐり参考人を招請して意見を聴取し，それを「保険事業の変化と課題」として取りまとめて部会で本格的な検討に入った。高齢化社会の到来など，保険事業の環境変化への対応について社会保障制度の補完機能の強化を課題にしている。とくに医療・介護保障機能のいっそうの発揮を求め，利用者ニーズに対応した商品，サーヴィス等の拡充として損害保険固有の現物給付サーヴィスを生命保険にも提供させることを必要視している。

また，生命保険会社には業務の種類や事業範囲を広げ，「人の身体機能に関する保障業務に基づくノウハウを十分に生かせる商品やサーヴィス，付随する業務を研究・開発し，消費者に提供していくことが生命保険会社の進むべき方向である」として，「連生（夫婦両方にまたがる保障のこと：押尾注）介護や老人ホーム等への入居を対象とした現物給付保険の販売，家事サーヴィスや家政婦等の派遣サーヴィスの提供，ホームセキュリティ制度の提供といった生活保障産業の実施，健康診断サーヴィスの提供・斡旋や保有保養施設の提供等」を挙げている(10)。

政府・財界は財政再建，経済社会の活力あるいは地域社会におけるコミュニティづくりなどをスローガンに掲げ，地方自治体と国民に責任を転嫁し，規制緩和措置を講じて民間企業に市場を提供して業務分野を拡大している。

社会保障領域への民間活力導入として重要な使命を担っている生保事業や損保事業は“総合生活保障産業”や“総合安心サーヴィス産業”をキャッチ・フレーズにイメージ戦略を図っている。しかし，その真のねらいは寡占的市場支配の強化と総合金融機関化への脱皮による金融再編成への対応であることは明らかである。

また，社会保障改革において問題となるのは保険事業の市場開拓的機能を果たす社会保険分野(11)だけにとどまらず，今や公的福祉分野まで市場原理に委ねられ始めていることである。商業採算ベースにそぐわない福祉分野が保険原理の無節操・無責任な乱用によって介護保険あるいはシルバー産業として市場化されつつある状況を注視し，社会保障・社会福祉制度を守り拡充していく取り組みが必要である。

4　政府・財界の社会保障改革と求められる生存権確立のための国民的運動の展開

「『ケインズ主義的福祉国家』の危機への対応」と「日本における新保守主義的現象の位相」との比較研究(12)の場合，日本を「ケインズ主義的福祉国家」と規定することが果たして妥当なのかどうかは，一つの重要な論点になる。

しかし，それにもかかわらず臨調「行革」＝経済構造調整推進政策が新保守主義的諸相を帯びていることは明らかである――基本的には，日本経済の構造的特殊性を踏まえて新保守主義的諸政策の本質をどのように理解するかが問題になる――。

1979年に財界から提唱された『日本型福祉社会』を原型にして，1980年代における新保守主義政策推進の象徴ともいうべき臨調・行革審を中心に一連の社会保障改革がすすめられてきた。

臨時行政改革推進審議会（新行革審）は1990年４月18日，最終答申を海部俊樹首相に提出し，９年にわたる行政改革に一応の区切りをつけた。社会保障については，「第一　基本的考え方」で臨調・行革審の具体的成果の主なものとして「年金，医療保険制度の改革」をあげ，「国民の自立互助を基本とすべき」「意識の改革が進んだこと」を評価する。しかし，「我が国が目指すべき目標」として「本格的な高齢化社会となる二十一世紀」においては「公的部門の肥大化を避け，高福祉・高負担型の福祉国家ではなく，国民の自立互助，民間活力を基調にした新たな社会システム」を築くため，「行政の課題」として「公的規制を削減し，政府事業の改革を進め，民間部門の活力を大幅にいか」すことを再確認する。そのうえで，「第二　行革の主要課題と改革の基本的方向」で，「公的保障は真にこれを必要とするものに対して行う」ことが明記された。いうまでもなく，これは国民の健康的かつ文化的な生存・生活権を保障する憲法の精神あるいは通念上の社会保障理念を否定し，高齢者，病人・要看護や介護患者，障害者，低所得・生活保護世帯などの弱者を社会的に温存し，格差を助長しようとするものであり，国民の基本的諸権利の大幅な後退を意味する。国民医療費の伸びを「適切な水準」にとどめるために，「医療保険制度について，各制度間の給付と負担の公平化を図るとともに，医療費適正化対策の強化や本人等負担の適正化，医療費の支払い方式の改善などを進める」ことをあげている。しかし，政府と臨調・行革審の社会保障改革に対し，財界はなおも満足しておらず，最終答申に対しても強い不満を表明している。

財界にとって現状では必ずしも満足のいく効果が上がっておらず，いっそうの改革の推進を図るために1989年10月には日本経済団体連合会の高齢化問題研究委員会で「中間報告」をまとめた。「報告」は，高年齢者の医療費や年金などの過重な負担を企業から排し，自己負担・自助努力の徹底を図るとともに，それを支えるシステムの充実を基本に据えることを強く求めた内容となっている。とくに，医療保険については，医療保険給付率を引き下げても国民負担率を40％台前半にとどめることは容易でないので，医療制度改革とともに国民の自助努力，老人医療費の自己負担率の20％への引上げなどを具体的方策として掲げている。

政府は財界のこのような社会保障改革のいっそうの推進強化の要請を受け，医療保険制度の安定化のために社会保障制度審議会が1989年12月に取りまとめた「国民健康保険制度の長期安定確保策について」と題する意見書をもとに，高額の医療費が必要となる高齢者層・年金受給者を中心とする無職者などが多数を占める国民健康保険制度に医療供給の画一化・抑制化や患者・疾病の選別などによる改革を導入しようとしている。政府・財界が打ち出しているこれら一連の医療保険改革では，とくに老人医療の差別化が問題になる。厚生省は「二十一世紀をめざした今後の医療供給体制のあり方」と題する医療法改定案をまとめ，現行の病院区分を改めて老人医療・成人病治療など長期入院・介護については「一般病棟」と区分し「長期療養病棟」に機能区分するとともに，先端医療に対応する「高次機能病院」の設置を打ち出した(13)。

また，老人医療費の患者費用負担増や患者・疾病の選別，さらには診療報酬引上げ（1990年4月1日実施）による医療機関の経営難とそれにともなう老人・要被看護・介護患者の追い出しなど弱者に対するいっそうの差別化行政を盛り込んだ。

政府・財界による一連の社会保障改革に対し，労働運動がこれを阻止し，社会保障拡充を求める国民的運動を結集し，展開していくうえでイニシァティヴを発揮することが期待される。こうした状況のもとで官公労・同盟と総評を中心に結成された「連合」は1989年11月に，「豊かさを実感できる明るい高度福祉社会を――二一世紀高齢社会への総合福祉ビジョン」を発表したが，基本的にはこの「福祉ビジョン」は政府の社会保障政策を容認しつつ改良的な政策課題を提起するにとどまっている。この「総合ビジョン」では「めざすべき高齢化社会とは，福祉や社会保障を質量ともに高めて国民の福祉ニーズに応え，国民の税金や社会保険料負担が増加しても，それ以上に勤労者の実質所得と資産が確実に増加していく経済・社会システムをつくっていくものにしなければならないとの，総合的な戦略を打ち出すことの必要性を痛感し」たと述べられている。

具体的な政策課題としては，たとえば政府の医療保険改革にもとづいて現行の9割給付を容認し，医療の営利化や格差の是正に対し，根本的に取り組もうとする姿勢はまったく見られない。とくに，労働者自主福祉運動については，政府・財界が強行する社会保障改革路線に即して地域社会づくりへの取り組みを重点課題にあげ，事業展開の推進によって社会保障水準を高めることを運動目標に掲げたり，高齢者介護問題では「在宅介護」を中心に施設整備や住環境の改善を図ることを提案するにとどまっている。

したがって，「連合」の「総合福祉ビジョン」は政府・財界がすすめる社会保障改革と基本的に認識を異にするわけではない。たしかに，今後，労働者自主福祉運動の展開のあり方として，今まで欠落していた未組織労働者や勤労者あるいは地域住民への対応がうたわれている。しかし，高齢者，病人，要被看護・介護患者，障害者，低所得者，母子世帯あるいは失業者などの弱者に対する配慮を欠き，医療・福祉の格差，つまり経済的・社会的格差を根本的に解決するためにたたかおうとする姿勢はほとんど見られない。

今や政府・財界は社会保険の民間保険への代替化にとどまらず，公的福祉分野の市場化を推進しようとしている。新保守主義を思想的背景とする政策はたんに行財政改革の見直しを目的にしたものではなく，戦後の民主主義思想と国民の基本的人権そのものを否定するという重大な問題を含んでいる。このような問題意識を基底にすえて国民の生存権や生活保障を権利とする社会保障・公的福祉の確立に向けて国民的合意を形成し，広く運動を展開していくことが求められる。

注

（1）昭和59年版『厚生白書』，p.92以下。

（2）厚生省の私的医療保険に対する基本原則は，①国民健康保険の給付を将来引上げる際に，民間の疾病保険がこれらの方向を阻害しないこと。②特定医療技術と独占的な契約を結ぶことによって，他の健康保険の医療を妨げないこと。③民間健康保険が入院給付を行うことにより，受診率が上がり健保財政に影響を与える恐れがあるし，短期入院が期間を延ばす可能性もある。この点に留意すること。④民間の疾病保険が特殊，高価な医療を行い，その差額を補償するようなことをしないこと。

（3）保険業法第７条

保険会社ハ生命保険事業ト損害保険事業トヲ併セ営ムコトヲ得ズ　但シ生命保険事業ヲ営ム会社ハ生命保険ノ再保険事業ヲ営ムコトヲ得

（4）日本損害保険協会『そんがいほけん』No.141，p.3，1985年。

（5）『Insurance 損保版』1990年新年特集号，pp.39-40，保険研究所。

（6）『Insurance 生命保険統計号昭和61年版』，保険研究所。

（7）医療保障保険の趣旨には，次のように説明されている。この保険は，会社，事業所，官公庁，労働組合，共済組合，互助会，協同組合，同業組合等の団体を対象とする保険で，被保険者が所定の入院をした場合に治療給付金，入院給付金または看護給付金を支払い，また被保険者が死亡した場合に死亡保険金を支払う仕組みの保険である。

（8）昭和60年度の政府管掌健康保険収支決算は3,010億円，前年比48％増の黒字を計上したことが社会保険庁（年金記録のずさんな管理や公的年金流用問題，さらには個人情報漏洩など不祥事が相次ぎ，2010年に解体，新たに非公務員型の日本年金機構が設置された）の発表によって明らかになった。この結果，政府管掌健康保険収支は5年間黒字を続け，積立金の累計は5,000億円を超えることになった。しかし，厚生省はこの積立金を還元や保険料引き下げには使用せず，組合健康保険の剰余金とともに老人保健制度への拠出金引き上げの財源として充当しようとしている。

(9)厚生省は5月14日，保険局と年金局の連名で生命保険協会と日本損害保険協会に対し，医療保険と年金保険の販売競争によって公的保険制度の機能と役割が阻害されるような販売活動が行われ，入院の長期化や医療費の膨張を招き，公的保険制度の信頼を損なうことのないよう，「医療および年金における民間保険等の在り方について」自主規制を要請した。

(10)『Insurance 生保版』第3407号・第3408号，および『Insurance 損保版』第3408号・第3409号，pp. 4-7, 1990年。

(11)押尾直志稿「社会保険と保険理論」，日本保険学会編『保険学雑誌』第507号（本書第5章）および「イギリス社会保険制度創設の意味」，同513号（本書第6章）を参照されたい。

(12)法政大学比較経済研究所，川上忠雄・増田寿雄編『新保守主義の経済社会政策——レーガン，サッチャー，中曽根三政権の比較研究』（法政大学出版局，1989年）。

(13)朝日新聞，1990年1月23日付。

第10章
市場環境の変化と保険・共済事業

1　金融・保険政策のねらいと共済事業の課題

金融・保険市場をめぐる近年の環境変化の中で，保険会社は行政主導のもとに具体的，実践的な対応措置を講じている。金融行政では金融自由化・国際化の進展に対しわが国独特の金融構造である二重―格差構造を温存しながら，大手金融機関の資本蓄積を促進するための規制緩和・弾力化を図ろうとしている。国家・政府は，経済構造の変化に対応しつつ個別資本の恣意的行動を規制し，大手会社の独占利潤の確保と増大のために既存の格差を可能な限り維持しながら金融の再編成を推しすすめようとしていると考えられる。

金融行政の重要な柱を成す保険行政の場合にも大手保険会社と中小保険会社との間の厳然とした企業間格差を解消するような政策ではなく，むしろ大手保険会社の資本蓄積に有利な内容によって特徴づけられる政策が導入されてきた。「競争原理導入」と「効率化促進」は，まさにそうした金融・保険政策の具体化であると言える。この二つの政策目的達成の手段として異種金融機関相互間での提携が急速に進展してきている。保険会社も都市銀行や証券・信託などと提携商品を積極的に開発している。

金融・保険業におけるこのような潮流は共済事業にも浸透し始めている。協同組合は，本来資本主義下における経済的弱者が資本の追加搾取・収奪から自分たちの生活を守るために展開する自主的，主体的かつ大衆的な運動である。

本章では，市場競争が激化する中での共済事業の動向を保険行政・保険事業と関連させながら考察し，共済事業の抱える課題解決の手掛かりを得ることを目的とする。

2　「新金融効率化政策」の導入と二重—格差構造の温存

（1）金融政策の下での二重—格差構造

経済構造の変化とともに，高度成長政策を支えてきた人為的低金利政策である規制的金利体系——銀行融資に対する臨時金利調整法による規制——は徐々に弛緩し，自由金利による金融市場の形成が促進されてきた。とくに，安定成長経済への対応策として過剰雇用の調整，つまり人減らし，新規採用者の手控え，在庫調整，操業短縮，外部資金借入圧縮，OA 機器など機械化・省エネ化のための設備投資により収益確保・増加を達成してきた独占的企業は借入金を返済して自己資本比率を高めるとともに，金融収益の機会創出のために積極的な投資活動を展開するようになった（表10-1）。

企業の銀行借入れへの依存度が低下するのにともない，都市銀行の資金状態は改善され国債引受処理能力が増大するようになった。自由金利市場の形成・拡大は，1972年以降急速に膨張してきた国債発行を背景とした公社債市場の活性化とも密接にかかわっている。政府は年々，国債償還と利払いの財源を確保するために「特例国債」，いわゆる「赤字国債」の発行を繰り返すようになり，恒常的な国家財政の破たん状態に陥った。

このような経済・金融構造の変化に対応するために新たな金融政策の導入が不可欠になった。高度成長期を通じて二重—格差構造が温存されてきたが，金融の自由化・国際化を背景として金融部門の再編成がすすめられるようになったのである。1977年に導入された「新金融効率化政策」は，金融業務を同質化させて——それ自体すでに大手都市銀行を中心にした再編成の可能性を孕んでいる——，「競争原理導入」と「経営効率化」を建前として業務の多様化・兼業化を促進することを目的としたものであった。しかし，金融再編成を意図した金融政策も現在までのところ，二重—格差構造の根本的解消にまでは展開していない。したがって，今後金融機関における格差はますます拡大していくものと考えられる。

（2）「新金融効率化政策」の保険事業への影響

とくに保険事業については，戦後から高度成長期を通じて「護送船団体制」

表10-1　減量経営に関する指標

	期待成長率（%）	実質成長率（%）	設備投資額（昭50年＝100）	新規採用者（昭50年＝100）	設備投資動機に占める能力増強，研究開発の割合（%）
昭49	6.4	△0.2	—	—	—
50	5.3	3.6	100	100	36.0
51	5.4	5.1	97	86	35.8
52	6.0	5.3	94	97	35.5
53	5.8	5.1	89	91	33.5
54	5.5	5.3	107	88	34.7
55	5.1	4.6	128	96	37.2
56	5.2	3.6	137	106	39.3
57	4.5	3.4	145	110	37.7
58	3.7	3.9	143	108	39.7
59	4.3	5.7	172	112	45.5
60	4.5	—	—	—	47.0

出所：昭和60年度版『経済白書』，p.408。

——生保・損保事業とも20社体制を維持し，市場への新規参入を制限し，限界企業に水準を合わせた保護行政を展開した——が維持され，寡占的保険会社による市場支配が形成された。

1973年度末決算にもとづく大手保険会社の市場占有率は，生保会社７社の場合，保有契約高の全社合計109兆2,261億円のうち88兆5,000億円（85%），収入保険料の全社合計２兆8,591億円のうち２兆791億円（90%），新契約高では全社合計1,070万6,500件のうち710万件（70%），また総資産合計９兆5,393億円のうち８兆2,990億円（87%）を占めた。

1975年12月に四半世紀ぶりに保険業法にもとづいて21番目の国内法人の生命保険会社，西武オールステート生命保険株式会社に対する営業免許が付与されたのを手始めにして，その後外資系生命保険会社の参入も含め，市場競争の態勢が整備されつつある。しかし，1985年度末決算でも大手生保会社の市場占有率は保有契約高全社合計601兆1,921億円のうち399兆5,112億円（66%），収入保険料全社合計15兆4,798億円のうち11兆5,407億円（75%），新契約高全社合計1,247万件のうち677万件（54%），また総資産合計53兆8,706億円のうち42兆2,994億円（79%）

で，ほとんど変化していない。損保事業では東京海上火災保険株式会社と安田火災海上保険株式会社の２社が独占的地位を占めている。収入保険料と総資産の指標で見ると，1973年に２社の占率は28％，29％であるが，1984年にはそれぞれ30％，32％に増加している。

生保・損保業界において一定の改善を目的とした商品・販売方法を導入する場合，基本的には既存の態勢に影響の少ないものに限定され，大手会社による寡占的支配体制にほとんど変化が生じなかった。保険事業においては基本的な保険商品の仕組みと料率，つまり価格は同一である。生保事業は監督官庁である大蔵省の行政指導を通じて基本的な保険商品の料率は画一化されている。また，損保事業には料率算定会制度——損害保険料率算定会および自動車保険料率算定会(1)——があり，独占禁止法の適用が除外されており，事実上カルテル料率体制が実施されている。したがって，保険業では規模の経済性によって寡占化をいっそう促進する可能性を内在させていると言えよう。

3　保険事業と共済事業における市場環境の変化への対応

（1）行政主導による保険事業の市場環境の変化への対応とねらい

1985年５月に出された保険審議会「生命保険答申：新しい時代に対応するための生命保険事業のあり方」は，金融の自由化・国際化の進展，高齢化社会への移行ならびに高度情報化社会の到来などの環境変化への生保会社の具体的かつ多面的な対応の仕方を示したものである。

本答申に示されている保険審議会，したがってまた保険行政の立場は今日の生保市場の成熟化状態を「護送船団体制」の下での拡販競争の必然的帰結でなく，生保業界の社会的ニーズへの対応努力と個人所得の伸び率の鈍化に基因させようとする，実態とかけ離れた説得力に欠ける説明に終始している。

成熟化した，換言すれば狭隘化した市場とそれを取り巻く環境変化への対応を目的とした今回の答申は，基本的には経済・金融政策に方向づけられたものと言える。それゆえ，答申では中小生保会社の規模を国際的比較の視点から高く評価することによって，生保会社間の格差を当面の課題から除外しようとしている。三点挙げられた環境変化への対応はいずれも寡占的生保会社に有利である。答申の意図は行政介入を通じて大手生保会社の寡占化をいっそう強化しつつ，生保事業の二重─格差構造を可能な限り温存することにあるのではないか，という印象をぬぐい難い。

また，損保事業に対する保険審議会総会での最近の審議事項も，損保市場における積立型商品を中心とした金融自由化の問題や総代理店制度など，現在の損保会社間格差のいっそうの拡大の可能性を秘めており，金融再編成の一環としての意味をもっていると考えられる──「今後の損害保険事業のあり方」に関する保険審議会答申は1987年５月ないし６月ころ取りまとめられる予定である──。

したがって，わが国における現代の保険行政の主たるねらいは，寡占化体制をいっそう強化し，保険事業に国家独占資本主義経済政策のもとでの明確な役割分担を求めようとする点にあると考えられる(2)。

まず第一に，中曽根政権の政治戦略路線として提唱された「戦後政治の総決算」，すなわち戦後の労働者・勤労者層が勝ち取ってきた民主主義的諸権利への容赦ない挑戦が公然と目論まれる中で，社会保障制度の切り崩しが民間活力導入や自助意識涵養を理由に断行されてきている。具体的には，私的医療保険による公的健康保険の代替とそれにともなう医療格差の容認──差額ベッド，付添看護料，高度先進医療に対する国民負担の増大など──や，寝たきり・痴呆性老人などに対する公的責任の，有料の民間施設・私的保険制度への転嫁に明瞭に示されている。

第二に，大企業の遊休貨幣資本蓄積と赤字国債発行残高の増大を背景に進行しつつある金融自由化・国際化に対し，保険行政は積極的な対応措置を導入しようとしている。具体的には，資産運用のいっそうの効率化や配当の充実による契約者への還元あるいは新種保険の開発などの対応策を検討することを指示している。そのために行政側は規制緩和・弾力化を図る姿勢を打ち出したのである(3)。

政府はこうした政策を推進するために，同時に簡易生命保険・郵便年金の運用対象についても資金の効率的運用を図るための措置を講じている。郵政省の「簡保・年金資金の今後の運用のあり方に関する研究会」の中間報告（1986年６月）では，株式への運用の拡大を提言した。

保険審議会答申では，配当の充実による契約者への還元に関連して経営効率を反映した保険料率・配当率実施による価格競争原理の活用の可能性にも言及している。この点については，行革審の規制緩和分科会がすでに1985年７月に提出した「規制緩和の推進方策」と題する報告書の中で一定の指針を示している。

また，新商品については，とくにエクイタブル生命保険株式会社に対する認可——保険業法に基づく国内会社として認可——に示されるように，変額保険の開発が具体化されつつあり，1985年答申でも詳細に解説されている。

ところで，1985年度末の生保・損保各社の決算内容(4)は前年度に比較して様相を一変させた。なかでも大手生保会社の収入保険料のうちの約50％が高配当商品の一時払養老保険料で占められていることが注目される。一時払養老保険料収入を除外した収入保険料の伸び率は10％程であり，全体の増収率19.1％に対し一時払養老保険料収入がいかに大きなウェイトを占めているかがわかる。

他方，損保会社の元受保険料収入は全種目合計で５兆7,864億円，前年度比14.9％の増収となったが，それは積立型保険——積立傷害保険・積立動産総合保険——の好調な伸びに支えられたものであった。損保会社15社の‘掛け捨て’型の収入保険料の前年度比が8.8％であるのに対し，積立型のそれは59.6％増である。損保業界の主力商品が積立型にシフトしつつあることを象徴するように，最近東京海上火災保険株式会社は大蔵省の認可を受けて，普通傷害保険に積立特約をつけ，これに各種‘掛け捨て’型を組み合わせて新商品を開発するシステムを実施できるようにした。

このように生保会社・損保会社ともに今後は貯蓄性保険商品を中心にして，顧客層ごとのマーケット・セグメンテーション（market segmentation：市場細分化）戦略を市場開拓手段として導入してゆくと予想される。現在までのところ，大手会社と中小会社との配当率の差はほとんどない。しかし，低金利下で総資産利回りが鈍化傾向にあり，今後運用能力が問われてくると考えられる。そのため，生保・損保各社は投資顧問業に進出し始めている。投資顧問会社は銀行系，生保系，損保系，証券系および信託銀行系などを合わせてこの１年間に３倍以上にふえ，４月末現在で約80社を数える。とくに，今年に入り損保系の投資顧問会社の設立が増加している。投資顧問業は資産運用の効率化の手段として重要な役割を果たすようになり，競争が激しくなるであろう。

生保・損保業の積極的な商品開発は市場戦略のための有力な手段となっている。保険会社と他の金融機関との主な提携商品には，**表10-2**に示したような種類が

表10-2　保険会社と他の金融機関の主な提携商品

生命保険会社と銀行（相互銀行を含む）	一時払養老保険
生命保険会社と信託銀行	終身保険，定期保険
生命保険会社と証券会社	年金保険，一時払養老保険，終身保険
生命保険会社と損害保険会社	定期保険，傷害保険
生命保険会社とクレジット会社	一時払養老保険
損害保険会社と信託銀行	積立ファミリー交通傷害保険
損害保険会社と証券会社	積立ファミリー交通傷害保険

出所：著者作成。

ある。

生保・損保会社と銀行，証券，信託銀行，クレジット会社などの業際企業間の提携が急速に進行してゆくことによって新たな利潤機会を創出し，金融機関相互間の利潤を保障し合うことを可能にしたのである。しかも，これらの提携関係をみると，同じ資本系列間の結びつきが顕著であり，アメリカの金融革命の進行状況とは若干様相を異にしている。

金融機関を取り巻く環境変化とそれへの対応は，賃金抑制，貧困な社会保障，とくに不十分な公的年金や健康保険，医療費の高騰，インフレーションの進行など，資本主義の危機的状況を背景としている。

生保・損保会社の異種金融機関との提携によって，保険会社は家計保険分野で本来の生活保障機能から貯蓄＝金融機能重視へ経営戦略を方向転換したともいえる。金融再編成が業種・業態を超えて急速かつ着実に進行しつつあることを如実に物語っている。

（2）主要な共済事業の市場環境の変化への対応

ところで，協同組合運動の一環としての共済事業といえども，それが「近代保険技術」・原理にもとづく保険事業経営体であり，資本主義経済法則・市場原理に依拠する以上，資本主義の発展・変化への一定の対応は不可避である。もちろん，その対応が保険会社や他の金融機関へのたんなる追随であってはならない。

金融自由化・国際化，高度情報社会，高齢化社会への移行などが資本主義の発展・変化に根ざし，実際の環境変化として生じてきている現象である限り，その背景・要因とそれがもたらす諸問題に対する分析・究明を行いながら協同組合運動における保険事業としての取り組み，対応策を具体的に明示し，組合員間のコンセンサスを得ながら事業を推進していく必要に迫られていると言えよう。これまでの各種共済事業の具体的な対応はいかがであろうか。主要な共済団体を中心にその動向を一瞥してみることにする。

まず，農協共済事業では「3ヶ年計画」にもとづいて事業策定を行っている。前年度（1985年度）は前の「3ヶ年計画」が終了し，その成果と反省の上に立って新たな「3ヶ年計画」を策定した。それによると，共済活動展開のための基本課題を踏まえて事業実施体制の見直し強化と組合員の保障需要の多様化に対応する保障の提供を中心に計画が立案されている[5]。とくに，主要施策の中の「保障需要の多様化に対応する保障の提供」に示されているように，組合員全体の7割を占める未加入・低保障組合員の解消や婦人層への普及などを重点課題とし，これら組合員の保障需要の多様化への対応を打ち出している。

このことは，従来の農協共済事業がとくに単協段階で高額加入者を中心に目標額を達成し，大部分の組合員の生活保障需要に十分対応してこなかったことを裏づけている。総合事業を実施している農協を組織基盤とする農協共済事業にとって，この点は社会経済的環境変化の中で行政指導によるとはいえ，具体的，積極的な対応措置を講じてきた保険会社，簡易生命保険あるいは共済生協に足元をすくわれる状況をもたらしたと言っても過言ではないであろう。実際，1984年12月の「農家の共済・保険調査」結果からもこの点は窺える[6]。それによると，専業農家・兼業農家別に見た組合員世帯の共済・保険加入率では専業農家ほど農協生命共済への加入率が高く，一種兼業，二種兼業，そして自販米農家と，農業への生計依存度が低くなるほど加入率は低下傾向を示している。生命保険や簡易生命保険への加入率はそれに反比例して増加している。また，組合員世帯ごとの保障金額や保険料・共済掛金などの金額シェアでは，前者が農協生命共済約62％，生命保険31％および簡易生命保険7％，後者ではそれぞれ40％，30％および30％で，世帯の保険料・共済掛金支出や生活保障準備に占める生命保険・簡易生命保険のウェイトが相当高いことを示している。さらに，組合員の生命保険への加入比率では，農協生命共済のみの加入者は全体で20.4％，正組合員22.6％，准組合員では11.8％で，実に正・准組合員の80％が生命保険や簡易生命保険などにも加入しており，競合状態を呈している。

今回の調査結果では，3年前の調査結果と比較してもそれほど大幅な変化は見られない。しかし，保険料・共済掛金のシェアや組合員の加入率などの指標では農協生命共済と生命保険・簡易生命保険が競合状態にあることを示している。また，調査項目には含まれていないが，労働者共済や県民共済などの他の共済事業との競合も考慮に入れる必要がある。こうした事実は農協共済の理念と推進活動のあり方に改めて重大な問題を提起していると言えよう。

過当競争の必然的帰結として生じた保険市場の成熟化・飽和化に加え，簡易生命保険や各種共済事業との競合によって保険会社の成長率は停滞しつつあったので，医療保険・年金保険など社会保障領域に関連する保険商品開発を促進する国家・政府の民間活力導入政策は保険会社にとって新たな資本蓄積のための格好の市場となった。

1979年の保険審議会「生命保険答申」を契機にして，1980年ごろより生保会社の個人年金保険販売は本格化するようになった。1985年の保険審議会「生命保険答申」ではこの5年間の市場動向を踏まえ，個人年金保険については生存保障性を強めた年金，変額年金あるいは連生年金保険などを，また団体年金保険については企業年金や任意加入団体年金保険などを取り上げ，具体的な対応を示唆している(7)。また，医療保険に関しては，健康保険制度改革にともなう被保険者の一部負担に対する保険取扱い，高度先進医療，歯科医療，通院給付，さらには健康・福祉ニーズへの対応として現物給付などを含む幅広いサーヴィスとリンクした保険，老人介護保険，年金ホーム，住宅担保年金制度など，商品開発の方向性，可能性を示している。1985年度末の生保全社の個人年金保険の保有件数は219万件である。市場参入した外資系保険会社を含め生保・損保会社は医療保険・年金保険商品を積極的に取り扱うようになってきている。これに対し，各種共済事業でも近年，こうした保険会社の動向への対応に終始してきた。

全国共済農業協同組合連合会（以下，全共連と略記する）では，1981年4月より農民年金の補完として年金共済を開発し，1984年度末で14万2,000件，539億円の契約高を保有している。また，全国共済水産業協同組合連合会（以下，共水連と略記する）では漁業者老齢福祉共済事業（ねんきん）で8万4,000件の契約を保有している。さらに，労働者共済では，全国労働者共済生活協同組合連合会（以下，全労済と略記する）が1984年2月に厚生省から個人年金共済――中小企業の労働者を対象とする年金——の取り扱い認可を受け，４月より，また1986年６月には医療共済をそれぞれ提供し始めた。1984年７月からは日本生活協同組合連合会がCO-OP 共済を発足させ，入院保障を導入した。その他，職域生協の警察職員生活協同組合でも年金共済の取り扱いを始めた。

医療・年金保障の市場をめぐって生保・損保会社や簡易生命保険と各種共済事業がまさに入り乱れて契約獲得競争を展開していることになる。その他，傷害保険（共済）の分野でも競争が徐々に激化してきている。共済事業においても組合員の生活保障ニーズへの対応を積極的に図るために不可避的に生保・損保会社の保険商品と類似した仕組みをもつ医療・年金共済を開発し，提供せざるを得ないのが実情である。

社会保障領域への民間活力導入の一環としての民間保険事業の活用は，国家の政策のあり方によって規定されることになる。この点については，史上初のドイツ社会保険や近代保険制度生成の母国であるイギリスにおける社会保険の歴史的役割に関しての分析・究明によって説明し得るであろう(8)。すなわち，ドイツにおける社会保険制度は「後進的」なドイツ資本主義の歴史的特殊性に規定・制約され，当時なお未発達であった労働者階級や一般大衆を対象にした家計保険事業を確立し，資本制再生産構造に有機的に組み入れる‘呼び水’としての歴史的役割を果たした。また，イギリスでは自由競争段階での保険資本の広汎な展開を基盤にしてすでに独占化を遂げつつあった簡易生命保険部門をもつ保険会社が，独占的銀行資本・独占的産業資本との間に金融資本連鎖を形成し，その政治的，経済的支配力によって社会保険制度を市場開拓手段として利用した。資本主義社会における社会保障・社会保険制度は，保険資本の蓄積と再生産構造に占める位置との関連において歴史的，社会経済的に把握，理解されるべきである。

したがって，共済事業が国家の貧困な社会保障政策を無批判的に容認し，それに代替するような事業の推進を行うことは，協同組合運動の理念に照らしても問題なしとしない。共済団体間の連携・連帯のもとに社会保障・社会福祉拡充のための国民的運動を組織し展開して行くべきであり，その点にこそ協同組合運動としての存在意義が認められるのである。労働者共済運動としての全労済の長期計画（80年６月～90年５月）では，この点について「組織活動の基本方向」の中で「社会保障闘争，いのちとくらしを守る運動への参加」として位置づけている(9)。

しかし，社会保障・社会福祉拡大運動は「組織活動の基本方向」の中にではなく，「1980年代労済運動の基本的視点」の中に積極的に位置づけ，労済運動としての機能・役割を果たして行くことが望まれる。

4　共済事業の現代的課題

（1）資本主義市場原理の下での共済＝協同組合保険

近年の金融イノベーション下における生保会社と共済団体間の交渉・競合状態を保険史の歴史的転換期と捉え，「政治的抗争関係」に視点を置いて現状を把握，究明しようとする見解がある[10]。そこでは，通説における共済の「アウト・サイダー」論に対して，現在進行しつつある保険会社，銀行，証券会社と共済事業との間の提携関係の形成に着目して「アウト・アウトサイダー」論が展開されている[11]。この「アウト・アウトサイダー」論の是非はともかく，労働者共済，とりわけ職域共済事業（たとえば警察職員生協，全国酒販生協あるいは全国たばこ販売生協など）としての共済団体の動向は，共済運動の立場からも新たな問題を提起している。

こうした動きが社会経済構造の変化を要因としていることは言うまでもない。したがって，保険・共済事業の歴史的変遷の中で重要な転換期を成すと考えることには基本的に異論はないであろう。

周知の如く，わが国における協同組合保険は，日本資本主義の特殊な歴史的条件のもとに戦後の各種協同組合法の施行を契機に協同組合共済として生成した。高度成長期を経て，農協共済や全労済，共水連などの共済団体が事業基盤を確立する一方で，共済生協の創設が相次ぎ，今日共済事業は広汎な市民権を獲得しつつある。しかし，共済が協同組合に組織基盤を置く保険事業である限り，資本主義の市場原理の影響を回避することはできない。協同組合保険としての共済事業は，もとより大数法則にもとづく危険偏差の安定，危険の分散によって事業経営の存立を図らなければならない。それゆえに，たえざる事業規模拡大志向が共済事業それ自体に内包されているのである。

（2）共済＝協同組合保険実践のあり方の再検討の必要

わが国における共済事業はようやく40年の歴史を経て自立化しつつあり，資本主義経済法則にある面では適合し，協同組合運動としての理念を貫徹していかなければならない。折から，金融自由化・国際化，高齢化社会への移行あるいは高度情報社会など，市場を取り巻く社会経済環境の変化の中で協同組合運動としての真価，存在価値が問われている。

近年，とくにヨーロッパでは協同組合の株式会社への退化傾向が現われはじめている。たとえば，1973年にオランダの生協連合会コープ・ネーデルランド Co-op Nederland はチェイン・ストアのショールテン Scholten に買収された。また，西ドイツの消費生協は持株会社コープ中央株式会社を設立し，その後コープ中央は卸売・生産事業を吸収・合併しただけでなく，傘下の単協と一体化してコープ株式会社となった(12)。さらに，1986年にフランスの生協連合会 FNCC が経営の悪化から解散した。こうした事実から資本主義下における「協同組合は，純商業的な施設であり，また競争の諸条件に圧迫されているため，ブルジョア的な株式会社に退化する傾向(13)」を絶えず孕んでいるとのレーニンの指摘が想起される。

わが国の共済事業はまだ歴史的経験も浅い。保険業法とは別の各種協同組合法にもとづいて存在している。管轄の行政監督省庁もそれぞれ異なるが，農業協同組合法のように戦後の国家の農政の中に組み込まれて農業構造の転換，すなわち農民・農業の資本主義的階層分化をすすめる重要な機能・役割を担ってきたという事実も否定し難い。こうした特殊な歴史的過程の中で協同組合運動としての理念・目的を実現する取り組みを実践してきたことを否定するところではない。しかし，日本資本主義の発展・変化の過程で組織，組合員あるいは経営などにかかわる問題が一定の影響を受けてきたこともまた事実である(14)。

保険会社と共済団体間の提携問題も，わが国の共済事業史の特殊性と現在の日本資本主義の特質および両者の経済的な力関係の優劣の反映として理解されるべきである。こうした認識に立って協同組合運動の一環としての保険（共済）実践のあり方の再検討が現代的課題として提起される。

（3）共済事業に望まれること

1970年代前半のドル・ショックと第一次オイル・ショックを契機として先進資本主義諸国の全般的危機が深化する中で，国家＝独占資本は国民大衆に対する反動的政策を強化してきた。しかも，それは巧妙な世論形成を媒体にして具体化されたのである。わが国における臨調路線はその典型と言える。近年における経済環境の変化として捉えられている金融自由化・国際化，高齢化社会への移行あるいは高度情報社会到来など――それら自体資本の強蓄積の矛盾の反映なのだが――が，国家＝独占資本の反動的政策の隠れ蓑として援用されている。

このような状況の下で，とくに社会保障の領域が民活論を挺子として市場原理に委ねられつつある。一兆円市場と言われるこの領域と生存保障＝貯蓄商品をめぐって保険会社，簡易生命保険，都市・信託銀行，証券および共済事業が競合している。

共済事業の場合には，事業遂行の過程で事業目標額達成を至上命題とすることによって協同組合運動の「階級的意義」が軽視されたり，麻痺したりする危険性をたえず内包している。それは共済の仕組みが保険商品と同じ技術的基礎に立脚しており，保障仕組みの高度な代替性に関し，営利保険に追随する可能性をもっているからである。こうしたことから，現在の共済事業に望まれることは，国家＝独占資本の支配・搾取に対して国民諸階層の生存権の確立と生活防衛のための広汎な運動を組織し，展開していくことであろう。

注

（1）1995年の保険業法改定を受けて損害保険料率算出団体に関する法律も改定され，届出制や付加率アドバイザリー制度の導入などの規制緩和措置が講じられた。日米保険協議を受けて1997年6月の保険審議会「報告」と金融システム改革法の成立により，1998年12月1日より遵守義務が廃止されることになった。日米保険協議において算定会料率の遵守義務廃止が7月までとされたため，実際には同年7月1日から遵守義務が廃止された。

（2）笠原長寿遺稿集刊行会『協同組合保険論集――笠原長寿博士遺稿集』，p.27以下を参照されたい。共済保険研究会，1982年。

（3）政府はこうした政策を推進するために，同時に簡易生命保険・郵便年金資金の運用対象についても資金の効率的運用を図るための措置を講じている。郵政省の「簡保・年金資金の今後の運用のあり方に関する研究会」の中間報告（6月）では，株式への運用の拡大を提言した。

（4）『Insurance 生保版』第3232号，1986年。

（5）『Insurance 生保版』第3214号～3216号を参照されたい。1986年。

（6）鹿野一男氏は本調査結果を分析しながら，農協共済の今後の推進活動のすすめ方について問題提起している。鹿野稿「生命共済・保険の加入構造――組合員の共済・保険に関する調査」，『共済季報』第10号，全国共済農業協同組合連合会，1985年。

（7）昭和60年保険審議会答申の全文は『Insurance 生保版』第3178・3179号（1985年）に掲載されている。

（8）押尾直志稿「社会保険と保険理論――帝政ドイツ社会保険を中心に」，『保険学雑誌』第507号，1984年，および「イギリス社会保険制度創設の意味」，同誌第513号，1986年。

（9）「他の大衆組織と連携しながら，中央，地域それぞれの段階で生活を守る闘い，社会保障推進の闘い，平和と民主主義を守る闘い等，積極的に参加，推進していきます」と述べられている。

（10）藤田楯彦著『金融変革下の労働者共済と生命保険』（広島修道大学研究叢書第30号），1985年。

（11）同上，とくにp.38以下。

（12）生活問題研究所編『イタリア協同組合レポート――暮しを変え，地域を変えるプログラム』，pp.203～204，合同出版，1985年。この消費生協の転換は税制上の理由や資金獲得上の理由から行われたのではなく，戦後生協のみならず保険，住宅，金融，旅行などの協同組合を作ってきたドイツ労働総同盟が，協同組合運動再編成を目的にした行動の一環であったとする見方もある。

（13）レーニン稿「協同組合についての大会決議草案」『レーニン全集』第16巻，大月書店，1956年。

（14）1985年10月12・13日の両日，東京農業大学を会場として開催された第5回日本協同組合学会大会におけるシンポジウムで「協同組合制度をめぐる諸問題」がテーマとして取り上げられた。問題提起をした山本修教授は，協同組合制度が戦後40年を迎えて組合員の経済的性格，組合をめぐる市場構造ならびに組合の経営体的性格の変化などにより制度と実態との間に矛盾が生じてきており，行政による保護，規制政策のあり方についても再検討の時期に来ていると趣旨を説明した（日本協同組合学会編『協同組合研究』第5巻第2号，1986年）。

　ところで，政府・厚生省が予定している生協法見直し―主として生協出店に対する都道府県知事の認可制，員外利用に対する罰則強化および広告規制など―による行政の規制強化が懸念されるが，将来何らかの形で共済事業に対する規制強化へのスプリング・ボード（spring board）とならないとも限らない。現在，保険・共済一元的規制論は表面上影をひそめているが，国家・政府の立場からすれば，共済事業に中間階層の生活保障機能を果たさせることによって再生産構造の円滑化を図ることが可能となる。保険・共済の「共存共栄」論の意図はこうした理由によるものと考えられる。したがって，共済事業に望まれることは，制度と実態との乖離・矛盾などについての改善に主体的に取り組んで行くことである。

第11章
イギリスの社会保障制度改革と民間保険事業

1　イギリスの社会保障制度改革における民間保険事業の役割

著者は1991年３月から1993年３月までの２年間，イギリスのケント大学（University of Kent）の School of Social Policy, Sociology and Social Research で visiting fellow（客員研究員）として研究に従事した。

イギリス滞在２年目の1992年は『ビヴァリッジ・リポート（“SOCIAL INSURANCE AND ALLIED SERVICES”: REPORT BY SIR WILLIAM BEVERIDGE, 1942.)』と国際労働機関（International Labour Organization, ILO）の『社会保障への途』（1942年）が出版されてからちょうど50年目という節目を迎える年であったので，社会保障の先進国といわれるイギリスで社会保障制度改革がどのようにすすめられているか，また社会保障制度改革に民間保険事業がどのような関係を持っているかという問題意識を抱いていた。

そこで著者は，これまでの研究過程でその見解に注目し，批判的に考察，引用したことのあったビクター・ジョージ[1]（Victor George）の研究室に籍を置かせてもらった。保険経済理論を専攻する著者が，関連するとはいえ，専門外の社会政策分野を在外研究の受入先として選んだ理由は，サッチャリズム（Thatcherism）・新保守主義（New Right）と呼ばれるイデオロギーにもとづく社会的サーヴィス・社会保障制度改革を柱とする「福祉国家政策」の見直し，再編に対し，「福祉国家政策」の堅持，充実・発展を機軸に社会主義への漸進的移行の理論化を試みる民主社会主義的社会政策論から批判的に学ぶべき点があるのではないかと考えたからである。

民主社会主義的社会政策論は従来の「福祉国家論」（Theories of Welfare State）あるいは「ネオ・コーポラティズム[2]」（neo-corporatism）とは若干異なる。公的な福祉サーヴィスと私的な福祉サーヴィスに格差がありすぎるので，公的福祉サーヴィスの「質」的あるいは「量」的充実を図ることによって「福祉国家政策」を維持し，国民の「意識的コントロール」を高め体制変革の可能性を追求する立場である。

わが国においてもオイル・ショック以降，経済成長が減速する中で，政府（経済企画庁）は1979年に「新経済社会７カ年計画」を発表し，地域連帯と自助努力による「活力ある福祉社会」の実現を柱とする「日本型福祉社会」構想を打ち出し，社会保障・社会福祉見直し政策＝民間活力導入政策を採用した。

本章では，イギリスのサッチャリズム・新保守主義にもとづく社会保障制度改革における民間保険事業の役割を，民主社会主義的社会政策論の社会保障制度改革に対する提言・主張を検討しながら，わが国の社会保障制度改革における民間保険事業への市場開放と関連づけて考察する。

2　イギリスの社会保障制度改革

（1）イギリスの社会保障制度と社会サーヴィス体系

イギリスにおける社会保障制度に関する体系あるいは概念で，社会保障より上位に社会サーヴィス（Social Services）が置かれる。社会サーヴィスというのは狭義の所得保障としての社会保障と，国民保健サーヴィス（National Health Service, 以下，NHS と略記する），対人的社会福祉サーヴィス，住宅サーヴィス，あるいは教育サーヴィスを全部網羅した概念として使用されており，社会保障よりも上位概念として社会政策の中で扱われている。

イギリスでは『ビヴァリッジ・リポート』以降，社会保障については「所得保障」として捉える考え方が一般的であるし，民主社会主義的社会政策論の立場を採る論者も，基本的には伝統的な考え方に従っている。その点では，日本の社会政策論あるいは社会福祉論等で一般に理解されているような広義の社会保障とは必ずしも一致しない。日本でいう広義の社会保障は，社会サーヴィスに相当する。

イギリスにおける社会サーヴィスの体系は図11-１・２の通りである。

NHS で設置している病院，とくに老人福祉，障害者の福祉サーヴィスのための医療施設については，1990年の時点で民間の営利事業としての病院が3,611，非営利団体の施設が256，また老人・障害福祉サーヴィスのための入所施設数は

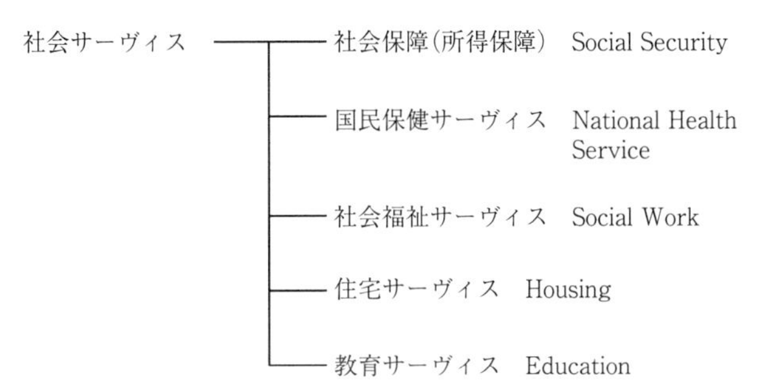

図11-1　社会サーヴィス（Social Services）の体系
出所：Hall, M. P., The Social Services of Modern England, 1960. George, V. and N. Manning, Socialism, Social Welfare and the Soviet Union, 1980. などにより作成。

地方公共団体の設置しているレジデンシャル・ホーム（residential home）が3,159，これも地方公共団体に登録しなければならないが，民間事業のレジデンシャル・ホームを設置している団体があり，そのうち営利会社が9,364，非営利が1,446となっている。老人福祉や障害者福祉サーヴィスは圧倒的に民間団体に依存している。そうした事情は日本とほとんど似たような傾向である。NHS についてもできるだけ改革に従って，民間団体の受入れ施設の充実や非営利のボランティア団体による福祉サーヴィスの提供を促進していくというのが特徴である。

（2）サッチャー政権による社会保障・社会福祉制度改革と民間保険事業の動向

サッチャー（Thatcher, M.）政権が誕生したのは1979年５月である。サッチャー政権は「小さな政府」を追求しながら社会保障制度の見直し，労働組合に対する規制の強化，あるいは国営企業の民営化をすすめた。とくに1984年11月に British Telecommunications plc を民営化したことに象徴されるように，国営企業の民営化に着手した。そのために，労働組合および国民の反発が高まり，各地で労働組合の闘争が広がった。炭鉱ストに対して思い切った規制措置を講じ，1985年３月には労働組合側が敗北した。

一方，社会保障についても年金や医療制度の見直し，あるいは民間の保険事業をはじめとする私的な福祉関連事業の導入，保護，奨励を図った。1985年には Green Paper and White Paper on ‘Reform of Social Security’ in England による公的年金改革案，1986年にはプライマリー・ヘルス・ケア（Primary Health Care : An

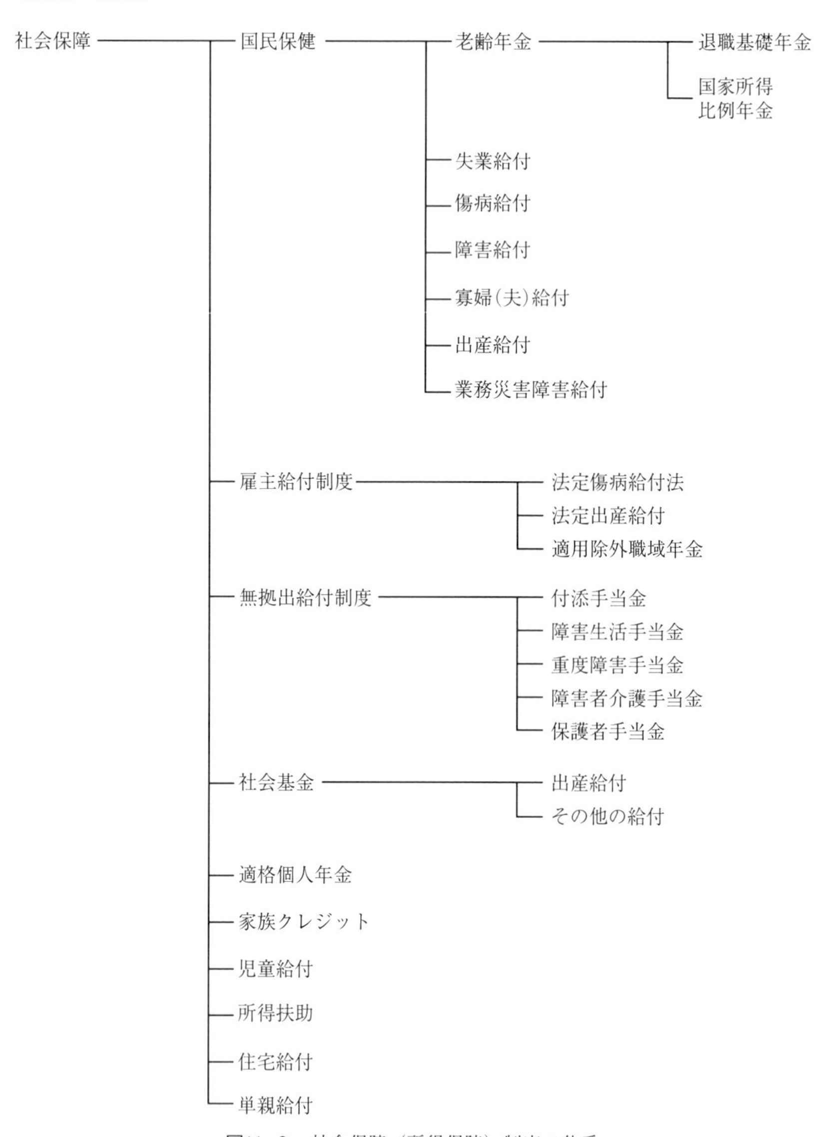

図11-2　社会保障（所得保障）制度の体系

注：国民保険の保険料率は被用者と自営業者，および所得によって四種類に区分されている。

Agenda for Discussion, Cmnd9771. HMSO）についての改革案が相次いで発表されるなど，社会保障の柱をなす年金あるいは医療制度改革を積極的にすすめた。

著者がイギリスに渡って1年ほど経ってから総選挙が実施された。選挙前には労働党が勝利を収めるのではないかとマスコミで予測されていたが，直前になって労働党の足並が乱れ，政策論でいま一つ国民の支持が得られなかったことが敗北につながったと見られている。保守党も大幅に議席を減らしたが辛うじて過半数を維持し，メイジャー（Major, J.）政権の続投となった。

メイジャー政権になって，社会保障・社会福祉政策における新たな改革は現在までのところ見られない。これまでのメイジャー政権の社会保障制度への対応を見ると，サッチャー政権時の政策を踏襲していく方針であろうと思われる。

しかし，財務大臣であったメイジャーからサッチャー首相への進言で実現した欧州為替相場メカニズム（European Exchange Rate Mechanism, ERM）への参加によって為替相場を安定させようとする政府・イングランド銀行の目論見は，ポンド危機（'ブラック・ウェンズデー'：Black Wednesday）のために巨額の損失を被り脱退することになった。財務大臣ラモント（Lamont, N.）の辞任も重なってメイジャー首相はますます保守党内部での指導力が問われ，政権そのものの存続が危ぶまれていると報道されている。今後，メイジャー政権がどのような社会保障政策を導入，展開していくのか，予測するのはむずかしい。

そこで，サッチャー政権のもとですすめられた社会保障制度改革をふりかえってみると，言うまでもなく財政問題を克服することを前提に，まず公的年金制度の2階部分である所得比例年金に対する国庫負担を減らすために民間の企業年金のみならず個人年金についても加入していれば所得比例年金への加入を免除し保険料を補助する積極的な保護・奨励・育成を図り，改革をある程度実現した。

また，民主社会主義的社会政策論者も指摘しているように，1980年代前半から半ばにかけて，私的健康保険が一時的にブームを呼んだ。最近では，そのブームもやや下火になり，社会保障政策と密接に関わっていたのかどうか，あるいは因果関係があったのかどうかということについての議論はされていない。民主社会主義的社会政策論では，社会保障改革によって医療保障に対する不安が私的健康保険加入の誘因となったというよりも，ECの市場統合を控えて保険会社の市場競争が激化したためであると見ている。つまり，市場競争の激化に対抗していく

表11-1a　新終身健康保険（New Permanent Health Insurance）

	1984年	1985年	1986年	1987年	1988年
新契約件数	97,300	143,400	168,300	145,000	135,300
被保険者数	247,200	340,600	384,900	467,600	741,400
保険料収入総額（万ポンド）	2,020	2,590	2,690	2,960	3,200
一時払保険料収入総額（万ポンド）	30	120	100	120	480

注：表中の数値はグループ事業と個人事業の両方を含む。
出所：Insurance Directoy & Year Book 1990-Volume Ⅲ, pp.700-702より作成。

表11-1b　終身健康保険（Permanent Health Insurance）

	1984年	1985年	1986年	1987年	1988年
保有契約高（件）	680,100	1,528,700	1,576,900	1,583,200	1,513,800
被保険者数見積り	2,219,000	3,064,000	3,325,000	3,473,000	5,027,000
年払保険料収入総額（万ポンド）	11,170	14,790	17,230	19,910	23,850

出所：表11-a に同じ。

ために，保険会社が積極的に健康保険商品開発に力を注いだ結果，1980年代前半から半ばにかけて私的健康保険のブームを引き起こしたのではないかという認識である[3]。

その裏づけとしての数字を見てみることにする。保険会社が扱っている健康保険の主な種類として，新終身健康保険がある。これに関しては，日本損害保険協会が資料を発行している[4]。そこでは「無期限健康保険」という訳語を当てている。保険の加入期間の問題であるから，いずれの訳語が適切かどうかはともかく，ここではとりあえず「パーマネント（permanent）」を「終身」と訳すことにする。

表11-1 aから明らかなように，新終身健康保険は確かに1980年代の中ごろにかなり高い増加傾向を示している。その後，契約件数は減少したにもかかわらず，被保険者数は増加傾向を辿っている。もちろん，被保険者には保険契約者本人だけでなく家族を含めての保障であることも増加の要因なのかもしれない。必ずしも民主社会主義的社会政策論で指摘されているように一時的なブーム，それが保険会社間の生き残り競争のための戦略の結果，増加したという理由だけではないと考えられる。

表11-2a　新個人年金（New Personal Pensions）

	1984年	1985年	1986年	1987年	1988年
新契約件数	660,000	1,024,000	734,000	913,000	2,614,000
年払保険料収入総額（万ポンド）	29,660	45,060	33,160	41,400	82,940
一時払保険料収入総額（万ポンド）	43,420	56,350	59,160	81,260	81,540

出所：表11-a に同じ。

表11-2b 個人年金（Individual Annuities）

	1984年	1985年	1986年	1987年	1988年
保有契約件数	747,000	727,000	748,000	715,000	713,000
年払保険料収入総額（万ポンド）	700	1,000	1,100	1,700	2,100

出所：表11-a に同じ。

保険料払込方法では，一時払い保険料は加入者の負担が大きいので，一般の平均的な所得水準の人たちの意識をそのまま反映しているかどうか，必ずしも数字通りには受け止められないが，1980年代半ばから後半にかけて一定の割合で保険料収入額も加入者数も増加している。そうした傾向は表11-1 bの終身健康保険においても同じように認められる(5)。また表11-2 aおよび表11-2 bからも明らかなように，私的年金保険事業も1986年社会保障法導入以降，急増している。

このように，保険会社が取り扱う私的健康保険や年金商品が，サッチャー政権の社会保障改革のもとで増加傾向をみたことは事業成績の上からも確認できる。

両者の相関関係を明確に証明することはむつかしい問題であるが，著者は社会保障制度改革＝社会保障の見直し政策は社会保障費を抑制するために給付水準・内容（対象・範囲など）を変更する以上，それを補完ないし代替し得る民間保険事業の役割が期待されているのは当然であると考える。「官業の民業圧迫」が取り沙汰される所以である。

いずれにしても，民営化路線を積極的にすすめることが，サッチャー政権の社会保障・社会福祉制度改革の特徴であったことは事実である。それは同時に，すべての国民に保障される社会保障の受給権ないし生存権そのものの剥奪という，より根本的な問題を含んでいる。従来，受給権を享受できた階層の人たちが，一連の改革によって基礎率の変更や受給額の削減などのために受給権を奪われる，あるいは生存することが困難になるという問題が出てきている。伝統的なイギリスの社会保障・社会福祉制度の理念である普遍主義（universalism）を見直しながら，社会保障・社会福祉の適用基準や受給権などに対しても選別主義（selectivism）を導入しはじめているのである。

サッチャー政権のもとで一連の社会保障・社会福祉制度改革が実施された社会・経済的背景についてはどうであったのか。

まず国内総生産（GDP）では，サッチャー政権12年間の大半は，経済は比較的順調に発展してきたといえる。就任直後の1980年には，2,312億3,300万ポンド，1985年には3,549億1,100万ポンド，そして1988年には4,664億7,700万ポンドまで伸びた。GDP の伸び率は1980年代を通じて高い水準を維持した。しかし，労働生産性や産出高は失業をふやせば上昇するとの指摘もある。

それにともなって物価も高い上昇率で推移した。1986年から1988年に３～４％の低い上昇率に留まっていたが，サッチャー政権の末期には８％から９％のインフレ率になった。著者がイギリスに滞在していたときは，10％くらいの物価上昇率だった。幸い著者の住んでいた借家の家賃は値上がりしなかった。

サッチャー政権下では教育面でも大幅に補助金を削減したり，地方自治体に責任を転嫁したので，自治体や大学当局も予算の配分や歳入の確保でたいへんきびしい状況に置かれた。それに加えて人頭税(6)（community charge）も国民の負担を増大させた。著者も１年半ほど人頭税を支払ったが，１カ月25ポンド位，日本円で4,5千円くらいであった。税負担・社会保障負担率も1970年代に比べて２％～５％増大した。

失業率は1985年～87年は10％近い割合で増加している。1989～90年頃は６％台に下がったが，それでも現在（1993年当時）失業者数は３百万人に上る。

また，EC 統合で人と物の往来が自由になったので，大陸から仕事を求めて流れ込む労働者が多くなり，パスポート・チェックを継続しながら，ビザの発給についてはかなり厳しい姿勢で臨んでいる。

イギリスの人口は5,700～5,800万人くらいであるが，人口構造に占める高齢者（65歳以上）の割合は，ここ数年15％台で，1990年では15.7％であった。これからずっと15%台で推移していくと予想されており，2010年には高齢化率はさらに上昇するのではないかと見られている。

（3）1985年および1986年の社会保障法による年金制度改革

次に，イギリスの年金制度を簡単に説明することにする。まず，年金制度の基礎的な部分（日本の基礎年金に相当する）として基礎国家年金（Basic State Pension）という制度がある。これは社会保険方式で，全国民が対象である。この制度では企業主が加入を義務づけられている。受給資格は男性が65歳，女性は60歳からである。サッチャーは1980年に基礎国家年金を賃金上昇率と物価上昇率の高い方に合わせて改定することになっていた制度について，物価スライド制を基準にすることに変更した。基礎国家年金の上乗せ部分として，被用者には３種類の選択肢がある。ひとつは，前述した国が行っている国家所得比例年金（State Earnings Related Pension Scheme, SERPS）である。これは1975年に創設されたもので，拠出制の所得比例年金である。中・高所得の被用者の場合には適用除外（contract-out）として職域年金としての企業年金や国家・地方公務員が退職した時の年金，あるいは適格個人年金がある。1988年には国家所得比例年金給付水準を25%から20%に大幅に減額するとともに，満額の年金を受け取るための加入期間を20年から2010年までに段階的に49年に延長し，給付水準を引き下げた。このため，適用除外を受け企業年金に加入する被用者が増えている。現在，この企業年金に加入している職域年金の団体数は，1992年６月の時点で166,053件，加入者数が約850万人，公務員年金は284団体，約425万人，職域年金の合計は登録数166,377団体，加入者総数1,274万人である。人口に対する加入割合はかなり高い。この企業年金を提供する主体は事業主で，事業主が保険料を支払う。被用者（従業員）が負担する場合もある。保険料は税制上，非課税扱いになる。これもやはり1986年の社会保障法によって特例が認められた。政府にとって国庫からの補助金をできるだけ減らし，私的年金の保護・育成を図っていこうというのが1986年の社会保障法改革のねらいの一つであった。

もう一つの適格年金の選択肢として，個人年金がある。国家所得比例年金に代替する老齢年金の上乗せ年金として税制上の特典が認められている[7]。1986年の社会保障法によって認められたものである。適格個人年金の登録数は154，加入者数は約470万人である。

年金制度は，それを管轄している職域年金委員会から，一定の条件を満たしていれば税制上の特典が認められる。この特典が認められる適格年金取扱団体は，これまでは生命保険会社だけであったが，対象範囲が広げられ銀行，ビルディング・ソサエティ（building societies），株式を中心として運用するユニット・トラスト（unit trust）および友愛組合（friendly societies）が年金の受託機関として新たに認可を受けることになった。1986年の社会保障法の改革は，年金の受託機関の範囲を拡張して私的年金の拡大を図っていくねらいもあったと考えられる。個人年金の受託機関の登録数は，1992年6月の時点で328団体，加入者総数702万人に達している。もちろん，重複して加入している人たちもいるであろうが，かなり高い加入割合にのぼっている。

以上，年金改革の問題点を整理してみると，まず年金の給付水準の見直しがあげられる。年金給付額の算定基礎は，退職直前の所得が基礎になる。これまでは20年という数値をとっていたが，現在では全勤労期間にわたって基礎率を求めることになり，それだけ分母が大きくなるので給付額が少なくなり，事実上の引下げになる。給付水準の対象所得はこれまでは25％であったが，現在は20％に引き下げられている。

寡婦（夫）年金は1986年の社会保障法の制定以前には，夫の国家所得比例年金を妻が全額継承できたのであるが，現在は半額減額されている。そのほかの改革の大きな柱としては，前述のごとく企業年金，個人年金の普及促進，個人年金の受託機関の範囲拡大等である。ただ，中小企業の中には企業年金に加入していないところも少なくないため，従業員への年金改革の影響が懸念される。彼らが個人年金に加入するには保険料は高く，経済的に困難である。

したがって，1985年の社会保障改革案を一部修正した1986年の社会保障法の改革は，国民に犠牲を強いる内容の社会保障制度の見直しであり，再編成であったと言わざるを得ない。

3　社会保障制度改革に対する民主社会主義的社会政策論の見解の検討

（1）社会保障制度改革に対する民主社会主義的社会政策論の見解

サッチャー政権のもとで推しすすめられてきた社会保障制度改革に対して，イギリスの社会政策論では，どのような立場を採っているかを見てみることにする。本章では，とくに民主社会主義的社会政策論に焦点を当て，その主張の特徴と問題点を探る。

民主社会主義的社会政策論の主張を要約すれば，以下の通りである。すなわち，今日の社会保障・社会福祉は，公的サーヴィスとそれを補完する民間のサーヴィスの格差が大きくなっているのが実情である。サッチャー政権のもとで，その格差はさらに拡大した。民間のサーヴィスの内容が充実しているにもかかわらず，公的サーヴィスは貧困である。

資本主義社会における社会保障の役割あるいは相互作用は，サッチャー政権のもとでいっそう後退した。社会保障制度は経済的あるいは政治的な面でシステムを弱体化していく傾向をもっている。社会保障の充実は勤労意欲を奪い，経済の活性化を喪失させるという議論が一方にあるが，他方で，資本主義体制そのものを維持していくという効果を併せもっている。

戦後労働党によって「福祉国家政策」が導入され，その後保守党も基本的にはこの政策を承認し，労働者に対して迎合するような政策を保守党政府でさえとってきた。

「福祉国家政策」はイギリスの二大政党の共通の政策であり課題であったが，公的サーヴィスが近年ひじょうに貧困になってきていることに反比例して，民間の福祉サーヴィスの内容が充実してきているため，格差あるいは二重構造が長期的な傾向として生じている。公・私間の格差の原因は保守党だけの責任ではなく労働党にも責任があり，戦後の政府の一貫した政策のツケが，公・私間の格差を生ぜしめてきた。

民主社会主義的社会政策論ではその対応策として，まず公的社会サーヴィスを「質」的にも「量」的にも充実させていくように政策の転換を図ることを求めている。社会保障は確かに資本主義の体制維持という側面をもつけれども，しかし，それにともなって国民の社会保障の充実に対する意識もまた変化する。そうなれば，積極的に社会保障制度の充実や改善に対して発言するようになっていき，国民が意識的にそれをコントロールしていく余地が十分あり得る。そういう意識的コントロールの拡大（具体的には議会制民主主義：著者）によって，従来の「福祉国家政策」を維持・発展させながら，資本主義体制を緩やかに前進させ，将来的には社会主義へ移行させていくことができるのはないか。

民主社会主義的社会政策論の特徴は，「福祉国家政策」そのものの存在意義を基本的に認め，その継続を前提に議論を展開するところにある。「福祉国家政策」が資本主義体制維持の役割を果たすことを問題視しながらも，社会サーヴィスを充実，発展させることによって国民の「福祉国家政策」に対する意識を喚起し，社会サーヴィスに対する国民的コントロールを高める可能性を追求しているのである(8)。

（2）民主社会主義的社会政策論の主張から批判的に摂取すべきこと

社会保障・社会福祉制度における「公」・「私」の「役割分担」あるいは「バランス」という問題意識は，「福祉国家政策」が本来的に「私的サーヴィス」を前提にして構築されていることを明示している。社会保障・社会福祉制度における「公的サーヴィス」と「私的サーヴィス」を同列あるいは同次元のものとして捉え，その「バランス」上，「公的サーヴィス」の「質」・「量」を充実させるべきであるとする民主社会主義的社会政策論の理解の仕方それ自体に基本的な問題点がある。それのみならず，もし「公的サーヴィス」の「内容」・「効果」が「私的サーヴィス」のそれと同じであるとするなら，両者の本質的な差異はなくなることになりはしないだろうか，という疑問も生じる。

ともあれ，イギリスの「福祉国家政策」における「公」・「私」の「役割分担」論・「バランス」論は民主社会主義的社会政策論においても踏襲され，社会保障・社会福祉制度の「理念」とはなにかについて，改めて問い直す必要が生じている。

わが国では政府機関が社会保障制度改革のために制度「理念」の見直しを始めており，社会保障の「理念」・「概念」における「国家責任」や「国民の生存権」の意味・内容が曖昧にされつつある。わが国はイギリスのような典型的な「福祉国家政策」を展開してきたわけではないにもかかわらず，社会保障制度改革目的に都合の良い政策を導入し，先進国間の協調政策として「社会保障制度」見直しに歩調を合わせている。

それでは，民主社会主義的社会政策論の主張はまったく否定されるべきであろうか。私はむしろそれを批判的に摂取し，社会保障・社会福祉制度の拡充という国民の共通の課題に労働組合や協同組合，あるいはさまざまな市民グループが連携し，不断に国民的運動を組織・展開していくべきであると考える。「社会保障の発展が，資本主義経済に対する人間の意識的コントロールの拡大をもたらす」という民主社会主義的社会政策論の仮説は，それによって初めて科学的根拠をもつと考えられるからである。

民主社会主義的社会政策論の主張は，共済団体や労働組合が社会保障改革にどのように対応していくかという課題に取り組むうえで，ひとつの参考になるのではないかと思う。

「公的福祉サーヴィス」を据え置いたり，削減したりする見返りとして「私的サーヴィス」に代替していくという日本の社会保障・社会福祉政策は，イギリスのサッチャー政権の下ですすめられた社会保障改革と同様，「公」・「私」の福祉サーヴィスの格差をもたらす結果につながる。「公的サーヴィス」を充実するための要求が当面まず必要である。

共済事業でできるところは率先して取り組むことによって，国民の支持や理解が得られるのではないか。共済事業には，民間のさまざまなボランティア団体とも提携しながら，福祉事業・サーヴィスの提供への取り組みが期待される。

4　社会保障制度の見直し阻止・拡充の国民的運動と社会保障の補完的役割

わが国では，先ごろ社会保障制度審議会社会保障将来像委員会が『第一次報告』を発表した。これは，社会保障制度を二一世紀に向けて総合的に見直していくという前提のもとに，社会保障制度の「理念」・「概念」，「公私の役割分担」などについて一定の「見直し」を行い，『中間報告』としてまとめたものである。これを見ると，社会保障の「理念」を，「みんなのために，みんなでつくり，みんなで支えていく制度」に求め，社会保障に対する国家責任を曖昧にし，国民の相互扶助であるかのような印象を与える定義づけをしている。社会保障制度がどのような経緯で今日まで発展してきたのか，あるいは国民の「生存権」がどのように確立されてきたのかが軽視されることになる。

社会保障制度を見直すねらいは，戦後半世紀以上を経て制度と実態とが一致しなくなったということよりもむしろ，臨調「行革」審のもとで推しすすめられてきた社会保障制度改革を既成事実化し，公的機関がオーソライズした「理念」・「概念」を前提に制度改革をさらに促進することにあると考えられる。社会保障制度の「理念」や「概念」を見直し「公」・「私」間の「役割分担」を明確にすることによって，意図的に民間事業，民間保険事業の代替的役割を重要視する政策である。

共済団体や労働組合は社会保障制度見直し政策のこうしたなし崩し的な後退を阻止し，さらなる拡充を求める国民的運動を展開するとともに，社会保障制度の補完的役割を果たす社会的使命を担っている。協同組合や労働組合など非営利協同自治組織による共済事業はあくまでも基本的な生活保障の実現を目的としており，民間保険事業のように支払い能力のある加入者に対し高額の保険商品を提供する事業とは本質的に異なっている。

注

(1)押尾直志稿「社会保険と保険理論――帝政ドイツ社会保険を中心にして」日本保険学会編『保険学雑誌』第507号，1984年。なお，ジョージの著作については，Social Security and Society, 1973. George, V. & Manning, N., Socialism, Social Welfare and Soviet Union, 1980. あるいはGeorgeV. & P. Wilding, Ideology and Social Welfare, 1985.などを参照されたい。

(2)第二次大戦後は，ネオ・コーポラティズム（neo-corporatism）とは政府と利益団体，あるいは労働組合と経営者団体が協調して政策立案・政策決定などの利害を調整する政治的形態をいう。

(3)Papadakis, E. & P. Taylor-Gooby, The Private Provision of Public Welfare, 1987. pp. 172-173.

(4)日本損害保険協会業務開発室『保険監督法制海外調査報告書　イギリス編』，1989年。

(5)保険年鑑（Insurance Directory & Year Book1990-Volume Ⅲ.）によれば，終身健康保険とは疾病や障害による就業不能中の所得補償を提供する保険であり，5年以上の退職年齢までの保険期間で，個人か，または従業員に対する保障準備をしようとする雇主にグループ単位で販売される。保険会社の中には，新終身健康保険を長期保険（主に生命保険事業）分野でなく，損害保険事業分野に分類している会社もある。周知のように，イギリスでは健康保険市場の9割以上をBUPA（British United Provident Association）が占有している。イギリスにはNHSの創設前から寄付によって賄われている私営医療機関が資金を拠出して運営している hospital contributory scheme や provident association という非営利組織（not-for-profit）による医療給付サーヴィスの提供を目的とした provident scheme がある。主に中産階級を対象とし，メンバーは定額の掛金を支払う。病気の時は scheme の提携先の病院で一定の医療サーヴィスを受けることができる。NHS において問題となっている長い待機もなく医療サーヴィスを受けることができる。制度の非営利性のみをもって「共済」と捉える見解もあるが，メンバーが組織・運営に民主的に参加し，意思決定にかかわる仕組みなどが確保されていなければ協同組合や労働組合等の非営利協同自治組織による保険＝共済と同一視することはできないであろう。イギリスにおける医療保険の最大手 BUPA はこうした provident association のいくつかが合併して設立された。BUPA 以外にも医療保険を取り扱う provident association が存在している。これらは the Industrial and Provident Societies Act 1965にしたがって登録されている（Gorsky, M., Morhan, J., and T. Willis, Mutualism and Health Care, 1958.）。

（6）人頭税（community charge）は1989年４月からスコットランドで，また1990年４月からイングランドで導入された。

（7）企業年金の場合，企業負担分はすべて損金として非課税になる。また，自営業者や企業年金の対象とならない中小企業の従業員を対象とする個人退職年金制度の税制上の優遇措置として，拠出金に対する所得税は全額免除されている。ただし，当該制度について内国歳入庁（Inland Revenue）の承認を受けなければならない。

（8）民主社会主義的社会政策論は現状の社会保障制度において住宅サーヴィス及び教育サーヴィスについては不服申し立て制度によって法的に権利が保護されているが，他の社会サーヴィスについては十分でないと述べ，立法的措置が急務であることを指摘している。しかし，その手段・方法については言及されていない。民主社会主義的社会政策論では「階級闘争」という視点がないため，議会制度を通じてその実現を図ることを想定しているものと考えられる。

第12章
保険事業における規制緩和政策と共済事業の課題

1　保険事業における規制緩和政策の下での共済事業の課題

保険事業に対する監督法である保険業法が1995年に抜本改定され，翌1996年4月1日に施行されたのを受けて，同年10月1日より生保・損保系子会社17社がそれぞれ営業を開始し，事実上生保・損保相互参入が実現した。改定前の保険業法における生保・損保兼営禁止規程を残しながら，曖昧な第三分野保険の範疇（第3条第4項・5項）を設定したり，「保険会社の子会社の範囲等」の規程（保険業法第106条）を導入することによって生保・損保相互参入あるいは金融再編を指向した規制緩和を図ろうとするのが行政のねらいである。

しかし，第三分野保険，とりわけ傷害保険販売認可の取り扱いをめぐって日米保険協議が紛糾し，アメリカ通商代表部（Office of the United States Trade Representative, USTR）との協議が繰り返された。最終的に日本側が譲歩する形で基本合意に達したが，これは当初から予測された通りの結果であった。妥協内容は，生保系損保子会社には，とくに積立傷害保険や学生傷害保険，あるいは海外・国内旅行傷害保険など市場性の高い傷害保険の解禁を2001年まで先送りするとともに，損保系生保子会社にもガン保険や医療保険の単品の販売を認めないこととするという，いわゆる激変緩和措置である。

保護行政のもとで確保されてきた大手保険会社の既得権益を守りながら外圧に対応しつつ，すでに広く市場が開拓され，分割・占有されている自動車保険分野については通信販売方式を認可し，自動車保険料率の自由化に踏み切ることになった。1997年4月より自動車損害賠償責任保険制度に全労済8グループ(1)が参入することが承認される見通しになっており，自賠責保険・自賠責共済を含めた自動車保険・自動車共済市場の競争はいちだんと激しくなることが予想される。保険事業における規制緩和政策は，このように一部共済事業・共済団体を巻き込み急激に競争部面を拡大しながら展開される様相を呈している。

ところで，改定保険業法は改定前の保険業法と同様，「協同組合保険」を「保険事業」の範疇に含めないまま従来の保険業法の誤謬をそのまま踏襲し，排他的，非科学的ないし非現実的な「定義」を下すに至った。改定保険業法の施行を機に各種共済団体において，改定保険業法の内容，共済事業への影響，さらには共済事業として今後どのような対応を図っていくべきかなどについて議論が展開されている。それらの議論に共通しているのは，共済事業も今後，否応なく市場競争に巻き込まれていくことになるであろうから，事業のいっそうの効率化・健全性の確保に努めるべきであるとか，保険事業も共済事業も同様の事業内容なのだから，同じようなルールで規制される可能性があり，（有事を想定して）破たんした場合の法整備が急務であるなど，協同組合運動・事業としてのあり方を追求するのではなく保険制度改革に追従するような議論に終始している。

著者はこれらの議論にはにわかに賛同し難い。改定保険業法に具体化された保険制度改革は，いうまでもなく金融制度改革に方向づけられた市場戦略に沿った内容であり，保険事業は銀行および証券業と一体化して再編成されようとしているのである。しかし，協同組合運動・共済事業は国民の生存・生活条件の改善・向上を理念・目的としており，資本蓄積優先の金融・保険制度改革とは本質的に立場を異にするからである。

著者は保険業法の改定によって，保険事業と共済事業とはむしろはっきりと異なる性格を与えられたと認識している。

本章では，このような問題意識に立って，保険事業における規制緩和政策の下で共済事業はどうあるべきか，なにをしなければならないかなど，共済事業の課題を論ずることにした(2)。

2　規制緩和政策とそのねらい

（1）規制緩和政策の進展

規制緩和政策は今や，先進国全体に及び，国際的規模で展開されつつある。規制緩和政策は，経済構造，行政，財政，金融システムばかりでなく，国民生活のあらゆる領域にわたって実施されるべき金科玉条であるかのごとく論じられ，また受け止められる風潮にある。しかし，国民生活にとってより密接なかかわりをもつ社会保障分野や教育分野への導入については，国民にもっと開かれた議論の場が提供されるべきであるし，国民の意思が広く反映されるべきである。

第140回通常国会開会（1997年1月19日）に当たり，橋本龍太郎首相は施政方針演説の中で社会保障分野の改革について，給付と負担の均衡をはかることを課題としながら，国民の十分なコンセンサスの得られていない「介護保険法案」の今国会成立を目指す考えを明らかにした。それは，高齢社会に向けた政府の介護問題への対応の責任からだけでなく，この「介護保険法案を出発点とした社会保障改革」の断行，すなわち「適切かつ効率的な医療サーヴィス」による公的保障の切り捨て，自己負担への転嫁のシステムの確立を目指しているからにほかならない。国家規制は戦後の資本主義経済体制の安定・発展を図り，国際協調と大企業の利益擁護のための秩序・ルールとして必要であった。しかし，資本主義経済の構造的矛盾がいっそう深化するとともに，独占資本による国境を越えた資本蓄積強化のために規制緩和は先進各国にとって緊要な課題となったのである。

わが国の規制緩和政策導入は，ドルに依存した輸出経済の行き詰まりと，アメリカやEUからの規制緩和要求の圧力の高まりを背景としている。橋本首相による「日本版ビッグバン構想」（「我が国金融システム活性化のために」，1996年10月）も，EUの通貨統合を視野に入れたアメリカ・EUの国際的な市場戦略のための条件整備に向けたタイム・スケジュールに沿っている。それゆえ，規制緩和政策とは，国際的規模のメガ・コンペティション（mega competition(3)）による新たな資本蓄積強化のための経済戦略と捉えることができるであろう。

（2）規制緩和政策のねらい

政府の市場介入と保護政策がすでに行き詰まり，国家財政も破たんを来している中で規制緩和による産業再編を早急にすすめるためには，金融再編が不可欠となる。金融再編は当然資本の国際化・グローバル化に対応した性格をもつ。国際収支不均衡と金融・保険保護政策による市場の閉鎖性あるいは国民貯蓄率（もとよりそれは債務率を意味する）の高さから，アメリカやEUは日本の市場開放を強く要求したと考えられる。しかし，わが国政府・財界が諸外国からの規制緩和要求を，国内大企業の利益に合致する方向で展開しつつあることはいうまでもない[4]。

規制緩和政策の目的を，「事業経営の健全性・効率性の確保」と「利用者利益の向上」に求めながら，競争の拡大による経営破たんとそれにともなう支払不能のリスクを，当該業界・企業のみならず利用者自身の「自己責任」に転嫁することで行政は規制緩和の否定的影響についての監督責任を巧妙に回避しようとしているのである。このことからも，「消費者保護」に対する行政の姿勢は明らかである。規制緩和政策の導入は，社会秩序・ルールを無視して大企業の蓄積強化を促進することにほかならないと言っても過言ではない[5]。

3　保険事業における規制緩和政策の要因

（1）大企業中心の産業再編に対応した金融制度改革

保険審議会は保険業法見直しに向けた一連の「答申」・「報告」等の中で，保険制度改革の必然性について，「経済・社会環境の変化と国民のニーズの変化への対応」,「金融の自由化，国際化の流れに沿った制度の見直し」ならびに「国際的調和の要請への対応」の三点を繰り返し指摘している。経済構造の変化は大企業中心の産業再編に対応する金融制度のあり方の見直しを求め，銀行を中心にして保険事業と証券業をも含めた広範囲な金融制度改革＝再編へのプログラムを準備させるに至ったのである。

それは，わが国の国際貿易収支の黒字減らしに対するアメリカ・EU からの市場開放要求への対応という意味での「国際的調和」と，国内大企業の収益基盤の整備を目的に導入されることになった事実を如実に示している。

国際為替・通貨体制，貿易収支の安定を目指す先進各国の協調体制と互恵主義を原則とする経済のブロック化の進展に向けた規制緩和政策は，資本の集中・集積の戦略の新たな展開と捉えられる。わが国の金融制度改革がこうした大企業の国際戦略に方向づけられたものであると理解されるとすれば，保険制度改革への国民の期待は大きく裏切られることになるであろう。

（2）保険事業における規制緩和政策導入の要因

保険事業の根拠法である保険業法の抜本的見直しは，保険事業固有の保障・補償機能を金融機能一般に還元する方向ですすめられた。保険事業における規制緩和政策の導入は，保険市場の構造と大手保険会社の経営戦略などの内在的要因からもまた，同時に要請されるものであったといえる。保険業法を根拠にした大蔵大臣の強力な監督保護を受け，保険料率カルテル（生命保険事業の場合も大蔵大臣の許認可を通じて事実上保険料率カルテル体制を採用していると考えられる）を中心とする「護送船団体制」のもとで，保険料収入の増大と新契約獲得を目的とした過当競争が展開されてきた。料率カルテル体制下の「差額地代的超過利潤」を源泉とした事業拡大と系列取引による大手保険会社を中心にした過当競争の結果，保険市場の寡占化がすすみ，また市場は狭隘化した。保険事業における過剰な人海戦術と営業投資，保険商品の差別化・細分化の進展は保険契約の大量の解約・失効等の泡沫化を引き起こした。保険市場は飽和状態となり，保険制度が本来待つ「社会性・公共性」は高まったが，保険事業の資本企業経営との矛盾も同時に顕著になったのである。

保険市場の狭隘化は，いきおい保険経営における金融業務への依存度を強めることになる。保険行政はバブル期に保険業法施行規則を見直し，不動産投資や外国証券投資などに関する規制を緩和してきた。現在，政府，公正取引委員会，ならびに金融制度調査会等で準備がすすめられている「持株会社解禁論」は，まさに金融における資本集中・集積の具体化のための法整備である。改定保険業法における相互会社から株式会社への組織変更(6)，生保・損保兼営，さらには海外現地法人の株式所有・取得(7)等，すべて「持株会社解禁」をにらんだ見直しである。

保険事業の規制緩和を促進する要因には，保険行政・保険事業に内在するこのような諸要因のほかに社会保障制度における保険方式の採用と国民負担率の増大，保険給付の引き下げ，中小・零細企業における企業（職場）保障の貧困，あるいは企業の多国籍化や情報化・ME（microelectronics）化にともなう保険取引の国際化の進展など外圧的要因を加えることができよう。

4　保険事業における規制緩和政策の問題点

（1）保険業法改定と監督行政権限の強化

政府・大企業によってすすめられている規制緩和政策がいかなる背景のもとで

導入されてきたか，それが何をねらいとしているか，またどのような問題を含んでいるかについて一瞥した。

保険事業における規制緩和政策は内外の諸要因の影響を受け，保険業法の見直しとして具体化された。その立法目的は，「競争の促進を図るとともに，保険事業の健全性と公正な事業運営の確保を目指し，それによって保険契約者保護，利用者利益の向上を実現する」ことに求められているが，それが目的に適うものかどうかを，次に考察することにする。

改定保険業法は第1条で「目的規定」を導入し，保険監督行政の責任の所在を，「保険事業の公共性にかんがみ，保険会社の業務の健全かつ適切な運営及び保険募集の公正を確保することにより，保険契約者等の保護を図」るとして，初めて明文化した。とくに，保険監督理念の主要な柱を成す「保険契約者保護」に関して，保険契約者保護基金の設置(8)，募集文書図画への保険契約者配当・剰余金の分配についての記載(9)，他（社）の保険契約内容との比較(10)，生保募集人の一社専属制の緩和(11)，ディスクロージャ(12)あるいはクーリング・オフに関する規程(13)など，新たな緩和措置を講じている。

監督行政責任者である大蔵大臣は，保険事業免許の認可申請から保険料率・保険約款，事業方法書あるいは財産利用方法書などの基礎書類の審査をはじめ，各種法定準備金の積み立て状況など決算書類すべてにわたる監督検査を通じて，保険会社の事業内容の健全性をチェックする。保険会社の経営破たんにともなう支払不能による保険契約者の被害を未然に防ぐ責任を有するためである。これらは，規制緩和政策導入に対する大蔵大臣の監督責任の強化を目的とする規定であるが，同時に監督権限の強化をも意味している。

しかるに，金融不祥事や許認可行政にかかわる政官財癒着問題（天下りを含む）をめぐるスキャンダルあるいはバブル経済と多額の不良債権の発生を招いた金融・保険行政の責任については，行政も財界も被害者然としてその責任を不問に付したままである。

（2）保険事業の社会的使命と規制緩和

ところで，保険は，運営主体――その性格は一応ここでは別にして――が社会経済のリスクを認知，測定し，多数の経済主体を結合して，保障・補償手段を実現する，きわめて高い「社会性」を有する制度である。保険事業は経済活動や社会生活の維持・回復の役割を担っており，安定的な保障・補償機能の遂行こそが独自の社会的使命である。

保険事業が私的，資本的に経営されるとは言え，保険事業全体のキャパシティの確保は不可欠であるし，また社会的に要請されていることでもある。保険会社に対するこのような社会的要請からすれば，「護送船団体制」の下で形成されてきた企業間格差とその矛盾を温存したまま，行政が大手保険会社の寡占化を促進し，体力のない保険会社の経営破たんを引き起こすような規制緩和措置を講ずるのは，行政の立場として決して望ましいことではないであろう。

今日のような無秩序な規制緩和は，長年にわたる慣習，過去の教訓と国民の多大な犠牲を代償に確立されてきた一定の秩序とモラルを「力の論理」に委ねることになる。

保険事業が資本企業によって経営される以上，市場競争を排除することは不可能であるし，むしろ行政が指摘するように「経営の効率化」・「事業の健全性」を促進するうえでかえって阻害要因になるであろう。金融制度改革に名を借りた金融メガ・コンペティションのための理念なき規制緩和への没入こそは，金融業態ごとの固有の機能と長年蓄讃されてきた技術・信頼関係を雲散させてしまいかねないおそれがある。保険固有の技術・経験・経営および国民経済上の信頼関係の形成からすれば，保険制度は理論的にも実務的にも金融制度一般に解消されるべきではないであろう。

しかるに，改定保険業法にも示されている通り――「業務の範囲[(14)]」についての規定では，保険の引受けと金融機能を等置させるとともに，第108条以下の「海外現地法人の株式等の所有」についての規程では，金融他業の兼業化を方向づけている――，保険制度改革は金融制度改革の一環として明確に位置づけられているのである。また，保険数理の事前的性格からしても――保険技術的危険に対する配慮から行われている，安全割り増しにも影響する――，保険経営は金融業務への依存度を強める危険性を孕んでいる。過去の史実が示すように，「規制緩和・自由化」が保険事業に及ぼす影響は決して少なくない。

現在，政府・財界がすすめている規制緩和政策の背景やねらいを踏まえて，保険事業における規制緩和をめぐる問題点を検討すると，真に国民の立場に立った改革とは程遠い感を否めない。

5　改定保険業法の施行と共済の役割

（1）改定保険業法の施行と過当競争下の諸問題

改定保険業法とそれにかかわる政省令には，とくに第三分野保険に関しては不透明な規程や行政の裁量の余地を残した部分，あるいは解決を先送りするような内容がかなり含まれている。

従来の慣行であった生保・損保両業界の利害調整は，1996年12月14日の日米保険協議の基本的合意によって事実上崩れ，アメリカやEUとの政治レヴェルでの協議にもとづきながら運用されていくことになると考えられる。今後の行政の対応に注目していかなければならない。

しかし，いずれにしても大量の解約・失効契約，生保・損保市場の寡占化あるいは法人市場の系列化の促進，特定大口契約者に対する保険料の大幅なダンピングやリベート，変額保険訴訟における生保会社側の有罪判決裁定，多額の不良債権の発生，無理・義理募集や作成契約，銀行等の保険募集違反行為，あるいは国民生活センターや生保・損保協会内の保険相談窓口でもっとも相談件数の多いセールス・トークをめぐるトラブル（告知事項や他社商品との比較，配当など）など，保険募集制度を含むさまざまな問題を放置したまま，行政が「規制緩和・自由化」をすすめることになれば，「保障・補償機能の充実」はもとより，「保険契約者保護」・「利用者利益の向上」を期待することはできない。

（2）改定保険業法の施行と共済への影響

過当競争によって引き起こされたこのような諸問題が，競争のいっそうの激化のうちに看過されることになれば，共済事業領域が保険事業との競合によって侵食されていく可能性は十分あり得る。

保険市場の過当競争は保険料収入の増大と新契約獲得をめぐって，新設会社，商品，価格あるいは募集方法など，いずれの面でも，今後共済事業を脅かす要因となることは避けられないであろう。

共済事業規模は今や組合員数（共済契約者数）が5,000万人を超過し[15]，社会的に固有の存在意義を確立しつつある。共済事業と保険事業とが競合する領域はますます拡大するものと考えられる。共済事業においても，保険市場との同質化・ボーダレス化がすすんでいる。

また，つとに指摘されていることではあるが，共済組合の組合員意識の希薄化傾向とともに，利用者化＝顧客化の増加は実際否定できない現象である。ただ，この傾向は国民・消費者が生活保障手段の重要性を認識する契機を与えることになった。個々人は自らにより適した，より良質の生活保障手段を選択するようになったのである。共済加入者は共済事業を通じて協同組合運動の意義・役割とその有利性・優位性を実感するようになってきたのである。共済事業の発展はその意味で協同組合運動の理念・目的を広く具現していると考えられる(16)。

協同組合運動は，過去20年間に欧米諸国で重大な転換期を迎えた。協同組合事業の運営上とくに問題視されるのは，1980年代にフランスやオランダの生協連合会あるいはアメリカのバークレイ生協(17)などの大型倒産に象徴されるように，無節操な外部資本の調達，事業基盤の非組合員への依存の拡大，さらには資本企業との競争への傾倒など，運動理念・原則からの乖離である。「組合員への最大奉仕」という協同組合事業の原点への回帰があらためて求められる所以である。

改定保険業法が生保・損保相互参入や他の金融業務への参入自由化など，大手保険会社に有利な改革という側面をもっていることから当然求められてくる問題であるが，「住宅金融専門会社」の多額の不良債権の発生あるいは経営破たん問題を契機に，大蔵省の検査監督権限を見直すべきではないかという世論を背景に，危機を先取りする形で構想されている「金融監督庁(18)」には，一部の協同組合や労働金庫に網をかけることが想定されている。それが共済規制の新たな動きにつながる可能性を否定することはできない。したがって，組織の民主化，ディスクロージャ，および組合員を基盤とした事業の強化があらためて求められる。

（3）協同組合（共済）の役割

農林漁業者，労働者・勤労者，自営業者，主婦等多くの国民にとって生存・生活条件を改善し，社会的，経済的な地位を向上するとともに，人格的に平等な人間関係を確立するために相互に連帯することは当然であり，その主要な形態が協同組合運動である。協同組合運動の一環として労働者や勤労者が相互に連帯して生活保障手段を講じたり，財産を補償したりする手段を実践することは不可欠である。なぜなら，資本主義社会の生存・生活条件によって増幅された消費生活過程の危険も個々人の責任で対応しなければならないからであり，それまでもが資本の事業の対象となっているからである[19]。

しかし，資本によって確立された保険事業は，危険保障・補償準備のための優れた制度内容と技術をもっているだけでなく，協同組合の理念・目的に合致している点も多い。それは，協同組合が現存社会体制の矛盾を改善し，人間社会の復権を目指す社会運動だからである。それゆえ，この制度内容と技術を協同組合原理や民主主義的な運営原則にもとづいて組合員の生活保障手段として実践することが多くの国民にとって意義のあるものになっているのである。

協同組合共済事業の発展は組合員，共済加入者の保険・共済思想の健全な発展にとって重要であるだけでなく，保険事業運営の改善，民主化のうえでも大きな影響力を与えてきた[20]。

今日，ほとんどの国民が保険事業に加入するようになり，保険の「社会化」がすすみ，国民の立場に立った保険事業のあり方を考えるとき，共済事業の果たす役割はひじょうに重要である。とくに，近年の「金融持株会社解禁」の動きは，系列の企業集団の利益を優先した意思決定を行うことを法認し，組織の意思決定における民主化を欠く可能性を増大させることになると考えられるので，共済事業の民主性はその意味でも大切である。

6　共済事業・協同組合のアイデンティティ

共済事業が社会階層の経済的不安定や生活不安に対する共助の手段として，その零細な資金を準備し保障・補償を提供するとともに，国民福祉の向上のための運動を広く展開し国家に要請していく必要があるとの認識は重要である。

しかし，各種共済事業・運動の実態は法体系・監督官庁・組織基盤の違いなどから，組合内部に狭小化・埋没化させてきたし，今日でもなおそうした傾向が見られる。とくに，総合事業を展開している協同組合の共済事業の場合，結果的に組合員からの資金調達手段の便法として位置づけたり，あるいは組合員離れの緩衝手段と化してきたことも否定できない事実であろう[21]。

共済組合の財産は組合員自身が長年にわたって形成してきた共通準備財産である。その一部分は国際協同組合保険連合（International Co-operative and Mutual Insurance Federation, ICMIF, ICA の下部組織）を通じて途上国の協同組合事業の技術・資金援助に活用されており，NGO レヴェルでの民間ボランティア活動として国際的にも重要な役割を果たしている。こうした活動は今後，さらにその意義が高まると思われる。

たとえば，自然環境保護基金，高齢者福祉施設，リサイクル運動，国際難民救援活動，核兵器廃絶運動，難病治療，あるいは障害者福祉などへの協力にももっと広く目を向けていくべきであると考える。また，そのためにも多数の共済団体を含む NGO 等の諸団体や労働組合などとの連携・連帯が強く望まれるところである。

共済事業を取り巻く市場環境は，改定保険業法の施行で急速に変化しつつある。とくに，金融制度改革の進展で保険事業は生保・損保兼営化やクロス・マーケティング，さらには業務範囲の見直しにともなう金融機能の拡大，強化などを積極的にすすめている。

共済事業は共済の仕組み，事業内容の性質，資産運用等の面で保険事業と同質性をもち――とは言っても，農業協同組合法施行規則第42条や消費生活協同組合法施行規則第201条の規定のように非営利組織としての協同組合の共済事業における資産運用に対しては公社債を中心にした一定の制限が加えられている――，また共通基盤に立っており，従来から「特権的に有利な地位[22]」を与えられてきたとの理解から，保険制度改革によって保険事業と同様の厳しい状況に立たされることになるであろうとの見通しを示す意見も中にはある。

しかるに，共済事業の史実に照らして，共済事業が真に「特権的な地位」を与えられてきたのかどうか，著者は寡聞にして知らない。共済事業は少なくとも限定された組合員の生存権を守るために事業を営々と展開してきたのであり，保険事業のように解約・失効契約を犠牲にして拡販競争に没頭してきたわけでもなければ，資産運用面でも公害企業や暴力団ないし暴力団系企業，サラ金，地上げ屋など社会問題化した企業・団体への直接，間接融資にも無縁であった。また，特定政党・政治団体への献金，パーティ券の購入などにも組合員が蓄積した共通財産が振り向けられることはなかった。さらに，組織の民主的性格については比べるべくもないであろう。

たしかに，共済事業経営の過程で保険会社の経営戦略に追随し，経営主義を強める傾向が一部に見られ，保険事業と共済事業とのボーダレス化がすすみ，共済・協同組合事業と保険会社や銀行などとの関係が，従来見られなかったほど密接になったことも否定できない事実である。保険会社や銀行にとって共済・協同組合事業領域へのアプローチが容易にかつ重要になってきているのである。

しかし，改定保険業法の施行によって保険事業と共済事業との違いはより明確になったのである[23]。すなわち，保険事業は保険固有の業務ではなく，保険を含む金融業務を志向しているのである。

これに対し，協同組合や共済は1995年のICA100周年記念大会で，協同組合のアイデンティティについての原則改訂を図り，民主的かつ公平，公正な人的組織としての方向がより具体的に示された。

改定保険業法の制定を契機に保険事業と共済事業の競争は激化するとの予測のもとに，多くの学識者が共済事業の効率化の促進や事業の健全性の確保，さらには有事を想定して共済団体の破たん処理制度導入の必要性まで提言している。総合金融機関への脱皮をはかるための体力と基盤整備をすすめる保険経営と同じ次元で，共済事業が金融制度改革に打って出るべきだとの提言なのであろうか。

医療保険制度改革・介護保険法案の提案[24]，消費税率の引き上げ，さらには公共交通料金の値上げなど，国家＝財界による国民の生存権や生活保障への攻撃が増すなかで，共済事業・協同組合が従来のような，ともすれば陥りがちな団体利己主義あるいは官僚主義を排し，広く国民の生活防衛のために共済諸団体と連携・連帯し，国民福祉の充実・向上を実現するための運動を組織・実践し，展開することができるかどうか，共済事業としてのあるいは協同組合としてのアイデンティティはまさにこの点にかかっていると言えよう。

注

（1）全労済８グループとは，全日本自治体労働者共済生活協同組合，全国逓信労働者共済生活協同組合，全日本水道労働者共済生活協同組合，教職員共済生活協同組合，電気通信産業労働者共済生活協同組合，全日本たばこ産業労働者共済生活協同組合，全国交通運輸産業労働者共済生活協同組合，全国森林関連産業労働者共済生活協同組合である。

（2）金融・保険制度改革をすすめるために保険業法が抜本的に改定されたことを受けて，共済陣営の対応や課題等をテーマに実施されたシンポジウム（第1回共済協会セミナー）「新保険業法の施行と共済陣営の課題」において，改定保険業法のねらい・特徴を踏まえて共済事業はどのような影響を受け，またこうした環境変化にどのように対応していくべきかを議論した。『共済と保険』，1996年6月号・7月号，社団法人共済保険研究会。

(3) 1991年12月にソ連邦が崩壊した後の自由主義経済圏の拡大にともない，国際競争が激化したことを言う。

(4) 特集「規制緩和とルール」『経済』，p.14以下，新日本出版社，1996年7月号，および『弾力化・規制緩和と社会政策』，社会政策叢書第20集，啓文社，1996年。

(5) 押尾直志稿「新保険業法の特徴と問題点——法の理念と現実の乖離をめぐって」（全日本損害保険労働組合『損保調査時報』Vol.43，No.300，1996年10月）を参照されたい。

(6) 保険業法第85条。

(7) 同法第108条。ただし，1997年に私的独占の禁止及び公正取引の確保に関する法律第9条の改正により持株会社が事実上解禁されたために，この条文は1998年に削除された。

(8) 同法第259条以下。

(9) 同法第300条1項7号。

(10) 同法第300条1項6号。

(11) 同法第282条。

(12) 同法第111条。

(13) 同法第309条1項。

(14) 同法第97条以下。

(15) 共済保険研究会『共済年鑑』，『共済と保険』1997年12月号別冊。

(16) Qureshi, Z. and T.H.Webb, A global reach for local strength: Collabolation by Co-operative and Mutual Insurer, 1993.

(17) 日本生活協同組合連合会国際部訳『バークレイ生協は，なぜ倒産したか What happened to the Berkley Co-op?——18人の証言』，コープ出版，1992年。

(18) 北海道拓殖銀行（1997年），日本長期信用銀行（1998年），日本債券信用銀行（1998年）などの銀行や山一証券（1997年），三洋証券（1997年），さらには住宅金融専門会社（1996年）など金融機関の破たんが相次ぐ中で，1998年1月以降，大蔵省の不祥事が発覚し，大蔵官僚8名の逮捕者を出すなど，大蔵省の金融行政に対する国民の信頼は失墜していた。このため橋本龍太郎首相は行政改革の柱として1998年6月，大蔵省銀行局と証券局から検査・監督部門を独立させて金融監督庁を設置し，2年後金融企画局を統合して金融庁に改組するとともに，2001年1月，大蔵省から財務省に名称変更し，財政，国税，通貨・外国為替の安定確保等に関する権限を担わせた。

(19) Gurney, P., Co-operative culture and the politics of consumption in England, 1870-1930, 1996.

(20) 押尾直志稿「協同組合運動と共済」，『共済事業の基礎理論』，日本共済協会，1995年，本論文は押尾直志著『現代共済論』第2章に収録。

(21) 押尾直志稿「日本版ビッグバンにおける共済事業の対応課題」，第9回共済協会セミナー報告，『共済と保険』第40巻第4号，共済保険研究会，1998年。

(22) とくに，法人税率は一般企業が25.5%であるのに対し，協同組合が19%である。

(23)戦後，共済事業の発展の過程で繰り返されてきた保険業界と保険行政による「共済規制論」は1980年代に地域生命共済を中心に生協共済が広く普及するようになると危機意識を強め，保険法学の立場から保険と共済の一元的規制のための立法論が展開された。押尾直志稿「『共済事業監督法』制定論の問題点」,『現代保険学の展開——水島一也博士還暦記念』，千倉書房，1990年。本論文は押尾直志著『現代共済論』第3章に収録した。

(24)押尾直志稿「医療保障制度改革と生・損保会社の動向」を参照されたい。『月刊ゆたかなくらし』No.80，全国老人福祉問題研究会，1988年。

第13章
共済規制をめぐる動向と共済運動の課題

1　共済規制と共済を守る運動の意義

私たちが生活する資本主義社会において，経済活動や消費生活を脅かすさまざまな危険に対するもっとも主要な経済制度は保険制度である。保険制度を担う事業主体は，一般に保険会社のみならず組合組織あるいは国・自治体など，それぞれの国の政策・法制度のもとで多様な形態が採られている。

しかし，わが国では保険監督法である保険業法の制定の時（1900年）から（協同）組合組織による保険は認められなかった。また後述するように，保険業法と同じ1900年に制定された産業組合法においても保険事業の実施は認められなかったために，産業組合では再三にわたって政府に認可申請を行ったが，保険業法の規程を理由に認められなかった。第二次大戦後，協同組合保険を容認することを内容とした保険業法改定案が実質的に骨抜きとなり，協同組合関係者の強い反対を受けて廃案となった。一方，GHQ による経済民主化政策の一環として制定された各種協同組合法の中に共済に関する規程が盛り込まれた。そのためわが国の協同組合による保険は協同組合共済として行われることになったのである。

わが国の共済には，各種協同組合法にもとづく共済のほかに，労働組合法にもとづく共済，地方自治法にもとづく共済，公務員（等）共済組合法にもとづく共済，さらには農業災害補償法・漁業災害補償法にもとづく共済，その他特定の法令にもとづかず任意団体で実施されている自主共済など，多種多様な共済が存在している。これらの共済はそれぞれ母体となる組合・団体の理念・目的にしたがって構成員の生活福祉向上のために導入され，歴史的，社会的に一定の役割を果たしている。

「協同組合保険としての共済」は，国民（構成員）のくらしといのちを守る生活保障制度として民主的な運営により保険会社の保険契約者（消費者）不在経営に対する「対抗力」として良質かつ安価な保障を提供し，社会保障を補完することで真価を発揮してきた。保険行政と保険業界が繰り返し共済規制論を展開してきた理由は，まさしくこの点にある。したがって，共済の社会的意義や歴史的役割については，組織・運営原則等の特質を踏まえながら，保険会社制度の本質と関連づけて歴史的に理解することが必要である。

近年，いわゆる「無認可共済」問題に端を発して，「根拠法のない共済」を規制することを目的に保険業法が改定された。そのため，任意団体としての非営利協同自治組織において民主的かつ健全に運営されてきた一定規模以上の「自主共済」が，理念・目的も性格もまったく異なる保険会社（業者）になるか，事業を保険会社に包括移転するか，あるいは廃業するかの瀬戸際に立たされた。

また，2005年改定の保険業法では規制の適用除外とされた協同組合法にもとづく「根拠法のある共済」も保険業法に取り込まれ，改定保険業法施行の５年後に予定されている同法の見直しの際に，保険業とのイコール・フッティングで規制することが検討されているだけでなく，各種協同組合法には相次いで保険業法に準拠した内容の共済に関する規程が盛り込まれた。

こうした共済規制がどのような背景の下で強化されてきたのか，また共済と保険の本質的な相違を明らかにしながら，共済陣営が不当な共済規制に対抗し共済を守る運動を広く展開していく意義はどこにあるのかを考えることにする。

2　保険業法と共済

（1）免許事業としての保険事業と保険監督行政

国家が保険事業を免許事業として監督する根拠となっている法律は，保険業法である。保険業法第３条において，保険事業は内閣総理大臣の認可を受けてはじめて行うことができる免許事業と定められている(1)。内閣総理大臣は保険業法において事業免許交付の審査だけでなく，保険会社の決算報告書の検査，業務停止・改善命令の発令，保険商品・保険料率等，事業運営すべてにわたる許認可権を与えられている。保険事業の免許は，1995年の保険業法改定まで大蔵大臣が権限を有していた。保険行政は，大蔵大臣の私的諮問機関として設置されていた保険審議会（現在は，「金融審議会」に統合）の「答申」によって方向づけられ，「答申行政」と言われてきた。金融審議会を中心に保険事業のあり方を決める保険行政の立場は，従来とまったく変わっていない。

（2）保険業法で協同組合に保険業の免許が与えられなかった理由

保険業法は経済や社会の変化に応じてこれまで幾度となく改定されてきたが，1900年の制定以来，一貫して保険事業を行う事業主体の組織形態を保険株式会社と保険相互会社だけに制限し，協同組合には免許を認めていない。その理由は，保険業法制定前に，共済の名を冠した経営基盤が脆弱で詐欺的な組合が乱立し，加入者に被害を与える事件が多発したことに加えて，近代国家体制を確立する経済政策の遂行にとって保険事業が重要な役割を担っていたからである(2)。

保険業法が制定されたのは，わが国の産業革命期（1890年頃から1910年頃）に当たる。保険事業は，産業企業の生産・流通過程の継続を中断したり，不可能にするようなさまざまな危険に対する経済的準備の機能と長期性資金の供給の機能の両面で，産業企業を保護・育成する国家の政策にとって必要であった。同じ1900年に制定・施行された産業組合法は保険業法と同様，岡野敬次郎氏によって起草されたが，産業組合法にも保険に関する規程は盛り込まれなかった。産業組合では，1924年に開催された産業組合中央会第20回大会に「生命保険開始の件」を提案して以降，「保険」事業の実施を目指す運動が展開されたが，産業組合が目指す「保険」の実施は，「保険業法」の規程に阻まれて実現しなかった(3)。わが国では，今日まで「協同組合保険」は実現せず，戦後，経済の民主化政策の一環として制定された各種の協同組合法に規定された共済として法的形式を変えて行われることになったのである。わが国に固有の「共済問題」の根源は，まさしくここにある。

協同組合では，各種協同組合法の立法趣旨に謳われているように，国民（組合員）の経済的・社会的地位の改善・向上や国民生活の安定，生活文化の発展などを目的とし，それを実現するための事業の一つとして共済の実施が認められている。共済事業の内容に関する詳細な規程は，近年の協同組合法の改定まで存在せず，組合員の総意のもとに（総会で）規約・規程によって具体的に取り決められてきた。保険業法において免許事業として定められ，定義が置かれている「保険業」と異なり，共済の実施については本来，協同組合以外の組織・団体であっても，法律で制限されるべき性質のものではない。保険行政は，「保険業」の実施についてのみならず，今や共済の実施についても法律でこれを規制しようとしているのである。

（3）保険会社の資本の論理に対抗し構成員の生活を守る民主的団体での「共済」の実践

国民の生活保障にとって重要である「保険制度」は，わが国では保険会社のみによって担われているが，資本によって組織される保険会社は利潤の追求を最優先し国民（契約者）不在の経営に終始して，国民が真に必要とする生活保障制度としての機能を果たしてこなかった。

日本国憲法が定める，すべての国民の「生存権，国の社会的使命」の規程(4)にもかかわらず，社会保障はこれまでの歴史が物語るように，経済・社会政策の運営と「政争の具」に利用され，あるいは大衆課税の手段ともされてきた。社会保障制度の見直し・後退の中で，それを補完する民主的で健全な生活保障制度の確立を求める国民の願いが高まっていくのは当然のことである。しかし，資本はあらゆるところに利潤獲得の機会を求めて市場を拡大して行き（政府は政策の導入によってそれを推進し），民主的な団体の制度・事業はつねに市場競争の脅威にさらされることになる。それゆえ，民主的な諸団体は「保険の仕組み」を導入し，設立理念にもとづき組織・運営原則を厳格に適用して構成員のいのちとくらしを守るために独自の「共済」を実践し，保険会社に対抗してきたのである。

（4）保険原理・原則を協同組合等の運動・組織運営に適合させた「共済」制度

統計学や確率論などの自然科学の成果を基礎にして開発された「保険の仕組み」は保険会社によって事業化されたが，保険原理・原則そのものは無色透明なものである。「保険の仕組み」は，それをどのような団体・組織が，どのような目的のために，どのように利用するかによって私企業の営利，国家・自治体の公的政策，協同組合・民主的諸団体の相互扶助目的などに利用され，それぞれ性質・意義が大きく異なるのである。「保険の仕組み」は経済活動や消費生活の継続を阻害する危険に対し，多数の人々（経済主体）が集団を形成して（保険会社が取り扱う保険契約の場合，自分と家族あるいは自社のために加入し，意識することはなくても保険技術的に集団を形成して），公平かつ合理的な拠出を行い，共通準備を行う経済制度であり，協同組合ないし協同自治組織の運動目的，組織・運営原則にもっともよく適合する。共済は，経済的，社会的あるいは文化的な欲求を協同思想に立って実現するために結びついた「人の組織」である協同組合や非営利協同自治組織を基盤として「保険の仕組み」を運動目的に活用した社会運動であると理解することができる。

3　1995年および2005年保険業法改定の経過と背景

（1）米国の規制緩和要求による保険業法の抜本改定と激変緩和措置

保険業法は，1990年代前半に日米保険協議を通じて推進された規制緩和政策に方向づけられて，1995年に57年ぶりに抜本改定が行われた。1994年10月，保険事業免許や商品審査の簡素化など保険分野の大幅な規制緩和を認めた日米保険協定が結ばれ，1995年には「金融サーヴィスに関する日米両国政府による措置」が確認された。これを受けて，1995年に保険業法が57年ぶりに抜本的に改定されたのである。この改定で，法制定以来はじめて「保険業」の定義が盛り込まれたが，その定義の内容は一面的なものであった[5]。「保険業」の定義は，「不特定の者を相手方として」という文言を用いてはいるが，基本的に商法（当時）で定める損害保険契約と生命保険契約の定義（商法第３編第10章保険）にもとづき，法契約的ないし技術的に説明されるにとどまっている。「保険業」の定義であるにもかかわらず運営主体については一切触れられず，保険会社等の条文（保険業法第２編第５条２機関）で保険会社（株式会社と相互会社）に制限されることが規定されている。

1995年改定の保険業法が1996年４月１日に施行された後，同年11月には「日本版ビッグバン構想」が提唱されるとともに，12月には日米保険合意が成立した。したがって，わが国の保険事業をめぐる規制緩和・自由化の推進は，アメリカの強い市場開放要求を背景にしてすすめられたことは否定できない。とくに，第三分野保険（疾病保険，傷害保険，介護保険等，生命保険と損害保険のいずれにも分類し難い保険種類）については主に外資系保険会社が専門に扱い，当時かなりのシェアを占めていた。そのため，アメリカは日本国内大手生保・損保会社本体とその子会社が第三分野保険を取り扱うのを一定期間制限する激変緩和措置を講じさせたのである。

（2）「無認可共済」問題の「根拠法のない共済」規制へのすり替えと新たな共済規制――2005年保険業法改定

1990年代には，少子高齢化とバブル崩壊後の財政危機を背景に社会保障制度の見直しがすすめられる一方，バブル期に行き過ぎた高い予定利率とハイリスクな資産運用で契約を集め，逆ザヤと不良債権を膨らませ，生保・損保会社合わせて10社が相次いで経営破たんするなど，国民の生活不安が拡大した。

いわゆる「無認可共済」業者は，こうした社会情勢の中で急速に数を増し，マルチ商法的な募集方法やずさんな経営内容で消費者被害・トラブルを引き起こす事例も出て，国民生活センターや日本共済協会に苦情・相談が急増しはじめた。国民生活センターによれば，マルチ商法・マルチ商法まがいのものに関する相談件数は，1998年の４件から2003年には121件に増加した[6]。2000年頃から社会問題化した，いわゆる「無認可共済」問題が国会で取り上げられるに及んで，金融庁・金融審議会金融分科会第二部会において「保険に関する主な検討課題」の一つに取り上げられた。その直後，総務省行政評価局による実態調査が行われ，2004年10月末に「根拠法のない共済に関する調査結果報告書」が取りまとめられた。「調査結果報告書」によれば，「無認可共済」業者はマルチ商法的な勧誘方法，不透明・不明確な経営内容あるいは本業の商品・サーヴィス利用者を会員として共済の特質である「特定性」を偽装したことなど，「協同組合保険としての共済」ないし労働組合や非営利協同自治組織における共済とはまったく性質を異にしていることは明らかであった。しかも，これらの「偽装共済」会員は「無認可共済」会社の構成員ではなく，たんなる顧客にすぎない。構成員自治を特徴とする本来の協同組合等の行う共済とは無縁の，保険事業免許を取得せずに無認可で保険事業を行っていた違法行為であった。その限りでは，保険業法違反として当然取り締まらなければならなかったのであり，2005年の保険業法の改定は必要なかった。金融庁・金融審議会金融分科会第二部会では総務省行政評価局の「調査結果報告書」を踏まえ，保険業法で対処することを理由に2005年に保険業法を改定したが，その内容は当初の「無認可共済」規制から「根拠法のない共済」規制にすり替えられてしまった。

保険業法改定の審議の過程で，保険業と共済，あるいはいわゆる「無認可共済」と本来の共済（協同組合保険としての共済）との相違について，これまで長年にわたって積み重ねられてきた共済研究の科学的な成果や，協同組合共済および非営利協同自治組織による健全で民主的な共済の実体を踏まえた議論がほとんどなされなかったことは，法改正のための手続きとしては疑問の余地がないとは決して言えない。保険業界と保険行政にとっての懸案であり，また，近年在日米国商工会議所（American Chamber of Commerce in Japan, ACCJ）やアメリカ政府あるいは通商代表部などからの要求が強まっている共済規制の絶好の機会として「無認可共済」問題を利用しながら，2005年に保険業法が改定されたと考えられる。当面は「根拠法」の有無によって規制して，一定規模以上の「根拠法のない共済」をすべて排除するとともに，保険業法の改定と相前後して各種協同組合法を見直し，共済に関する規程を保険業法に準拠した内容に改める政策が採られたのである。「根拠法のある共済」については，「保険業」の定義の条文中で適用除外として列挙された[7]。この適用除外の規程自体，保険業法の改定前（1996年4月1日施行の保険業法）には存在しなかったのであり，事実上「根拠法のある共済」は保険業法に取り込まれ，保険業の特殊な形態という位置づけにされたと考えなければならない。しかし，協同組合共済陣営は保険業法の改定の審議経過に無関心で，法改定に対する表立った反対をしなかった。協同組合共済は「根拠法のない共済」と異なり所轄官庁の監督のもとに実施している合法的な共済制度であるとの自負と，協同組合法の改定内容に対する関心の方が強かったのかもしれないが，結果的には法制面で共済は，保険業とのイコール・フッティングで監督され，競争しなければならなくなったことは否定できないし，共済団体への保険会社の介入・攻勢がいっそう強まることは避けられないであろう。

（3）保険関係法（保険業法・保険契約法）による共済規制の強化

アメリカの巨大金融・保険グループの利益を代表する在日米国商工会議所の共済規制要求からすれば[8]，そのねらいは農協共済や生協共済などの規模の大きい共済事業の資金を目当てにしているのではないかと考えられる。これは郵政民営化と同じシナリオとも言える。

2005年改定保険業法施行の5年後に予定されている保険業法の見直しにおいて，保険会社制度と制度共済（根拠法のある共済）のあり方を検討することが予定されている背景には，アメリカの巨大金融・保険グループと利害を共にする国内大手生保・損保会社に有利な規制緩和をさらに促進する政策決定がなされているのではないかと推測される。アメリカの保険業界団体である国際保険評議会（International Insurance Council）は1999年12月に，簡易生命保険（当時は簡易生命保険法にもとづく郵政事業の一つ）と生協共済が日米保険合意に違反している可能性があるとの意見書を出している。

また，法務省法制審議会保険法部会においてすすめられていた保険法が第169国会で成立，公布された。商法第3編商行為第10章保険に規定されている保険契約に関する諸規程の内容と表記に関する「現代化」の最重要課題と位置づけられたのは，「契約者保護」であった。保険法部会は保険契約と共済（契約）を同一視し，「保険契約法」で共済を同じように規制した。しかし，商法において「保険」は「営業的商行為」（第502条9）と規定されており，協同組合や非営利協同自治組織がそれぞれの設立理念にもとづき相互扶助制度として実施している共済とは本質的に異なっている。保険契約をその運営主体である保険会社（保険資本）から切り離し，しかも共済運動の社会的意義や歴史的役割を無視して法契約的ないし技術的な側面だけを強調することによって「保険契約」と「共済（契約）」を同一視して規制しようとするのである。今日の共済規制は，保険監督法としての保険業法だけでなく保険（契約）法の側からもすすめられているのである。

4　共済運動の歴史的必然性

（1）保険会社への「対抗力」としての優位性が認識されてきた協同組合共済

一定の地域や職域を基盤にした国民の自主的，主体的な活動を通して経済的・社会的地位の改善・向上を図ることを目的とした協同組合等が，相互扶助理念のもとに，その組織・運営原則にのっとって構成員の生活保障を実現するために「保険の仕組み」を利用することは，歴史的に見ても必然的なことである。協同組合共済は，近代保険の仕組みを協同組合組織に厳格に適用した「協同組合保険」であり，保険会社の保険事業の実態と関連づけて，その性格・特徴や歴史的必然性，社会的意義を考慮すべきである。

共済理論の発展と，農協共済，漁協共済，中小企業共済あるいは生協共済など協同組合共済の実践面での成功によって共済は社会のさまざまな階層に浸透し，徐々に「市民権」を得るようになった。保険契約者・国民不在の反社会的経営を繰り返す保険会社に対する批判と，自分たちの「生きるため」の生活保障要求の高まりを背景に協同組合共済は一定の成功を収め，保険会社に対する「対抗力」としての力量と事業・組織・運営原則の優位性が広く認識されるようになった。今日では，協同組合共済は，組合員数7,000万人に上り，総資産や保有契約高，新契約高，掛金収入等，いずれの指標を見ても保険会社に肩を並べる規模に成長し，社会的にも経済的にも国民の生活保障を確保するうえで不可欠の役割を果たしている(9)。

（2）広がる非営利協同自治組織での共済運動

また，1973年の福祉元年の宣言後，オイル・ショックを契機に市場経済が行き詰まり，社会保障制度の見直しが図られる中で，国民のいのちとくらしを守る共済運動はさらに発展した。国家の監督の下に置かれる協同組合の道を選ばず，独自の理念をもって自主的に結成された非営利協同自治組織の中にも共済運動が広がり始めた。地域や職域で生存・生活条件を同じくする人々が自主的に結集して民主的な団体を組織し，深刻さを増す生活不安に対し相互に支え合う仕組みを実施するのは自然の成り行きであった。共済はまさしくこうした運動の中心となっているのである。

①社会保障制度を補完する「自主共済」が果たした役割

1970年代以降設立された中小業者，開業保険医や医療従事者，登山愛好家の山岳団体などの民主的諸団体が実施する共済は，相互扶助の理念にもとづき，あくまでも特定の構成員の自治・参加によって生活不安に対する保障を準備するための制度であり，真に社会保障の補完的役割を担ってきた。

社会保障制度の国家財政負担の大きさは，社会保障制度予算への絶えざる攻撃の標的とされる。それゆえに非営利協同自治組織は，社会保障制度の拡充を求める国民的な運動を組織するとともに，社会保障制度を補完する「自主共済」を実践し，構成員の基本的な生活保障要求を実現する社会的な役割を果たしている。「自主共済」は，いのちとくらしを守ろうとする人々の自発的な連帯意識が結集し，結実した成果の表れとも言える。

②健全で民主的な「自主共済」の運営

協同組合共済が新たな発展段階に移行するようになった背景には，保険会社の反社会的経営に対する国民の批判の反映もある。非営利協同自治組織の共済運動への取り組みが広まったことや，労働組合を母体とする共済生協が退職者への対応と地域への事業展開を目的に開始した地域生命共済，購買生協における共済の取り扱いが増加したことなど，である。とくに，非営利協同自治組織における共済への取り組みは行政の監督と根拠法に依らない民主的管理による「自主共済」として実施されたが，組合員自治により今日まで健全な事業運営を続けており，協同組合に近い性格をもつ団体・組織として発展してきた。「自主共済」とは本来，経営者が従業員の労務管理政策の一環として実施する企業内共済に対し，労働組合を中心に独自に実施される共済を指すが，組織・運営上の理念や運動目的などからすれば協同組合共済に近似した制度であると理解することができる。

保険事業が法律にもとづく免許事業であり，国家による監督を受けながら経営破たんしたり，保険金・給付金不（未）払いや保険料の取り過ぎ問題などで国民に多大な被害をもたらしている問題と比較すれば，「自主共済」の運営がいかに健全で民主的であるかが分かる。協同組合共済や非営利協同自治組織の新たな展開の経緯から見ても，国民のいのちとくらしを守るために共済運動がいかに重要な意義をもち，また必要な運動であるかが改めて証明される。

5　共済理論と共済運動をめぐる新たな展開

（1）「自主共済」の必要性と社会的意義を無視した2005年の保険業法改定

2005年改定の保険業法および保険業法施行規則によって一定規模以上の「根拠法のない共済」団体は，2006年9月末日までに「特定保険業者」としての届け出を義務づけられ，法施行後2年間の猶予期間内（2008年3月末日まで）に保険会社（保険株式会社・保険相互会社）になるか，「少額短期保険業者」になるか，保険会社に事業をすべて包括移転するか，さもなければ解散するか，のいずれかの道を選択しなければならないこととされた。「少額短期保険業者」は，「根拠法のない共済」を規制するために2005年に改定された保険業法で導入された制度である。「少額短期保険業者」制度は財務局で登録を受けなければならないが，登録に当たっては一定の基準を満たす必要がある(10)。このような一方的な規制は，特定の組合員のみによって組織され，組合員自治のもとであくまでも基本的な生活保障を実現し，人間らしい生活を確保するための制度として自主的に行われている非営利協同自治組織の共済の必要性と社会的意義を無視するものであると言わざるを得ない。ほとんどの団体にとって，「少額短期保険業者」制度の基準を満たし，登録されることは組合財政的に困難であり，保険行政もそのことは十分承知しているはずである。すでにPTA共済や知的障害者団体の共済などが事業を解散ないし解散を決定したり，存続の道を模索している。こうした団体には早くも保険会社が営業活動を展開し，契約の引き受けを始めているとの情報もある。

「少額短期保険業者」になるためには，供託金を支払い，多額の資本金を用意し，専任の職員を配置し，アクチュアリーが計算した‘合理的’で‘妥当’な保険料率を採用し（アクチュアリーに依頼するためには数千万円の費用がかかるといわれる），責任準備金を積み立てることなどが条件とされる。特定の組合員による相互扶助を目的に事務処理をボランティアで賄い，経費を削減して低廉な共済掛金で制度を維持している団体も少なくなく，掛金の引き上げは組合員の経済的事情から難しいために制度の存続を断念せざるを得ない状況にある。したがって，組合員の生活を支えている共済が解散し保障がなくなれば，万が一の場合にいのちとくらしをどのようにつないでいけばよいのであろうか。

金融庁は非営利協同自治組織の適用除外に関する要望に対し，共済に代わる保障を保険会社の保険「商品」で賄えると回答しているが，保険会社は営利事業であり，採算の取れない保険「商品」は取り扱わない。仮に取り扱ったとしても保険料が高くて，今までわずかな掛金負担で共済の保障の恩恵を受けていた人たちは保険に加入できないことになる。保険会社は採算が見込めなければ，保険契約の取り扱いを中止してしまうこともある。こういう人たちの生活保障の手立てを，金融庁はどのように考えているのか。なにゆえに（自主）共済運動を2005年改定の保険業法で規制する必要があるのか，憤りを禁じ得ない。

（2）共済規制と共済団体の連帯・団結

2005年改定の保険業法の内容は，日本国憲法で保障された国民の権利，すなわち基本的人権の享有，経済活動・思想・結社の自由，団結権の保障あるいは財産権の不可侵等に抵触する可能性があるのではないか。

非営利協同自治組織が運営している共済は，国民一人ひとりの「社会参加」の形であり，人間らしい生活をするための自発的な運動である。これは地域や職域における人と人との結びつきに影響を及ぼすものであり，地域社会の崩壊にもつながりかねない重大な問題を含んでいる。なによりも，組合員のいのちとくらしを支えている共済を守り，改定保険業法による不当な規制に対し，適用除外とされるまで行政と折衝を続けるべきである。

2005年改定の保険業法が施行されてしまったことは重大な問題であるが，協同組合や非営利協同自治組織が自分たちの共済制度の意義や役割を再認識し，共済に関する学習を始めただけでなく，保険業法による共済規制強化を国民生活の根本にかかわる問題として地域社会に広く周知する方向で連携・団結し，規制強化から共済制度を守る運動をすすめる契機となったことはたいへん有意義なことである。

全国保険医団体連合会，日本勤労者山岳連盟，全日本民主医療機関連合会共済組合（現全日本民医連厚生事業協同組合）および全国商工団体連合会共済会の自主共済4団体による「共済の今日と未来を考える懇話会」（以下，「懇話会」と略記する）が結成され（2005年12月），共済制度と組合員の生活を守るために改定保険業法の適用除外を求めて金融庁と折衝すると共に，この問題を広く社会に訴えていく活動や共済に関する学習会を積極的に開催している。また，中央の連合会段階の「懇話会」に続いて都道府県段階の「懇話会」の設立も相次いでおり，全国で30を超える「懇話会」が設立され，中央の「懇話会」と共同歩調を取って保険業法の適用除外を求める国会要請をしたり，共済に関する学習会を開催しており，今後この活動をさらに継続していくことが期待される。

（3）共済理論と共済制度の再認識・検証の必要性

2005年に改定された保険業法に象徴されるように，共済に関する研究と実践の成果に対して理論的にも政策的にも誤った理解・位置づけがされている。保険行政と保険業界は長年共済規制を画策してきたが，アメリカによるわが国の保険市場の規制緩和（共済に対しては規制強化）要求が強まる中で，折から社会問題化した「無認可共済」問題を巧みに利用し，「消費者保護」を大義名分にして「根拠法のない共済」を規制することを目的に保険業法を改定すべきであると説明した。しかし，国民は当初その問題点に気づかなかった。

こうした状況に鑑み，われわれ有志５名は2006年５月，「共済研究会」を立ち上げた。「共済研究会」では，2005年改定保険業法による共済規制について，非営利協同自治組織の「自主共済」だけでなく，協同組合共済や労働組合共済に及ぼす問題点についても，根拠法の有無や制度・仕組みなどの違いを超えて『共済事業と日本社会――共済規制はなにをもたらすか』（2007年，保険毎日新聞社）を世に問うた。また，2007年11月17日には協同組合共済団体と自主共済団体が連携して「共済と日本社会の未来――共済理念・理論の再確認と新たな発展方向」をテーマに共済を取り巻く環境変化と共済理論の継承発展・共済運動の再構築の必要性についてシンポジウムを開催し，問題提起を行った[(11)]。

6　共済運動の今日的意義・課題

（1）望まれる国民世論の喚起

前述のごとく，2005年に改定された保険業法では協同組合共済や労働組合共済等の「根拠法のある共済」は規制の適用除外とされたが，法施行から５年後に見直しをして保険会社とイコール・フッティングで規制されることがすでに示されている。しかも，「保険（契約）法の現代化」においても「共済（契約）」を保険（契約）法に取り込み，「共済（契約）」にも適用した。保険監督法としての保険業法のみならず，内閣法制局の指示のもとで，保険（契約）法においても共済規制が導入されたのである。注意しなければならないのは，共済と保険事業との理論的かつ実践的相違について十分議論が尽くされていないだけでなく，「保険業」の定義まで曖昧にし，法契約的ないし技術的側面から同一視されていることである。

内政干渉とも言うべきアメリカによるわが国の共済事業に対する規制要求と，それに呼応しつつ国内大手生保・損保会社の利益を優先する政策を推進する行政の不当な共済規制強化がもたらす社会の危機的状況を，さらに多くの国民に訴え，世論を喚起し，共済制度を不当な規制政策から守ることが必要である。それはとりもなおさず，国民の自主的で，主体的な生存権を守る，「生きるため」の活動を守ることでもある。

（2）共済運動に求められる今日的意義・課題の具体化

そのためには，共済運動が以下に挙げる今日的意義や課題をいかに具体化していくかが求められる。

①自立した人と人の組織である協同組合あるいは非営利協同自治組織にもとづく共済は，連帯や団結によって格差，差別，疎外などの社会的不平等に取り組み，市場原理万能のもとで失われつつある人間性を回復する機能を果たす。

②協同組合原則にしたがい，組合員参加のもとに基本的な生活保障を実現するための制度を実践する。

③組合員は経済的な恩恵を享受することによって協同組合運動の意義を深く理解すると同時に，協同思想・共済思想について学習し，経験を深める。

④共済は広範な国民が地域・職域において自主的，主体的に取り組む生活保障を確立する運動であり，社会保障を真に補完するとともに，社会保障の拡充を求める国民的運動を組織する。

⑤共済に関する理論的研究や実践的蓄積が示すように共済事業は資本による保険事業に対する「対抗力」となり，保険会社の消費者志向経営の確立を求める「社会的な力」となる。

⑥グローバル化・規制緩和により崩壊しつつある地域社会の再構築に向け，協同組合あるいは協同自治組織の人的結合を基礎に経済活動の活性化を図るとともに，コミュニティの再生に重要な役割を担う。

⑦今後，共済運動はさまざまな非営利協同セクターと連携を強化し，あるいは自治体と協力し，地域社会に貢献しながら新しい社会システムの構築に取り組む。

共済運動は保険事業の「対抗力」としての力量を獲得する一方で，民主的な共済団体間，あるいは他の協同組合事業や NPO，労働組合などと幅広く連携し，「協同組合のアイデンティティ」に示されるような価値を創造し，保険事業との本質的相違をより明確にしていけるかどうかが，今まさに問われている。

注

(1)保険業法第2編保険会社等，第1章通則第3条には，「保険業は，内閣総理大臣の免許を受けた者でなければ，行うことができない」と定められている。

(2)押尾直志著『現代共済論』，(日本経済評論社，2012年) p.157以下を参照されたい。

(3)坂井幸二郎著『共済事業の歴史』，(社団法人日本共済協会，2002年) p.18以下を参照されたい。

(4)日本国憲法第25条1項では，「すべて国民は，健康で文化的な最低限度の生活を営む権利を有する」こと，また2項では「国は，すべての生活部面について，社会福祉，社会保障及び公衆衛生の向上及び増進に努めなければならない」と基本的人権（の一つである生存権）について侵すことのできない永久の権利として謳われている。国民諸階層が協同組合等の母体組織を基盤にして生活保障の実現のために実践する共済事業はまさしく生存権を守るための社会運動である。

(5)1995年改定保険業法第2編保険会社等，第1章通則第2条では，「この法律において保険業とは，不特定の者を相手方として人の生死に関し一定額の保険金を支払うことを約し，保険料を収受する保険，一定の偶然の事故によって生ずることのある損害をてん補することを約し保険料を収受する保険その他の保険で，第3条第4項各号又は第5項各号に掲げるものの引受けを行う事業（他の法律に特別の規定のあるものを除く。）をいう」とされている。

(6)全国消費生活相談情報ネットワーク・システム PIO-NET による件数。

(7)2005年に改定された保険業法第2条では，1995年に改定された同法同条の「保険業」の定義中から「不特定の者を相手方として」という文言を削除し，適用除外にするものについて，「他の法律に特別の規定のあるもの」，地方公共団体がその住民を相手方として行うもの，会社等がその役員や使用人・その親族を相手方として行うもの，労働組合が組合員やその親族を相手方として行うもの，学校または学生等が構成する団体がその学生又は生徒を相手方として行うもの，地縁による団体がその構成員を相手方として行うものなどを列挙している。

(8)押尾直志監修・共済研究会編『共済事業と日本社会――共済規制はなにをもたらすか』，p.153以下，保険毎日新聞社，2007年。

(9)『ファクトブック2007　日本の共済事業』，社団法人日本共済協会，2007年。同2014年版では，7,648万人（2013年度実績）である。

(10)「少額短期保険業者」として登録されるためには，資本金1,000万円，年間収入保険料50億円以下，保険期間は損害保険の場合2年，生命保険・医療保険の場合1年，保険金額は生命保険については1人の被保険者につき総額1,000万円以下，疾病による重度障害・死亡については300万円，疾病・障害による入院給付金80万円，損害保険については1,000万円などと制限されている。

(11)シンポジウムの内容は『賃金と社会保障』，2008年2月号（旬報社）に収録されている。

第14章
TPP協定と共済規制

1　国民の生存権を脅かすTPP協定参加交渉を契機にした共済規制

貿易赤字の拡大を背景に金融，投資，サーヴィス分野の市場開放を要求するアメリカに譲歩する一方で，とくにバブル崩壊後は不良債権処理と経営基盤の強化により国際競争力を確保するために金融再編が不可避となり，政府は規制緩和政策への転換を目的とする金融・保険制度改革をすすめた。国民（消費者）不在の制度改革や社会保障制度の改悪が続く中で拡大した「無認可共済」問題への対応を口実に，アメリカは共済事業に対する規制強化を公然と主張するようになった。保険関係法による共済規制は新たな問題を提起するようになった[1]。

共済規制にさらに追い打ちをかけるように，政府はTPP（Trans-Pacific Strategic Economic Partnership Agreement, 環太平洋戦略的経済連携協定，以下TPPと略記する）に参加しアジア太平洋地域の国々の経済成長を取り込むことによってわが国に経済成長をもたらすとともに，法の支配を強化することで安全保障の拡大にもつながるとして協定参加交渉を本格化した。TPPは全品目の関税撤廃を前提とする自由貿易協定であり，日米間の事前交渉ではとくに「保険」を重要な関心事項の一つと位置づけている。保険分野におけるさらなる規制緩和と関連して，かねてより保険事業と同等の規制を求めている共済事業について厳しい対応を迫ってくることが懸念される。共済規制は，共済事業の存在そのものを脅かし，国民が生存権を守るうえで深刻な問題を提起している。

そこで本章では，近年，共済に対しどのような規制政策が採られてきたかを確認しながら，TPP協定参加交渉に向けた日米間での事前協議の中で共済事業に対してアメリカがどのような規制強化を要求し，わが国政府がどのような対応をしているのかを把握しその問題点を明らかにするとともに，共済を守るためになにをなすべきかを考察することにする。

2　共済規制政策と TPP 参加

(1) 社会保障制度の後退と国民生活

民主党政権時（2009年９月～2012年12月），野田佳彦首相（在任期間2011年９月～2012年12月）は「税と社会保障の一体改革」の名の下に政権公約を放棄し，消費税増税を目的に自由民主党（以下，自民党と略記する）と公明党の３党のみによるいわば'密室談合'で合意を取り付け，2012年８月，関連８法案を成立させた。デフレを解消できず景気対策や雇用回復も実効性を伴わないうえに，政権公約を反故にして財政危機のつけを国民に転嫁する消費増税を図った民主党は国民の信頼を失い，2012年12月16日に実施された衆議院議員総選挙で大敗し，わずか３年３カ月で政権を失った。

わが国の社会保障制度は国民皆保険・皆年金を確立し，給付水準は欧米諸国と比べても遜色ないと言われることが多いが，1980年代以降，国民の負担増や年金受給権の侵害につながる社会保障制度の見直しが繰り返し行われてきた。とくに，バブル崩壊後，政府は大企業や高額所得者優遇により財政収入が減少して財政赤字を拡大したため，社会保障費や文教関係費，あるいは中小企業対策費など，国民生活に直結する歳出を抑制し，緊縮財政策を強化してきた。社会保障給付費を中心とした社会支出の対 GDP 比は1990年代後半にようやく社会保障制度が完備していないアメリカを上回る程度の伸び率であった(2)。また，相対的貧困率（国民一人ひとりの所得水準の平均値の半分以下の収入の人たちの割合）も年々高まり，2009年には16%，生活保護受給者は205万人に上った(3)。

日本国憲法では，国民が健康で文化的な最低限度の生活を営む権利を保障し，国家は社会保障，生活福祉，公衆衛生の向上および増進に努めることをはっきりと義務づけている。したがって，国民は社会保障の改悪を許さずその拡充を求める運動を推進していかなければならない。

(2) 共済の意義・役割と共済規制強化の懸念

協同組合等の非営利協同自治組織を基盤にして自主的，自発的に生活保障を実現する取り組みである共済は「共助」による生存権を守る運動・事業ではあるが，民主的で公平，公正な組織・事業運営原則にのっとっており，社会保障制度を真に補完する役割を担い重要である。しかし，わが国では国民が「生きるため」に必要とする生活保障の手立てを自主的，自発的に充足する共済運動・事業は，つねに保険業界の利益を優先してきた保険行政とその理論的支柱である商法・保険法学者などが主張する共済規制論（あるいは保険・共済同質論）とのたたかいの歴史の中で実現されてきた。

近年では，「根拠法のない共済」を規制することを目的とした2005年の保険業法改定を契機に，協同組合共済にも共済規制政策が拡大された。同年，農業協同組合法が改定されて以降，水産業協同組合法，中小企業等協同組合法および消費生活協同組合法など各種協同組合法が相次いで改定され，保険業法に準拠した共済の規程が盛り込まれた。わが国政府はアメリカの市場開放要求を受け容れつつ，国内大手保険会社の利益保護を優先し，保険事業と協同組合共済の一元的規制をねらいとして法律の見直しをすすめたと言わざるをえない。

新自由主義政策下で国内外の巨大保険グループ・保険会社が目論む市場拡大を促進するため保険行政は新たな共済規制政策を展開している。共済に対する保険監督法（保険業法）や保険契約法（保険法）など保険関係法による一連の規制強化の動きに反対し，基本的人権を守り，国民（消費者）主権を確立するために共済団体間の横断的な連携・協力関係が着実に広がりつつある。とりわけ，2011年3月11日に発生した東日本大震災直後から共済団体によって被災者・被災地への人的・物的支援活動が行われ，社会運動としての（協同組合等非営利協同自治組織における）共済運動の意義・役割の重要性が再認識された。

民主党政府は，政権公約の履行と震災・原発対応への遅れに対する国民の批判を回避するために首相の首をすげ替えた。2010年10月に「平成の開国」を唱えTPP交渉参加を表明した菅直人首相の後を引き継いだ野田首相は，2012年12月，TPP参加に向けて関係国と協議するために閣僚会合に出席した。その後，日米間の交渉参加に向けた事前協議の中で，アメリカは自動車・保険・牛肉の3分野を「関心事項」として示した。保険事業をめぐるアメリカの要求に関連し，共済への規制がいっそう強まることが予想される。1990年代以降，「共済と民間競合者との間の対等な競争環境の確立を求める」アメリカの要求に応じる形で保険関係法が改定されてきたが，TPPへの参加交渉問題で共済へのさらなる規制強化が懸念される。

3　TPP協定参加交渉に向けた日米事前協議におけるアメリカの要求内容とその背景

（1）簡易生命保険・共済に対するアメリカの規制要求

TPPは2006年に発効した貿易自由化のための経済的な枠組みであり，2010年11月，アメリカ，カナダ，オーストラリアも参加を表明した。TPPはＡＰＥＣ（Asia-Pacific Economic Cooperation, アジア太平洋経済協力会議）加盟国間でＥＰＡ（Economic Partnership Agreement, 経済連携協定）を結び，貿易自由化・関税の撤廃を目指す協定である[4]。これは関税を撤廃し，企業への規制を取り払い，物やサーヴィスの流通を自由に行えるようにするとともに，政府調達，知的財産，衛生・安全基準，さらには人の移動など非関税障壁（non-tariff barriers）をも対象とした包括的な協定であり，2015年までに加盟国間で取引されるすべての品目を対象に関税を全廃する予定であった。2011年11月，野田首相はオバマ（Barack Hussein Obama Ⅱ）大統領にTPPへの参加の意向を伝えた。2012年４月30日の日米首脳会談で野田首相とオバマ大統領はTPPについて協議を前進させることで一致したが，その際オバマ大統領はとくに自動車，保険，牛肉の３分野を「関心事項」として示した。

日米構造協議以降，アメリカのわが国への改革要請は徐々にエスカレートし，1994年から日米両国政府が毎年取り交わす「年次改革報告書」（2009年廃止）やアメリカ大統領の諮問機関である通商代表部が取りまとめる「外国貿易障壁報告書」（National Trade Estimate Report on Foreign Trade Barriers），さらには2011年11月の日米首脳会談で貿易の円滑化，ビジネス環境の整備，共通の関心を有する地域の課題等について協力して取り組んでいくための協議の場として立ち上げられた日米経済調和対話（United States-Japan Economic Harmonization Initiative）などにおいて，簡易生命保険と共済に関し繰り返し「平等な競争環境の確保」を求めるようになった[5]。

報道によれば，アメリカ政府・通商代表部は郵政民営化見直し法案の成立（2012年４月27日）を控え，日本政府が簡易生命保険などに関与を残した形で新規事業を行えるようになることを懸念したとされる。郵政民営化見直し法の成立で，政府が日本郵政の株式の３分の１超を保有したまま，かんぽ生命保険が「がん保険」などの新規事業を行うことになれば，「がん保険」などの医療保険分野に特化して事業を行っている外国保険会社に対して公平な競争にならないと強く主張した(6)。これを受けて日本郵政の斎藤次郎社長は，かんぽ生命保険は当面「がん保険」分野に参入しないことをただちに明言したのである(7)。

TPPは日米構造協議に象徴されるように，わが国政府に対し，国内の制度をアメリカにとって都合の良いように変えさせることになるであろう(8)。アメリカはかねてよりわが国に対し，医療サーヴィスの自由化や混合診療の解禁を求めている。TPPに参加することになれば，米国の資本による病院経営が増え，医療の過疎化の進行や過疎地医療の減少が懸念される。また，混合診療制が全面的に解禁されると，すべての国民が皆保険制度の下で平等に医療を受けることを目的とした公的医療保険制度が崩壊するとともに，ジェネリック薬品の普及に影響が出て薬価が高騰する虞もある(9)。

近年，国民健康保険の保険料を支払えない貧困・低所得層が増加し，保険証を取り上げられた無保険者（世帯）が広がりつつある（アメリカでは無保険者は5,000万人にも上っていると言われるが，わが国でもとくに国民健康保険料を支払えない世帯は500万世帯を超え，１年以上滞納し，保険証を取り上げられた世帯は40万世帯にも上る）。

わが国政府は2011年11月に公表した「TPP協定において慎重な検討を要する可能性がある主な点」（外務省）において，「TPP協定交渉参加国間のＦＴＡにおいては見られないものの，我が国との二国間の協議において提起されている関心事項（郵政，共済）について，追加的な約束を求められる場合には，慎重な検討が必要」との見解を示している。内閣官房・TPP政府対策本部のホームページに示されているTPP協定交渉の概括的状況及び分野別状況の平成24年（2012年）３月改定版では，「保険サーヴィスについて民間との対等な競争条件の確保を念頭に議論が行われているとの情報があるが，郵政事業体や共済についてはこれまで議論はないとの情報もある」と述べられているが，アメリカ通商代表部は2011年３月に公表した「外国貿易障壁報告書」の中で，米国政府は，対等な競争条件を確保するため，共済が金融庁による監督下に置かれることを含め，民間セクターのカウンターパートと同じ規制水準・監督に服するべきだと考えると主張している(10)。

また，在日米国商工会議所の保険委員会（Insurance Committee）は2011年８月に「共済と金融庁規制下の保険会社の間に平等な競争環境の確立を」と題する意見書を公表し，セイフティネットへの資金拠出，準備金積立規制等金融庁規制下のものと同じルール・規制の適用，金融庁監督下の競合者と同じ水準の税負担，IAIS（International Association of Insurance Supervisors，保険監督者国際機構）の保険監督基本原則にのっとった金融庁の監督規制，実質的に不特定多数への販売である員外利用という特別待遇など，民間保険会社と共済が法制面で平等な扱いを受けるようになるまで共済の事業拡大をいっさい禁止すべきであると指摘した。同年９月には，「金融サーヴィス白書2011年（ACCJ issues Financial Services White Paper）」の中で，民間保険会社と共済が日本の法制下で平等な扱いを受けることを求め，徹底した規制の見直しとそれが実現するまで新商品の開発や既存商品の改定などを一切行わないように提言した。同委員会は「共済と金融庁規制下の保険会社の間に平等な競争環境の確立を」と題する意見書（View Point，2015年９月まで有効）を継続的に公表し続け，わが国政府に対し，国際通商上の責務や消費者保護を理由に，とくに協同組合共済と金融庁規制下にある保険会社に同等の規制を課すことを執拗に求めている。また，アメリカ通商代表部が日本のTPP交渉への参加について意見公募した結果，米国生命保険協会（American Council of Life Insurers），米国商工会議所（United States Chamber of Commerce），在日米国商工会議所およびサーヴィス産業連盟（Coalition of Service Industries）が同様の立場で共済（規制）に言及している[11]。また，同通商代表部の2013年「外国貿易障壁報告書」でも対等な競争条件を確保するため共済が金融庁監督下に置かれることを含め，民間セクターのカウンターパートと同じ規制水準・監督に服することや，いずれの監督省庁の規制にも服さない共済に対し，金融庁に監督権限を与える方向を阻止しようとする動きに懸念を表明している[12]。

（２）米韓ＦＴＡによる韓国の保険・共済事業への影響

TPP参加による公的保険や共済への影響については，米韓FTA（Free Trade Agreement，自由貿易協定）の内容が参考になる（2012年３月15日発効）。金融サーヴィスに関する合意内容は，基本的に自由な市場アクセスと内国民待遇，最恵国待遇が保証されるとともに，既存の規制レヴェルを維持する措置が設けられ，さらに特段の確認が必要とされる事項については付属書（Annex）に具体的に列挙して示されることになった。金融サーヴィスに関する取り決めを定めているのは，第13章である(13)。韓国郵政事業本部（以下，韓国ポストと略記する）の保険サーヴィスについては，13－D（および確認書簡）に規定されている。韓国ポストの保険サーヴィスには保険会社との間で競争上の優位性を与えるべきでなく，実施可能な限り同じルールを適用すべきことを定めている。韓国ポストは郵政事業以外の事業を行う場合，その独占的な地位を乱用してはならないと批判を受け，TPP発効前であるにもかかわらず宅配事業を取り止めただけでなく，簡易保険事業（変額生命保険，がん保険，損害保険および退職保険など）に対しても保険商品の変更は認められるが，（変額生命保険，損害保険，退職関連保険を含む）新しい保険を販売することを禁止するとともに，加入限度額の引き上げを制限している(14)（金融監督院，FSS，The Financial Supervisory Serviceとの協議を必要とする）。

また，保険を販売する協同組合については，付属書―BのSection Fに規程がある。文章はわずかであるが，明らかに保険会社と同じルールを協同組合に適用し，金融監督当局による一元的規制下に置く，したがって実質的には協同組合方式そのものを無視するかのごとき内容であり，重大な問題を含んでいる。協同組合であっても保険会社と同じルールを適用すべきであり，FSSが規制監督権を行使すべきであり，全国農協（共済）連合会，全国漁協（共済）連合会，韓国コミュニティ・クレジット協同組合（政府主導による農村の近代化のための信用組合・セマウル金庫）および全国クレジット・ユニオン（信用協同組合）連合会による保険販売に関連するソルベンシー問題は，協定発効後3年以内に金融サーヴィス委員会（FSC, Financial Services Commission）の規制の下に置くべきであると規定している。農協の場合は，2012年3月2日に機構改革が行われて金融事業を分離し，金融持株会社の傘下に銀行，ＮＨ損害保険株式会社およびＮＨ生命保険株式会社が並ぶことになった。アメリカは農協共済に対して協同組合方式をやめて民間ベースで保険事業を行うことを強く求めていた。わが国の農業協同組合における信用・共済分離論に拍車をかけかねない問題を含んでいる。これに関連して，先ごろ取りまとめられた政府・規制改革会議の答申（案）で提起された農協改革に関する内容について，次の4で検討することにする(15)。

さらに，韓国政府が国民皆保険制度を強化する政策を採った場合，アメリカの医療保険会社は民間保険市場の縮小を理由に韓国政府に対して損害賠償を請求したり，国際仲裁裁判所に提訴したりすることが可能となった。非営利の情報分野の事業でも国内法よりFTAの条項の方が優先されることになるし，政府調達に関しても事業の入札に外資が参入することになると，とくに低賃金（の外国人）労働者が雇用され，地方の建設業界や地域労働・雇用への深刻な影響が懸念される。

4　TPP参加交渉に向けた農協（共済）改革――規制改革会議・農業ワーキンググループ「農業改革に関する意見」および規制改革会議「規制改革に関する第2次答申――加速する規制改革」（2014年6月13日）

（1）TPP交渉推進に向けた規制改革会議・農業ワーキンググループを中心とする農協改革

国民の民主党政権への失望に乗じて再び政権を取り戻した自民党の安倍晋三首相は2013年2月22日，オバマ大統領との日米首脳会談後，TPP参加交渉について「聖域なき関税撤廃が前提ではないことを確認した」と強調し，なし崩し的にTPP参加に向けて交渉を本格化させた。安倍首相は諮問機関として規制改革会議（内閣府本府組織令により設置）を復活させ（2013年1月25日），農業輸出拡大・競争力強化を図るために農業ワーキンググループを設置した。政府は2013年3月，TPPに参加した場合のマクロ経済効果について，農業生産額は3兆円減少するものの日本経済全体で実質GDPは0.66%，3兆2千億円分底上げされるとの試算結果を発表した。その増加分のうち，消費の拡大が3兆円のプラスとなり，消費者が恩恵を受けるとする。日本の食と農，それを担っている農業生産者を度外視して経済効果や消費者の恩恵に問題をすり替え，TPP参加を正当化しようとする思惑が見え隠れする。

規制改革会議・農業ワーキンググループは安倍首相の意向を受けて「農業改革の見直しに関する意見」（以下，「意見」と略記する）の検討課題の一つとして「農業者・消費者に貢献する農業協同組合の在り方について」を取り上げ，①地域農協の活動を自由にする，②法律上の中央会（全国農業協同組合中央会，以下全中と略記する）を廃止する，③全農（全国農業協同組合連合会，以下全農と略記する）を株式会社に転換する，④金融事業（信用・共済事業）は上部団体に集約することなどを「意見」に盛り込んだ。同時に，自民党内でも「農協・農業委員会等に関する改革の推進について」取りまとめられ，規制改革会議で説明された。

規制改革会議はこれを受けて「規制改革に関する第2次答申」（以下，「第2次答申」と略記する）を安倍首相に提出した(16)（2014年6月13日）。「第2次答申」では，農業協同組合の見直しの中で「単協の活性化・健全化の推進」について，「平成26年度検討・結論，法律上の措置が必要なものは次期通常国会に関連法案の提出を目指す」としたうえで，共済事業については「全国共済農業協同組合連合会は，単協の共済事業の事務負担を軽減する事業方式を提供し，その方法の活用の推進を図る」こと，「組織形態の弾力化」については「多様な組合員や地域住民のそれぞれのニーズに対応して農協が的確なマネジメントを行えるよう，単協・連合会組織の分割・再編や株式会社，生協，社会医療法人，社団法人等への転換が出来るようにする」こととされた(17)。

また，「農林水産業・地域の活力創造本部」（平成25年5月21日設置）が平成25年12月10日に決定した「農林水産業・地域の活力創造プラン」を改訂することを本部決定した。そこでは農協改革の推進について，「農林中金・信連・全共連の協力を得て，単位農協の経営における金融事業の負担やリスクを極力軽くし，人的資源等を経済事業にシフトできるようにする」との方針が示された。

政府・規制改革会議の農協改革政策に危機意識を抱いた全中を中心にしたJAグループは「JAグループの自己改革について――農業者の所得増大，農業生産の拡大，地域の活性化の実現に向けて」と題する自己改革案を公表した（2014年11月6日）。これに対し，規制改革会議はただちに改革の方向性を提言する「意見」（2014年11月12日）を取りまとめ，全中監査の義務づけの廃止，准組合員利用量の規制，全農・経済連（全農と都道府県経済農業協同組合連合会の統合がすすみ，現在未統合の道県はホクレン農業協同組合連合会ほか数県を残すのみである）の株式会社化，あるいは経済界との連携による食品の流通・加工業界等の人材登用の仕組み作りなど，厳しい注文をつけた。その後，全中と農林水産省や政府・自民党との間で折衝が行われ，全中は2014年11月の「自己改革のための中間とりまとめ」の内容におおむね沿うものであるとして，2015年2月9日，「与党とりまとめを踏まえた法制度等の骨格」を受け容れた(18)。

（2）規制改革会議・農業ワーキンググループの共済事業改革の「意見」と問題点

規制改革会議・農業ワーキンググループの「意見」では，「単協の行う共済事業については，単協は，全国共済農業協同組合連合会の統括の下で窓口・代理業を実施し契約に基づいた業務に応じた報酬を得る」とされ，単協の専門化・健全化の推進を求めている。単協を代理店化することで効率性のある事業展開を促進するという提言であるが，1990年代以降の保険制度改革が何をもたらしたかを振り返る必要がある。1995年の保険業法改定以降，市場競争が激化して生保・損保会社合わせて10社が経営破たんし，外資系保険会社に（安価で）買収された。（保険会社の経営破たんは保険行政がすすめてきた「護送船団体制」の下で展開された業容拡大競争＝過当競争と，その結果形成された寡占化によってもたらされた問題点を放置したまま規制緩和政策に転換したことに原因があると言わざるをえない）保険行政は保険契約者保護を理念に掲げながら，結局保険会社の経営破たんの責任（の一部）を保険契約者に転嫁したのである。

一方，全共連経営企画部制度調査室は農業 WG の提言を検討し，「規制改革会議・農業 WG 意見を受けた理論武装について」（以下，「理論武装について」と略記する）と題するペーパーを取りまとめた[19]。「農業改革に関する意見」の中で共済事業については，「単協の専門化・健全化の推進」として「単協の行う共済事業については，単協は，全国共済農業協同組合連合会の統括の下で窓口・代理店業を実施し契約に基づいた業務に応じた報酬を得る」ことが求められた。これに対し，全共連経営企画部制度調査室は農業 WG の意見の趣旨は実現可能であることを示すとの立場から「理論武装について」では，まず第1に，平成17年度の共同元受事業方式導入による JA のリスク負担の回避や，事業・組織の抜本的な改革による JA の事業効率化の取り組みを行っていること，第2に，JA を代理店化することは不要なコスト負担・組合員の不利益となること，第3に，組合員・会員の自主・自立により運営されている協同組合共済において事業方式の選択は組合員・会員の意思で判断されるべきことであり，事業方式の変更を政府が強制することは認められるべきでないことを明確に主張した。

前述の如く，アメリカ政府，通商代表部，さらには在日米国商工会議所などが再三にわたって「共済と民間競合者との間の対等な競争環境の確立」を求めて

(JA共済を含む) 共済を保険会社と同じ規制下に置くことを要請している。単協を代理店化することによって経営の自主性を広げ効率化を図り報酬を得ることに転換するとすれば，単協では当然保険会社との激しい契約獲得競争の中でノルマ・目標額を達成するために共済らしさを失い業績至上主義・経営主義が強まり，組合員への「最大奉仕の精神」が損なわれかねない。単協の中には，すでに保険会社の代理店を子会社として設置しているところもあり，保険会社の代理店化や保険会社との提携関係がさらに強まり協同組合としての存在意義を失う虞も出てくるであろう。また，アメリカ政府等が要求する代理店化のねらいは全共連のみの代理店ではなく，生保・損保会社の代理店となることを認めさせることにあると考えられる。もし，そうであれば，准組合員問題も含めて協同組合組織そのものの解体につながる危険性がある。政府・規制改革会議（農業WG）においては，協同組合運動・事業においてもっとも重視されるべき教育・啓発活動などはまったく無用の長物にされてしまうであろう。

5　協同組合（共済）の果たす役割の増大

資本主義社会では，危険引受をビジネスとする資本（保険会社）によって経営される保険事業が広く発展し，経済活動においても，また社会生活においても中心的な制度となっている。個人や企業は自分（自社の経営の安定）のために保険会社が販売する保険「商品」を購入する。(商品内容の特性上，売買当事者間の契約形態を採る) 保険「商品」の価格である保険料は計算基礎も複雑で不透明であり，とくに家計にとっては決して少ない負担ではない。(国民が知りうるのは，一般に総額としての「営業（表定）保険料」である) その保険「商品」が国民・消費者にとって本当に必要とされる基本的な生活保障の役割や機能を果たしているのかどうか。また，今日，生命保険も損害保険も広く普及して保険制度は高度に「社会化」しているにもかかわらず，保険会社は保険契約者（国民・消費者）のための事業として社会的責任を果たしているかどうかが問われる。

これに対し，国民は地域や職域で自分たちの生活をお互いに支え合うために協同組合や労働組合，あるいは非営利協同自治組織に結集し，経済的，社会的あるいは文化的な欲求を協同で満たしている。生活保障の準備はとくに不可欠である。

その場合，多くの人々にとって共通の，金銭的に評価できる危険に対する準備のために開発された純粋の「保険の仕組み」は協同組合などの非営利組織にひじょうに適している。市場競争の過程で（協同）組合共済は科学的かつ合理的な「保険の仕組み」を批判的に摂取し利用する。これを（協同）組合の組織・運営原則に適合し，社会運動（政治・経済・法律などに関する社会問題を解決しようとする組織的運動）としての共済を実践するのである。組合員は運動に「参加」し，経済的恩恵を受けることによって，その意義を実感し，学習しながら経験を積み，運動・事業の意義を深く認識する。（協同）組合共済（それが「協同組合共済」という形態を採るか，あるいは「協同組合保険」形態であるかは，それぞれの国・政府の保険政策による）は保険会社の「対抗力」に成長し，消費者志向経営の向上に役立つ。したがって，共済の中で経済的にも社会的にも重要な役割を果たすのは協同組合保険であり，通説で言うように「共済（のうちでもっとも重要なの）は協同組合保険である(20)」。

それでは，保険と共済の本質的な違いはどこに求められるであろうか。共済には，まず協同組合や労働組合，あるいは非営利協同自治組織などの母体組織があり，組織の理念・目的がある。共済が助け合いの制度であるというのは，地域や職域でお互いに生活を相互に支え合う目的で結成された運動体である母体組織で実施される「共助」の生活保障制度であるから，である。共済の場合，契約者は組合員であるから同時に共済者でもある。これに対し，保険事業は資本によって営まれる，市場で売買（取引）される保障（補償）「商品」であり，保険会社と保険契約者は売り手と買い手，つまり対立の関係にある。購入（契約）された保険「商品」の契約期間が終了すれば（保険事故が発生し，保険金が支払われたり，満期になれば），保険会社と保険契約者は何の関係もなくなる。保険契約者同士は共通する理念や目的で結びついているわけではないし，お互いに協力して生活を改善する（母体）組織を作ったわけでも，保険会社組織の一員でもない。保険会社形態に相互会社形態がある。定款上，保険契約者が社員となり，会社の意思決定機関である社員総（代）会を構成することが定められているが，社員総（代）会の実態は取引・利害関係者が大部分を占め，民主的運営は名ばかりであることは改めて言うまでもない。また，経営・財務内容も保険株式会社とほとんど変わらないばかりでなく，企業系列関係においても重要な役割を担っている。

ところで，2012年は国際連合が定めた国際協同組合年（International Year of Co-operatives, IYC）であった。国際協同組合年のテーマは「協同組合がよりよい社会を築きます」である。世界各国の協同組合が社会的役割を広く周知するとともに，協同組合が貧困の削減，仕事の創出および社会的統合に役割を果たすことが期待されている[21]。協同組合に関する国際会議やイベントなどが各国で開催されたが，わが国では協同組合共済も含めて全国44都道府県で国際協同組合年の実行委員会が組織され，東日本大震災で協同組合（共済）が果たした役割や地域貢献，とくに環境，エネルギーあるいは福祉などの分野での取り組みの重要性を紹介する活動などを行った。また，2014年は同様に国際連合が提唱する国際家族農業年[22]（International Year of Family Farming）であった。飢餓や貧困を撲滅し，とくに農村部での食糧の安全保障と栄養の提供を守り，持続可能な開発を促進するうえで小規模家族農業が大きな可能性を保有していることを重視し，家族農業を農業・環境・社会政策の中心に据えるように，各国政府に支援を要請することを目的にしている。わが国の食の安全と農を守り，地域社会を支える農業協同組合とその構成員である小規模家族農業に対する国際社会の呼びかけは，行き過ぎた市場原理がもたらしている社会秩序の衰退に対し，協同組合の果たす役割の大きさを再認識する必要性があることを意味している。

協同組合（における生活保障実現のための取り組みである共済）は国民の「社会参加」の一形態である。共済は，日本国憲法で保障された国民の基本的人権，とりわけ生存権を守る自主的な運動・事業である。それが今，政治によって脅かされようとしている現実を直視する必要がある。協同組合（共済）の果たす役割は今まで以上に重要さを増している。

注

（1）戦後の主な共済規制政策の流れは，以下のとおりである。

①1945年12月に設置された金融制度調査会（部会）で翌1946年に「保険組合」に関する問題が議論され，認める報告がされたが，内閣や金融制度調査会委員の交代などで‘骨抜き’にされ，協同組合関係者からの反対で廃案となった。

②中小企業等協同組合法（案）（1949年公布・施行）の中に当初，「保険組合」条項が含まれていたが，審議の過程で削除された。また，戦後の損害保険事業の再建のうえで中小企業物件の火災保険市場を重要なマーケットと捉えていた損害保険業界にとって，中小企業火災共済の台頭は影響が大きいとの判断から，松本蒸治・勝本正晃両氏に北海道と愛知県

の火災共済組合が保険業法違反であるとする意見書を作成させた。しかし，大蔵省は共済を取り締まることは困難であるとの判断から，保険事業に影響を及ぼさないように「組合保険」として認めたうえで保険業法により監督・規制を加えようとしたが，協同組合共済関係機関の反対で実現しなかった。このため，中小企業の火災共済のみを対象に保険業法および保険の募集取締に関する法律に即して規制するとともに，主務大臣を大蔵大臣と当該所管大臣の共管とするなどの制限を加える改定中小企業等協同組合法が1957年に成立し，翌1958年施行された。

③1965年には，日本教職員共済会の発足をめぐり，大蔵省・保険業界から保険業法改定による規制の動きが強まった。大蔵省は計画中止と，見舞金程度への引き下げを要請した。大蔵省は保険行政一元化と共済規制を目的として，1959年に保険審議会を設置した。

④保険審議会は1968年，「共済保険問題に関する意見」を取りまとめ，大蔵大臣に答申した。内容的には，協同組合共済を近代保険技術にもとづく事業と認めたうえで，保険と共済が相互救済の点で共通性を持っていると述べ，行政の一元化を示唆している。

⑤1970年代半ばから1980年代にかけて，とくに地域生命共済や購買生協による共済事業の発展に対し，竹内昭夫教授など商法・保険法学者による保険・共済一元的規制論が展開された。(→この問題を重視し，1984年に開催された第4回日本協同組合学会春季研究集会で「これからの共済事業をめぐって」をテーマにシンポジウムが開催され，共済の独自性や社会的意義・役割を改めて明確化した。これを受けて協同組合共済を守る組合間の団結が強化されて1992年に社団法人日本共済協会が創設されるなど，協同組合共済が団結，連携して共済規制論に反論したため，共済規制論はひとまず終息した。)

⑥「無認可共済」問題とアメリカからの共済規制要求を背景に，保険業法による「根拠法のない共済」事業に対する規制が強化されるとともに，各種協同組合法の共済に関する規程を保険業法に準拠するように改定した。

⑦2005年4月に改定された保険業法において協同組合共済や労働組合共済など根拠法のある共済は保険業法の適用除外とされたが，事実上保険業法に取り込まれた（保険業法第2条定義の中に列挙された）。また，根拠法をもたないという理由で健全かつ民主的に運営されてきた自主共済は従来通りの事業を続けることができなくなり，存続の危機にさらされた。しかし，自主共済団体を中心に共済規制に反対する運動が拡大し，2011年5月に金融庁は「保険業法等の一部を改正する法律の一部を改正する法律」を施行し，一定の要件を満たす「根拠法のない共済」を「認可特定保険業者」として存続する道を認めることになった。ただし，あくまでも一定の基準を満たし保険事業として存続することを当面の間認めるに過ぎない。

⑧また，2008年5月に成立し2010年4月に施行された「保険法」においても共済（契約）が適用対象として包括され，保険関係法（監督法と契約法の両面）による共済規制がさらに強化された。

(2)国立社会保障・人口問題研究所企画部「社会保障費の国際比較統計――SOCX2010ed.の解説と国際基準の動向」，p.73。

(3)厚生労働省平成22年「国民生活基礎調査の概況」www.mhlw.go.jp

(4)欧州連合（EU）も2013年4月以降，経済連携協定（EPA）締結に向けて交渉を継続する方針を決める見通しとなった（朝日新聞2014年6月25日付)。ただ，欧州連合農業団体連合会（Committee of Professional Agricultural Organisations, COPA）の会長は TPP 交渉参加に反対する JA グループの立場を支持する考えを表明した（『日本農業新聞』，2012年10月12日付）。

（5）2011年に開催された日米経済調和対話の協議記録（Record of Discussion）によれば，アメリカ側の関心事項の中で郵政事業（簡易生命保険と郵便貯金）について，「保険と銀行サーヴィスにおける対等な競争条件―市場における活発な競争を通して消費者の選択肢の拡大を推進するため，日本郵政グループの競争上の優位性を完全に撤廃し，規制面でのすべてのサプライヤーに同一の待遇と執行を確保することにより，保険と銀行サーヴィスにおいて日本の WTO 上の義務と整合する対等な競争条件を確立する」こと，また共済については，「健全で透明な規制環境を促進するため，共済と民間競合会社の間で，規制面での同一の待遇および執行を含む対等な競争条件を確保する」ことを要請している（外務省ＨＰ報道発表「日米経済調和対話」協議記録の公表，2012年１月27日）。

（6）朝日新聞2012年４月20日付。

（7）朝日新聞2012年５月８日付インタヴュー記事。同紙2012年５月９日付記事。2012年４月に郵政民営化法が見直されたことに対し，アメリカ通商代表部はかんぽ生命の業務拡大（とくに，がん保険分野への進出）による外国保険会社への影響を憂慮し，日本政府の TPP 参加に向けた交渉を控え懸念を表明していた。東谷暁氏は，かんぽ生命とアメリカンファミリー生命保険会社との「提携」や新商品の調整などは日米２国間の TPP の事前協議が舞台であったと述べている。（「そもそも TPP とは③」，全日本民医連厚生事業協同組合『共済だより』，2014年２月号（第71号），p. 8）また，ACCJ と欧州ビジネス協会（European Business Council, EBC）は2012年９月，日本政府に対し日本郵政グループのゆうちょ銀行やかんぽ生命による新商品・サーヴィスの改定が認められる前に，民間企業との間に平等な競争環境を確立することを要請した。

（8）関岡英之氏は，「『日米構造協議』の目的は，米国の対日輸出を拡大することにより，対日貿易赤字を縮小し，米国人の雇用を守るということに尽きる。あくまでも米国発の，米国主導による，米国の国益のための『日本改造』に他ならなかった。」と指摘している（中野剛志・編『TPP　黒い条約』，p.72，集英社，2013年）。

（9）内閣官房の HP に示されている公的医療保険に対する政府の立場は，「日本が誇る国民皆保険制度を維持し，安全・安心な医療が損なわれることのないよう，しっかりと主張していきます。国民皆保険制度は，日本の医療制度の根幹であり，この制度を揺るがすことはありません。※米国の政府関係者からは，TPP は，①日本や他の国に自国の医療保険制度の民営化を強いるものではない，②いわゆる「混合診療」を含め民間の医療サーヴィス提供者を認めることを要求するものではない，という旨の発言がこれまでもなされています。」また，2012年３月更新版の「ルール（金融サーヴィスの一般的規制を定めるもの）」では，「公的医療保険制度など GATS でも適用除外となっている国が実施する金融サーヴィスの提供は，議論の対象となっていない模様。※米国は，公的医療保険制度を廃止し，私的な医療保険制度に移行することを要求していることはないと明言。」と述べられているが，公的医療保険制度の廃止こそ要求しないまでも，私的医療保険事業の運営に支障の出ないように，公的医療保険制度の改善には相当厳しく介入し，それを阻止するために圧力をかけてくることが予想される。

(10) アメリカ通商代表部の「外国貿易障壁報告書」では，再三にわたって共済規制に言及し，共済を金融庁の監督下に置き，保険会社と同じ規制水準・監督に服せしめることを要求している。たとえば2012年および2013年の同報告書では，「米国政府は，対等な競争条件を確保するため，共済が，金融庁による監督下に置かれることを含め，民間セクターのカウンターパートと同じ規制水準・監督に服することを求める」。USTR はさらに自主共済にも言及し，「米国政府は，金融庁または他のどの省庁の規制にも服さない保険事業を有する共済に対して金融庁に監督権限を与えるという方向の進展を逆転させる動きについても引き続き懸念を有する」とさえ述べている。篠原孝氏は，「アメリカのモノ造り産業はほとんど競争力を失っており，儲ける種は，金融，投資がらみのものしかないのだ。したがって，この延長線で郵政民営化や農協の共済，保険，小規模共済等が標的にされようとしているのだ」(p.183) と述べている（篠原孝著『TPP はいらない！』，p.183，日本評論社，2012年）。

(11) 日本経済新聞2012年１月14日付。関岡英之氏はアメリカが求めているのはわが国の保険分野への参入であり，その意味では医療保険も簡易生命保険も共済もターゲットとしては同じだということになる，と述べている（農業協同組合新聞 JAcom，2012年５月20日号，一般社団法人農協協会)。TPP 交渉において共済が交渉対象となる可能性があるとして制度共済と認可特定保険業者（自主共済，根拠法のない共済）のいずれについても制度の見直しが求められる可能性が指摘されている（湯本善昌稿「環太平洋経済連携協定（TPP）をめぐる諸分野の課題」，国立国会図書館 ISSUE BRIEF NUMBER 735，2012年２月２日，相馬健次稿「TPP と共済事業」，『いのちとくらし』研究所報 No.39，特定非営利活動法人非営利・協同総合研究所いのちとくらし，2012年)。

しかし，アメリカが繰り返し要求する共済と保険会社との対等な競争条件の確保や優遇措置の廃止などは，文字通りの「競争条件の平準化」(鈴木宣弘稿「TPP 交渉参加の既成事実を止める」，社団法人日本共済協会『共済と保険』第54巻第10号，2012年）にとどまるのではなく，共済事業の事実上の解体であると考えるべきであろう。アメリカの共済規制要求は TPP 参加交渉における「保険」分野のいっそうの規制緩和との関わりで論じられるが（松岡博司「米韓 FTA における保険業務の取扱い――TPP 交渉に向けた先行事例として」，『基礎研レポート』2012年５月31日，ニッセイ基礎研究所)，金融保険制度改革に象徴されるように，アメリカの巨大金融・保険資本のわが国の市場参入に向けた規制緩和拡大を目的とする国際戦略の一環である。問題はそれだけにとどまらない。わが国政府と保険業界はこれまで幾度となく繰り返してきた共済規制政策を，「消費者保護」を口実に市場戦略をすすめるために「平等な競争環境の確立」を要求するアメリカの主張を巧妙に利用しつつある。わが国の保険市場は過当競争の結果，飽和状態にあり，保険会社（とくに，大手保険会社）にとって共済事業領域は新たな市場として位置づけられている。

(12) 外務省 HP，2013年米国通商代表部「外国貿易障壁報告書」(日本の貿易障壁言及部分：外務省作成仮要約)，2013年４月４日。こうした「共済に関する米国（米国企業団体）の主張に対する反論について」全国共済農業協同組合連合会制度調査室が取りまとめている。それによると，まず JA 共済と保険の違いについて，「保険が己の経済的危険へ備える『自助』に端を発しているのに対し，共済は他の構成員を救済する『他助』を基礎としている点で，その根幹は異質のもので」あること，「共済事業を行っている協同組合は，……組合員の生産能率の改善とその社会的・経済的地位の向上を図るなど，さまざまな面で自分たちや地域社会を良くしていくための組織であって，事業体であると同時に運動体でもあり，専ら保険業の実施を目的として設立される保険会社とは性格が異なってい」ることを明確にしたうえで，米国の主張する「1．民間保険会社と同じ監督規制のもとに置かれるべきとの意見については，JA共済事業を監督する農協法およびその関係法令において契約者保護・経営の健全性確保等，規制の中心的な部分にすでに保険業法と同等のルールが導入され，かつ保険法の適用も受けていること，2．金融庁規制下の競合者（民間保険会社）と同じ水準の税金を負担すべきであるとの意見については，農林水産省から協同組合が法人税率上優遇されているのは組合員の相互扶助の理念により共同で事業を行う法人であり，民間の会社とは異なった目的・性格を有する組織であることに着目したものとの回答が示されていること，3．セイフティネットへ資金を拠出すべきとの意見については，ICA原則の第4原則「組合の自治・自立」も踏まえ，剰余金から準備金を積み増し，支払余力・健全性の向上を図ることに加え，再保険等の実施，安定した資産運用に注力するなどにより，健全性の一層の高度化に努めて」いることなど，農協法等関連法令による規制内容や協同組合（共済）の特質・独自の対応を踏まえて一定の「反論」を展開している（全国共済農業協同組合連合会経営企画部制度調査室「共済に関する米国（米国企業団体）の主張に対する反論について」，2012年2月10日）。

(13) 日本機械輸出組合　平成20年度経済連携基盤情報収集対策事業「EPA交渉対象国におけるサーヴィス貿易等潜在ニーズの発掘調査報告書」によれば，米韓FTAにおける金融サーヴィスの概要について，アメリカの金融機関に対して韓国内で金融機関を設立したり，買収すること，アメリカの銀行，保険会社，信託会社の支店の設立，韓国の投資ファンドのためのポートフォリオ管理サーヴィス等の権利を提供したことを挙げている。

(14) 2012年1月5日付韓国ハンキョレ新聞（The Hankyoreh）によると，米韓FTAの発効前に韓国ポストが生命保険や年金保険の保険金限度額を引き上げようと計画したところ，在韓米国商工会議所（AMCHAM KOREA）から協定違反であると抗議を受け，断念したという。

(15) 藤野信之稿「韓国農協中央会の金融・経済分離について」，『農林金融』第64巻第7号，農林中金総合研究所，2011年。

(16) 規制改革会議農業ワーキンググループ委員の本間正義教授は，全中廃止のねらいは，農協同士の競争を促すことであり，それによって農協が独自性のある経営をできるようになり，得意な分野を発揮していくことが必要であると述べている（朝日新聞2014年6月26日付）。規制改革会議農業ワーキンググループは農協の独自性や役割を度外視し，競争原理導入の効果のみを強調しているが，いたずらに市場競争に埋没すれば経営危機や破たんを招き，ひいては農協解体につながりかねない。この点について稲田朋美規制改革担当大臣は中央会を廃止するという極端なことをいっているわけではなく，法的な権限を与えられている中央会が単協を強くするうえで阻害要因になっているのではないかとの観点から見直そうと提言していると発言した（農業協同組合新聞JAcom，2014年6月20日号）。

(17) 農業協同組合新聞，同上。

(18) 清水徹朗氏は，今回の農協改革について企業的農業の促進を目指しており，家族農業や協同組合の役割に対する理解が不足しているとして，食と農を基軸として地域に根ざした協同組合という立場を堅持し，資本主義・市場経済の暴走をけん制しながら，その問題点を克服する組織としてその役割を発揮していくべきことを提言している。「農政・農協改革を巡る動向と日本農業の展望」，『農林金融』第68巻第4号，農林中金総合研究所，2015年。規制改革会議・農業ワーキンググループの専門委員である本間正義教授の見解（朝日新聞，2014年6月26日付）に象徴されるように，もし農協が独自性のある経営を行うことができるようになれば，資本・経営力を増強し，市場競争に勝ち抜くためにいたずらに企業性を強めようとする結果，協同組合性を失い，経営破たんする危険性が限りなく高まるであろう。

(19) 全国共済農業協同組合連合会経営企画部制度調査室「規制改革会議・農業 WG 意見を受けた理論武装について」(2014年6月)

(20) 押尾直志著『現代共済論』，p.215および p.258を参照されたい。日本経済評論社，2012年。

(21) 国際協同組合同盟（International Co-operative Alliance, ICA）は国際協同組合年（International Year of Co-operatives，IYC）の宣言に込められた協同組合への期待を受け止め，2013年に協同組合の強化発展に必要な条件や課題を示す文書として「協同組合の10年に向けたブループリント」(Blueprint for A Co-operative Decade, January, 2013.) を取りまとめた。

(22) 国際連合広報センター（United Nations Information Centre）HP には，「国際家族農業年 International Year of Family Farming」——家族農業の果たす役割の大きさを再認識しよう，とのスローガンが掲載された。

※本章の作成に当たり，全国共済農業協同組合連合会全国本部，経営企画部制度調査室部長，若松仁嗣氏と同調査室，大久保匡氏から資料・情報等を提供していただいた。この場を借りて感謝の意を表したい。

参考文献

邦文

著書・訳書

伊東光晴『ケインズ――“新しい経済学”の誕生』，岩波書店，1979年

今井清孝『マーチャント・バンカーズ（上巻）』，東京布井出版，1979年

入江節次郎『独占資本イギリスへの途――現代への序曲』，ミネルヴァ書房，1962年

入江節次郎編『講座西洋経済史Ⅲ』，同文館出版，1980年

印南博吉『保険の本質』，白桃書房，1956年

印南博吉・二瓶嘉三・鈴木譲一共著『保険経営論』，東洋経済新報社，1961年

印南博吉『新訂保険経済』，白桃書房，1967年

宇沢弘文『近代経済学の再検討――批判的展望』，岩波書店，1977年

遠藤湘吉編『帝国主義論（下）』，東京大学出版会，1965年

大蔵省・宮本英利・山本孝之編『損害保険　二一世紀へのビジョン』，社団法人，金融財政事情研究会，1988年

大河内一男『経済学講義』，青林書院新社，1968年

大河内一男『社会政策（総論）増訂版』，有斐閣，1980年

大河内一男『社会政策（各論）三訂版』，有斐閣，1981年

大阪損保革新懇『どうするどうなる損保の未来』，2000年

『大塚久雄著作集（第7刷）』第4巻，岩波書店，1978年

大塚久雄・高橋幸八郎・松田智雄編著『西洋経済史講座Ⅱ』，岩波書店，1960年

大林良一『社会保険』，春秋社，1952年

大林良一・水沢謙三編集代表『保険辞典』，有斐閣，1962年

大林良一『保険総論』，春秋社，1971年

大林良一『保険理論（第2版）』，春秋社，1975年

大林良一『保険理論（第3版）』，春秋社，1979年

岡崎次郎編集代表『現代マルクス＝レーニン主義事典（上）』，社会思想社，1980年

押尾直志監修・共済研究会編『共済事業と日本社会——共済規制はなにをもたらすか』，保険毎日新聞社，2007年
押尾直志『現代共済論』，日本経済評論社，2012年
賀川豊彦『日本協同組合保険論』，有光社，1940年
笠原長寿『保険経済の研究』，未来社，1977年
笠原長寿遺稿集刊行会『協同組合保険論集——笠原長寿博士遺稿集』，共済保険研究会，1982年
樫原朗『イギリス社会保障の史的研究Ⅰ』，法律文化社，1973年
加藤由作『新訂保険概論』，巌松堂書店，1946年
亀井利明編著『改訂保険総論』，法律文化社，1992年
法政大学比較経済研究所，川上忠雄・増田寿雄編『新保守主義の経済社会政策—レーガン，サッチャー，中曽根三政権の比較研究』，法政大学出版局，1989年
川口弘『ケインズ経済学研究』，中大出版会，1953年
岸本英太郎『社会政策の根本問題』，日本評論社，1950年
木村栄一『海上保険』，千倉書房，1978年
木村栄一編『損害保険論（第2版）』，有斐閣，1983年
共済保険研究会『共済年鑑』（『共済と保険』，1997年12月号別冊）
経済企画庁編『昭和60年度版年次経済報告』
Keynes, J. M., The General Theory of Employment, Interest and Money, 1936.
塩野谷祐一訳『雇用・利子および貨幣の一般理論』，東洋経済新報社，1983年。
小泉明編『経済学説全集・近代経済学の革新第12巻』，河出書房，1955年
厚生省編『昭和59年版厚生白書』
厚生省編『平成元年版厚生白書』
Коньшин, Ф. В., Государственное Страхоьание В СССР 1949. 笠原長寿訳『ソ連邦の保険—生命保険と損害保険の理論と実際—』，白桃書房，1960年
小島昌太郎『保険ト経済』，有斐閣，1918年
小島昌太郎『保険本質論』，有斐閣，1925年
小島昌太郎『綜合保険学』，日本評論社，1935年
近藤文二『保険経済学』，甲文堂書店，1939年
近藤文二『保険学総論』，有光社，1940年
近藤文二『保険論』，東洋書館，1948年

近藤文二『社会保険』，岩波書店，1963年

近藤文二編『保険の基礎理論』，千倉書房，1970年

近藤文二編『社会保障入門〔新版〕』，有斐閣，1977年

坂井幸二郎『共済事業の歴史』，社団法人日本共済協会，2002年

酒井正三郎『保険経営学』，森山書店，1934年

坂寄俊雄『社会保障　第二版』，岩波書店，1974年

佐波宣平『保険学講案』，有斐閣，1951年

事典刊行委員会『社会保障・社会福祉事典』，労働旬報社，1989年

篠原孝『TPP はいらない！』，日本評論社，2012年

島崎晴哉『ドイツ労働運動史』，慶應義塾経済学会，1963年

島恭彦・宇高基輔・大橋隆憲・宇佐美誠次郎編『新マルクス経済学講座１』，有斐閣，1972年

鈴木鴻一郎編『経済学原理（下）』，東京大学出版会，1962年

鈴木譲一・田辺康平共著『火災保険概論』，海文堂出版，1978年

須田晄『保険の近代経済学的研究』，保険研究所，1963年

生活問題研究所編『イタリア協同組合レポート――暮しを変え，地域を変えるプログラム』，合同出版，1985年

生命保険新実務講座編集委員会『新生命保険実務講座第６巻』，有斐閣，1966年

生命保険文化センター『1987年版生命保険ファクトブック』

全日本損害保険労働組合『損保労働の原点――一〇，〇〇〇人の証言』，1988年

ソ連邦科学院経済学研究所『経済学教科書』第４分冊，経済学教科書刊行会，1959年

武田隆夫ほか編『資本論と帝国主義論（下）』，東京大学出版会，1971年

谷山新良『保険の性格と構造』，大阪府立大学経済研究叢書，1962年

『弾力化・規制緩和と社会政策』，社会政策叢書第20集，啓文社，1996年

『賃金と社会保障』，旬報社，2008年２月号

東京海上火災保険株式会社企画室編集『損害保険実務講座第１巻』，有斐閣，1966年

長崎正造『損害保険論入門』，有斐閣，1975年

新野幸次郎・置塩信雄共著『ケインズ経済学』，三一書房，1957年

日本経済学会連合会編『経済学の動向　下巻』，東洋経済新報社，1974年

日本生活協同組合連合会国際部訳『バークレイ生協は，なぜ倒産したか What happened to the Berkley Co-op?――18人の証言』，コープ出版，1992年

日本損害保険協会業務開発室『保険監督法制海外調査報告書　イギリス編』，1989年

日本損害保険協会『そんがいほけん』No.141，1985年

日本損害保険協会『ファクトブック2001　日本の損害保険』

日本共済協会『ファクトブック2007　日本の共済事業』

庭田範秋『保険経済学序説』，慶應通信，1960年

庭田範秋『社会保障の基本理論』，慶應通信，1964年

庭田範秋『保険理論の展開』，有斐閣，1966年

庭田範秋『保険経営論』，有斐閣，1970年

庭田範秋・平井仁共著『協同組合保険の歴史と現実』，共済保険研究会，1972年

庭田範秋『社会保障論』，有斐閣，1973年

庭田範秋『現代保険の課題と展望』，慶應義塾大学出版会，1974年

庭田範秋『増補社会保障の基本理論』，慶應通信，1978年

『服部英太郎著作集Ⅵ』，未来社，1967年

馬場克三『保険経済概論』，文化評論社，1950年

馬場克三・後藤泰二共著『保険経済概論』，国元書房，1977年

平田冨太郎『社会保障研究』，日本評論新社，1957年

広海孝一『保険業界』，教育社，1982年

藤田楯彦『金融変革下の労働者共済と生命保険』，広島修道大学研究叢書第30号，1985年

British Parliamentary Papers, Assurance, 1900, lxxx.

British Parliamentary Papers, Assurance, 1903, lxv.

British Parliamentary Papers, Assurance, 1911, lxxxv.

法政大学比較経済研究所，川上忠雄・増田寿雄編『新保守主義の経済社会政策—レーガン，サッチャー，中曽根三政権の比較研究』，法政大学出版局1989年

Marx, K., und F. Engels, Manifest der Kommunistischen Partei, 1848.『共産党宣言』，『マルクス＝エンゲルス全集』第４巻，大月書店，1960年

Marx, K., Formen, die der kapitalistischen Produktion vorhergehn in : Grundrisse der Kritik der politischen Ökonomie, 1858, SS.375-413. 手島正毅訳『資本主義的生産に先行する諸形態——資本関係の形成または本源的蓄積に先行する過程について』，大月書店，1966年

Marx, K., Zur der Politischen Ökonomie, 1859.『経済学批判』，『マルクス＝エンゲルス全集』第13巻，大月書店，1964年

Marx, K., Das Kapital, erster Band, 1867.『資本論』第1巻,『マルクス＝エンゲルス全集』第23巻 a,大月書店, 1965年

Marx, K., Das Kapital, dritter Band, 1894.『資本論』第3巻,『マルクス＝エンゲルス全集』第25巻 b,大月書店, 1967年

Marx, K. 岡崎次郎訳『直接的生産過程の諸結果』, 大月書店, 1970年

Marx, K., Kritik des Gothaer Programms, 1875.『ゴータ綱領批判』,『マルクス＝エンゲルス全集』第19巻, 大月書店, 1968年

水島一也『近代保険論』, 千倉書房, 1961年

水島一也『保険の競争理論』, 千倉書房, 1967年

水島一也『近代保険の生成』, 千倉書房, 1975年

水島一也『現代保険経済（初版）』, 千倉書房, 1979年

三輪昌男編著『農村保険市場論――農協共済の歴史とその理論』, 御茶の水書房, 1962年

Мотылев, Л. А., Государственное Страхование В СССР и Проблемы Его Развития

笠原長寿・水越哲郎監訳『ソ連の国営保険』, 白桃書房, 1975年

森勝久・石名坂邦昭編著『企業リスク防止のための危険管理の研究』, 創成社, 1977年

森嶋道夫『サッチャー時代のイギリス――その政治, 経済, 教育』, 岩波書店, 1988年

横尾登米雄・青木延一改訂編集代表『保険辞典』, 保険研究所, 1971年

The White Paper, "Reform of Social Security: Programme for Action," 1985.

Лĕнин,В. И.,『貧農に訴える』, 1903年,『レーニン全集』第6巻, 大月書店, 1954年

Лĕнин, В. И., Империализм, как высшая стадия капитализма（популярныи очерк), 1916.『資本主義の最高の段階としての帝国主義』,『レーニン全集』第22巻, 大月書店, 1957年

論文・訳稿・資料他

青木英樹「わが国における協同組合間提携の現況と課題」共済保険研究会『共済と保険』第24巻第3号, 1982年

朝日新聞, 1990年1月23日付

朝日新聞, 1995年9月14日付

朝日新聞, 2012年4月20日付

朝日新聞, 2012年5月8日付

朝日新聞, 2012年5月9日付

朝日新聞，2014年６月25日付

朝日新聞，2014年６月26日付

池野重男「資本と保険――保険経済学序論」，生命保険文化研究所『所報』第29号，1974年

池野重男「生命保険における『資本』論―従来の『人間』論批判」大阪市立大学経営学会編『経営研究』第139号，1975年

池野重男「保険史研究の方法と論理」大阪経大学会編『大阪経大論集』第115巻，1977年

池野重男「商品取引資本について」日本保険学会編『保険学雑誌』第477号，1977年

今田益三「保険取引」近藤文二編『保険の基礎理論』，千倉書房，1970年

『Insurance 生保版』第3095号，保険研究所，1983年

『Insurance 生命保険統計号　昭和58年版』，保険研究所

『Insurance 生命保険統計号　昭和59年版』，保険研究所

『Insurance 損保版』第3109号，保険研究所，1984年

『Insurance 生保版』第3120号，保険研究所，1984年

『Insurance 生保版』第3178号・第3179号，保険研究所，1985年

『Insurance 生保版　1985年新年特集号』，保険研究所

『Insurance 生保版』第3214号～第3216号，保険研究所，1986年

『Insurance 生保版』第3232号，保険研究所，1986年

『Insurance 損保版』第3235号，保険研究所，1986年

『Insurance 生命保険統計号　昭和61年版』，保険研究所

『Insurance 生保版』第3327号，保険研究所，1988年

『Insurance 損保版　平成元年新年特集号』，保険研究所

『Insurance 生保版』第3407号，第3408号，保険研究所，1990年

『Insurance 損保版』第3408号，第3409号，保険研究所，1990年

印南博吉「アドルフ・ワーグナーの保険論」神戸商業大学商業研究所編『国民経済雑誌』第48巻第３・４号，1930年

印南博吉「ソ連邦における保有理論――白杉博士の業績に因みて」日本保険学会編『保険学雑誌』第392号，1955年

印南博吉「保険の本質について――岡部博士の批判に答える」（上）『Insurance 損保版』第1719号，1955年

印南博吉訳稿「バーダー教授の保険本質論」大林良一［他］編『加藤由作博士還暦記念　保険学論集』，

春秋社，1957年

印南博吉訳稿「資本主義社会における保険――唯物論的な保険史観の一例」損害保険事業研究所編『損害保険研究』第19巻第１号，1957年

印南博吉訳稿「保険資本に関する東独学者の見解」生命保険文化研究所『所報』第８号，1961年

印南博吉「総説」東京海上火災保険株式会社企画室編集『損害保険実務講座』第１巻，有斐閣，1966年

印南博吉訳稿「ハンガリーにおける保険の理論と実際」明治大学商学研究所編『明大商学論叢』第50巻第１号，1966年

印南博吉訳稿「ソ連邦保険についての評価」――『ソ同盟の保険』第９章「結論的諸考察」第2,3,4節の翻訳，損害保険事業研究所編『損害保険研究』第29巻第４号，1967年

印南博吉「社会主義国における保険論争」生命保険文化研究所『所報』第26号，1974年

印南博吉訳稿「カール・マルクスと保険」『Insurance 生保版』，『Insurance 損保版』第2651号，第2653号，第2655号，保険研究所，1974年

印南博吉「保険の私経済的把握と社会経済的把握」創価大学経済学会編『創価経済論集』第５巻第３・４号，1976年

印南博吉「社会保険における二つの動向」日本保険学会編『保険学雑誌』第35巻第330号・第331号，1931年

大林良一「保険概念の統一問題――ドイツ保険学会の最近の成果」一橋大学産業経営研究所編『ビジネスレビュー』Vol.15. No.4，1968年

大林良一「生命保険・社会保険」日本経済学会連合会編『経済学の動向　下巻』東洋経済新報社，1974年

押尾直志「資本主義経済における保険ファンド」明治大学大学院『明治大学大学院紀要　商学篇』第13集，1975年

押尾直志「保険ファンドの古典的命題の解釈と位置づけについて」生命保険研究所『所報』第38号，1977年

押尾直志「『助け合い』論争とその意義」共済保険研究会『共済と保険』第20巻第９号，1978年

押尾直志「保険ファンドの古典的命題と所謂家計保険との理論的体系化について（Ⅰ）（Ⅱ）（Ⅲ）」明治大学商学研究所編『明大商学論叢』第60巻第５号，６号，７号，1978年

押尾直志「『保険資本論』における家計保険――家計保険の経済学的性格分析・規定のための視点」明治大学商学研究所編『明大商学論叢』第61巻第６・７号，1979年

押尾直志「社会保険理論に関する一考察――社会保険の経済的内容の分析と理論構築のために」共済保

険研究会編『共済と保険』第24巻第1号，1982年
押尾直志「社会保険と保険理論——帝政ドイツ社会保険を中心に」日本保険学会編『保険学雑誌』第507号，1984年
押尾直志「イギリス社会保険制度創設の意味」日本保険学会編『保険学雑誌』第513号，1986年
押尾直志「87年保険審議会答申『新しい時代を迎えた損害保険事業のあり方』を読んで」『損保調査時報』Vol.31 No.187，全日本損害保険労働組合，1987年
押尾直志「『共済事業監督法制定論の問題点」『水島一也博士還暦記念　現代保険学の展開』，千倉書房，1990年
押尾直志「協同組合運動と共済」『共済事業の基礎理論』，社団法人日本共済協会，1995年
押尾直志「新保険業法の特徴と問題点——法の理念と現実の乖離をめぐって」全日本損害保険労働組合『損保調査時報』Vol.43, No.300，1996年
押尾直志「『97年保険審議会答申』について」全日本損害保険労働組合『損保調査時報』Vol.44 No.308, 1997年
押尾直志「日本版ビッグバンにおける共済事業の対応課題」共済保険研究会『共済と保険』第40巻第4号，1998年
押尾直志「わが国保険制度のゆがみ」共済保険研究会『共済と保険』第43巻第5号，2001年
特集「規制緩和とルール」『経済』1996年7月号，新日本出版社
笠原長寿「ソヴェト同盟の社会保障——スターリン論文に関連して」明治大学商学研究所編『明大商学論叢』第38巻第2号，1954年
笠原長寿「ソ同盟社会保障の現代的課題——国家年金法の制定と経済の現段階に照応する給付上の特質」日本保険学会編『保険学雑誌』第395号，1956年
笠原長寿「社会主義社会と普通保険」明治大学商学研究所編『明大商学論叢』第40巻第6・7号，1957年
笠原長寿「ソビエト普通保険の発展段階について」日本保険学会編『保険学雑誌』第404号，1959年
笠原長寿「社会主義社会における国民所得の分配と保険の役割」共済保険研究会『共済保険研究』第2巻第1号，1960年
笠原長寿「外国生命保険事情ソ連邦」『新生命保険実務講座』第6巻，有斐閣，1966年
笠原長寿「社会主義保険の研究」明治大学商学研究所編『明大商学論叢』第56巻，第1－8号（明治大学商学部創立70周年記念論文集），1974年
笠原長寿「ソビエト農業保険の現状」農業共済基金『基金月報』第281号，1976年

金子卓治「保険資本について」大阪市立大学経営学会編『経営研究』第40号，1959年
金子卓治「保険本質論の反省」生命保険文化研究所『所報』第6号，1959年
金子卓治「保険利潤について」大阪市立大学経営学会編『経営研究』第43-45号，1959年
金子卓治「保険資本」近藤文二編『保険の基礎理論』，千倉書房，1970年
韓国ハンキョレ新聞（The Hankyoreh），2012年1月5日付
木下秀雄「ドイツにおける公的介護保険の意味――介護保険導入によって何が変わったか」社会政策学会編『今日の生活と社会保障改革』社会政策叢書第19集，啓文社，1995年
黒田泰行「社会保険の『扶養性』概念に関する若干の吟味」明治大学商学研究所編『明大商学論叢』第51巻第5・6号，1968年
黒田泰行「社会保険の若干の問題に関する考察」日本保険学会編『日本保険学会創立30周年記念論文集』，1971年
小林北一郎「保険制度の発生，発展而して其の消滅の過程」小樽高等商業学校経済研究所編『商学討究』第6巻下冊，1944年
小林昇「重商主義――イギリス初期ブルジョア国家の経済政策体系」大塚久雄・高橋幸八郎・松田智雄編著『西洋経済史講座Ⅱ』，岩波書店，1960年
近藤文二「保険の本質」『大阪商科大学経済研究年報』第9号，1936年
近藤文二「生命保険と資本蓄積」大阪商科大学『経済学雑誌』第1巻第3号，1937年
近藤文二「保険の本質と保険料の本質――馬場克三氏の所論を読みて」損害保険事業研究所編『損害保険研究』第3巻第4号，1937年
近藤文二「経済技術としての保険――印南学説によせて」生命保険文化研究所『所報』第5号，1959年
近藤文二「保険の近代化と社会化」久川教授退官記念論文集刊行会編『久川武三教授退官記念論文集 保険の近代性と社会性』，1965年
坂井幸二郎「地域生命共済について」日本保険学会編『保険学雑誌』第504号，1984年
鹿野一男「生命共済・保険の加入構造――組合員の共済・保険に関する調査」全国共済農業協同組合連合会編『共済季報』第10号，1985年
柴田嘉彦「資本主義の発展と社会保障・社会福祉」事典刊行委員会編『社会保障・社会福祉事典』，労働旬報社，1989年
清水徹朗「農政・農協改革を巡る動向と日本農業の展望」『農林金融』第68巻第4号，2015年
「社会保障費の国際比較統計――SOCX2010ed. の解説と国際基準の動向」，国立社会保障・人口問題研究所企画部

「シンポジウム：新保険業法の施行と共済陣営の課題」（第１回共済協会セミナー）『共済と保険』第38巻第６・７号，社団法人日本共済協会，1996年
鈴木譲一「損害保険経営論」印南博吉・二瓶嘉三・鈴木譲一共著『保険経営論』，東洋経済新報社，1961年
鈴木譲一「保険制度」鈴木譲一・田辺康平共著『火災保険概論』，海文堂出版，1978年
鈴木譲一「保険の分類方法」損害保険事業研究所編『損害保険研究』第41巻第３号，1980年
鈴木宣弘「TPP 交渉参加の既成事実を止める」『共済と保険』第54巻第10号，社団法人日本共済協会，2012年
全国共済農業協同組合連合会・及川郁夫・小山宗彦「県民共済・こくみん共済の進展と農協共済の対応」全国共済農業協同組合連合会編『共済季報』第５号，1983年
全国共済農業協同組合連合会経営企画部制度調査室「共済に関する米国（米国企業団体）の主張に対する反論について」，2012年
全国共済農業協同組合連合会経営企画部制度調査室「規制改革会議・農業ＷＧ意見を受けた理論武装について」，2014年
全日本民主医療機関連合会『民医連医療』183号，1987年
相馬健次「TPP と共済事業」『いのちとくらし』研究所報 No.39，特定非営利活動法人非営利・協同総合研究所いのちとくらし，2012年
高木秀卓「損害保険の機能」木村栄一編『損害保険（第２版)』，有斐閣，1983年
高島進「イギリス＝救貧法」『講座社会保障３』，至誠堂，1959年
巽博一「ケインズ理論の基本体系」小泉明編『経済学説全集・近代経済学の革新』，河出書房，1955年
谷山新良「商人保険について―イギリスにおける前資本主義的保険の基本的特性」日本保険学会編『保険学雑誌』第396号，1956年
谷山新良「ロイズ船級協会――（一七六〇年）より再建（一八三四年)」京都大学経済学会『経済論叢』第77巻第６号，1956年
谷山新良「保険経済論――本質と構造と循環」生命保険文化研究所『論集』第17号，1970年
谷山新良「保険の本質，構造，および循環」近藤文二編『保険の基礎理論』，千倉書房，1970年
TPP 政府対策本部「TPP に関する Q&A」Ｑ７-２，内閣官房ＨＰ，2013年６月11日
「TPP とアジア太平洋地域における貿易構築の展望」（APCAC2012米国アジアビジネスサミットのパネルディスカッションでのウェンディ・カトラー Wendy Cutler, Trade Assistant U. S. Trade Representative for Japan, Korea and APEC Affairs の冒頭発言），2012年３月１日

西ドイツ生命保険協会「生命保険と社会保障制度――西ドイツの生命保険・Jahrbuch1987.から」生命保険文化研究所『文研海外情報 No.27』，1988年

「日米経済調和対話」協議記録の公表，外務省 HP 報道発表，2012年1月27日付

平成20年度経済連携基盤情報収集対策事業「EPA 交渉対象国におけるサービス貿易等潜在ニーズの発掘調査報告書」，日本機械輸出組合

日本経済新聞，1988年1月22日付

日本経済新聞，2012年1月14日付

日本保険新聞，1990年4月2日付

日本農業新聞，2012年10月12日付

庭田範秋「医療保障と保険学理――主として保険技術面より検討する」『社会保険実務と法令』第6巻第11号，社会保険新報社，1968年

農業協同組合新聞 JAcom，2012年5月20日付　一般社団法人農協協会

農業協同組合新聞 JAcom，2014年6月20日付　一般社団法人農協協会

箸方幹逸「『保険基金』について」生命保険文化研究所『所報』第7号第2分冊，1960年

箸方幹逸「準備ファンドおよび保険ファンド――『資本論』と保険についての研究史覚書き」東京経済大学経営学会編『東京経済大学会誌』第50号，1966年

箸方幹逸「保険ファンド Assekuranzfonds 範疇の成立――ケネー『経済表』とマルクス『再生産論』の関連によせて」生命保険文化研究所『所報』第11号，1968年

箸方幹逸「西独社会保険の近代理論――その限界と修正の試み」相馬勝夫博士古稀記念論文集刊行会編『相馬勝夫博士古稀記念論文集　現代保険学の諸問題』，専修大学出版局，1978年

馬場克三「保険料の経済学的性質」九州帝国大学『経済学研究』第6巻第1号，1936年

馬場克三「保険料の経済学的性質再論」損害保険事業研究所編『損害保険研究』第3巻第3号，1937年

広海孝一「社会保険の『扶養性』概念における雇主醵出金の地位」一橋大学一橋学会『一橋論叢』第51巻第1号，1964年

広海孝一「社会保険の範疇と社会政策の本質」大林良一博士退官記念保険学論集編集委員会編『大林良一博士退官記念　保険学論集』，春秋社，1965年

藤沢益夫「社会保障と国民経済」近藤文二編『社会保障入門〔新版〕』，有斐閣，1977年

藤野信之「韓国農協中央会の金融・経済分離について」『農林金融』第64巻第7号，農林中金総合研究所，2011年

古沢源刀「保険概念と保険学に関する一考察――印南学説を中心として」日本保険学会編『保険学雑

誌』第449号，1970年

古沢源刀「マルクスの保険基金とその超歴史性の問題――印南教授の反批判に答える」生命保険文化研究所『論集』第20号，1971年

古沢源刀「保険に関するマルクス理論の若干の問題――印南教授への答をかねて」生命保険文化研究所『所報』第31号，1975年

米国通商代表部（USTR)「外国貿易障壁報告書」（日本の貿易障壁言及部分：外務省作成仮要約），外務省 HP，2012年４月20日

米国通商代表部（USTR)「外国貿易障壁報告書」（日本の貿易障壁言及部分：外務省作成仮要約），外務省 HP，2013年４月４日

松岡博司「米韓 FTA における保険業務の取扱い――TPP 交渉に向けた先行事例として」『基礎研レポート』，ニッセイ基礎研究所，2012年５月

Marx, K.「国際労働者協会ジュネーブ大会への臨時総評議会代表にたいする個々の問題についての指令」1866年，マルクス＝エンゲルス選集刊行会編訳『マルクス＝エンゲルス労働組合論』，大月書店，1954年

水島一也「近代保険の系譜と歴史的性格」大林良一［他］編『加藤由作博士還暦記念　保険学論集』，春秋社，1957年

水島一也「近代保険の社会的基盤――近代化の過程を中心にして」神戸大学経済経営研究所編『国民経済雑誌』第100巻第６号，1959年

水島一也「簡易生命保険の生成」生命保険文化研究所『所報』第６号，1959年

水島一也「近代保険の歴史性」生命保険文化研究所『所報』第７号第２分冊，1960年

水島一也「二大特許会社の社会的基盤」日本保険学会編『保険学雑誌』第399号，1957年

水島一也「保険資本・保険資金・保険利潤」『印南博吉博士還暦記念　現代資本主義と保険』保険研究所，1964年

水島一也「保険資本の性格をめぐる問題」日本保険学会編『保険学雑誌』第431号，1965年

水島一也「近代保険の生成」近藤文二編『保険の基礎理論』，千倉書房，1970年

水島一也「保険史研究をめぐる基本問題」『相馬勝夫博士古稀祝賀記念論文集　現代保険学の諸問題』，専修大学出版局，1978年

水島一也「保険制度と経営主体――伝統理論の“神話”をめぐって」生命保険文化研究所『所報』第49号，1979年

水島一也「企業年金と機関投資家」神戸大学経営学会編『国民経済雑誌』第141巻第５号，1980年

水島一也「日本人のリスク対応」www.jili.or.jp/research/search/pdf/，2001年

三上義夫「協同組合保険の特質について」『共済と保険』第25巻第3号，共済保険研究会，1983年

山田勝「危険管理の成立」森勝久・石名坂邦昭編著『企業リスク防止のための危険管理の研究』，創成社，1977年

湯本善昌「環太平洋経済連携協定（TPP）をめぐる諸分野の課題」国立国会図書館 ISSUE BRIEF NUMBER735, 2012年

横山寿一「一九世紀中葉イギリスの労働者生活と生命保険――簡易生命保険の生成と展開」立命館大学経済学会『立命館経済学』第29巻第6号，第30巻第1号，1981年

吉田秀夫「社会保障の理論」『社会保障事典』，大月書店，1976年

吉田秀夫「社会保険」『大月経済学辞典』，大月書店，1979年

読売新聞，1984年8月18日付

Л.ёнин, В. И.「ロシア社会民主労働党第6回（「プラーグ」）全国協議会　飢餓との闘争における社会民主労働党の任務について」，1912年，『レーニン全集』第17巻，大月書店，1956年

Лёнин, В. И.「コペンハーゲン大会のロシア社会民主党代表団の協同組合についての決議案」1910年，『レーニン全集』第16巻，大月書店，1956年

Лёнин, В. И.「協同組合について」『Правда 115・116』1923年5月26・27日付，『レーニン全集』第33巻，大月書店，1959年

欧文

Bader, H., *Ein Beitrag zur Theorie der Versicherung, Deutsche Finanzwirtschaft,* Heft 17 u. 18, 1955.

Bader, H., *Ein Beitrag zur Theorie der Versicherung, Wissenschaftliche Zeitschrift, Hochschule für Ökonomie, Berlin-Karlschorst,* Heft 2, 1956.

Bader, H., *Das System der Sicherungsfonds der gesellschaftlichen Reproduktion,* 1964.

Bader, H., *Karl Marx und die Versicherung,* 1972.

Boncelj, J., *Karl Marx und die Versicherung,* ZVersW, 1971.

Boncelj, J., *Der Einfluß von Karl Marx auf die Versicherungstheorie in den sozialistischen Ländern――Eine Erwiderung auf den Beitrag von Dezsö Csabay,* ZversW, 1973.

Born, K. E., *International Banking in the 19th and 20th Centuries,* 1983.

Braun, H., *Geschichte Lebensversicherung und Lebensversicherungstechnik,* 1963.

Clayton, G., *British Insurance,* 1971.

Csabay, D., *Der Einfluß von Karl Marx auf die Versicherungstheorie in den sozialistischen Ländern,* ZversW, 1973.

Dean, H., *Social Security and Social Control,* 1991.

Ehrenberg, V., *Begriff, juristische Versicherungslexikon,* 1909.

Franklin, P. J., & C. Woodhead, *The UK Life Assurance Industry,* 1980.

Gallagher, R. B., *"Thirty Years Progress", The Growing Job of Risk Management,* 1962.

George, V., *Social Security and Society,* 1973.

George, V. and N. Manning, *Socialism, Social Welfare and the Soviet Union,* 1980.

George, V. & P. Wilding, *Ideology and Social Welfare,* 1985.

Gobbi, U., *Rechenschaftsbericht des Lombardischen Instituts,* Juni 1894.

Gobbi, U., *Die Theorie der Versicherung begrundet auf den Begriff der eventuellen Bedürfnisse,* 1896.

Gorsky, M., J. Morhan and T. Willis, *Mutualism and Health Care,* 1958.

Gurney, P., *Co-operative culture and the politics of consumption in England, 1870-1930,* 1996.

Hall, M. P., *The Social Service of Modern England,* 1960.

Heimann, E., *Soziale Theorie des Kapitalismus, Theorie der Sozialpolitik,* 1929.

Hupka, J., *Der Begriff der Versicherungsvertrags,* 1910.

Insurance Directory & Year Book1990-Volume Ⅲ.

International Co-operative Alliance, Blueprint for A Co-operative Decade, January, 2013.

Kleeis, F., *Gesichte der sozialen Versicherung in Deutschland,* 1928.

Köhler P. A. / F. Zacher, *The Evolution of Social Insurance 1881-1981,* 1982.

Manes, A., *Versicherungswesen,* 1905.

Marshall, S. A., *Treatise on the Law of Insurance,* 2nd ed., 1808.

Masius, A., *Systematishe Darstellung des gesamten Versicherungswesen,* 1857.

May, J. W., *The Law of Insurance.* Vol.1, 1900.

Mehring, H., *Geschichte der Deutschen Sozialdemokratie, vierter Band, Bis zum Erfurter Programm,* 1906.

Morrah, D., *A History of Industrial Life Assurance,* 1955.

OECDed. 1981 The Welfare State in Crisis, Paris.

Papadakis, E. & P. Taylor-Gooby, *The Private Provision of Public Welfare,* 1987.

Papers by W. H. Beveridge to Interdepartmental Committee on Social Insurance and Allied Services.

（ii）The Scale of Social Insurance Benefits and Problem of Poverty, 1942, P.R.O.Cab.87/79.

Parcq, H., *Life of David Lloyd George,* Vol.Ⅵ, 1912.

Raynes, H. E., *A History of British Insurance,* 2nd ed, 1964.

Saunders, P., *Oecd Economic Studies Special Issue the Role of the Public Sector Causes and Consequences,* 1985.

Schließer, W., *Ein Beitrag zur von Innami, Kaneko, Ono und anderen über das Versicherungskapital,* 1961.

Schließer, W., *Zeitschrift für theoretische Fragen der Wirtschaft, Jahrgang 10, Februar,* 1962.

Schmidt, L., *Das Ganze des Versicherungswesen,* 1871.

Supple, B., *The Royal Exchange Assurance,* 1970.

Thane, P., *The Foundations of the Welfare State,* 1982.

Tennstedt, F., *Vom Proleten zum Industriearbeiter : Arbeiterbewegung u. Sozialpolitik in Deutschland 1800 bis* 1983.

United Nations Information Centre HP.

Wagner, A., *Versicherungswesen,* 1881.

Weddigen, W., *Grundfragen der Sozialversicherungsreform,* 1931.

Westall, O. M., *The Historian and the Business of Insurance,* 1948.

Willett, A. H., *Economic Theory of Risk and Insurance,* 1901.

Qureshi, Z. and T. H. Webb, *A grobal reach for local strength : Collabolation by Co-operative and Mutual Insurer,* 1993.

索　引

あ　行

アウト・アウトサイダー論　285
アメリカ（米国）通商代表部（Office of the United States Trade Representative, USTR）　18, 305, 325, 338-340, 344, 349, 350
営業的商行為　326
営業（表定）保険料　345
欧州ビジネス協会（European Business Council, EBC）　349

か　行

協同組合運動の（は…）階級的意義　267, 287
外国貿易障壁報告書　338-340, 350
介護（保障・費用，に係る）保険（法案）　242, 244, 246, 247, 263-266, 283, 307, 316, 323
家計（的）保険　3-5, 8-11, 21, 27, 32-38, 44-46, 53, 54, 57-60, 63-65, 67, 74, 78, 81, 84, 86, 87, 90, 96, 102, 104, 105, 107, 111-115, 120, 123, 125-131, 133-137, 139-148, 151, 152, 154-158, 161, 163-175, 177, 191, 192, 211, 281, 284
家計保険資本　35, 36, 53, 127, 128, 130
活力ある福祉社会　240
貨幣取扱資本　138, 140
簡易生命保険事業協会　227
企業内共済　328
企業年金　249, 250, 293, 297, 298, 303
企業（にかかわる，向けの）保険　3, 5, 10, 33-35, 37, 38, 53, 58, 60, 63-65, 86-87, 101, 105, 125, 126, 128-130, 135, 140-142, 146-148, 157, 158, 160, 161, 163, 167-169, 171-175, 200
企業保険資本　34-37, 53, 65, 67, 126-128, 130, 131
（政府）規制改革会議・農業 WG（ワーキンググループ）　20, 342-345, 351, 352
規制改革会議・農業ワーキンググループ（の，…）「意見」　343, 344
規制改革会議・農業 WG の意見を受けた理論武装について　344, 352
偽装共済　324
基礎年金（新国民年金）　247
救貧法　208
給付反対給付均等の原則（等価原則）　93, 185
共済規制（論）　18, 19, 318-320, 330-332, 335-337, 340, 347, 348, 350
規制改革に関する第２次答申　343
共済金庫（組合）　179-181, 183, 184, 190, 194
（共済の今日と未来を考える）懇話会　330
共済研究会　331
共済問題　321
共助の生活保障制度（共助による生存権を守る運動・事業，共助の手段）　314, 336, 346
協同組合保険会社（Co-operative Insurance Company）　213, 225, 230
協同組合保険としての共済（共済～は協同組合保険である）　319, 324, 325, 346
協同組合のアイデンティティ（についての原則改訂）　17, 314, 316, 332
協同組合の10年に向けたブループリント　352
業容拡大競争＝過当競争　344
金融資本　206, 207, 209-212, 284
金融審議会　321, 324
クーリング・オフ（制度）　253, 310
クロス・マーケティング　315
経済技術説128, 140, 185

経済生活確保理論　96
経済準備説　58, 128, 130
経済宣言　13, 239, 255
経済的保障説（予備貨幣説，修正予備貨幣説，新予備貨幣説）　149-151
警察職員生活協同組合　267, 284, 285
ケインズの（資本（家）的）保険観　160, 161, 169
激変緩和措置　324
健康保険制度（法）改革（定）　14, 15, 241, 255, 256, 259-261, 268
『ゴータ綱領批判』の（に示された社会的総生産物の，で～社会的生産物の）分配図式（制度～）　29, 39, 47, 77, 86, 98
坑夫（共済）金庫（組合）　179-181
国際家族農業年（International Year of Family Farming）　347, 352
国際協同組合同盟（International Co-operative Alliance, ICA）・原則　17, 316, 351, 352
国際協同組合保険連盟（International Co-operative and Mutual Insurance Federation, ICMIF）　315
国際協同組合年（International Year of Co-operatives, IYC）　347, 352
国民医療保健制度　223
国民保健サーヴィス（National Health Service, NHS）　290, 291, 302
国民皆保険制度（・皆年金）　336, 341, 349
国民生活センター　324
国民保険制度委員会（The National Insurance Committee）　225
国民保険（法・法案）　203, 204, 208, 209, 223-232, 292
護送船団体制　276, 278, 311, 313, 346
（国家）所得比例（付加）年金（State Earnings Related Pension Scheme, SERPS）　212, 292, 293, 297, 298
国家的予備　73
根拠法のある共済　18, 320, 325, 326, 331, 348
根拠法のない共済　18, 320, 324, 325, 329, 331, 337, 348, 350
（根拠法のない共済に関する）調査結果報告書　324

さ　行

在日米国商工会議所（American Chamber of Commerce in Japan, ACCJ）　18, 325, 340, 344, 349
差額地代的超過利潤　309
産業組合法　319, 321
JA グループの自己改革について　343
自家保険　83, 88, 89, 92-95, 102, 112, 120, 121
自主共済　320, 327-331, 348, 350
社会サーヴィス　290, 291, 300, 303
自動車保険料率算定会　278
私保険　10, 178, 185, 191, 222, 233
資本主義的保険ファンド　111, 112
社会支出　336
社会主義的保険ファンド　111, 113
社会政策論的社会保険論（観）　193, 212
（社会，社会的）消費ファンド　50, 51, 92, 99, 109
社会保険法　177, 232
社会保険の前駆的形態　178, 179, 184
社会保険の六原則　229
社会保障制度審議会（社会保障将来像委員会『第一次報告』）　16, 265, 270, 301
社会保障費抑制（政）策　13, 17, 197, 239, 240, 255
集金組合　205, 225, 227, 228, 230
収支相等の原則　185
住宅金融専門会社　313
受益者負担（の制度）　88, 240
準備ファンド　31, 32, 53, 59-62, 64-66, 69, 78, 91-95, 97-99, 115, 137
少額短期保険業者　329, 333
商人保険（＝前期的保険）　162, 163, 172
消費者志向路線　252
消費（的）目的（的使命をもつ，に備えるための，のための，的（な）保険（予備）ファ

ンド　8, 44, 79, 104, 112-114, 125, 145, 146
新金融効率化政策　14, 252, 258, 276
人頭税　296, 303
信用・共済分離論　341
生産（的）目的（に備えるための，のための，の，的（な）保険）ファンド　8, 44, 79, 112-114, 175
制度共済　326
（生保・損保）兼営（の，および他業・兼業）禁止（規定，条項）　252, 259, 305
政府管掌健康保険（全国健康保険協会管掌健康保険）　265, 273
政府・規制改革会議　341, 343, 345
（西ドイツ）生命保険協会　239, 240, 242, 273
生命保険資本　35, 36, 53, 127
生命保険文化センター　246, 253
戦後政治の総決算　240, 279
選別主義　232
全国共済水産業協同組合連合会（共水連）　283, 285
全国共済農業協同組合連合会（全共連，農協共済）　283, 285, 344, 352
全国労働者共済生活協同組合連合会（全労済）　283, 285
全日本損害保険労働組合　254
（保険）双方的所得移転説（概念，保険所得移転説）　157, 162
総合金融機関（化，への戦略）　13, 14, 17, 252, 269, 316
相対的貧困率　336
損害保険資本　128
損害保険料率算出団体に関する法律　287
損害保険料率算定会　278
損害理論　95

た　行

第三次元資本説　9, 34, 36, 65-67, 130
第三分野保険　258, 305, 312, 323, 324
大数（の）法則　98, 185, 267, 285
「助け合い」論争　20, 149, 152
TPP（環太平洋経済連携協定）　19, 335, 336-340, 342, 349, 350
地域生命共済　348
蓄積ファンド（基金）　8, 21, 25, 28, 29, 40, 41, 47-52, 64, 73, 92, 94, 101, 118
ディスクロージャ　253, 310, 313
デビット・システム　227
伝統的社会保険理論　178, 179, 184, 185, 188, 191

な　行

ニーズ論　267
二重一格差構造　275, 276, 279
日米経済調和対話　340, 351
日米構造協議　338, 349
日米保険協議　287, 312, 323
日米保険合意　323, 326
日本共済協会　324, 348, 350
日本教職員生活協同組合　267
日本生活協同組合連合会　284
日本損害保険協会　245, 253, 260, 273, 294
日本型福祉社会（構想）　269, 290
日本版ビッグバン構想　307, 323
入用理論（入用充足説，修正入用充足説，経済必要充足説）　95-97, 99, 149
認可組合　209, 210, 213, 214, 224-227, 230
（認可）特定保険業者　328, 348, 350
ネオ・コーポラティズム　289, 302
年次改革報告書　338
年譜的保険史観（年表作成的保険史研究）　10, 164, 166-169, 171

は　行

バークレイ生協　313
非営利協同自治組織　10, 19, 108, 302, 323-332, 336, 337, 345, 346
ビスマルク（の）社会保険（計画）　180, 184, 186, 187, 194
人の組織　323

ビルディング・ソサエティ　298
ビヴァリッジ（の，が社会保障（改革））プラン　12, 222-226, 228-230
ビヴァリッジ・リポート　12, 221-225, 227, 229, 231-233, 289, 290
福祉国家政策　12, 16, 221-223, 233, 289, 299, 300
「福祉見直し」論・「自前の福祉」論　256
付合契約　148
普遍主義　295
プライヴァタイゼーション　221, 233
フラット・レート原則　229, 232
（大蔵省の）分野調整　258, 259
米韓自由貿易協定 FTA　19, 340, 350, 351
変額保険訴訟　312
保険技術的危険　311
「保険業」の定義　17, 323, 325, 333
保険・共済一元的規制論（保険事業と協同組合共済の一元的規制，保険・共済のイコールフッティング（論），保険と共済事業のイコールフッティング保険・共済同質論）　6, 13, 20, 288, 325, 331, 337, 348
保険・共済の共存・共栄論　288
保険金・給付金不（未）払いや保険料の取り過ぎ問題　328
（保険）経営史的視角（方法）　5, 142-144, 165, 167, 169
保険資金　48, 61, 132-136, 150, 153
保険市場との同質化・ボーダレス化（保険事業と共済事業のボーダレス化）　316
保険資本　5, 9, 11, 12, 34-37, 61, 107, 108, 126, 128-131, 133-136, 138-142, 144, 145, 148, 149, 151-153, 162, 166, 170, 173, 175, 177, 178, 184, 185, 188, 191, 192, 198, 203-207, 209-211, 213, 214, 222, 233, 284, 350
保険資本論　9, 125, 131, 139, 140, 151
「保険資本」論　5, 9, 125-128, 130, 144, 151
保険（「商品」をめぐる）需要＝（保険）供給関係　5, 144, 165-167, 173
保険審議会（の，生命保険・損害保険）答申・報告　14, 241, 243, 245-247, 253, 259, 260, 261, 263, 265, 268, 278, 279, 283, 287, 308, 320
保険の（制度は高度に）社会化　210, 314, 345
保険ファンド（元本，基金，Assekuranzfonds, Versicherungsfonds，の命題，論）　25-33, 38, 39, 41-55, 57-103, 106, 107, 109-118, 120-122, 125, 126, 131-133, 135-139, 144-146, 148, 152-154
保険（契約）法　18
保険本質論（的方法論）　6, 7, 10, 11, 57, 96, 116, 117, 126, 128, 130, 144, 148, 149, 151, 152, 158, 159, 162, 163, 168, 169, 171, 175, 178, 191
保険料率カルテル　309
保険料の大幅ダンピング　312
保障ファンド（基金，説）　27, 30, 49, 55, 73-77, 80, 81, 116-118, 131-134, 136, 137

ま　行

マーケット・セグメンテーション　280
マーチャント・バンカー（ズ）　200, 205-207, 212
（新）前川リポート（二部作）　14, 251
民活論　287
ミーンズ・テスト　230, 231
民間活力（の，を）導入（政策）　13, 240-243, 246, 252, 260, 261, 269, 279, 283, 284, 290
民主社会主義的社会政策論（急進的社会政策論）　12, 221, 222, 233, 234, 289, 298-301, 303
無認可共済（事業・業者）　6, 18, 335, 348
無保険者　339
無理・義理募集　312
持株会社解禁（論）　309, 314

や　行

予備ファンド（基金，元本），予備又は保険ファンド（基金，元本），保険基金と予備基金　21, 31, 39, 40, 41, 47, 68, 71, 73, 76, 77, 104, 112, 116-118, 122
友愛組合　208, 210, 213, 214, 225-227, 229, 230

ら 行

ライフ・サイクル計画　240
リスクコントロール　6
リスクファイナンスィング　6
リスク（マネジメント）研究　6, 7
料率カルテル体制　278, 309
料率算定会（制度）　278
臨調「行革」（臨調・行革）審（路線）　12, 13, 16, 221, 240, 245, 251, 261, 270, 287, 301
レーニンの社会保険原理（社会主義的社会保険の命題）　186, 187
レジデンシャル・ホーム　291
連合の「総合福祉ビジョン」　272
労働者共済（労済）事業（運動）　249, 285
（国営）労働者保険（事業）　184, 186, 187, 189
労働不能者等のためのファンド（元本，労働不能者に対するファンド，公共の貧民救済費にあたる元本，貧民保護その他に対するファンド）　29-31, 78, 79, 83, 86-89, 97, 99, 120
ロンドン・サミット（ロンドンで開催されたサミット）　13, 14, 197, 239, 255

アルファベット

ACCJ　18, 325
Assekuranzfonds　59-62, 65, 66, 67, 69, 72-76, 80, 83, 84, 91, 93, 114, 117, 133, 135, 136
building societies　298
BUPA　302, 303
collecting societies　205
Co-operative Insurance Company　213
debit system　227
EBC　349
EPA　338, 348, 351
Flat Rate of Subsistence Benefit and Contribution　229
friendly societies　298
FTA　19, 340, 350, 351
ICA（国際協同組合同盟）　17, 315, 316, 351, 352
ICMIF　315
market segmentation　280
means test　230
merchant banker　200
neo-corporatism　289
NHS　290, 291, 302
NUGMW　222
OECD　239
Privatization　221
Radical Social Policy　12
residential home　291
Reservefonds　73, 122
Selbstversicherung　83
SERPS　297
Sicherungsfonds　73, 75, 76, 78, 117, 118, 131, 136
SOCIAL INSURANCE AND ALLIED SERVICES:REPORT BY SIR WILLIAM BEVERIDGE, 1942.　12, 222
Social Services　290, 291
T&GWU　222
The Industrial Life Offices Association　227
The Insurance Union Congress　227
The London Summit　13, 197
TPP　19, 335-342, 349, 350
TUC　222
USTR　18, 305
Versicherungsfonds　61, 71-77, 79, 85, 92, 93, 117, 132, 133, 135, 136, 152
Versicherungsgeldfonds　135, 136
Versicherungskapital　116, 133, 134, 136, 152

《著者紹介》

押尾　直志（おしお・ただゆき）

1949年　生まれ。
　　　　明治大学大学院商学研究科博士課程単位取得退学，博士（経済学）。
現　職　明治大学商学部教授。
主　著　『現代共済論』日本経済評論社，2012年（単著）
　　　　『共済事業と日本社会――共済規制はなにをもたらすか』保険毎日新聞社，2007年（監修）
　　　　『非営利・協同システムの展開』日本経済評論社，2008年（共著）
　　　　『経済社会と保険』保険研究所，1997年（共著）
　　　　『共済事業の基礎理論』日本共済協会，1995年（共著）他

保険経済の根本問題
――理論と実証――

2017年1月30日　初版第1刷発行　〈検印省略〉

定価はカバーに
表示しています

著　者　押尾直志
発行者　杉田啓三
印刷者　藤森英夫

発行所　株式会社　ミネルヴァ書房
607-8494　京都市山科区日ノ岡堤谷町1
電話代表　(075)581-5191
振替口座　01020-0-8076

亜細亜印刷

ISBN978-4-623-07849-3
Printed in Japan